선종의 전등설 연구

민족사학술총서 64

선종의 전등설 연구

정성본 鄭性本

민족사

　參禪 공부를 하면서도 참선이라는 말을 제대로 알지 못하고 헛된 세월을 보냈다. 부처님이 가섭에게 正法眼藏을 이심전심으로 부촉하고 서천 28조 동토 육대 조사들에게 선법이 전래되었다는 전등의 이야기는 많이 들었지만 선종의 전등과 법통설이 어떻게 계승되었는지 잘 몰랐다.

　그 밖에도 선의 역사와 선사상, 참선수행 등은 경전과 어록, 선지식들의 법문을 통해서 언어와 문자로는 적당히 이해하고 있었지만, 언제나 미심쩍고 확신이 서지 않아 중생심을 불법의 지혜로 치료하고 佛法으로 전환시키는 힘이 없었다.

　그러면서 선학과 선사상을 공부하는 일은 선종의 역사와 선종 법통설의 성립과 발전을 정확하게 이해하고 확인하는 것이 우선 되어야 한다는 생각에 선종 전등설 연구를 시작하게 되었다. 이에 대한 저술로는 김동화 박사의 『선종사상사』도 있었고, 일본 학자들이 쓴 몇 가지 선종사에 대한 연구서도 있다.

일반적인 선종사 연구는 『祖堂集』이나 『傳燈錄』 등에 전하는 선승들의 생애와 사자구법의 역사를 중심으로 기술하고 있으며 단순한 생몰연대의 생애와 저술, 선사상을 언급하는 것으로 일관되고 있다. 즉 선종사의 자료가 성립하게 된 서지학의 기초연구가 선행되지 않고, 『조당집』이나 『전등록』의 자료를 나열하는 선종사이다 보니 전법의 사실과 내용에 대한 비판이나 스승과 제자와의 선사상사의 모순된 문제점 등은 정리하지 못하고 애매하게 기술하는 경우가 많다.

특히 돈황에서 발견된 초기 선종관계의 자료나 어록, 지금까지 주목받지 못한 『보림전』과 『조당집』 등을 자료성립의 문제와 함께 선종 법통설에 대한 연구를 병행해야 객관적이고 비판적인 선종사가 정립될 수 있다고 생각한다.

따라서 선종사와 전등 법통설이 새로운 연구방법론으로 제시되어야 한다는 입장에서 시작한 필자의 연구논문이 『중국선종의 성립사연구』(민족사)이다. 이 논문을 쓰면서 아쉬운 점은 선종 법통설에 관련된 내용을 중심으로 체계있게 정리할 수가 없었다. 그래서 이 책에서 언급한 선종 전등설에 관한 문제점들과 자료들을 수용하면서 선종 법통설, 전등설에 관련된 문제점을 몇 편의 논문으로 발표하게 되었다.

본 『선종 전등설의 연구』는 필자의 『중국선종의 성립사연구』에서 미처 정리하지 못한 내용을 보완하는 측면에서 작성하여 발표한 논문들이다. 따라서 본서는 앞 책에서 제시한 자료나 논지가 중복되는 내용이 많지만, 이 책은 선종 전등설의 성립과 발전을 통해서 고찰해 본 선종사라는 점을 밝힌다.

그리고 스승과 제자와의 전법을 중시하는 선종의 전등 법통설과 선종의 인가증명은 분리할 수가 없기 때문에 인가증명으로 제시한 傳衣說과 傳法偈의 성립과 발전에 대한 논문도 함께 수록하였다. 선학 선사상을 공부하는 참선 수행자들과 공부인들에게 선종 전등설의 성립과 발전을 이해하는 안내서가 된다면 필자로서는 다행한 일이다.

그리고 여기에 수록한 논문들은 오래 전에 발표한 논문들이라 지금 교정본을 살펴보니 고쳐야 할 부분도 가끔 보이는데, 한자를 한글로 바꾸어 읽기 편하게 만드는 등 약간의 수정을 하였지만 논문의 내용을 바꾼 것은 없다.

참고로 여기에 수록한 논문은 다음의 논문집에서 발췌하여 정리한 것임을 밝힌다.

* 「禪經의 傳來와 習禪者」(불교사회문화연구원,『불교사회문화연구』 창간호, 2000년)
* 「禪宗 傳燈說의 成立과 發展」(가산불교문화진흥원,『伽山學報』창 간호, 1991년 11월)
* 「禪宗 傳燈說의 成立과 發展」(2)(『伽山學報』제2호, 1993년 3월)
* 「禪宗 傳燈說의 成立과 發展」(3)(『韓國佛敎學』제17호, 1992년 12월)
* 「禪宗 傳燈說의 成立과 發展」(4)(『佛敎學報』제34집, 1997년 12월 30일)
* 「禪宗의 印可證明」(1)(『佛敎學報』제36집, 1999년 12월)
* 「선종의 인가증명 연구」(2)(불교사회문화연구원,『불교문화연구』 제8집, 2007년)

그리고 부록으로 선종사 연구 방법에 대한 필자의 입장을 기록한
「禪宗史 研究 方法論 序說」(중앙승가대학, 『僧伽』 제10호, 1993년 2월)
을 함께 싣는다.

불기 2554(2010)년 吉日
한국선문화연구원 自安禪堂에서 鄭性本 합장

■ 서문 005

1장 禪經의 전래와 초기의 선 수행자 ······ 13

2장 선종 전등설의 성립과 발전 ······ 58

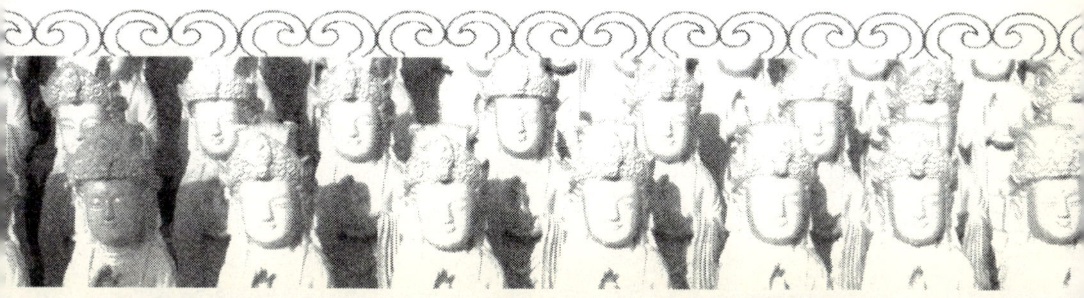

1장
禪經의 전래와 초기의 선 수행자

1. 서언

중국 선종은 달마의 9년 면벽 수행처럼 좌선의 실천을 중심으로 하는 수행집단을 말한다. 이러한 좌선수행은 고대 인도에서 실행한 요가(Yoga)에 근원을 두고 있으며, 사실 불교 성립 이전부터 인도의 거의 모든 종교에서 實修된 것이다.

불교는 붓다의 깊은 선정의 수행으로 체득한 깨달음을 토대로 제법의 진실된 사실을 설파하고 각자가 좌선 수행을 통하여 붓다와 똑같은 깨달음을 체득하여 불안(苦)에서 해탈하도록 제시한다. 따라서 불교의 기본적인 수행구조는 이러한 좌선수행을 통한 자각의 종교란 점을 명심해야 된다.

그러면 중국불교에 있어서 禪定의 실천은 언제부터 실수되었던 것일까?

보통 菩提達磨가 중국 선종의 初祖이기 때문에 중국에선 달마로부터 비롯된 것이라고 생각하는 사람도 있지만, 사실은 그렇지 않다. 달마를 초조로 하는 중국 선종의 역사도 실은 후대(唐代)에 만들어낸 禪宗史書의 주장인 것이다. 보리달마도 처음엔 北魏시대에 서역에서 온 수많은 遊行僧들 가운데 한 사람이었다.

우선 보리달마로부터 비롯되는 중국 선종이 성립하기 이전, 역경 승들에 의한 禪經의 전래와 초기 習禪者들을 중심으로 초기 중국불교 선정사상사의 일면을 살펴보기로 하자.

다만 天台智顗에 의해 대성된 천태종이나 僧詮－法朗－吉藏으로 이어지는 三論宗 계통과 淨土宗 계통의 습선자들은 여기서 논외로 하고, 慧皎의 『高僧傳』, 道宣의 『續高僧傳』에서 전하는 초기 습선자들 중에서 비교적 계통이 뚜렷한 인물로 후대에 많은 영향을 미친 선승들을 중심으로 고찰해 보기로 한다.

2. 禪經의 전래

인도에서 전래된 불교가 중국 땅에 정착될 수 있었던 가장 큰 요인은 불교의 전래와 동시에 경전이 중국어로 번역되었기 때문이다.

중국에 불교가 처음 전래된 사실을 기록한 유명한 後漢 明帝(B.C 57~75년 在位)의 感夢求法 이야기에는 永平 10년(B.C 67년)에 大月氏國에서 맞아들인 迦葉摩騰과 竺法蘭이 백마에 불상과 경전을 싣고 왔으며, 그들이 중국 땅에 처음 머문 곳을 기념하여 白馬寺라는 절을 지었다. 그것이 중국불교 최초의 사원이며, 그들이 백마사에서 번역한 최초의 경전이 『四十二章經』이었다고 전한다.[1]

이러한 後漢 明帝의 감몽구법 이야기가 역사적인 사실이 아니고

후대에 주장한 전승의 사실이긴 하지만, 불교의 전래와 동시에 경전
의 번역은 새로운 중국불교의 역사적인 전개를 의미하는 것이다.

그러면 禪經이 중국에 전래된 것은 언제일까? 慧皎(497~554)의
『梁高僧傳』 習禪總論에는 "불교가 동쪽으로 전래되면서 禪法도 역
시 전수되었다. 먼저 安世高와 竺法護가 禪經을 번역하였다."[2]라고
기록하고 있다.

즉 선정수행의 要諦를 설한 선경의 번역은 後漢의 桓帝(146~167
년 在位)시대에 安息國에서 온 安世高가 소승계통의 선경인 『安般守
意經』, 『禪行法想經』, 『陰持入經』, 『大道地經』 등을 번역하였으며,
또 후한시대에 大月氏國에서 온 支婁迦讖(支讖)이 낙양에서 대승의
선경인 『般舟三昧經』과 『道行般若經』을 번역하였다.

이어서 西晋의 竺法護, 東晋시대의 鳩摩羅什, 佛馱跋陀羅, 宋代의
曇摩蜜多 등이 있으며, 대략 2세기 후반에서 5세기 전반까지 걸쳐 선
경을 많이 번역하였다.

이들이 번역한 禪經은 실제 초기 중국 습선자들에게 선정실습의
텍스트가 되었으며, 초기 중국불교 선수행자들에게 지대한 영향을
미친 것은 사실이다. 먼저 『出三藏記集』(518년 이전 성립) 등에 의거
하여 번역자가 확실한 禪經을 정리해 보면 다음과 같다.[3]

---

1 鎌田茂雄, 『中國佛教史』(일본 東京, 岩波書店, 1979年刊), 9쪽 이하 참조.
2 『梁高僧傳』 제11권 『習禪總論』. "自遺敎東移 禪道亦授 先是世高 法護 譯出禪經."(『大
　正藏』 50~400쪽中)
3 禪經의 傳譯에 대해선 佐佐木憲德, 『漢魏六朝 禪觀發展史論』(1978, ピタカ), 41쪽 以
　下. 水野弘元, 「禪宗成立以前のシナ 禪宗思想史序說」(『駒譯大學硏究紀要』 제15호,
　1957년 3월) 등 참조.

安世高(～148-170년～) 譯

『出三藏記集』所載名	現存三藏經名	所在
安般守意經	大安般守意經	大正藏經 卷15
陰持入經	陰持入經	〃
大道地經(二卷)	道地經	〃
禪行法想經	禪行法想經	大正藏經 卷15
大十二門經	欠	
小十二門經	欠	
大安般經	欠	
思惟經	欠	

支婁迦讖(～147-186년～) 譯

般舟三昧經	般舟三昧經	大正藏經 卷13

支曜(～185년～) 譯

成具光明經	成具光明定意經	大正藏經 卷15

竺法護(～266-313년～) 譯

修行經(7卷)	修行道地經(7卷)	大正藏經 卷15
獨證自誓三昧經	如來獨證自誓三昧經	〃 卷15
如幻三昧經(2卷)	如幻三昧經	〃 卷12
等集衆德三昧經	等集衆德三昧經(3卷)	〃 卷12
般舟三昧經(2卷)	欠	
三品修行經		大正藏經 卷15 (현재 『修行道地經』의 最後部에 편입됨)

鳩摩羅什 (~402-412년~) 譯

禪法要解(2卷)	禪法要解(2卷)	大正藏經　卷15
禪經(3卷)	坐禪三昧經(3卷)	〃
禪法要(3卷)	禪秘要法經(3卷)	〃
新首楞嚴經(2卷)	首楞嚴三昧經(2卷)	〃

佛馱跋陀羅 (359~429년) 譯

禪經修行方便(2卷)	達摩多羅禪經(2卷)	大正藏經　卷15
觀佛三昧經(8卷)	觀佛三昧海經(10卷)	〃

曇摩蜜多 (~424-441년~) 譯

五門禪經要用法	五門禪經要用法	大正藏經　卷15
禪秘要(3卷)	欠	

安陽侯沮渠京聲 (~455년~) 譯

禪要秘密治病法(2卷)	治禪病秘要法(2卷)	大正藏經　卷15

功德直 (~462년~) 譯

念佛三昧經(6卷)	念佛三昧經(6卷)	大正藏經　卷13

이 밖에도 『大正藏經』 제15권에 번역자의 이름을 기록하여 전해지고 있는 禪經은 安世高가 번역한 『禪行三十七品經』, 『佛說佛印三昧經』(『大正藏』 15권, 180쪽), 『佛說自誓三昧經』(『大正藏』 15권, 343쪽)이 있으며, 또 支曜가 번역한 『小道地經』(『大正藏』 15권, 236쪽) 등

이 있다.

後漢시대에 번역자가 분명하지 않은 선경으로는『禪要經』(『大正藏』
15권, 237쪽)과『佛說身觀章句經』(『大正藏』15권, 239쪽)이 있고, 또 축
법호의 번역으로 되어 있는『法觀經』,『身觀經』이 있지만, 이것은 축
법호가 번역한 것이 아니다.

鳩摩羅什 번역으로 전해진『菩薩呵色欲經』,『思惟略要法』등도
역시 구마라집 번역이 아니며, 이러한 선경은 모두 번역자가 분명치
않은 선경들이다.

이상 중국불교 초기에 번역된 禪經 가운데서 초기 습선자들에게
많은 영향을 미친 선경은 慧皎가『양고승전』습선총론에서 지적한,
안세고가 번역한『안반수의경』과 축법호가 번역한『修行道地經』이
라 할 수 있다.

그리고 구마라집이 번역한『좌선삼매경』,『선법요해』,『선비요경』
이나, 불타발타라가 번역한『達摩多羅禪經』, 담마밀다가 번역한『五
門禪經要用法』등이 있는데, 특히 불타발타라가 번역한『달마다라선
경』은 盧山慧遠(334~416)의『禪經序』와 더불어 중국 선종의 西天傳
燈說의 근거가 되었으며,『歷代法寶記』에서는 달마다라와 보리달마
를 혼동하는 오류도 빚어내고 있다.[4]

이러한 禪經들 가운데 대승의 삼매경을 제외하면 거의 모두가 소
승계의 선경이지만, 그 가운데 소승선법을 기록한 뒤에 대승선법을
첨가한 선경은『修行道地經』,『坐禪三昧經』,『小道地經』,『思惟略

---

4 『歷代法寶記』(『大正藏』51권, 180쪽中), 契嵩의『傳法正宗論』卷上(『大正藏』51권,
　774쪽中).
　鄭性本,『중국선종의 성립사연구』(서울, 민족사, 1991년), 671쪽 이하 참조.

要法』 등이 있다.

『修行道地經』에는 大乘禪이 後部의 三品에 설해져 있는데, 이 三品은 원래 같은 축법호가 번역한 『三品修行經』이라는 別冊을 뒤에 합병한 것이다. 『수행도지경』은 僧叡의 서문에서도 언급했듯이 원래 小乘有部의 禪經이었음이 틀림없다.[5]

『坐禪三昧經』은 구마라집이 서역의 여러 성현들의 선법을 모아서 가장 체계 있는 禪經으로 묶은 것이다.[6] 그 가운데 小乘有部에 속하는 漚波崛(Upagupta), 僧伽那斯(Saṁghasena), 勒(脇: Pārsva), 馬鳴(Aśvaghoṣa), 僧伽羅叉(Saṁgharakṣa), 究摩羅陀(Kumārālata) 등이 주장한 선법이 많다.

그런데 『좌선삼매경』의 후부에는 대승보살의 선법이 설해져 있으며, 이 대승선법은 구마라집이 번역한 『持世經』(『大正藏』 14권, 642쪽) 등을 근거자료로 하였으며 대승의 空觀과 諸法實相觀에 의한 보살의 五種禪觀이 설해져 있다.

『小道地經』에도 小乘禪觀을 설한 뒤에 약간의 大乘禪法이 설해져 있으나 그다지 참고가 되지 않는다. 『思惟略要法』의 後部에도 대승선법으로서 法身觀法, 十方諸佛觀法, 觀無量壽佛法, 諸法實相觀法, 法華三昧觀法 등이 설해졌으며 이러한 여러 선경이 초기 중국의 습선자들에게 많은 영향을 주었으며, 그들의 선정 수행의 指針書가 되었다.

---

5 渡邊泰道, 『修行道地經』 「解題」(『國譯一切經』 「經集部」 제4권, 7쪽 이하) 참조.
6 僧叡, 『關中出禪經序』(『出三藏記集』 제9권, 『大正藏』 55권, 65쪽上)에 자세히 설하고 있다.

그러면 小乘禪과 大乘禪의 구별은 어디에 기준을 두는지 여러 선경을 통해서 알아보자.

먼저 소승선은 禪定을 닦는 수행자의 성격에 따라서 五停心觀(五門禪) 가운데 그 어떤 하나의 수행방법을 채택하여 정신통일의 禪定을 닦는 것이다.

오정심관이란, 貪慾이 많은 사람에겐 不淨觀을, 瞋恚가 많은 사람에겐 慈悲觀, 愚癡한 사람에겐 因緣觀, 我見이 많은 사람에게는 界差別觀, 마음이 산란한 사람에겐 數息觀을 닦게 하는 다섯 가지의 선법인데, 계차별관 대신에 마음이 침몰하는 사람에게 念佛觀을 넣기도 한다. 구마라집이 번역한 『좌선삼매경』과 담마밀다가 번역한 『오문선경요용법』에는 염불관을 포함시키고 있다.

그 다음 四念處法을 닦는다. 四念處란, 육체를 부정한 것으로 관하는 身念處, 감수작용은 모두 괴로운 것으로 관하는 受念處, 마음은 生滅無常한 것으로 관하는 心念處, 일체의 존재는 실체가 없는 無我라고 관하는 法念處로서, 四念止, 四念住, 四意止라고도 한다.

이것은 소승불교에서 설하는 37菩提分法(열반에 이르는 37종류의 실천행)의 최초 네 가지 선관법인데 이러한 여러 禪定에 의해 최후에는 아라한의 깨달음의 경지를 얻을 수 있다.

또 四諦觀, 五蘊觀 등은 세계와 인생의 진리를 얻게 하는 것으로 이러한 수행을 숙달함으로 漏盡通이라는 소승불교의 최고 성자인 아라한의 證果를 얻을 수 있다.

그러면 大乘禪은 어떠한 선법을 설한 것인가? 대승선에서도 사람의 성격에 따라 먼저 정신통일을 얻기 위해서는 小乘禪에서 설하는 오정심관 중에서 수식관이나 어떤 다른 수행법 하나를 선택하여 닦아야 한다.

數息觀의 수행으로 정신이 안정되고 통일된 뒤에는 소승선과 같이 번거로운 단계적인 수행을 설하지 않는다. 항상 보살정신인 利他의 念願을 버리지 않고 衆生제도의 서원을 발원하며, 一切皆空의 도리와 諸法의 실상을 관찰하며, 그 空의 도리와 실상을 깨닫고 반야의 지혜를 체득하도록 선정수행하는 것을 말한다.

또 뒤에 보리달마의 법통을 계승한 육조혜능의 남종선에서는 각자의 불성을 깨닫게 하는 見性成佛을 선의 본령으로 주장하면서 종래의 대승선의 입장을 뛰어넘는 最上乘禪을 주장하고 있다.

사실 달마를 초조로 하는 중국의 선종은 소승, 대승선에서 말하는 단순한 명상의 정신통일이나 無念無想의 경지를 얻기 위한 習禪이 아니다.

禪定의 수행을 통해서 대승불교의 진수인 般若의 智慧를 체득하여 자유자재로 일상생활에 활용하여 창조적인 삶을 전개하는 생활의 종교를 목적으로 하는 것이다. 臨濟가 말하는 自由人이다.

일반적으로 중국 선종을 단순히 정신통일의 禪定만을 목적으로 삼는 하나의 종파로 간주하기 쉬운데 이것은 잘못된 견해이다. 달마계의 중국 선종은 종래의 隋唐代에 형성된 불교의 여러 종파의 사상을 통합하여 좌선의 수행으로 불법의 정신을 체득하도록 제시한 새로운 중국불교의 입장임을 잊어선 안 된다.

3. 禪經의 注釋과 좌선 수행

초기 중국불교에서는 이러한 선경을 어떻게 수용하고 연구하였으며 실천하였을까?

먼저 後漢 안세고의 『安般守意經』에 대한 주석을 통해 살펴보자. 이 경은 소승선인 오정심관 중에서 隨息觀의 실천방법을 설한 經으로 安那(āna, 出息) 般那(apāna, 入息)를 관하여 마음의 산란을 방지하는 선법이다. 『안반수의경』에서는 안반수의선관을 다음과 같이 설하고 있다.

修道者는 入息〔安〕과 出息〔般〕을 念하는 선관을 실천하여 신체·감정·마음〔心〕·법〔存在〕의 四念處觀(catvāri smṛtyupasthānāni)을 체득해야 한다. 어떻게 사념처법을 체득할 것인가? 지금 安과 般에 대하여 염하는 선관을 설할 테니 잘 들어라. 安이란 무엇인가. 般이란 무엇인가? 安이란 入息이며, 般이란 出息을 말한다. 이러한 入息과 出息을 생각하여 벗어나지 않도록 하는 것, 이것이 安과 般을 念하는 선관을 실행하여 사념처관을 체득하게 하는 것이다. (云云)

(『大正藏』 15권, 165쪽上)

여기서 설하는 安般守意禪觀은 분명히 『잡아함경』 제29권 「一明經」, 「阿難經」[7] 등의 선경에 의거한 것인데, 축법호가 번역한 『수행도지경』을 비롯하여 초기의 선경에서도 거의 똑같이 의용하여 설하고 있다.[8] 또 경에서 설하는 안반수의관은 禪定의 가장 기본이 되는 數息觀, 隨息觀, 定止觀, 觀察觀 등 4종의 安般 등을 설하고 있다.

『안반수의경』은 사실, 다음과 같은 35字에 대한 실천법을 설명한 경이라고 할 수 있다.

---

[7] 『잡아함경』 제29권(『大正藏』 2권, 208쪽上~209쪽中) 참조.
[8] 『大正藏』 권15, 215쪽下~217쪽上.

安般守意有十黠. 謂數息, 相隨, 止, 觀還, 淨, 四諦, 是爲十黠. 黠成
爲合三十七品經 爲行成也.

(『大正藏』 15권, 164쪽上)

이 일단은 『안반수의경』 전체의 구성과 내용을 일목요연하게 밝히
고 있다. 이와 같은 내용은 『俱舍論』 등에도 언급되고 있다. 이것을
현대어로 번역하면 다음과 같다.

出息, 入息에 대하여 관하는 선법에는 열 가지 깨달음의 智가 있
다. ① 數息觀(出入息의 호흡을 숫자를 세며 정신을 통일하고 마음을 안정
시킴) ② 隨息觀(相隨: 出入息에 마음을 두고 隨心하며 心意를 적정하게
함) ③ 定止觀(止: 凝止) ④ 觀察觀(觀: 智慧觀照) ⑤ 還入觀(還: 몸의
七惡을 버리는 것) ⑥ 淨明觀(淨: 마음의 三惡을 버리는 것) ⑦~⑩ 四聖
諦에 의한 열 가지〔十位〕의 覺智이다. 이러한 깨달음의 지혜를 완성
하는 것은 37종의 菩提品에 따라 수행을 실천하여 완성하는 것이다.[9]

중국불교에서는 안세고가 이 경을 번역하자 곧바로 많은 사람들이
『안반수의경』을 연구하기 시작한 것처럼, 이 경이 초기 중국불교 선
정 실천에 미친 영향은 지대하다고 하겠다. 吳의 康僧會(~280?)가
지은 『안반수의경』 서문에 의하면, 그의 선배인 南陽의 韓林, 穎川

---

9 安世高가 번역한 禪經에는 『俱舍論』 등에서 설하는 法數的인 이름이 여러 번 언급되
  고 있기 때문에 안세고의 禪觀義를 '禪數'라고 하고 있다. 四禪이나 五陰·六事나 37助
  道品 등과 같이 부파불교의 아비달마 철학처럼 많은 法數가 언급되고 있다. 이런 까닭
  에 禪觀의 지도와 가르침이 이와 같은 法數적인 이름의 해설이 필수적인 것으로 되어
  있기 때문에 '禪數의 學'이라고 불리게 되었다.
  道安의 『安般守意經注序』, 『十二門經序』 등에 '禪數'라는 말을 사용하고 있다.

의 皮業, 會稽의 陳慧 등이 이 경을 연구한 사실을 전하고 있다.[10]

이들 세 사람은 불교에 신심이 돈독하고 修道를 결심하고 『안반수의경』에 의한 禪定을 닦았으며, 강승회도 이들에게 나아가 선법을 배웠고, 吳의 陳慧가 지은 註釋을 다시 주석한 것으로 간주된다.

뒤에 東晋의 釋道安(314~385)도 이 經을 주석하고 연구했으며, 安般注의 서문을 남기고 있다.[11] 道安은 사실 중국불교의 기초를 쌓은 인물인데, 그는 안세고가 번역한 많은 禪經에 대해 주석을 저술했다. 예를 들면 『六十二門注』(2卷), 『小十二門注』(1卷), 『安般守意經解』(1卷), 『陰持入經注』(2卷), 『大道地經注』(1卷) 등이 경전 목록에 기록되어 전하고 있다.[12]

道安이 이처럼 많은 禪經의 주석을 저술하였는데, 그가 단순히 학문적으로 연구한 것이 아니라 출가승으로서 禪定에 전념하였을 것이라는 점은 쉽게 추측할 수 있다.

그리고 도안과 거의 같은 시대에 강남에서 활약한 居士(隱士) 謝敷가 『안반수의경』 注疏를 지었으며, 『수행도지경』 등과 비교 연구한 사실을 그의 서문을 통해서 알 수 있다.[13] 謝敷居士는 會稽의 출신으로 字는 經緖, 太平山에서 10여 년이나 거주하고 관청에서 초대하였지만 응하지 않은 인물이다. 그가 여러 禪經을 통해서 직접 禪定의 實習을 하였음은 틀림없는 사실이라고 하겠다.

안세고가 번역한 『陰持入經』은 선정의 실천으로 번뇌를 퇴치하고

---

10 『大正藏』 15권, 163쪽下. 『出三藏記集』 6권(『大正藏』 55권, 43쪽上).
11 『出三藏記集』 6권(『大正藏』 55권, 43쪽下).
12 『出三藏記集』 5권(『大正藏』 55권, 39쪽下).
13 『出三藏記集』 6권(『大正藏』 55권, 43쪽下).

貪瞋痴 三毒을 戒定慧 三學으로 제어하는 방법을 설하고 있는 소경 계통의 禪經인데, 이미 삼국시대에 吳의 陳慧가 지은『陰持入經註』 2권이 출현하여 오늘날까지 전래되고 있다.(『大正藏』33권, 9쪽)

　도안의 시대에 이미 여러 禪經이 전래되고 註釋을 저술하는 등 많은 선경이 연구되었지만 실제로 선경에 의한 禪定의 실천자는 그다지 많지 않았던 것 같다.

　예를 들면 道安의『陰持入經序』에는 "于斯晋土 禪觀弛廢 學徒雖興 蔑有盡漏云云…"(『大正藏』55권, 43쪽下)이라고 하는 말이나, 또『十二門經序』에서 "每惜茲邦 禪業替廢"(『大正藏』55권, 46쪽下)라고 언급하고 있는 것으로 확인할 수가 있다.

　당시에는 서역에서 전래되는 여러 경전을 번역하고 주석하는 학문적인 연구는 홍행되었지만 직접 禪經에 의한 좌선 수행자는 그다지 중시되지 못한 점을 유감스럽게 표현하고 있다.

　이러한 사실은 道安의 제자 盧山慧遠(334~416)이 지은『達摩多羅禪經序』에 다음과 같이 언급하고 있는 곳에서도 살펴볼 수 있다.

　항상 大敎가 東으로 전래되었으나 선관의 수행자가 가장 적고, 三業을 다스리지 못하니 이 선도가 쇠퇴되는 것을 개탄한다.

(『大正藏』55권, 65쪽下)

　慧遠이 盧山敎團의 지도자로서 30여 년간 산에서 내려오지 않고 스스로 철저한 계율생활과 修道에 힘쓰며, 많은 승속을 교화한 당대의 명승임은 잘 알고 있는 사실이다. 특히 그는 劉遺民을 비롯한 123명의 동지와 더불어 般若台 아미타불상 앞에서 白蓮結社를 만들어 念佛三昧의 실천을 서약하였다.

당시의 염불삼매는 '나무아미타불'의 명호를 입으로 외우는 稱名念佛이 아니라, 아미타불을 마음으로 관찰하는 觀想念佛로서 일종의 禪定이었다. 혜원이 그밖에 또 다른 선정을 실수하였는지는 잘 알 수가 없다.

한가지 중요한 사실은 혜원이 불타발타라가 번역한 『達摩多羅禪經』의 서문을 짓고 언급한 것처럼, 그가 禪定의 실천에 깊은 관심을 표명하고 있다는 것이다. 여산 백련사의 동지 가운데 大禪師로 불리는 覺賢三藏(불타발타라)을 비롯하여 많은 禪僧이 있으며, 혜원의 문하에서도 禪 수행자가 배출된 것으로 볼 때, 여산에서도 좌선의 실천에 의한 禪定의 실습이 실행되었음은 틀림없는 사실이다.

한편 姚秦의 弘始 3년(401년), 구마라집이 장안에 도착하여 십여년간 많은 대승경전을 번역하여 중국불교의 새로운 발전을 맞게 되었다. 僧叡는 『關中出禪經(坐禪三昧經)』 서문에 당시의 상황을 다음과 같이 기술하고 있다.

禪法은 佛道를 향하는 初門이며 열반의 경지에 이르는 지름길이다. 중국 땅에 먼저 『수행도지경』과 大小의 『十二門經』, 大小의 『安般經』이 번역되었다. 이것이 바로 선법인 것은 사실이지만 그 근본을 다한 것이 아니며, 또한 아직 佛法를 가르치는 교육 儀式도 없고, 수행자의 戒律도 완전히 갖추지 못했었다. 구마라집 법사가 신축년 12월 20일날 涼州의 수도 胡藏에서 長安에 도착하였기에 나는 즉시 그 달(12월) 26일 법사에게 나아가 禪法을 배우고 가르침〔啓授〕을 받게 되었다. 이에 배움에는 成准〔본보기〕이 있고, 불법에는 수행의 방법과 기준〔法條〕이 있음을 알게 되었다.

(『大正藏』 55권, 65쪽上)

승예는 구마라집이 장안에 온 6일 만에 곧바로 찾아가 禪法을 배웠음을 알 수 있다. 승예의 청에 의하여 구마라집은『禪法要(坐禪三昧經)』를 번역하였고, 그는 주야로 선법을 닦았다고 한다. 앞에서도 언급한 것처럼 이『좌선삼매경』은 설일체유부의 여러 논사들의 선법을 集錄한 小乘禪法과 뒤에 大乘禪法을 첨가한 것이다. 그 밖에도 앞에서 소개한 구마라집이 번역한 禪經들도 거의 승예의 청에 의한 것이라고 볼 수 있다.

이상에서 살펴본 것처럼 중국불교에 있어서 禪經의 번역 및 禪經의 주석 그리고 선정의 실천에 대한 정확한 이론적인 이해는 사실 구마라집과 불타발타라 등에 의해서 일단 정비되었다고 할 수 있다.

따라서 중국불교의 禪定 지도자들도 역시 인도나 서역에서 초청한 고승들이었다. 구마라집과 불타발타라, 그리고 北魏佛敎의 名僧인 佛陀선사 등이 그 대표적인 예라고 할 수 있다.

또한 보리달마와 같이 서역에서 내조한 無名의 유행승들에 의해서 중국불교에 禪定의 수행이 정착되었다. 이러한 사실을 초기 중국불교 습선자들의 행적을 통해서 선정 수행의 역사적인 사실을 확인해 보기로 하자.

4. 習禪者의 系譜

(1) 서언 ―『高僧傳』의 구성―

중국불교의 역사는 고승들의 활약을 기록한 梁·唐·宋의 3고승전을 통해서 그 동향의 흐름을 개관해 볼 수 있다.

梁나라 慧皎(497~554)가 『梁高僧傳』(519년 성립)을 편집할 적에 당시 고승들의 생애와 활약을 ① 譯經 ② 義解 ③ 神異(感通) ④ 習禪 ⑤ 明律 ⑥ 亡身 ⑦ 誦經 ⑧ 興福 ⑨ 經師 ⑩ 唱導 등 10종으로 분류하여 각기 전문분야의 고승들의 전기를 수록하였다. 이러한 분류는 道宣(596~667)의 『唐高僧傳』(645~667년 성립), 贊寧(919~1001)의 『宋高僧傳』(988년 성립)에도 거의 그대로 계승되었다.

고승전의 十種部門 가운데 역경은 외래의 종교인 불교를 받아들임으로써 생긴 중국불교의 독특한 입장이며, 이 譯經을 제외하면 인도불교사에서도 통용할 수 있는 분류방법이라고 할 수 있다. 여기에서 먼저 3대 고승전에 수록된 고승들의 숫자를 부분별로 정리해 보자.

梁高僧傳 (519년)		唐高僧傳 (645~667년)		宋高僧傳 (998년)	
1. 譯經	35명	1. 譯經	15명	1. 譯經	32명
2. 義解	101명	2. 義解	161명	2. 義解	72명
3. 神異	20명	3. 習禪	96명	3. 習禪	103명
4. 習禪	21명	4. 明律	24명	4. 明律	58명
5. 明律	12명	5. 護法	11명	5. 護法	18명
6. 亡身	11명	6. 感通	117명	6. 感通	89명
7. 誦經	21명	7. 遺身	12명	7. 遺身	12명
8. 興福	14명	8. 讀誦	14명	8. 讀誦	42명
9. 經師	11명	9. 興福	12명	9. 興福	50명
10. 唱導	10명	10. 雜科	12명	10. 雜科	55명
	256명		474명		531명

이상의 도표에서 중국불교의 각 시대를 통해서 가장 많은 고승들의 전기를 수록한 것이 義解 부문이다. 이것은 각 시대에 걸쳐서 불

교의 교리나 철학적인 학문연구가 가장 성행되었다는 사실을 나타내고 있다.

그런데 『宋高僧傳』의 경우는 義解보다는 習禪, 感通 부문에 훨씬 많은 고승들의 전기를 싣고 있는데, 이것은 唐代에 達磨, 慧能 계통의 선종 승려들이 많이 활약했기 때문이다.

또한 각 시대를 통해서 義解篇에 이어서 습선과 감통(神異)편이 많다. 감통은 신통이나 신이의 행적을 말하는데, 그것은 대개 禪定의 실수를 통해서, 혹은 습선에 통달한 고승들의 신통에 의해서 일어난 일이기 때문에 선정의 문제를 논할 때는 언제나 감통편도 아울러 고찰해야 할 필요가 있다. 따라서 習禪과 감통(神異)을 합쳐서 禪定으로 볼 것 같으면 중국불교에 가장 많은 고승이 선정의 실천으로 출현된 사실을 알 수 있다.

특히 중국의 선종은 『唐高僧傳』에서 『宋高僧傳』이 출현하는 약 300여 년간에 성립되고 있는데, 이 점에 대해선 다른 기회에 논하기로 하고, 여기서는 『양고승전』과 『당고승전』의 습선, 신이(感通)편을 중심으로 초기 중국불교의 禪定을 실수한 習禪者들의 행적과 그 계보를 살펴보기로 한다.

(2) 초기의 習禪者

중국불교의 역사상 禪定 실수가 언제부터 시작되었는지 잘 알 수 없다. 앞에서 살펴본 것처럼 後漢 이후 안세고, 지루가참 등에 의해서 여러 가지의 선경이 번역되었으므로 그 선경의 註釋者를 비롯하여 당시의 여러 사람들이 禪經에 의거한 修禪者도 제법 실행되고 있었으리라는 추측은 쉽게 할 수 있다.

또 한편 생각해 볼 때 불법의 전래와 더불어 실크로드를 따라 인도, 서역의 승려들이 동진시대 이후에 많이 건너왔으며, 그들 가운데는 禪定에 뛰어난 고승들도 있었으며, 그들의 지도를 받은 중국의 선정 실수자도 제법 출현했으리라고 생각된다. 그러나 이것은 어디까지나 추측에 불과한 것으로 초기 선정의 실태는 확실히 알 수가 없다.

慧皎의 『梁高僧傳』 제10권, 習禪과 神異편에 수록된 訶羅竭, 竺僧顯, 令韶, 支遁, 帛僧光, 曇猷, 慧嵬, 賢護, 支曇蘭, 法緒 등의 전기에는 습선자로서의 행적이 보인다.

먼저 訶羅竭은 장안 근처인 樊陽의 사람으로 어려서 출가하여 경전 2백만 구절을 외웠으며, 많은 두타행을 하면서 혼자 산과 들에서 지냈다. 西晉 武帝의 太康 5년(288)에 낙양에서 많은 전염병 환자를 呪文으로 고쳤으며, 惠帝 원강 원년(291)에는 서방의 婁至山에 들어가 석실에서 좌선하며 여러 가지 신이의 기적을 나투었다.

그의 전기에는 그가 누구에게서 禪定을 배웠는지 명시하지 않고 있으나, 그의 이름이 印度 이름으로 기록되어 있는 것으로 볼 때 외국인에게 배운 것이 아닌가 생각된다.[14]

竺僧顯의 본성은 傅氏, 北地의 사람으로 계율을 잘 실천하였으며, 선정 수행을 本務로 하였다. 항상 산림에서 혼자 두타행을 닦았다. 北方이 혼란하여 東晋의 太興 末年(321)에는 남쪽 양자강 근처에서 선정을 실수하였다. 그는 임종할 즈음에 西方淨土를 念想하였으며, 무량수불이 강림하여 眞容으로써 그의 육신을 광명으로 비춰주는 것

---

14 『梁高僧傳』 제10권, 「訶羅竭傳」(『大正藏』 50권, 389쪽上).

을 보고 마음의 안락을 얻었다고 한다.[15]

令韶는 康法郎의 제자이다. 법랑은 經論을 연구하여 수백 명의 제자가 모였다고 하는데, 그도 禪定을 닦은 것으로 생각된다. 앞에서 언급했듯이 구마라집에게 禪法을 질문하고 『關中出禪經序』를 지은 僧叡도 법랑의 제자였음을 아울러 고려해 볼 필요가 있겠다.

令韶는 雁門(山西省 太原府) 사람으로 젊어서는 사냥을 하였지만 뒤에 발심출가하여 법랑에게 나아가 수학하였다. 그는 특히 禪定에 주력하였으며 한번 入定하면 며칠씩이나 자리에서 일어나지 않았다. 후에는 山東의 柳泉山으로 옮겨 석굴로 들어가서 오로지 좌선에 힘썼다.

令韶傳에 孫綽의 『正像論』에서 "呂韶(令韶)는 정신을 통일하여 中山에서 거닐고 놀았다"라고 칭찬하였다는 사실을 인용하고 있는데, 이러한 자료를 통해 볼 때 그는 4세기 전반기에 北地에서 활약한 선승으로서 매우 유명한 인물이었다고 할 수 있다.[16]

支遁(314~366)은 支道林이라고도 부르는데 본성은 關氏, 북지의 陳留(河南省) 사람으로, 『道行般若經』, 『維摩經』 등을 연구하여 널리 강의하였다. 그는 동진의 建康에 나아가 귀족사회와 지식인들의 淸談에 참가하여 두각을 나타낸 수재였으며, 귀족사회에 불교를 정착시킨 사람이다. 그는 만년에 남방의 石城山(浙江省 永康縣)에 옮겨 棲光寺를 세우고 산문에서 宴坐하여 마음을 禪定에 노닐었다. 나무 열매를 먹고 개울물을 마시는 등 두타행을 하며, 生滅이 없는 깨달음의 세계에서 살다 55살 때에 입적했다.[17]

---

15 『양고승전』 제11권, 「竺僧顯傳」(『大正藏』 50권, 395쪽中).
16 『양고승전』 제4권, 「令韶傳」(『大正藏』 50권, 347쪽中).
17 『양고승전』 제4권, 「支遁傳」(『大正藏』 50권, 348쪽中).

지둔은 安般守意와 四禪에 관한 여러 선경을 비롯하여, 『卽色遊玄論』, 『聖不辯之論』, 『道行旨歸』, 『學道誡』 등의 주석을 달았다. 이것은 馬鳴의 발자취를 따른 것이며, 龍樹의 그림자를 밟아 오른 것으로 논리가 법의 근본과 호응하여 실상과 어긋나지 않았다고 전하고 있다.

지둔의 작품은 이 밖에도 많은 저술이 있었다고 하나 현재 『大小品對比要鈔序』 등 일부가 전해질 뿐이다. 『高僧傳』 권4 지둔전의 후미에는 지둔의 동학인 法虔도 선정을 닦은 습선자였는데 지둔보다도 먼저 죽었다고 기록하고 있다.

帛僧光은 曇光이라고도 부른다. 그의 출신지는 잘 알 수 없지만 어려서부터 선정을 배웠으며 東晋 永和初年(345)에 浙江의 石城山 석실에서 좌선하였다. 뒤에 꿈속에서 산신의 말을 듣고 章安縣의 寒石山으로 옮겼는데 도속의 귀의와 더불어 선법을 배우려는 사람이 모여들어 절을 만들었다. 그는 한 번 선정에 들면 7일간이나 자리에서 일어나지 않았고 이 산에서 53년이나 머물며 선정을 닦았다. 東晋 孝武帝 太元(376~396)의 말년, 그의 나이 110살 때 안좌한 채로 入寂하였다. 그의 유해는 썩지 않고 오랫동안 본래의 모습 그대로 유지되고 있었기 때문에 宋의 孝建 2년(455)에 郭鴻이 발견하여 실내에 모시고 형상을 그렸다고 한다.[18]

曇猷는 法猷라고도 부르는데, 원래 돈황 사람이다. 어려서부터 선정을 배웠으며, 뒤에 浙江의 석성산에 나아가 걸식하며 좌선에 힘썼다. 다시 始豊(浙江省 台州府) 赤城山의 석실로 옮겨서 禪定을 닦았

---

18 『양고승전』 제11권, 「帛僧光傳」(『大正藏』 50권, 395쪽下).

다. 많은 맹수나 큰 뱀들도 그를 해치지 않았고 항상 조용히 독경소리를 들었다고 하는 등 많은 신이를 전하고 있다. 선을 배우려는 사람이 십여 명이 있었고 왕희지도 소문을 듣고 방문했다.

東晋의 太元 末年(396)에 입적하였지만 그의 시체는 썩지 않고 살아서 좌선하는 모습 그대로였으며, 몸은 푸른빛을 띠고 있었다. 晋의 義熙 末年(408)에 隱士 神世標가 적성산에 들어가 담유의 시체가 썩지 않고 원래 모습 그대로임을 보았다고 하며, 또 慧明선사도 그의 유해를 보았다고 전하고 있다.[19]

그리고 담유와 같은 시기에 慧開와 慧眞이라는 사람도 선정을 닦은 습선자였으며, 餘姚(浙江 紹興府)의 靈秘山에 들어가 각자 방장의 석실을 만들어 좌선에 힘썼다.

慧嵬의 출신지와 성은 알 수 없지만, 장안의 大寺에 머물며 戒行과 禪定에 힘썼다. 주로 산곡에서 禪定을 닦을 때는 여러 악귀들의 유혹이 있었지만, 이를 모두 극복하고 선정 수행을 계속했다. 뒤에 晋의 隆安 3년(399) 동학인 法顯(339?~420), 慧景, 道整 등과 같이 서역을 향했는데 그 후의 소식은 알 수가 없다.[20]

賢護는 涼州(甘肅省 武威縣) 출신의 사람으로 속성은 孫氏. 사천성 廣漢의 閣廣寺에 가서 禪定의 수행을 本務로 하였으며, 律行을 청정히 하였다. 晋의 隆安 5년(401)에 입적하였는데 遺言에 따라 화장하였지만 손가락 하나만은 타지 않았다고 한다.[21]

支曇蘭(337~419)은 靑州 사람이다. 蔬食으로 선정을 즐겼으며 경

---

19 『양고승전』 제11권, 「竺曇猷傳」(『大正藏』 50권, 395쪽下).
20 『양고승전』 제11권, 「釋慧嵬傳」(『大正藏』 50권, 396쪽中).
21 『양고승전』 제11권, 「釋賢護傳」(『大正藏』 50권, 396쪽下).

전을 30만 구절이나 외웠다. 晉의 太元中(376~396)에 절강에 가서 始豊의 적성산과 韋鄕山 등에 거주하였으며, 禪定을 닦는 제자와 귀의자가 적지 않았다. 晉의 元熙中에 산중에서 입적하니 세수 83살 때였다.[22]

法緒의 성은 混氏, 高昌 사람이다. 덕행이 청정하고 계와 선정을 닦았다. 뒤에 사천에 들어가 산곡에서 두타행을 하였으며 맹수들도 그를 해치지 않았고, 항상 석실에서『法華經』,『維摩經』,『金光明經』 등을 독송하거나 좌선에 힘썼다. 무더운 여름에 입적했지만 그의 시체는 7일간이나 썩는 냄새가 나질 않았다고 한다.[23]

이상은 5세기경까지의 초기 중국 高僧들 가운데서 禪定을 닦은 습선자의 약전을 살펴보았다. 초기의 습선자들이 주로 蔬食과 두타행으로 戒行과 禪定에 힘썼으며, 또 그들은 주로 산곡의 석실에서 좌선하였음을 알 수 있다. 단지 그들이 서역에서 내조한 고승 혹은 流行僧들의 지도를 받았는지, 아니면 일찍이 번역된 '禪經' 등을 의존하여 수선의 실천을 하게 되었는지 분명치는 않다.[24] 여기선 일단 앞에서 살펴본 것처럼 訶羅竭이 西晉의 惠帝元康 원년(291) 누지산에 들어가 석실에서 좌선을 하였다는 기록 등을 통해서 3세기부터 習禪의 수행자가 禪定을 닦고 있는 사실 등을 확인해 두고자 한다.

<hr>

22 『양고승전』제11권,「支曇蘭傳」(『大正藏』50권, 396쪽下).
23 『양고승전』제11권,「釋法緒傳」(『大正藏』50권, 396쪽下).
24 『양고승전』제11권,「習禪總論」에 "自遺教東移 禪道亦授 先是世高 法護譯出禪經, 僧先曇猷等並 依教修心 終成勝業."(『大正藏』50권, 400쪽中)이라고 한 점으로 볼 때, 僧先과 曇馱 등이 禪經을 의존해서 禪定을 닦았음을 알 수 있다.

(3) 習禪者의 계보 I

4세기 전후의 중국불교는 인도나 서역으로부터 많은 유행승들이 내조하였으며, 그들 가운데에는 禪定을 전문으로 하는 習禪者도 많았을 것임엔 틀림없다. 예를 들면 『晉書』 117권에는,

沙門自遠而至者 五千餘人 起浮圖於永貴里 立波若臺於中宮 沙門坐禪者 恒有數千 云云

라고 기록하고 있는 것처럼, 5세기 초의 장안에는 외국에서 온 승려들이 오천 명이 넘었으며 많은 塔과 寺院이 건립되었고 좌선을 전문으로 하는 習禪者도 항상 수천 명이나 되었다고 한다. 이러한 기록은 다소의 과장이 있다고 하더라도 당시 중국에는 서역에서 온 많은 外來僧들의 지도와 행화로 禪定을 닦는 수행승들이 많이 있었음을 쉽게 짐작할 수 있다.

또한 중국에서도 이때부터 서역에서 오는 많은 외국승(遊行僧)들을 유치하기 위해 사원에 禪堂을 설치하고 많은 高僧들을 초청하기도 하였다. 北魏의 太祖가 天興 元年(398) 수도인 平城(大同)에 세운 官寺(國立寺院)의 구조를 『魏書釋老志』에서는 다음과 같이 기록하고 있다.

是歲始作五級佛圖 耆闍崛山及須彌山殿 加以績飾 別講堂 禪堂 及沙門座 莫不嚴具焉.

즉 이 관사에는 오층탑, 金堂, 講堂, 禪堂, 僧房 등이 잘 갖추어졌음을 알 수 있는데, 선당의 설치는 아마도 중국불교 역사상 최초의

사례가 아닌가 생각된다. 이것은 4세기를 전후하여 내조하는 수많은 외국승들 사이에 禪僧이 많이 포함되고 있었다는 점과 또 당시 중국에서도 禪定의 실수자가 증대되고 있음을 입증해 주는 것이라고 할 수 있다.

혜교는 『梁高僧傳』「習禪總論」에 초기 중국 禪道의 발전에 대해서 다음과 같이 약술하고 있다.

> 불교가 동쪽으로 전래함에 따라 禪法도 또한 전수되었다. 이로부터 안세고와 축법호가 선경을 번역하였고 僧先과 曇猷 등이 모두 이 가르침에 의거하여 마음을 닦아 깨달음을 이루었다. …(略)… 그 후 사문 智嚴은 직접 서역으로 나아가 罽賓선사(佛馱跋陀)를 초청하게 되었으며, 불타발타는 선법을 동토에 전하게 됐다. 玄高와 玄紹 등이 모두 직접 선수행의 법도를 배워 出息, 入息의 수식관에 통달했으며 나아가 還入觀과 淨明觀이 궁극의 경지에 이르렀다. 그 후에 僧周, 淨度, 法期, 慧明 등도 그의 뒤를 이어 禪定을 닦았다.
>
> (『大正藏』 50권, 400쪽中下)

이 일단의 기록에서 알 수 있는 것처럼 중국불교에서 체계있는 禪定의 실수가 본격적으로 실행된 것은 佛馱跋陀羅(Buddhabhadra, 覺賢)부터 비롯되었다고 볼 수 있으며, 그를 중국에 초청한 사람이 다름아닌 智嚴이었고, 그의 문하에서 당대를 대표하는 현고(402~444), 慧觀, 智嚴 등 뛰어난 禪僧들이 배출되었다.

실제 중국불교 禪定의 실수와 발달은 앞에서 살펴본 禪經의 번역자를 비롯하여 인도 서역에서 온 선승들에 의해서 기초가 이루어졌다고 할 수 있다. 그 대표적인 예가 불타발타라이며, 그 외에도 『梁

高僧傳』과 『續高僧傳』의 습선편에는 외국에서 온 禪僧들 가운데서
도 그 계통이 분명하고, 후세에 많은 영향을 미친 고승으로 曇摩蜜
多, 畺良耶舍, 曇無毘 등이 보이며, 또 曇摩耶舍, 求那跋摩, 僧伽達
多, 僧伽多羅, 寶意 등의 선승도 있다.

　여기서 이상의 여러 외국승들을 중심으로 그들의 생애와 법통을
살펴보기로 하자.

　佛馱跋陀羅(覺賢, 359~429)의 자세한 전기는 『高僧傳』 권2, 『出三
藏記集』 권14 등에 실려 있다.[25] 불타발타라(각현)의 제자인 慧觀의
『修行地不淨觀經序』에는 그의 법계를 다음과 같이 기술하고 있다.

　　佛―阿難―摩田地―舍那婆斯―富若蜜羅―富若羅―曇摩多羅―
　　婆陀羅―佛陀斯那―佛馱跋陀羅

(『大正藏』 55권, 66쪽中)

　이상의 법계로 볼 때 불타발타라(각현)는 說一切有部 계통의 法統
을 이은 사람인데, 그의 스승인 佛陀斯那(Buddhasena, 佛馱先, 佛馱先)
는 뛰어난 禪師로 간주된다. 왜냐하면 인도 서역을 여행한 지엄이나
沮渠京聲도 罽賓에서 불타사나로부터 禪法을 배운 사실을 전하고 있
으며, 또 앞에서 소개한 것처럼 沮渠京聲은 귀국 후에 『治禪病秘要
法』을 번역하고 있는 점으로 충분히 알 수 있다.

　『양고승전』 권3 釋智嚴傳에는 그간의 소식을 다음과 같이 전하고
있다.

25　『梁高僧傳』 제2권, 『佛馱跋陀羅傳』(『大正藏』 50권, 334쪽中) ; 『出三藏記集』 14권
　　(『大正藏』 55권, 103쪽中) 등 참조.

智嚴은 서국을 다니다 계빈에 이르러 摩天陀羅精舍에 들어가 불타선 비구로부터 禪法을 지도 받았으며 3년간 禪定을 닦았는데, 10년 닦은 사람보다 앞섰다. 佛馱先은 智嚴이 禪定에 뛰어난 역량을 갖춘 것을 보고 특별히 지도했으며, 그곳의 여러 도속들도 모두 '중국의 구도사문 이다'라고 칭찬했다. 이때부터 중국사람들을 가볍게 보지 않고 공경히 접대하게 되었다. 그때 그곳에 불타발타라 비구가 있었는데 그 역시 罽賓國의 禪匠이다. 智嚴은 그에게 중국으로 같이 가서 선법을 中土에 전해줄 것을 간청하였다. 불타발타라는 그의 간절한 뜻을 가상히 여겨 드디어 같이 동쪽으로 동행하게 되었다.[26]

(『大正藏』 50권, 339中)

智嚴은 佛馱先 계통의 禪法을 중국에 전해야겠다고 결심하고, 그 의 高足인 불타발타라(각현)에게 간청한 것이다. 따라서 불타발타라 가 중국에 오게 된 것은 오로지 지엄의 초청에 의한 것이며, 그것은 禪法 전할 것을 첫째 목적으로 한 사실임을 알 수 있다.

불타발타라(각현)는 海路를 이용하여 靑州의 東萊郡(山東省의 東 部)에 도착하였는데, 이미 구마라집이 장안에 와서 활약하고 있다는 소문을 듣고 곧바로 북쪽 장안으로 향했다. 처음 장안에서 크게 선법 을 홍포하여 禪法을 배우려는 사람들이 많았다. 한편 禪法을 모르는 사람들은 불타발타라의 명성에 손상을 입히려고 하는 사람이 생겼으 며, 그가 장래의 일을 예언하자 그것은 세상 사람들을 혹란시키는 일 이라고 비난하는 자들도 있었다.

---

[26] 이와 똑같은 이야기가 『양고승전』 제2권, 「佛馱跋陀羅傳」에도 실려 있다. 註25) 참조.

또 불타발타라는 구마라집과 성격이나 수행자로서의 생활태도가 전연 다른 점에서 구마라집 문도들의 비난과 배척을 받게 되어 제자 慧觀 등 40여 명과 함께 長安을 떠나 廬山으로 들어갔다.

廬山慧遠은 각현을 각별히 우대하였으며 廬山에서 『達摩多羅禪經』을 번역하게 되었고, 혜원도 이 경의 序文을 지었다. 이후 宋의 수도 建康의 道場寺에 거주하며 『華嚴經』 60권, 『摩訶僧祇律』, 『觀佛三昧經』, 『大方等如來藏經』 등 많은 경전을 번역하기도 했는데, 그는 역경승이라기 보다는 어디까지나 선정을 닦는 禪僧이었다.

僧肇가 『答劉遺民書』에서 "각현선사는 瓦官寺에서 선도를 교습함에 그 문도가 수백 명이나 되었으며 주야를 게을리 하지 않고 정진하여 스스로 도를 즐겼다."[27]라고 평하고 있음은 주목해야 할 구절이다.

각현은 이후 주로 建康의 道場寺에 머물며 선법을 펼쳤기 때문에 道場선사로 불리게 되었다. 그의 문하의 습선자로선 앞에서 언급한 智嚴을 비롯하여, 印度 서역에도 나아가 역경승으로도 활약한 寶雲[28] (376~449), 道場寺 慧觀,[29] 玄高 등이 알려지고 있다.

특히 慧觀은 선승으로보다 義解의 고승으로, 五時의 敎判을 최초로 주장한 인물로서 유명한데, 각현의 입적 후엔 寶雲과 같이 道場寺에서 선풍을 크게 드날렸다.

玄高(402~444)는 각현의 제자 중에서 북지에서 활약한 뛰어난 禪

27　僧肇의 『肇論』(『大正藏』 45권, 155쪽下) ; 『高僧傳』 권6, 「僧肇傳」(『大正藏』 50권, 365쪽中).

28　寶雲의 傳記는 『高僧傳』 권3(『大正藏』 50권, 339쪽下) ; 『出三藏記集』 권15(『大正藏』 55권, 113쪽上)에 수록하고 있다.

29　慧觀의 傳記는 『高僧傳』 권7(『大正藏』 50권, 386쪽中) 참조. 혜관은 구마라집과 불타발타라에게 수학한 인물로 頓悟漸悟의 논쟁을 펼친 사람으로 유명하다.

僧이었다. 『양고승전』 제11권에 그의 전기를 싣고 있는데,[30] 그의 속성은 魏氏, 12살에 출가했다. 각현삼장이 장안의 石羊寺에서 禪法을 펴고 있다는 소문을 듣고 나아가 師事하여 10일만에 선법에 깊이 통달했다. 각현은 그의 深悟를 칭찬하고 일부러 師禮를 받지 않았다고 한다.

그 후 西秦의 맥적산(甘肅省 天水縣)에 거주하며 백여 명에게 선도를 가르쳤다. 당시 외국 선승 曇無毘가 涼土에 왔기에 玄高도 대중을 데리고 그에게 나아가 선법을 배웠다. 이때도 10일만에 선요를 통달하였으며, 담무비는 곧 서역으로 귀국해 버렸다. 뒤에 하북의 林陽堂에서 300여 명의 문도와 동거했는데 그중 100여 명이 禪法의 奧義를 체득했다고 한다. 그중에서도 玄紹(418~514)는 앞서 담무비에게 나아가 禪法을 배웠고, 현고의 수제자가 되었으며, 또 그에 못지 않은 제자가 11명이나 있었다고 한다.

현고는 河南王에게 초빙되어 國師로 존숭받았으며, 뒤에 涼王 沮渠蒙遜의 존경을 받았고, 북위의 수도인 平城(大同)에 초청되어 크게 선법을 넓혔다. 처음 북위의 태자, 拓跋晃의 두터운 귀의를 받았으나, 태무제의 疑惑을 사게 되어 高德사문 慧崇과 함께 붙잡혀 太平年(444) 43살의 젊은 나이에 희생되었다.

北魏의 太武帝는 大臣 崔浩와 道士 寇謙之 등의 계략에 의해서 6년간에 걸친 廢佛을 단행하였다. 그러나 元兇 등이 살해되고 태무제도 죽게 되자 태자 晃의 장자인 濬(文成帝)이 즉위(452년)하여 곧 破佛令을 철폐시키고 불교를 일으켰다.

---

30 『양고승전』 제11권, 「玄高傳」(『大正藏』 50권, 397쪽上).

雲岡의 거대한 大同石窟과 수도 낙양의 永寧寺 건립은 국력을 동원한 興佛이었으니, 사문 曇曜의 노력과 활약에 의한 것이었다. 또 뒤에서 언급할 佛陀선사는 북위불교를 대표하는 유명한 선승이며 禪法의 융성도 이때부터 본격적으로 전개되었다.

현고의 제자로는 앞에서 언급한 현소 이외에도 玄暢(416~484), 曇弘, 樊會僧印 등의 이름이 알려지고 있다. 현창은 선승보다는『華嚴經』의 연구자로서 더 잘 알려진 사람인데, 그의 제자로 法期가 있다.[31]

法期[32]는 처음 智猛(~453년경)으로부터 선법을 배웠다.[33] 智猛은 智嚴과 法顯을 전후하여 인도 서역을 遊歷하고 귀국 후엔 역경도 한 사람이다. 지맹이 배운 선법은 罽賓 등지에서 배운 소승선이라고 볼 수 있는데, 법기도 지맹으로부터 소승선을 배웠다고 생각된다. 법기는 지맹에게서 소승선법을 배운 뒤 또 玄暢에게서 대승선법을 배웠다. 현창과 법기는 북위 태무제의 파불시에 남쪽으로 옮겨 강릉(湖北)의 長沙寺에서 선법을 홍포하였다. 특히 현창은 "내가 볼 때 고비사막에서 하북, 하남, 호북, 호남방면의 일대에서 법기가 선법의 제1인자이다."라고 극찬하고 있다.[34]

이상의 불타발타라(각현)와 담무비 계통의 습선자(선승)들의 법계를 도시해 보면 아래와 같다.

---

31 『高僧傳』 권8, 「玄暢傳」(『大正藏』 50권, 377쪽上).

32 『高僧傳』 권11, 「法期傳」(『大正藏』 50권, 399쪽上).

33 『양고승전』 제3권, 「釋智猛傳」(『大正藏』 50권, 343쪽中) ; 『양고승전』 제11권 「법기전」(『大正藏』 50권, 399쪽上) ; 『出三藏記集』 제15권, 「智猛傳」(『大正藏』 55권, 11쪽中) 등 참조.

34 『고승전』 권11 법기전에 玄暢의 말을 다음과 같이 전한다. "暢歎曰, 吾自西至流沙, 北履幽漠, 東探禹穴, 南盡衡羅, 唯見此一子, 特有禪分."(『大正藏』 50권, 399쪽上)

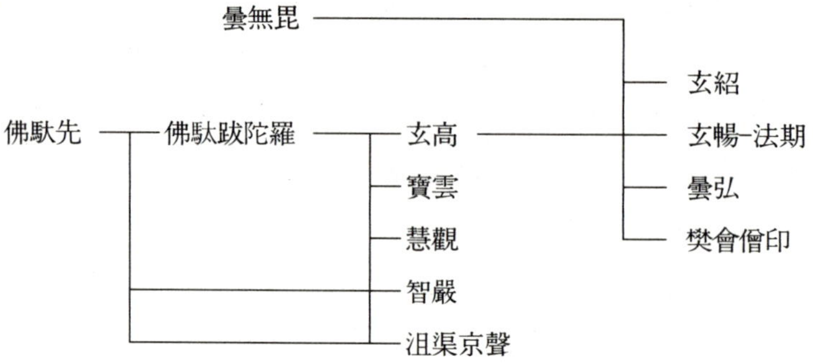

曇摩蜜多(Dharma-mitra, 356~442)의 전기는『양고승전』제3권,『出
三藏記集』14권 등에 수록하고 있다.[35] 그는 罽賓 사람으로 7살 때에
출가하여 많은 성자들에게서 禪法을 익혔다. 태어나면서부터 두 눈썹
이 연결되어 있어 連眉선사라고 불리었다. 젊어서 제방을 유행하고
중앙아시아를 거쳐 宋의 元嘉 元年(424) 70살이 되어서 사천에 도착하
였고, 다시 荊州에 내려와 長沙寺에 禪閣을 세웠다.

뒤에 宋의 수도 建康 中興寺와 祗洹寺에 주석하게 되었는데 왕실
과 귀족의 귀의가 두터웠으며, 여기서『五門禪經要用法』,『禪秘要』
등의 禪經과『普賢菩薩行法經』,『虛空藏觀經』등 대승선관의 경전
들을 번역했다.

그가 선법을 가르치면 많은 도속이 운집하였으며, 사람들이 그를
大禪師라고 불렀다. 그 사이에 會稽 太守의 간청으로 선정을 닦는 선
원을 지었으며, 원가 10년(433)에는 種山의 定林下寺에 거주하며 선

---

35 『양고승전』제3권,「담마밀다전」(『大正藏』50권, 342쪽下) ;『出三藏記集』제14권,
「담마밀다전」(『大正藏』55권, 105쪽上).

법을 넓혔다. 元嘉 12년(435)에 定林上寺를 지었으며 그의 선원은 제 방에서 수많은 習禪者들이 모여 강남 선법의 중심도량이 되었다고 한다.

그의 제자로 (法)達선사가 있어 정림상사의 선풍을 더욱 번창시켰다고 한다. 또 담마밀다의 제자로 僧審(416~490)이 있는데 어려서 출가하여 『법화경』과 『수능엄경』 등을 독송하며 선정을 닦았다. 담마밀다가 建康에 머무르고 있을 때에 찾아가 禪法을 배워 깊은 경지를 체득했다. 뒤에 齊의 文惠王, 文宣王의 귀의를 받았고 많은 지식인들이 그의 교시를 받았다. 그의 제자로 繁鷲寺 慧高가 있다.[36]

이상 담마밀다 계통의 습선자의 계보를 정리해보면 다음과 같다.

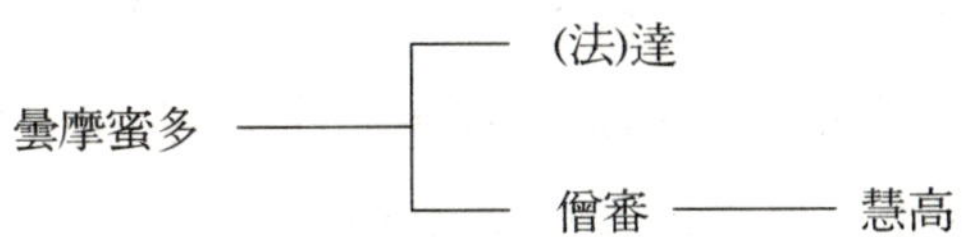

畺良耶舍(Kalayasas)의 전기는 『高僧傳』 권3에 싣고 있다.[37]

그는 서역 출신으로 아비달마와 계율 그리고 여러 경전에 정통한 고승인데 특히 선정을 전문으로 하였다. 한번 선정에 들면 열흘씩이나 자리에서 일어나지 않았다 한다. 여러 나라를 遊行하며 선법을 가르쳤으며, 宋의 元嘉初年(424)경에 建康에 도착했다. 태조 文皇의 귀의를 받고 처음 종산의 道林精舍에 머물렀으며, 藥王藥上觀과 무량수관 등의 대승선법을 설한 경전을 번역했다. 뒤에 강릉(湖北) 사

---

36 『고승전』 권11, 「釋僧審傳」(『大正藏』 50권, 399쪽下).
37 『고승전』 권3, 「畺良耶舍傳」(『大正藏』 50권, 343쪽下).

천 등에 유행하며 선법을 고취하다 60세에 입적했다.

특히 강량야사의 禪法은 寶誌 혹은 保誌(418~514)선사가 중시하였다. 寶誌는 또 僧儉에게서 선법을 수학하였지만 天然의 선사로서 뒤에 달마계통의 中國 禪宗에도 많은 영향을 미친 선승이다.[38]

三論宗의 조사인 法朗(507~581)도 寶誌선사로 부터 禪法을 배웠다고 한다. 그 사실의 眞僞문제는 따로 논구해야 할 과제지만, 만일 이것이 사실이라면 攝山 皇興寺 삼론종의 禪法은 강량야사의 선법을 계승한 것이 된다고 하겠다.

曇摩耶舍(Dharmayasa)는 계빈 출신으로 有部의 학장 佛若多羅(Punyatara)에게서 선법을 배웠으며 그의 인품은 각현(불타발타라)과 같았다고 한다. 東晋의 義熙中(405~418)에 장안에 도착하여 曇摩崛多(Dharma-gupta)와 함께 『舍利佛阿毘曇論』을 번역했다. 뒤에 남방 강릉의 辛寺에 주석하며 크게 선법을 가르치니 선법을 배우고 익히는 수행자가 300여 명이나 되었다고 한다. 宋의 元嘉 年中(424~453)에 서역에 돌아간 후 소식을 알 수 없다. 그의 제자로 法度가 있다.[39]

求那跋摩(Guna-Varman, 367~431)의 전기는 『고승전』 권3과 『출삼장기집』 권14 등에 싣고 있는 것처럼 대소승의 여러 경전과 律藏의 번역가로서 잘 알려진 사람이지만 선법을 전문으로 한 習禪者였다. 계빈왕족의 출신으로 20살 때 출가하고 經律論 三藏과 法要에

---

38 『고승전』 권10, 「寶誌傳」(『大正藏』 50권, 394쪽上); 『傳燈錄』 권29(『大正藏』 51권, 449쪽上)에는 寶誌의 저술을 여러 편 싣고 있는데 그의 眞作인지에 대해선 검토할 필요가 있다.

39 『고승전』 권1, 「曇摩耶舍傳」(『大正藏』 50권, 329쪽中.)

통달했으며 三藏法師로서 존경받았다. 30살 때 군신들이 부왕의 뒤를 이어 왕위에 오를 것을 청했지만 사절하고 스리랑카 등의 여러 나라를 거쳐 宋의 원가 원년(424) 交州에 도착했다. 始興(廣東) 虎市山 靈鷲寺에 선실을 짓고 선정을 닦았으며, 뒤에 宋의 문제는 慧觀 등을 시켜 그를 초대하였기에 建康의 기원사에 나아가『菩薩禪戒經』등을 번역했다. 또 스리랑카에서 비구니(尼僧)를 초청하여 중국불교에 최초로 비구니(尼僧) 교단을 결성시키기도 했다.[40]

僧伽達多(Samgha-datta)와 僧伽羅多(Samghalata)는 모두 선법에 통한 사람으로 천축의 사문이다. 승가달다는 산중에서 좌선할 때 많은 새들이 과일을 물어와 공양하기도 하였다. 元嘉 18년(441) 臨川康王의 청으로 廣陵에 거주하다 建康에서 입적했다.[41]

승가라다는 송의 景平 말(424)에 建康에 도착하여 탁발하면서 나무 밑에서 두타행을 하였다. 원가 10년(433) 鍾山의 선원(宋熙寺)을 짓고 선정에 힘썼다.

寶意(Ratna-mati)의 선조의 출신은 康居인데 뒤에 인도에서 살았다. 송의 孝建中(454~456)에 建康의 瓦官寺 선방에 머물며, 항상 나무 밑에서 좌선을 하였다. 또한 經律論 삼장에도 밝아 당시 三藏이라고 불렀다고 한다. 齊의 文惠王·文宣王 및 梁의 太祖는 師禮로서 두텁게 우대하였으며, 齊의 永明 末年(493)에 와관사에서 입적했다.[42]

이상은『양고승전』에 싣고 있는 초기의 習禪者들 가운데, 인도 서

---

40 『고승전』권3, 「求那跋摩傳」(『大正藏』50권, 340쪽上) ; 『出三藏記集』권14(『大正藏』 55권, 104쪽中).
41 『고승전』권12, 「僧伽達多傳」(『大正藏』50권, 343쪽下~344쪽上).
42 『고승전』권12, 「寶意傳」(『大正藏』50권, 345쪽上).

역에서 선법을 전했거나 전승한 선승들의 略傳이지만, 외래승의 지도를 받지 않고 독자적으로 선법을 닦은 중국의 선승들도 상당히 많았으리라 생각된다.

예를 들면 여산혜원의 제자 중에서도 法進, 法安[43]이나 曇邕[44] 및 그의 제자 曇果 등이 선법을 닦은 선승이다. 法進의 제자 法朗은 북위의 폐불(446) 때에 서방의 龜茲에 나아가 국왕으로부터 '大禪師'의 칭호를 받았고 왕사로서 존경받은 사람이다.[45]

또한 釋僧周의 경우는 누구의 선법을 계승했는지 알 수 없지만 항상 숭산에서 좌선과 두타행을 했다. 北魏 태무제의 破佛 때엔 수십 명의 문인들과 함께 寒山에 들어가 좌선에 힘썼다. 文成帝는 불교를 부흥시키기 위해 제방의 선지식을 청했으며, 장안을 진압하고 있던 永昌王은 한산에 덕망있는 스님이 있음을 알고, 승주를 초청했지만 老病을 구실로 산에서 내려오지 않고 대신 제자 僧亮을 보냈다. 僧亮은 북위의 불교부흥에 많은 힘을 쏟았다.[46]

승주와 그의 제자들에 의해서 선법의 도량으로 개창된 숭산은 뒤에 불타선사와 그의 제자 僧稠系의 선법 도량으로 번창하였으며, 또다시 보리달마와 慧可系의 선센타로서 널리 알려졌다.

『양고승전』에서 전하는 5세기경 초기의 習禪者와 그들의 선법은 대략 앞에서 논술한 바와 같은데, 그들이 활약한 지역도 남북 전역에 확대되었음을 알 수 있다. 그러나 외국승들의 활동무대는 주로 강남

---

43 『고승전』 권6, 「釋法安傳」(『大正藏』 50권, 362쪽中).
44 『고승전』 권6, 「釋曇邕傳」(『大正藏』 50권, 362쪽下).
45 『고승전』 권10, 「釋法朗傳」(『大正藏』 50권, 392쪽下).
46 『고승전』 권11, 「釋僧周傳」(『大正藏』 50권, 398쪽下).

의 建康이었으므로, 北地나 사천지방보다도 강남을 중심으로 禪法이
중국에 정착되었음을 알 수 있다.

(4) 習禪者의 계보 Ⅱ

『양고승전』에서 전하고 있는 초기 習禪者들의 禪法은 주로 소승
선이었지만, 『당고승전』의 습선편에 전하고 있는 고승들은 주로 대
승선을 실천하는 선승과 학자들이 많다. 예를 들면 보리달마-혜가
계의 선종이나 慧思-智顗系의 天台宗, 攝山의 三論宗, 信行의 三階
教 및 道綽의 淨土念佛系統 등이 있다.

이들은 뒤에 각기 隋唐 종파불교의 宗源으로서 새롭게 전개되고
있으므로 여기서는 이들 각파에 대해선 논외로 접어두고, 외래의 선
승으로서 그 법계가 뚜렷하며 초기의 禪宗思想史에 많은 영향을 끼
친 勒那摩提, 佛陀선사 등을 중심으로 6세기 전후 習禪者들의 계보
를 살펴보기로 하겠다.

사실 6세기 전후의 중국불교는 불교교학의 발달로 학파적인 종지
가 教相判釋으로 대두되었다. 이 시대의 禪法도 어느 한 인물을 중심
으로 실천하는 종파적인 경향으로 흐르고 있었고, 또한 習禪者의 숫
자도 엄청나게 증가하였다.

앞에서 살펴본 것처럼 『양고승전』 습선편에는 2세기 후반에서 6
세기 즈음까지 약 350년간에 활약한 禪僧으로 正傳 21명을 싣고 있
는데 비하여, 『당고승전』 습선편에는 6세기 후반에서 7세기 중기까
지 200년 사이의 禪僧으로서 정전 95명의 이름과 그들의 전기를 수
록하고 있다. 말하자면 약 반밖에 안 되는 짧은 기간에 禪僧의 숫자
는 다섯 배 가까이나 늘어나게 되었으므로 실제 『양고승전』의 시대

보다도『당고승전』의 시대가 선정을 닦는 習禪의 풍조는 10배 이상
증대되었음을 알 수 있다. 이러한 경향은 또 唐보다도 宋代에 걸쳐서
는 禪者의 숫자는 압도적으로 증가되고 있으며, 이것으로 외래 종교
인 불교가 중국 땅에 정착되었음을 입증하는 것이라고 할 수 있다.
또한 동시에 禪佛教가 중국인의 생활종교로서 널리 실행되고 있음을
간취할 수 있다.

勒那摩提(Ratnamati)는 6세기 초 낙양 북위불교의 전성시대에 유명한
역경삼장의 한 사람으로, 菩提流支(Bodhiruci)나 佛陀扇多(Buddhasanta)
와 같이 활약했다.[47]

당시 낙양에는 북위불교의 대표적인 국립사원으로 유명한 永寧寺
에 700명의 외국승[梵僧]이 대우를 받고 있었는데 그 가운데서도 이
들 3인은 가장 유명하며, 세 사람 모두 선법에도 뛰어났다.[48]

『양고승전』권1 「륵나마제전」에 의하면, 그는 中天竺國 출신으로
경전과 불교의 교리에 밝았으며 특히 선법의 達人이었다. 魏의 正始
5년(508)에 낙양에 와서『妙法蓮華經論』,『究竟一乘寶性論』,『十地
經論』등을 번역했다. 당시의 역경으로서는 보리류지가 제일인자였
으나 교학과 실천은 륵나마제가 뛰어났다고 말하고 있다.

---

47 『속고승전』제1권, 「勒那摩提傳」(『大正藏』50권, 429쪽上).

48 『속고승전』제1권, 「菩提流支傳」에 "宣武皇帝 下勅引勞 供擬殷華 處之永寧大寺 四
事將給七 百梵僧 勅以留支 爲譯經之元匠也."(『大正藏』50권, 428쪽上)라 하였고,
또 『洛陽伽藍記』권4(『大正藏』51권, 1051쪽中)에 의하면 당시 인도 西域에서 來朝
한 사문이 많아서 宣武帝는 그들을 위해 洛陽에 水明寺를 짓고 一千余 僧房을 만들어
百余國에서 온 沙門 三千余人을 居住케 하고 四事供養하였다고 한다. 참고로『낙양
가람기』제1권, 永寧寺條에 의하면, 보리달마가 낙양에 와서 永寧寺가 완성된 516년
이후에 달마는 이 절의 偉容과 9층탑의 웅장한 장면을 바라보고 경탄했다는 기사를
전하고 있다.(『大正藏』51권, 1000쪽中)

또 이들 두 사람은 각기 따로따로『십지경론』을 譯出하였으며 이로부터 地論宗이 발생하게 되었다. 륵나마제는 慧光에게 전하고 거기에서 法上, 曇遵, 道憑 등의 地論宗 南道派가 생겼고, 보리류지는 道寵에 전하여 지론종 北道派가 되었다.

또 륵나마제에 대하여 주의해야 할 것은『法苑珠林』권20 致敬篇 제9에 그가 번역하였다고 하는「七種禮法」을 抄鈔하여 전하고 있으며, 뒤에『宗鏡錄』권23 등에도 인용하고 있다.[49]

륵나마제에게 3명의 제자가 있었다고 한다.[50] 그중에서 慧光(471 ~550년경)은 經法과 戒律을 전하였고, 房, 定의 2人은 그의 心法, 즉 禪法을 전했다고 한다. 여기서 말하는 房은 佛陀선사에게 修學한 道房선사라고 생각되는데, 定은 누군지 알 수가 없다. 이들 3명 외에도 僧達과 僧實도 그의 제자인데, 그가 이 두 傑僧들을 배출함으로써 초기 습선자의 한 계보를 이루게 된 것이다.

僧達(475~556)은 魏의 孝文帝(471~499)의 귀의를 받았으며 뒤에 낙양에 가서 륵나마제의 지도를 받았다. 그러나 얼마되지 않아 스승이 천화하여 다시 혜광에게 사사했다. 승달은 교학도 뛰어난 선승으로서 천하에 알려졌다.

일찍이 그가 남쪽의 梁나라에 가서 寶誌선사를 만났을 때 寶誌선사는 "僧達禪師는 大福德人이다."라고 높게 평하였기 때문에 梁武帝도 그를 매우 공경하고, "북쪽의 曇鸞법사(476~542?)와 승달선사는

---

49 『法苑珠林』제20권(『大正藏』53권, 435쪽中)에는 다음과 같이 七種禮法을 전하고 있다. '七種禮法'이란 ① 我慢憍心禮 ② 唱和求名禮 ③ 身心恭敬禮 ④ 發智清淨禮 ⑤ 遍入法界禮 ⑥ 正觀修誠禮 ⑦ 實相平等禮.
50 『속고승전』권7, 「釋道寵傳」(「大正藏」50권, 482쪽下).

肉身의 菩薩이다."라고 말하며 항상 북쪽을 향해 멀리 예배하였다고 한다. 82살 때에 앉은 채로 입적하니 後梁의 宣帝는 큰소리로 울었다고 하며, 그의 遺骨은 唐代에까지 그대로 보존되었다고 한다.[51]

僧實(476~563)은 26살 때에 출가하였다. 魏나라 효문제의 두터운 귀의를 받은 유명한 道原법사의 제자가 되었고, 뒤에 스승을 따라 낙양에 가서 륵나마제 삼장으로부터 禪法을 전수받았다. 승실은 항상 선의 깊은 뜻을 자문하였기에 륵나마제는 이를 기특히 여겼으며, "佛道가 중국에 전래된 이래 禪을 좋아하는 것(味靜)은 승실보다 더 뛰어난 사람이 없다."라고 칭찬하였다.[52]

이는 승실의 교학적인 이해와 지극한 선정의 실천으로 많은 사람들의 지도자로서 자격이 갖추어지게 됐음을 알 수 있게 한다. 따라서 後周의 태조는 승실을 존경하여 두 번에 걸쳐서 昭玄三藏(沙門統)과 國三藏(전국에서 존중된 三藏法師)의 僧官에 임용하게 되었으며, 그의 道聲은 천하에 퍼지게 되었다. 道宣도 『속고승전』 습선총론에 "하북의 北齊에선 僧稠가 홀로 뛰어났고, 北周의 관중에서는 승실이 존경을 받았다."라고 논하고 있는 것처럼 당대의 대표적인 禪師였다.

그의 제자로선 曇相(~582), 僧淵(519~602), 毅(534~602), 靜端(543~606) 등이 있으며, 담상의 제자에 僧晃(533~618년경), 정단의 제자 曇倫(547~626년경)이, 다시 玄琬, 靜琳, 僧粲 등의 뛰어난 선승이 배출되었다.

이상 륵나마제의 선법을 이은 習禪者의 계보를 정리하면 다음과 같다.

---

51 『속고승전』 권16, 「釋僧達傳」(『大正藏』 50권, 552쪽下).
52 『속고승전』 권16, 「釋僧實傳」(『大正藏』 50권, 557쪽下).

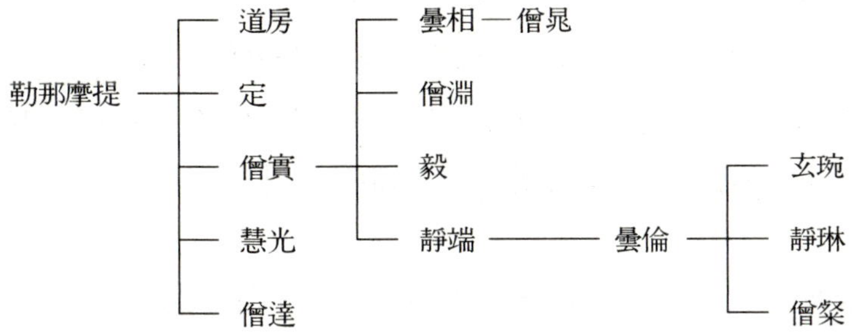

다음 북위불교를 대표하는 禪僧 불타선사와 그 문하에 대해서 살펴보자. 특히 불타선사는 보리달마와 거의 같은 시대에 활약한 인물로서 숭산 소림사를 창건하여 북위불교의 새로운 선센터를 만들었으며, 많은 문도 중에서 僧稠와 같은 뛰어난 선승을 배출하여 중국 선종의 기반을 확립시켰다고 말할 수 있다. 앞에서 살펴본 것처럼, 道宣은 『속고승전』 習禪總論에서 僧稠와 僧實을 當代의 명승으로 뽑고 있으며, 또 僧稠와 달마의 선사상과 교화를 비교하여[53] 당대의 선법이 양대산맥을 이루고 있음을 극찬하는 것을 보면 僧稠가 당시 가장 뛰어난 선승으로 존경받은 인물이었음을 추측할 수 있다.

『속고승전』 권16, 「佛陀禪師傳」에 의하면, 불타선사는 천축의 사람으로 습선을 전문으로 하였으며, 6명의 친구들과 수행하였다. 그런데 다른 5명은 모두 깨달음을 얻었는데 불타 혼자 證悟하지 못하여 더 힘써 苦節하였다. 그때 친구들이 "득도하는 것은 시절이 있으

---

53 『속고승전』 권20, 「習禪總論」, "然而觀彼兩宗 卽乘之二軌也. 稠懷念處 淸範可崇. 摩法虛宗 玄旨幽賾 可崇則情事易顯, 幽賾則理性難通. 所以物得其筌. 初同披洗 至於心用 壅瘵惟繁 云 之僑差難述矣."(『大正藏』 50권, 596쪽下)

니 너무 급히 서둘러 身命을 손상시키지 마라. 자네는 중국과 특별한 인연이 있으니 그곳에 가서 두 제자를 출가시킨다면 크게 이익이 있을 것일세."라고 말했다. 그래서 그는 여러 나라를 순방한 뒤 魏나라 孝文帝(471~499 在位)의 불법 홍륭시대에 북대의 恒安(山西省)에 도착했다.[54]

佛法을 받드는 恒安城에서는 불타선사를 위해 別院을 지었는데, 그는 실내에서 항상 좌선을 하였으며 자주 여러 가지 상서로운 寄瑞를 나투었다. 뒤에 효문제가 낙양으로 遷都(493년)할 때에도 그를 위해 낙양에 선원을 건립하여 勅住토록 하였다. 그러나 그는 산곡에서 정좌를 즐겼으며 자주 남방의 교외에 있는 嵩山에 가서 좌선하였다. 그래서 왕은 칙명으로 少室山(嵩山)에 少林寺를 지어 거주토록 하였으니, 선도량으로서 숭산 소림사의 역사가 여기에서 비롯되었다.

『魏書釋老志』에도 "서역 사문 跋陀(佛陀)는 道業이 있어 高祖의 敬信을 받았으며, 소실산(숭산)에 소림사를 지어 그에게 거주토록 하며 왕실에서 일체의 의식을 제공했다."라고 하고 있다. 이에 대해서는 후대에 天台智顗로부터 수행자가 왕공귀족과 친밀하다는 비판을 받기도 했지만, 그는 사실 북위의 왕실로부터 두터운 신뢰와 귀의를 받았으며 당시 북위불교에서 가장 덕망있는 高僧이었음을 알 수 있다.[55]

---

[54] 『속고승전』 16권, 「佛陀禪師傳」(『大正藏』 50권, 551쪽上).

[55] 『摩訶止觀』 권7의 下(『大正藏』 46권, 99쪽中)에 "옛날 洛陽과 鄴都의 禪師들은 이름을 四海에 떨쳤다. 갈 적에는 四方의 대중이 구름처럼 받들고, 움직일 땐 千百의 대중이 무리를 이루었다. 이처럼 명성이 드날리지만 그 무슨 이익이 있으리요. 임종 때에는 모두 후회만 있을 뿐이다."라고 비판하고 있음은 佛陀禪師와 僧稠의 名聲을 의식

그의 명성을 들은 천하의 학도자들이 숭산으로 모였으며 항상 수백 명의 습선자들이 그의 문하에서 禪을 실수하였다고 한다. 특히 그의 제자로서 유명한 사람이 慧光과 僧稠인데, 불타선사는 혜광이 12살 때 곡예사로서 낙양에 있을 때, 그의 풍모와 태도가 범상치 않음을 알고 출가시켰다. 또 제자 道房으로 하여금 僧稠를 득도시켜 禪法을 가르쳤다. 慧光과 僧稠는 뒤에 중국불교의 큰 인물로 활약하게 되는데, 불타선사는 만년에 僧徒의 지도를 제자들에게 맡기고 사원 밖의 별원에서 거주하였다.

慧光(471~550년경)의 속성은 楊氏, 13살 때에 부친을 따라 낙양에서 불타선사를 만나게 되어 4월 8일에 三歸依戒를 받고 출가하였다. 사미 때부터 비범한 재주가 인정되어 먼저 戒律과 經論을 배우게 하였고 구족계를 받을 즈음엔 학문과 수행이 거의 완성되었다고 한다. 혜광은 불타선사로부터 선법을 배웠고, 륵나마제로부터『십지경론』을 배웠다. 그런데 혜광은 禪僧보다 오히려 戒律과 經論의 학자로서 유명하며, 뒤에는 중국 四分律宗 및 地論宗 조사의 한 사람으로 추앙되고 있다. 또한 사회적으로도 낙양에서는 國僧都에 임명되었고, 東魏의 鄴都에서 국통에 임명되기도 했다. 慧光의 문하에 曇遵, 道憑, 法上 등 3인의 上足제자가 있으며, 曇遵의 문하에 曇遷이, 道憑의 문하에선 靈裕가 배출되어 선과 교학을 번창시켰다.[56]

僧稠(481~561)가 불타선사의 禪法을 이은 뛰어난 禪僧이었음은 앞에서 누차 언급한 바와 같다. 사실 도선은『속고승전』습선편의 지면을 가장 많이 할애하여 자세한 僧稠傳을 싣고 있는 것만으로도

한 것으로 볼 수 있다.
56 『속고승전』권21, 「釋慧光傳」(『大正藏』50권, 607쪽中).

그에 대한 경의의 정도와 초기 선정사에서 그의 존재에 대한 비중을 엿볼 수 있게 한다.

僧稠의 속성은 孫氏, 어려서 효행으로 이름이 알려졌으며, 출가 전에 이미 世典과 經史에 통하여 太學박사가 되었으며 일찍이 세속을 싫어했는데 불교의 경전을 읽고는 확연히 깨달은 바가 있어 28살에 출가하게 되었다.[57]

처음 불타선사의 제자인 道房선사에게 止觀을 배웠고, 북방에 나아가 『열반경』 聖行品의 四念處法을 닦고 일체의 욕망이 없어졌다. 뒤에 趙州(河北)의 道明선사로부터 安般十六特勝法을 받았다.

승주는 신명을 내걸고 修禪에 정진하여 깊은 경지를 체득했다. 그는 당시 유명한 숭산 소림사의 불타선사를 찾아가 자기가 證得한 경지를 보이자 불타는 "葱嶺(파미르) 以東에서 僧稠가 禪學으로는 제일이다"라고 극찬하고, 다시 그를 위해 선의 깊은 요체를 내리고 숭산 嵩岳寺에 거주토록 하였으며, 100명의 수행승과 함께 지냈다.[58]

魏의 孝明帝는 그의 德望을 듣고 세 번이나 초청하였지만 응하지 않았다고 한다. 北齊의 文宣帝도 天保 2년(551) 칙소를 내렸지만 처음엔 일어나지 않았으나, 황제의 열의에 감동되어 드디어 鄴都에 나아가 황제를 위하여 보살계와 禪法을 가르쳤다. 천보 3년엔 鄴城의 서남에 雲門寺를 세워 거기에 거주토록 했으며, 석굴사원의 건립을 관장케 하였고, 乾明 원년(560) 4월 13일 81살로 입적했다.

---

57 『속고승전』 권16, 「釋僧稠傳」(『大正藏』 50권, 553쪽下).
58 『北山錄』 제6권에도 다음과 같이 전한다. "魏有跋陀 傳心悟於慧光, 光少定力, 終以三藏文字爲國大統. 唯僧稠得跋陀之道. 錫杖解虎 袈裟護難, 初稠入定, 九日不起, 跋陀曰, 葱嶺已來 禪學之最, 汝其人耳."(『大正藏』 52권, 611쪽上)

이처럼 僧稠는 北齊 文宣帝의 절대적인 귀의를 받게 되어 선법을 크게 홍포하게 됐으며, 그의 문하엔 천여 명에 달하는 습선자가 모였다고 한다. 또 전국의 각 사원에 칙명을 내려 선원을 설치케 하였고 선법을 배우도록 했다. 때문에 왕은 선법을 중시한 나머지 교학을 폐지시키려고 했지만 僧稠는 이를 말리고 선과 교학을 같이 수학토록 진언했다. 따라서 당시 전국에선 선법의 스승이란 의미로 僧稠를 '大禪師'라고 부르면서 존경했다.

최근 일본의 鎌田茂雄氏의 중국 安陽石窟 조사보고(『中外日報』 1988년 7월 12일자)에 의하면, 안양의 小南海石窟은 僧稠선사를 기념하는 石窟寺院으로서 문선제의 천보 원년에서 6년(556)에 걸쳐 開鑿된 것이며, 북쪽 벽에는 僧稠선사의 供養像이 조각되어 있다고 한다. 또 이 석굴사원에는 『열반경』 聖行品도 새겨져 있다고 하는데, 이는 승조가 성행품의 四念處法에 의거하여 수행했기 때문이라고 하겠다.

이러한 사실은 道宣이 『속고승전』 승조전과 습선총론에서도 밝히고 있다. 특히 나무와 목재가 적고, 바람이 세차고 황량한 풍토인 중국의 북부지역엔 석굴사원이 많이 조성되었다. 大同石窟, 龍門石窟, 敦煌石窟寺院 등이 유명하지만, 각지에도 무수히 많은 석굴사원이 조성되었다.

高允(390~487)의 『鹿苑賦』에 "石窟을 파서 禪居로 하였다"라고 읊고 있는 것처럼, 처음 북지에서는 石窟을 파서 좌선당으로 삼았음을 알 수 있다.[59] 이러한 사실은 『高僧傳』에 실려 있는 禪僧들의 행

---

[59] 『廣弘明集』 권29(『大正藏』 52권, 339쪽中). 鹿苑寺는 山西省 大同에 있다. 『魏書』의 太祖紀에 天興 2年(399)에 조성한 것이라 한다. 『魏書釋老志』에도 "高祖踐位 顯祖移御北苑崇光宮 覽習玄籍建鹿野佛圖 於苑中之西山 去崇光右十里 巖房禪堂 禪僧居其中焉."이라고 기술하고 있다.

적에서도 확인할 수 있다. 예를 들면 앞에서 언급한 今韶, 法緒, 玄高를 비롯하여 불타선사도 巖壁에 석굴을 파서 禪室로 하였다. 때문에 이를 '禪窟'이라고 하는데 숭산의 少林窟에서 9년이나 면벽하였다는 달마전에서도 초기 習禪者들의 수선의 모습을 엿볼 수 있다.

僧稠의 저술로선 도선이『止觀法』2권이 있다고 하고, 慧琳의『一切經音義』(『大正藏』54권, 930쪽上)와 飛錫의『念佛三昧寶王論』卷中(『大正藏』47권, 141쪽上)에서는『法寶義論』이 있다고 하는데 모두 전하지 않고 있다. 돈황 자료 가운데 僧稠의 작품으로『大乘心行論』(돈황본 P.3559號)이 전하고 있으며, 이 자료에 의거한 일절이『宗鏡錄』권97에 僧稠선사의 어록으로 인용되고 있다.[60] 그밖에도 僧稠가懷州 大行山 靈泉谷에서 두 호랑이가 싸우는 것을 錫杖으로 말렸다는 이야기에 의거한『稠禪師解虎贊』(돈황본 S.4597號, P.3490號)도 전하고 있다.

후대에 북종선의 淨覺선사나 圓寂, 마조의 제자 伏牛自在 등이 그옛날 僧稠의 德望을 흠모하여 그의 유적을 찾아갔다는 사실을 전하고 있는 것을 볼 때[61] 중국 禪宗史에 오랫동안 승조의 그림자가 비치고 있음을 알 수 있다.

이상 불타선사와 그의 문하 습선자의 계보를 정리해 보면 다음과같다.

---

[60] 『宗經錄』 권97(『大正藏』 48권, 914쪽中).

[61] 淨覺의 行蹟은『注般若波羅蜜多心經』李知非의 서문 참조.『宋高僧傳』권10,「圓寂傳」(『大正藏』50권, 770쪽上).『宋高僧傳』卷11,「伏牛自在傳」(『大正藏』50권, 771쪽下) 등 참조.

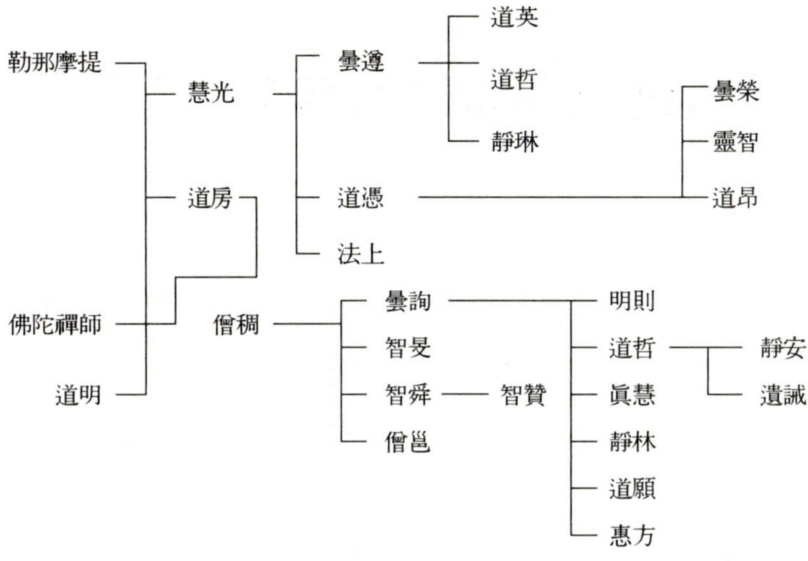

勒那摩提
慧光
道英
道哲
靜琳
曇遵
曇榮
靈智
道昂
道憑
法上
道房
佛陀禪師
僧稠
道明
曇詢
明則
智旻
道哲
靜安
遺誡
眞慧
智舜
智贊
靜林
僧邕
道願
惠方

2장

선종 전등설의 성립과 발전

1. 서언 —문제의 제기

조사선의 계보로 일컫는 『寶林傳』(801년 성립)에는 일찍이 석가모니불이 입멸하기 전에 수제자인 마하가섭에게 불타의 정법안장을 부촉하였음을 주장함과 동시에 그 사실을 전법게로 입증시키고 있다. 또한 이렇게 이심전심 교외별전된 불타의 정법안장은 마하가섭 이하 서천 28조의 전승을 거쳐 보리달마에게 전래되었다고 한다. 이에 달마는 북위시대에 중국으로 건너가 숭산 소림사에서 9년 면벽하던 중 雪中에서 斷臂求法의 의지를 보인 혜가에게 법을 전하였으며, 이후 삼조승찬 — 사조도신 — 오조홍인 — 육조혜능에게로 전래되었다고 주장하고 있다.

이처럼 한 사람의 祖師〔스승〕로부터 次代의 祖師〔弟子〕에게 이심전심의 부촉으로 전래된 불타정법의 역사적 계열을 중국 선종에서는 전등이라고 한다.

전등[1]이란 불타의 정법안장인 지혜의 광명을 燈火에 비유한 말로

---

[1] 『大智度論』 제100권에서는 불타의 正法을 전하는 사실을 燈火에 비유하여 다음과 같이 기술하고 있다.
"阿難雖復利根 心向聲聞, 但一身求度, 是故三告. 所以囑累者 爲不令法滅故. 汝當敎化弟子, 弟子復敎餘人, 展轉相敎, 譬如一燈復燃餘燈, 其明轉多."(『大正藏』 25권, 755쪽中)
이러한 예는 佛馱跋陀羅 譯, 『達摩多羅禪經』 上卷에서 처음으로 다음과 같이 설하고 있는 것으로 중국 선종 傳燈說의 사실상의 근거가 되고 있다.
"佛滅度後 尊者大迦葉, 尊者阿難, 尊者末田地, 尊者舍那婆斯, 尊者優波崛, 尊者婆須蜜, 尊者僧伽羅叉, 尊者達摩多羅, 乃至尊者不若蜜多羅, 諸持法者, 以此慧燈次第傳授."(『大正藏』 15권, 301쪽中)
'傳燈'이란 말은 『續高僧傳』 제20권, 「習禪總論」(『大正藏』 50권, 596쪽下), 제25권 「法沖傳」(『大正藏』 50권, 666쪽中) 등에 많이 보인다.
『楞伽師資記』나 李知非의 『注般若波羅蜜經』序 등에 禪宗의 입장에서 '傳燈弟子'란 말이 보이며, 裴漼, 『皇唐嵩岳少林寺碑』(727년 作 『全唐文』 제279권), 嚴郢, 『唐大興善寺 故 大德大辨正廣智三藏和尙碑銘』(781년 作 『大正藏』 52권, 860쪽中) 등에도 많이 보이며, 또한 일찍이 貞觀 22년(648) 8월 현장이 태종에게 올린 『玄奘上表記』(『大正藏』 52권, 819쪽中)에도 보이는 것처럼 사실 처음엔 선종 독자적인 말이라기보다는 불교에서 일반적으로 쓰여진 말이었음을 알 수 있다.
그러나 하나의 燈火가 다른 또 하나의 燈火에 전래되고 또 한 그릇의 물이 다른 그릇에 그대로 옮겨지듯이 석가모니불의 正法이 迦葉 이하의 歷代 祖師들에게 전래되었다고 하는 傳燈의 역사는 唐代 禪宗의 獨創임을 잊어선 안 된다. 『祖庭事苑』 제8권의 「傳燈條」에는 다음과 같이 『般若經』의 말을 인용하고 있다.
"般若四百八云, 大者善現 謂舍利子言, 諸佛弟子, 凡有所說, 一切皆承佛威神. 何以故, 舍利子, 如來爲佗宣說法要, 與諸法性, 常不相違. 諸佛弟子, 依所說法, 精勤修學, 證法實性, 由是爲它 有所宣說 皆與法性, 能不相達, 故佛所言, 如燈傳照."(『卍속장경』 113-113, 中)
또한 초기 선종에서는 '瀉器傳燈'이란 말로 표현하고 있다. 즉, 『능가사자기』 粲禪師傳에 "接續高僧傳曰, 可後粲禪師 隱思空山 肅然淨坐 不出文記, 秘不傳法, 唯僧道信, 奉事粲十二年, 瀉器傳燈, 一一成就, 粲印道信, 了了見佛性處.(云云)"(『大正藏』 85권, 1286쪽中)이라고 말하고 있는 것처럼 여기의 '瀉器傳燈'이란 『열반경』 제40권에 아난 이 붓다의 법을 하나도 남김없이 전한 것을 비유하여 "한 병의 물을 또 다른 한 병으로 옮겨 놓은 것과 같다."(『大正藏』 12권, 601쪽下)라고 한 말에 의한 것이다.
이와 똑같은 말이 『付法藏因緣傳』 제2권(『大正藏』 50권, 302쪽中)에 다음과 같이 보인다. "佛告文殊, 阿難比丘, 事我來久, 初無過咎, 具足成就不可思議, 所聞之法, 善能受持, 譬如瀉水置異器, 爲諸衆生 所其瞻仰."(『大正藏』 50권, 302쪽上·中)
또 『玄奘上表記』(謝太宗文皇帝製三藏聖敎序表)에도 "名 識乖龍樹, 謬忝傳燈之榮, 才異馬鳴 深愧寫瓶之敏."(『大正藏』 52권, 819쪽中)이라고 언급되어 있는데 이 모두 『열반경』에 의거한 말이라고 할 수 있다.

서 정법의 등불이 하나의 등(스승)에서 또 다른 등(弟子)으로 꺼지지 않고 끊임없이 전승되었다는 의미로 초기 선종의 사람들이 불타의 교외별전의 내용으로 주장한 것임엔 재언을 요하지 않으리라. 여기서 중요한 사실은 스승에게서 제자에게 전해지는 등의 불〔火〕이 동질인 점이다. 이렇게 師資傳燈의 동질인 정법의 불을 확인하는 것에서 또한 무한하게도 독특한 개성이 끊임없이 연이어서 그 정법의 모습들을 나타내고 있는 것이다.

정법안장의 부촉은 지혜의 燈光이며 스승과 제자간에 정법을 單傳하는 역사적인 전승임과 동시에 공간적 중생행화의 사명이 내포되어 있음은 물론이다. 이것은 선종의 사람들이 자기가 체득한 인간 실존의 진리가 옛날 석가모니불의 깨달음과 똑같은 것임을 확신함과 동시에 이것을 세간에 널리 납득시키기 위한 것으로 주장된 불심의 상속인 것이다.

마치 촛불이 꺼지기 전에 새로운 촛대에 불을 옮겨 그 불빛을 보존해 가는 것과 같이 불타가 자각한 정법안장의 내실을 조사들의 이심전심으로 계승하고 있다는 주장이다.

등불이 꺼지기 전에 옮겨졌다는 사실의 증명은 스승에 의해서 인가되었으며, 그리고 스승이 그러한 등불을 계승하였다는 보증은 스승의 스승에 의한 것이다. 이렇게 스승과 제자간의 전등 사실이 석가모니불 내지 과거칠불에서부터 비롯된 것임을 주장하는 선종의 역사가 다름 아닌 燈史이다. 사실 이러한 전등설의 주장은 중국 불교사에 있어 대단히 획기적인 사실이다.

즉, 종래 隋唐代에 성립한 중국불교의 여러 종파에서는 論宗에서 經宗으로 한결같이 불타의 교설인 경전을 중심으로 自派와 宗祖와 宗旨를 확립하였지만 최초부터 '不立文字·敎外別傳'을 표방한 선종은 일체교상의 경전을 세우지 않고 곧바로 석가모니불의 정법안장 상승을 확신하는 師資相契의 전등설을 주장하게 되었다. 이렇게 볼 때 선종은 他宗처럼 어떠한 소의경전에 의한 教相이나 宗祖를 설정할 필요도 없이 燈史로서 그러한 문제를 전부 해결하고 있으며 또한 세간에서도 이러한 선종의 입장이 널리 인정되었다. 말하자면 전등설은 사실 선종의 교판적인 의미를 가지고 등장된 것이라고 할 수 있다.

傳燈이 이렇게 선종에서 주장하는 특별한 의미로 인식되기 시작한 것은 당 초기부터이다. 선종의 제5조로 추앙되고 있는 동산홍인(601~674) 문하에 뛰어난 제자들이 많이 배출되어 帝都에까지 진출하여 사회적으로도 교화활동에 많이 참여하면서 그들이 스스로 보리달마의 法孫으로 자각하면서부터 師資相承의 전등설이 주장되었다. 이러한 사실은 금세기 초 돈황에서 발견된 북종선계의 燈史인 『傳法寶紀』(710년경)와 『楞伽師資記』(710년경) 등에서 확인된 것이다. 또한 신회의 어록이나 『菩提達摩南宗定是非論』(732년), 『歷代法寶記』(774년)는 남종과 보당종의 입장에서 편집된 燈史이며 『보림전』(801년)은 마조계의 홍주종에서 종래의 諸說을 통합한 본격적인 禪宗史書이다.

이와 같은 초기 선종 각파의 전등은 모두 自派의 입장에서 주장된 전법계보설을 기록한 것인데 五代의 『祖堂集』(952)과 宋初 道源의 『傳燈錄』(1004)은 『보림전』 등 종래의 선종등사를 종합하여 체계적으로 정리하고 집대성한 禪宗史書이다.

그런데 『전등록』에 기록된 과거칠불 및 서천 28조, 동토 6조의 전등설은 과연 역사적인 사실로 믿어도 될까? 『전등록』은 어떤 자료에 의거하여 그러한 전등의 역사를 엮은 것일까? 여기서는 이러한 문제점에 주목해 보려고 한다. 어떤 사람은 쓸데없는 천착이라고 한마디

로 일축해 버릴지 모르지만, 올바르고 양심적인 선학의 연구를 위해
서는 먼저 선종 전등설의 성립에 대하여 정확한 고찰이 선행되어야
한다. 앞에서도 언급한 것처럼 전등설은 초기 선종의 사람들이 자파
의 입장을 교판적인 성격을 가지고 주장한 것이다. 사실 선 사상도
어느 한 시대에 살았던 사람이 자각적 체험에서 주장한 것을 역사적
사실인 것처럼 하였고, 선종의 전등설도 중국 선종의 성립과 더불어
주장된 스승과 제자간의 이심전심의 사실을 기록한 역사적인 산물이
란 점을 잊어선 안 된다. 따라서 이러한 전등설의 성립적 고찰과 역
사적인 사실을 재확인하는 작업을 통해 초기 선종의 사람들이 주장
한 종교적 의미와 시대적인 선의 요청과 사상을 살펴볼 수 있다.

2. 『續高僧傳』의 禪宗 法系 — 楞伽師들의 系譜 —

　　唐의 貞觀 19년(645년) 道宣(596~667)은 梁 慧皎(497~554)의 『고
승전』을 이어받아 『속고승전』 30권을 일단 완성한 후 그가 乾封 2년
(667) 입적할 때까지 끊임없이 새로운 자료를 수집하여 增補하였다.[2]
특히 여기서 논하고자 하는 달마계의 선종 법계도 도선이 만년에 새롭
게 수집하여 제16권의 釋僧可(慧可)傳과 제25권의 釋法沖傳에 수록하
고 있는 소위 『능가경』 선양자들의 계보도 그 일부이다. 『능가경』의
선양자들을 일반적으로 능가사라 부르는데, 먼저 『속고승전』 제16권

----

2 『속고승전』의 편성과 그 후의 부가문제는 胡適의 「楞伽宗考」에서 처음 지적한 것이다.
　　今關天彭 譯, 『支那禪學の變遷』(東方學藝書院, 1936), 76쪽 참조. 이외에도 柳田聖山,
　　『初期禪宗史書の研究』(日本 法藏館, 1967년), 4쪽; 鄭性本, 『中國禪宗의 成立史硏究』
　　(민족사, 1991년), 제3장 「楞伽宗의 成立과 發展」에서도 論하고 있다.

習禪篇에 싣고 있는 보리달마전과 혜가전을 중심으로 전법상승의 사실을 확인해 보자.

『속고승전』의 보리달마전의 구성은 달마의 유일한 친설로 주목되는 『二入四行論』弟子曇林序에 의거한 것인데, 현존하는 중국 선종의 제문헌 가운데에서 『속고승전』 이전에 성립된 禪籍은 이것뿐이다.[3] 『二入四行論』弟子曇林序에 언급된 보리달마의 略傳에는 그의 제자로서 道育과 慧可가 있으며 이들 두 사문은 고매한 입지로서 수년간 스승을 받들어 모셨으며, 달마도 그들의 성의에 감동하여 眞道를 가르쳤다고 기술하고 있다.[4]

道育에 대해선 어디서고 이름만 전할 뿐 그의 전기는 전연 알 수 없으나, 도선은 제16권에 「齊鄴中釋僧可傳」을 싣고 거기에 附傳으로서 '向居士·化公·寥公·和公·法林·僧那·慧滿' 7인의 이름을 열거하고 있다. 이상이 『속고승전』에 전하는 초기 보리달마계의 禪者로 알려진 사람들 모두라고 할 수 있다.[5]

---

3 달마의 친설인 『二入四行論』은 『속고승전』 외에도 일찍이 『少室六門』, 『禪門撮要』에 수록되어 전승되고 있으며 『傳燈錄』 제30권, "略辨大乘入道四行, 弟子 曇林序"(『大正藏』 51권, 458쪽中) 등에도 전래되고 있었지만 달마의 친설로 평가되지 못했다. 그러다 금세기 초 돈황에서 다시 8種의 異本이 발견됨으로써 그 자료적 가치를 다시 재조명하게 되었다. 이에 대한 詳論은 拙著 第2章 3節 『二入四行論』과 『達摩論』을 참조 바람.

4 敦煌本, 『二入四行論』曇林의 序에는 "法師者 西域南天竺國人 是大婆羅門國王第三之子也. 神惠疎明. 聞皆曉晤. 志存摩訶衍道, 故捨素從緇, 紹隆聖種. 冥心虛寂, 通鑒世事, 內外俱明, 德超世表. 悲悔邊遇正教陵替. 遂能遠涉山海, 遊化漢魏. 亡心之士 莫不歸信, 取相存見之流, 乃生譏謗. 干時唯道育慧可. 此二沙門 年雖後生, 俊志高遠, 幸逢法師, 事之數載, 虔恭諮啓, 善蒙師意. 法師感其精誠, 誨以眞道. (云云)"이라고 達摩의 略傳과 그의 제자에 대해서 서술하고 있다. 이 일단은 『속고승전』 제16권 菩提達摩傳(『大正藏』 50권, 551쪽中)의 근거가 되고 있다.

5 『속고승전』 제16권, 慧可傳(『大正藏』 50권, 551쪽下~552).

　　그런데 이들 가운데 向居士·化公·廖公·和公 등은 잘 알 수 없으나, 법림은 『이입사행론』의 序를 지은 담림과 동일인으로 간주되며[6], 승나는 혜가의 제자이고 승나－혜만이 스승과 제자로 『능가경』 선양자로서의 略傳을 전하고 있다. 특히 혜만은 貞觀 16년(642년) 낙주 회선사에 거주할 때 이야기와 그 후 70여 세에 낙양에서 坐化한 사실을 기술하고 있는 것을 볼 때 도선과 거의 동시대의 인물임을 알 수 있다.[7] 앞에서 언급한 『속고승전』 승가(혜가)전의 구성은 앞부분의 혜가전과 뒷부분의 附傳과는 모순이 있으며 4권 『능가경』의 傳持를 주장하는 일단의 기사와 승나－혜만의 略傳, 그리고 제25권, 법충전의 능가사들의 기술 등은 당초부터 있었던 기사가 아니라 貞觀 19년(645) 이후 도선의 만년에 새롭게 수집하여 첨가한 자료임엔 틀림이 없다.[8]

　　여기서 밝혀 두고 싶은 점은 『속고승전』 혜가전과 법충전에 기록된 『능가경』 관계의 기사는 사실 달마나 혜가와는 직접 관련된 일이 아니라 후대인 당초에 보리달마－혜가계의 전승을 강조하는 『능가경』 선양자들에 의해서 시대적 요청으로 주장된 것이라는 사실이다. 먼저 혜가전과 법충전에서 주장하는 능가사들의 입장을 살펴보면, 보리달마계의 선이 『능가경』과의 관계를 맺고 있는 최초의 기록은 『속고승전』 제16권 혜가장의 다음과 같은 일절이다.

---

[6] 曇林과 法林(林法師)을 동일인으로 간주한 논문으로는 宇井伯壽, 『禪宗史研究』(日本 岩波書店, 1935년), 61쪽; 林岱雲, 「菩提達摩の硏究」(『宗敎硏究』 新9~3호, 1932년 5월); 柳田聖山, 『達摩の語錄』(「禪の語錄」 I, 筑摩書房, 1969년), 27쪽; 同氏, 「語錄の歷史」(『東方學報』 제57호, 1985년 3월) 등에서 논하고 있다. 註2)의 拙著, 第2章 5節 「達摩門下의 弟子들」 참조.

[7] 註5) 참조.

[8] 註2) 참조.

初達摩禪師 以四卷楞伽 授可曰, 我觀漢地 惟有此經. 仁者依行自得
度世. 可專附玄理, 如前所陳.

(『大正藏』 50권, 552쪽中)

처음 달마선사가 宋朝의 求那跋陀羅(394~468)가 번역한 4권『능가
경』을 제자인 혜가에게 내리면서 말씀하시길 "내가 漢地에서 살펴보니
오직 이 경만이 있을 뿐이다. 仁者는 이 경에 의거하여 수행하면 스스
로 해탈을 얻을 수 있다."라고 하면서 혜가는 "오로지 이 경의 玄理에
계합한 것은 앞에서 말한 그대로이다."라는 코멘트를 붙이고 있다.

사실 이러한 달마의 4권『능가경』 전수는 너무나 종파적인 의도가
분명히 드러난 말이라고 할 수 있겠는데 이 말은 뒤에 북종선에서 독
자적으로 사자상승의 증명을 나타낸『능가경』의 전수로 발전되었으
며, 또한 전법의 증거물로서 傳衣說·傳法偈 혹은 혜능계 남종의『금
강경』 선양과『육조단경』의 전승설의 표본이 되고 있다.

그리고 「혜가전」에는 혜가가 항상『능가경』에 의거하여 설법한
뒤 "이 경은 四世後에는 변하여 名相이 될 것이다. 정말 슬픈 일이
아닐 수 없다."[9]라고 탄식했다는 일단을 전하고 있는데, 원래 이 말
은 혜가의 말이라기보다는 혜가의 四世에 해당되는 능가사들 가운데
에서 능가의 법을 名相化한 사람들이 이를 비판하는 의도로 혜가의
입을 빌어 예언으로 주장한 것임을 알 수 있다. 여기에서 주목할 것
은 '慧可後의 四世'라는 전법·전등의 의식이 작용되고 있음을 엿볼
수 있다. 그것은 혜가전의 後部에『능가경』의 선양자인 승나와 혜만

---

[9] "每可說法竟曰, 此經四世之後變成名相, 一何可悲."(『大正藏』 50권, 552쪽中~下)

의 略傳을 기술한 뒤,

斯徒並可之宗系, 故可別叙.

(『大正藏』 50권, 552쪽下)

라는 일단에서 한층 더 분명히 밝히고 있음을 알 수 있다. 여기 "승나
―혜만 등은 모두 혜가의 宗系이기 때문에 따로 서술한다."라고 말하
는 것은, 다름 아닌 제25권 「법충전」에 자세히 서술하고 있는 능가
사들의 계보를 가리키는 것이다.[10]

법충(587~665?) 역시 『능가경』의 선양자로서 달마―혜가계의 법
통을 계승한 사실을 분명히 밝히고 있으며 또한 법충 이외에도 능가사
들의 계보를 자세하게 전하고 있다. 즉, 「법충전」에는 법충이 오랫동
안 『능가경』을 연구하였으며 혜가로부터 직접 『능가경』의 가르침을
전수 받은 선사를 만나 남천축일승종(南天竺―乘宗)에 의한 經의 강의
를 받고, 또 그가 직접 100번이나 경을 강의한 사실들을 전하고 있다.

그리고 앞에서도 언급한 것처럼 4권 『능가경』은 宋朝 구나발타라
삼장이 번역하였고, 혜관법사가 筆受하였으며, 뒤에 달마대사가 남
북에 홍포하였고, 혜가가 中原에 유통시켰다는 사실들을 기록한 후
혜가 이후의 전승자인 능가사들의 계보를 밝히는 소위 능가종의 역
사를 약술하고 있다.[11]

---

10 『속고승전』 제25권, 「釋法沖傳」(『大正藏』 50권, 666쪽上).

11 "沖以楞伽奧典沈淪日久. 所在追訪無憚夷險. 會可師後裔盛習此經. 卽依師學. 屢擊大
節. 便捨徒衆任沖轉敎, 卽相續講三十餘遍. 又遇可師親傳授者. 依南天竺 一乘宗講之.
又得百遍. 其經本是宋代求那跋陀羅三藏翻 慧觀法師筆受, 故其文理 克諧行質相貫.
專唯念惠不在話言. 於後達摩禪師傳之南北. 忘言忘念無得正觀爲宗. 後行中原. 惠可
禪師創得綱紐. 魏境文學多不齒之. (云云)"(『大正藏』 50권, 666쪽中)

이러한 능가종의 입장을 '남천축일승종'이라고 표명하고 있으며 또 그들은 '亡言 亡念 無得正觀을 종지로 삼는다'라고 하는데 여기서 '無得正觀'은 삼론종에서 자파의 종지를 말하는 것으로 般若空觀의 실천을 단적으로 밝힌 말이다.[12]

『속고승전』「법충전」에는 다음과 같이 능가사들의 법계를 자세히 기록하고 있는데, 여기서는 편의상 전승의 내용에 따라 계통별로 분류하여 정리해본다.

1. 達摩禪師後, 有惠可 惠有二人. 育師, 受道心行 口未曾說.

2. 可禪師後, 粲禪師, 惠禪師, 盛禪師, 那禪師, 端禪師, 長藏師, 眞法師, 玉法師. (已上. 並口說玄理 不出文記)

3. 可師後, 善師(出抄四卷) 豊禪師(出疏五卷) 明禪師(出疏五卷) 胡明師(出疏五卷)

4. 遠承可師後, 大聰師(出疏五卷) 道蔭師(抄四卷) 沖法師(疏五卷) 岸法師(疏五卷)

   寵法師(疏八卷) 大明師(疏十卷)

5. 不承可師 自依攝論者, 遷禪師(出疏四卷) 尙德律師(出入楞伽疏十卷)

6. 那禪師後, 實禪師, 惠禪師, 曠禪師, 弘智師. (各住京師西明, 身亡法絶)

---

12 吉藏의 『三論玄義』에 "次明衆論旨歸門. 通論大小乘經, 同明一道, 故以無得正觀爲宗"(『大正藏』45권, 10쪽下)이라고 논하고 있다. 보통 三論宗을 "空宗, 無相宗 中觀宗 無相大乘宗 無得正觀宗"(望月 『佛敎大辭典』, 1702쪽) 등으로 불리고 있는 사실도 아울러 참고할 필요가 있겠다. 이와 관련된 논문으로 平井俊榮, 「初期禪宗思想의 形成과 三論宗」(『宗學硏究』 제5호, 1963년 4월)과 鄭性本, 『中國禪宗의 成立史硏究』, 第3章 4節 「初期禪宗과 三論宗과의 관계」 등을 참조 바람.

7. 明禪師後, 伽法師, 寶瑜師, 寶迎師, 道鎣師. (並次第傳燈 于今揚化)

(『大正藏』 50권, 666쪽 中)

만년의 도선은 당시 능가사들의 법계와 그들이 찬술한『능가경』의 주석과 권수까지 세밀하게 기록했는데, 이것은 도선과 거의 같은 시대, 똑같은 장안의 西明寺 등에서 실천불교의 입장에서 두타행을 한 능가사들로부터 많은 감명을 받았음을 의미하고 있다.

그런데 이상의 능가사들의 법계를 살펴볼 때 처음 보리달마가 4권『능가경』을 혜가에게 전수하였으며, 또 남북에 홍포하였다고 말하고 있지만,[13] 여기에서는 주로 혜가를 중심으로 활약하고 전개된 사실을 읽어볼 수 있으며, 또 혜가의 법을 이은 능가사들을 네 가지로 분류해서 기술하고 있는데 이상을 다시 法系圖로 그려보면 다음과 같다.

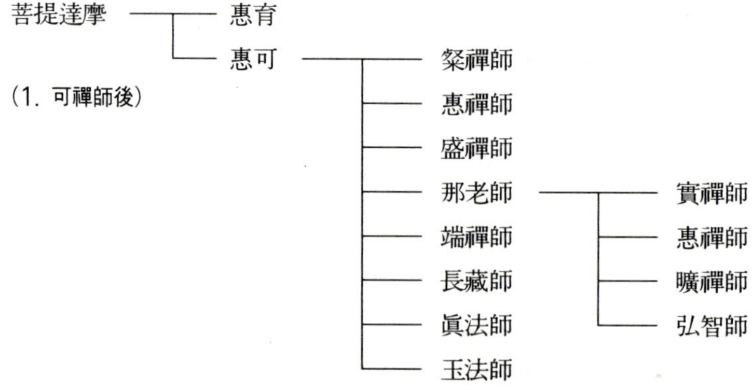

---

13 註11) 참조.

（2.可師後）

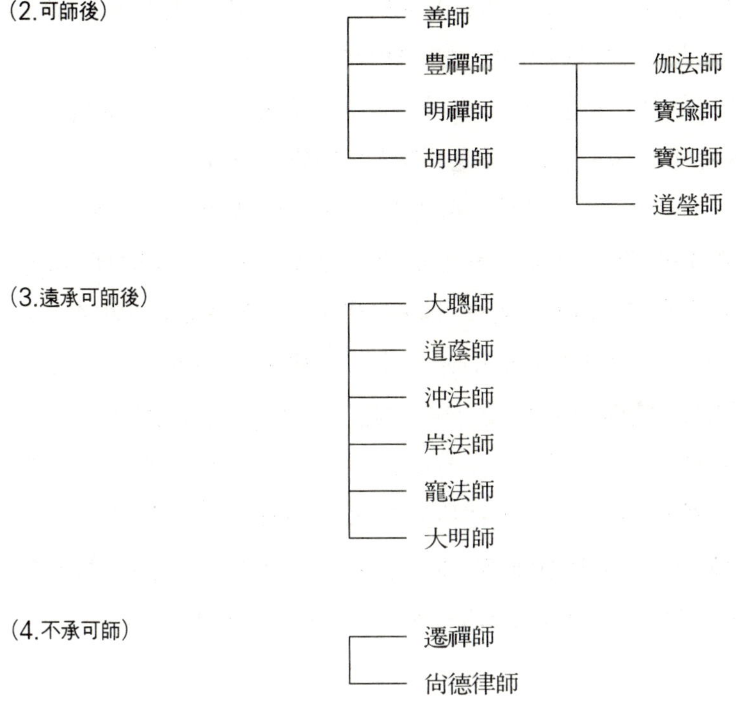

（3.遠承可師後）

（4.不承可師）

　이상의 네 계통 가운데 (4. 不承可師)를 제외한 앞의 세 계통은, 직접 혹은 간접적으로 혜가의 교시를 전승하였다고 하고 있다. 여기서 처음 보리달마의 법을 이은 제자로 혜육과 혜가 두 사람을 들고, 혜육에 대해선 '道를 받았지만 마음으로 실행할 뿐 일찍이 입으로 說한 바가 없다'라고 주기한 것은 경전의 외상인 주석이나 강의에 힘쓰지 않고 오로지 玄理에 의거하여 실천한 禪僧이었음을 밝힌 것이다.

　여기서 말하는 혜육이 『이입사행론』 담림의 序나 『속고승전』 제16권 달마전에 전하는 道育이 틀림없다고 본다.

　한편 혜가가 언제나 법을 설한 후엔 "이 경이 四世後엔 名相으로

변하게 될 것이다. 云云"이라고 말하는 것처럼 그는 혜육과는 달리
『능가경』을 강의한 선승이며, 능가사들의 계보에서 알 수 있듯이 사
실 그들은 혜가의 법을 이은 '可의 宗系'인 것이다. 여기서 名相[14]은
『능가경』에서 설하는 事相에 집착되는 것을 말한다.

먼저 (1. 可禪師後)의 찬선사 이하 7명은 전부 혜가처럼 입으로 玄
理를 설했지만 경의 주석서를 만들지는 않았다고 주기하는데 앞에
법충이 혜가선사로부터 직접 수학하여 남천축일승종에 의거하여『능
가경』을 강의한 사람에게 배웠다고 함은 아마 이 계통의 선승이라고
할 수 있겠다. 이에 반하여 (2. 可師後)의 4인과 (3. 遠承可師後)의 6인
은 모두 經의 注疏가 있음을 주기하고 있는데 이러한 구분은 앞에서
언급한 혜가의 '四世懸記'와 관련된 것으로 세대별 분류임과 동시에
현리를 설하고 경의 정신에 입각한 실천의 입장에서 벗어나 경을 주
석하는 등 名相으로 치달고 있는 시대적 변화를 나타내고 있는 것이
아닐까?

또한『능가경』의 정신에서 볼 때 '不出文記'라고 특히 주기하는 일
절은 '指月의 손가락'의 비유로 강조하는 것처럼 경의 玄理를 파악하
고 오로지 실천으로 살아가는 것이 당시 능가사들의 이상이었던 사

---

14 名相에 대해선『능가경』제1권에서 "謂名相計著相 及事相計著相, 名相計著相者, 謂內
外法計著 事相計著相者, 謂卽彼如是內外自共相計著, 是名二種妄想自性相, (云云)"
(『大正藏』16권, 487쪽下)라고 설하고 있고, 吉藏의『三論玄義』,「顯正第二」에도 다
음과 같이 논하고 있다.
"佛經何故說大小兩教. 答 法華云, 是法不可示. 言辭相寂滅, 如來於無名相中强名相
說. 故有大小敎門. 欲令衆生因此名相悟無名相. 而封敎之徒聞說大小, 更生染著. 是故
造論破斯執情, 還令了悟本來寂滅, 故四依出世爲如佛也."(『大正藏』45권, 7쪽上~
中) 즉 明相에 의해서 名相 없는 世界를 나타내 보이려고 하는 것이 三論系 般若思想
의 宗旨이다.

실을 엿볼 수 있게 한다.

　그러면 '不出文記'라는 注記와 혜가가 말하는 '四世懸記'와는 어떤 관련이 있을까?

　즉 혜가의 4世에 해당하는 사람들 가운데 능가의 법을 名相化시키고 있는 사람들이 있었으며, 그들이 혜가의 입을 빌어 비판한 것이 혜가의 四世懸記라고 할 수 있다. 혜가로부터 四世를 추정해 보면, 『속고승전』제16권 혜가장에 싣고 있는 附傳에 의한 가장 확실한 법계는 혜가－승나－혜만－?으로 이어지는데, 혜만의 제자에 대해서는 전연 알 수 없다.

　한편 법충전의 「능가사들의 계보」에 (1. 可禪師後)에 보이는 나선사를 혜가장에서 말하는 '僧那禪師'로 간주한다면 實禪師 이하의 4인은 혜만과 同門으로 볼 수 있다. 이들이 모두 京師(長安)의 西明寺에 거주하였으며 그들이 죽은 후 법손도 끊어졌다고 注記하고 있는데 道宣이 입적(667)하기 전에 嗣法弟子 없이 입적했음이 틀림없다고 하겠다.

　사실 혜가의 四世懸記에서 말하는 혜가 후의 四世는 그 누구를 지칭하는 말인지 분명치 않지만 혜가 이후의 제4세대에 해당하는 사람들 가운데 亡言亡念 無得正觀을 종지로 하는 남천축일승종에 의거한 능가사들의 정신에서 이탈되어 名相에 치닫고 있는 사람들에 대한 비판인 것임엔 틀림없다.

　즉, 사세현기는 혜가 이후 제4대째 법계에 속하는 사람들 시대에 달마－혜가의 불법을 계승하였다고 자임한 능가사들에 의해서 주장된 것이며, 또 달마로부터 비롯된 중국 선종이 『능가경』 전승을 주장하는 능가사들에 의해서 새롭게 '可의 宗系'인 '능가사들의 계보'

로 엮어지면서 후대에 무한히 발전되는 선종의 법통의식이 자각되
었다.

이상이 『속고승전』의 혜가장과 법충장에 기술하고 있는 달마ー혜
가계 및 능가사들의 계보 전부인데, 法沖(587~665?)을 비롯한 능가
사의 활약시기는 대략 唐 貞觀 末(649년)경에서부터 乾封 末年(667
년)에 걸쳐 전후 약 20여 년간이며, 그들은 주로 河北의 相州나 洛州
의 南會善寺 및 京師의 西明寺 등에서 활약했다.

이러한 능가사들의 활동에 주목한 사람이 도선이었으며 그가 혜가
장과 법충장에 기록한 '능가사들의 계보'는 『속고승전』의 뒤를 이어
선종의 전법계보설의 기본 소재가 되고 있음은 물론 선종 독자의 종
파적 자각과 더불어 이심전심의 선종 법통설을 주장하는 기운을 야
기시켰다.

달마ー혜가로부터 비롯되는 중국 선종의 법통설은 『속고승전』 혜
가의 종계인 능가사들의 계보에서 출발되는데 여기서는 먼저 선종
전등설의 근원을 밝히면서, 절을 바꾸어 『속고승전』 이후에 전개되
는 초기 중국 선종의 전등법계설의 형성에 대하여 역사적으로 고찰
해 보기로 하자.

3. 東土 六代 傳燈說의 형성

道宣의 『속고승전』에서 오늘날 우리들이 상식적으로 알고 있는 달
마에서 홍인에 이르는 동토 五代의 師資相承의 분명한 전법 사실을
확인한다는 것은 상당히 어렵고 불가능한 일이다.

후대 선종의 제4조로 일컫는 道信(580~651)의 전기도 『속고승전』

제26권에 수록되어 있는데[15] 이것 또한 道宣이 만년에 증보한 것으로 현재 이를 능가할 자료는 없다.

그의 전기에 의하면 도신은 蘄州雙峯山에 大乘禪의 禪門을 개창하였으며 그의 문하에 5백여 명에 이르는 수행자가 운집하였다고 한다. 그가 임종에 즈음하여 제자인 홍인을 불러 급히 탑을 조성할 것을 명령하였으며, 또 대중이 "화상은 어찌 부촉을 하지 않습니까?"라고 묻자 "生來 부촉한 바 적지 않다"라는 말을 남기고 奄然히 입적하였다고 한다. 그때 산중의 5백여 대중과 諸州의 道俗의 눈에 천지가 어두워졌으며, 쌍봉산을 둘러싼 三理의 나뭇잎이 모두 하얗게 변했고, 요사채 옆의 오동나무 가지가 道信의 방 쪽으로 굽는 것을 보았다고 하며, 그때에 굽은 오동나무 가지는 지금까지도 마른 채 남아 있다고 한다.

道信의 입적은 唐 永微 2년(652) 閏 9월 4일, 그의 나이 72살 때인데 그 이듬해 제자 홍인 등이 도신의 탑을 열어보니 端坐한 모습이 입적할 때와 똑같이 살아 있는 것처럼 보였다고 전한다.

도신의 법을 이은 제자 홍인(601~674) 역시 쌍봉산 동산에 옮겨 선법을 홍포하였기 때문에 보통 동산 법문[16]이라고 함은 잘 알려진

---

15 『속고승전』 제26권, 「釋道信傳」(『大正藏』 50권, 606쪽中).

16 東山法門이란 말은 엄격히 말하면 弘忍의 불법을 말하는데, 보통 道信·弘忍 師資二代가 湖北省蘄州雙峯山을 중심으로 펼친 禪門을 말한다. 그 말의 語源은 敦煌本『능가사자기』弘忍章에 다음과 같이 보인다.
"唐朝 蘄州雙峯山幽居寺, 大師諱弘忍, 承信禪師後, 忍傳法妙法, 人尊時號爲東山淨門. 又緣京洛道俗稱歎. 蘄州東山多有得果人, 故曰東山法門也."(『大正藏』 85권, 1289쪽中) 또 同神秀章(『大正藏』 85권, 1290쪽 上~中). 淨覺의 『注般若波羅蜜經』 李知非의 序. S.4556號本. 嚴挺之,『大智禪師碑銘』(736년 작『全唐文』 280권), 石井本,『神會語錄』 弘忍傳,『歷代法寶記』 弘忍傳(『大正藏』 50권, 182쪽 上) 등 諸傳에 한결같이 전하고 있다. 자세한 것은 拙著 第4章 1節「東山法門의 起源」을 참조 바람.

일이다. 여기의 홍인 역시 뒤에 선종에서 달마 이래의 제5대 조사로
추앙되지만 사실 그러한 주장은 그의 가르침을 받은 法如(638~689)·
慧安(584~709)·神秀(606?~706)·玄賾·智詵(609~702) 등의 유력
한 제자들이 장안·낙양 등에 진출하여 화려한 행화를 펼침과 동시
소위 북종선의 토대가 형성되면서 주장된 것이다. 즉, 그것은 앞에서
살펴본 능가사들의 계보에서 말하는 達摩－慧可－粲禪師의 三代와
道信－弘忍 2대의 법계가 결합된 五代傳燈系譜에 입각한 법통설이다.
　이러한 5대의 법계설은 사실 홍인의 제자 법여선사의 행장비에서
최초로 주장된 것임에 주목하고 이것이 후대에 다양하게 주장되는
선종 전등설의 발단이 되고 있다.
　법여선사의 전기는 『宋高僧傳』과 『전등록』에도 수록되지 않아서
종래 거의 알려지지 않은 홍인의 제자였지만 숭산 소림사에 原石이
보존되어 있는 『唐中岳沙門釋法如禪師行狀』(『金石續編』 제6권)에 의
해서 최근 주목된 사람이다.[17] 법여는 사실 동산홍인의 법을 이은 제
자 가운데 최초로 장안·낙양 등 숭산 소림사에서 교화를 펼친 선승
으로 그의 俗姓은 王氏이며, 上黨의 사람이다. 上黨은 지금의 山西
省 長治縣으로 潞州라고도 부르는데 뒤에 『능가사자기』 등 선종사
서에서 '潞州法如'라고 부르는 것은 이 때문이다.
　青布明으로 잘 알려진 惠明[18]의 권유로 蘄州 弘忍大師를 참문하여

---

[17] 法如禪師의 行狀과 그 碑文의 法系에 주목한 논문이 柳田聖山의 「燈史の系譜」(『日
　本佛教學會年報』 第19號, 1954년 4월) 및 『初期禪宗史書の研究』 35쪽이다. 拙著 第5
　章 2節. 「嵩山少林寺와 法如의 行化」 참조.
[18] 『속고승전』 제26권, 「江漢沙門釋慧明傳」(『大正藏』 50권, 606쪽中)에 의하면 慧明은
　師 法敏(579~645)에게서 師事하기 25년, 천여 문인들 가운데 玄解第一人者로 인정
　받은 사람이다. 20여 년간, 青色의 大布를 걸치고 다녔기 때문에 당시 青布明이라고
　불렸다고 한다.

16년간이나 모셨고, 咸亨 5년(674) 홍인이 입적한 후에 中岳(嵩山) 少林寺에 들어갔다. 德을 감추고 대중 가운데 생활하기 3년이 지난 垂拱 2년(686)에 이르러 四衆의 간청으로 처음 開法하였으며, 永昌 元年(689년) 7월 27일 52세로 입적한 것으로 볼 때 숭산 소림사에서 그의 行化는 불과 2～3년 정도였음을 알 수 있다. 숭산 소림사는 처음 北魏의 孝文帝(471～499년 在位)가 太和 20년(496) 佛陀禪師를 위하여 세운 명찰이다.[19] 일반적으로 보리달마와 혜가의 전법도량으로 잘 알려져 있으나『속고승전』에서는 그러한 사실을 명기하지 않았으며 달마계의 선승으로서 숭산 소림사와 직접적인 관계를 맺은 사람은 법여선사가 최초임을 잊어선 안 된다. 사실 홍인의 동산법문은 법여선사의 北地 진출과 숭산 소림사에서의 행화를 계기로 하여 혜안, 신수 및 그의 제자 普寂(651～739), 보적의 제자 일행(683～727) 등이 계속하여 왕실의 귀의를 받으면서 숭산을 중심으로 교화를 펼치게 되었는데, 법여는 소위 말하는 북종선의 개척자로서 주목해야 할 인물이라고 할 수 있다.

『법여선사비문』은 법여선사가 입적한 永昌 元年(689)경에 만들어졌다고 할 수 있는데, 여기에는 다음과 같이 盧山慧遠(334～416)의 『禪經序』에 의한 西天의 상승과 달마에서 법여에 이르는 동토육대의 전법계보가 다음과 같이 주장되어 있다.

---

[19] 『魏書釋老志』에 "又有西域沙門 名跋陀有道業. 深爲高祖所敬信, 詔於少室山陰立少林寺而居之, 公給衣供.(云云)"『塚本善隆著作集』제1권, 227쪽. 또『속고승전』제16권, 佛陀禪師章에도 "而性愛幽栖林谷是託. 屢往嵩岳, 高謝人世. 有軌就小室山 爲之造寺, 今之小林是也."(『大正藏』50권, 551쪽中)이라고 하고 있으며, 裴漼의『皇唐嵩岳少林寺碑』(728년 작『全唐文』제279권) 등에도 자세히 언급하고 있는 것처럼 少林寺는 北魏 孝文帝(467～499재위)가 大和 20년(496)에 佛陀禪師를 위해서 세운 名刹이다.

天竺相承 本無文字, 入此門者 唯意相傳. 故盧山遠法師禪經序云, 則是阿難曲承音詔. 遇非其人, 必藏之靈府, 幽關莫關, 罕窺其庭. 如來泥曰未久, 阿難傳末田地. 末田地傳舍那婆斯. 此三應眞 冥契于昔, 功在言外, 經所不辯, 必闇軌元匠, 孱然無差. 又有達節善變, 出處無際, 晦名寄迹, 無聞無示. 斯人不可以名部分, 別有宗明矣者, 卽南天竺三藏法師菩提達摩, 紹隆此宗, 武步東隣之國. 傳曰, 神化幽賾, 入魏傳可, 可傳粲, 粲傳信, 信傳忍, 忍傳如. 當傳之不可言者, 非曰其人, 孰能傳哉.

(『金石續編』 제6권)

天竺에서 師資相承은 문자에 의한 것이 아니며 이 문에 들어간 사람은 오직 마음[意]으로서만이 相傳하는 것이다. 때문에 盧山 慧遠法師의 『선경서』에 "진실로 아난이 여래의 말씀을 전부 전승하면서도 傳法者(其人)를 만나지 못했을 땐 기필코 이것을 心中에 소장하여 깊은 敎旨의 문을 열지 않았기에 그 속을 엿볼 수 있는 者가 드물었다. 여래께서 열반에 드신 얼마 후 아난은 이 心法을 末田地에게 전했으며 末田地는 舍那婆斯에게 전하였다. 이 세 사람의 아라한은 일찍이 숙세의 인연이 있었으며 그들의 깨달음은 言外의 것이기에 경전에 설해져 있는 것이 아니며 여래의 깨달음과 깊이 일치하며 조금의 차이도 없다.

또한 시절을 통달하여 잘 대응할 줄 알며, 출처와 진퇴에 자유롭고 명예와 행적을 감추며 사람에게 알리지 않고 보이려고도 하지 않는다. 이러한 사람[其人]이라면 이름을 붙여서 분별하기란 불가능한 것이며 言敎와는 다른 心法의 종지를 분명히 아는 자라 하겠다."라고 말하고 있는 것은 즉 "남천축의 삼장법사 보리달마가 이러한 心法의 종지를 계승하였으며, 멀리서 東隣의 중국에 오신 것이다."라고 한

『법여선사비문』의 내용을 말한다.

傳에 말하기를 "달마의 신비스런 교화는 깊고 그윽하였으며, 魏土에 들어가 可에게 전하였고, 可는 粲에게 전하고 粲은 信에게 전하고 信은 忍에게 전하고 忍은 如에게 전하였다."[20]라고 한다. 法을 전함에 있어서 말로써 나타낼 수 없는 것이기에 法을 받을 만한 사람[其人]이 아니면 어찌 능히 전할 수가 있으리오.

즉, 이곳엔 정말로 阿難-末田地-舍那婆斯에 이어지는 천축의 三傳과, 달마-혜가-찬선사-도신-홍인-법여에 이어지는 동토 육대의 교외별전인 전법계보가 최초로 명기되어 있다.

먼저 여기서 인용한 여산혜원의 『선경서』란 東晋의 佛馱跋陀羅(覺賢, 359~429)가 義熙 6, 7년(410~411)경에 여산에서 번역한 『達摩多羅禪經』에 혜원이 붙인 서문으로 일찍이 『出三藏記集』 제9권 등에 수록되어 전래되고 있다.[21] 法如의 비문에 여산혜원의 『선경서』를 인용한 것은 원래 후대에 주장하는 서천조통설처럼, 달마가 전한 선법의 유래를 밝히려고 한 것도 아니며 『달마다라선경』의 달마다라와 보리달마를 같은 것으로 보거나 혼돈한 것도 아니다. 여기선 단순히 "천축에서 師資相承의 傳法은 원래 문자에 의한 것이 아니라 이 문에

---

[20] 『法如禪師 行狀』의 法系는 法如의 제자 元珪(644~716)의 비문에도 똑같이 기술하고 있다. 즉, 智嚴, 『大唐中嶽東閑居寺故大德珪和尚紀德幢』(725년 건립. 『金石補正』 제53권)에 다음과 같이 보인다.
　　"(法如) 大師卽黃梅忍大師之上足也. 故知 迷爲幻海, 悟卽妙門, 此一行三昧, 天竺以意相傳, 本無文教. (下空) 如來在昔, 密授阿難 自達摩入魏, 首傳惠可, 可傳粲, 粲傳信, 信傳忍 忍傳如, 至和尚凡歷七代. 皆爲法主 異世一時. 永昌中 大師旣死, 蘡之荊府, 尋及嵩邱, 自後緇素請益, 山門繼踵, 謙讓推得. 必至再三. 常欽味楞伽經, 以爲心鏡."

[21] 『出三藏記集』 제9권, 「廬山出修業方便禪經統序」(『大正藏』 55권, 65쪽中). 『法如禪師行狀』에서는 慧遠의 『禪經序』의 문장을 비교적 원문에 충실히 인용하고 있다.

들어간 사람은 오직 마음만이 相傳하는 것이다."라고 한 것처럼 천축에서의 사자상승이 문자를 여읜 心法의 相傳이었던 사실을 방증하기 위한 자료의 인용이었음을 알 수 있다.

여기『법여선사비문』에서 인용한 혜원의『선경서』와『달마다라선경』의 서천전법설은 뒤에 초기 선종에서 주장한 서천조통설의 근거가 되고 있는데 이러한 시점에서 볼 때 앞에서 인용한 법여선사 비문의 기사는 사실 중국 선종 조통설의 모태가 되고 있음을 알 수 있다.

한편 법여의 법계를 기술한 동토육대의 전법계보설은 사실 법여선사에 의해서 최초로 주장된 것이라 할 수 있는데, 여기 주장한 법계는『속고승전』제25권 법충전에 명기된 '능가사들의 계보'와 법여 자신의 법계인 동토법문을 결합시킨 것이다. 말하자면 법여는 자파의 도신－홍인에 이어지는 동산법문의 傳法宗源을 그 옛날 보리달마－혜가－찬선사로 이어지는 능가사들의 계보에서 구하여, 일찍이 불법의 나라 인도에서 전래되어온 전통있는 법맥을 상승하고 있음을 강조하고 있는 것이라 하겠다.

그것은『법여선사비문』에, "남천축의 삼장법사인 보리달마는 (如來, 阿難 이래로 전래된) 이 心法의 종지를 계승하여 당당히 걸어서 東隣인 우리 중국에 오신 것이다. 傳에 말한 그의 부사의한 교화력은 깊고 심원하였으며 魏國에 들어가 可에게 그 법을 전했고 可는 粲에게 전하였다 云云"이라고 하는 말은 그러한 사실을 내포하고 있는 일단이라고 하겠다.

그런데 여기서 第三祖를 '璨'으로 명기하지 않고 '粲'으로 표기하고 있음은『속고승전』법충전에서 전하는 '능가사계보'에 의거한 것임을 단적으로 입증하는 것이다. 뒤에서 논할『능가사자기』에서도 이와 똑같이 '粲禪師'[22]라는 명칭을 그대로 인용하고 있는데 당시 초기 선종의 사람들이 자파의 전법계보에 자각하면서 한결같이『속고승전』능가 사들의 계보에서 자파의 宗源을 찾고 있음을 말해주고 있다.

『법여선사비문』에서 또 한 가지 주의할 점은 법여가 스승 홍인으로부터 부촉 받은 전등제자로 특기하고 있는데, 여기서 부촉은『선경서』에 '斯人' 혹은 '其人'이라고 하는 특별히 이심전심의 심법을 전해 받을 자격을 갖춘 사람[其人]에게 말이나 문자로써 전할 수 없는 心法을 전수하는 수속을 나타낸 말이다.

『楞伽師資記』道信章에도,

　　此法秘要, 不得傳非其人. 非是惜法不傳. 但恐前人不信, 陷其謗法

　　之罪. 必須擇人, 不得造次輒說, 愼之愼之.

(『大正藏』85권, 1288쪽下)

라고 설하는데, 법의 필요를 전함엔 반드시 전해줄 사람[其人]을 만나지 못하면 전할 수 없다고 강조하고 있다.

『傳法寶紀』序에서도,

　　我眞實法身, 法佛所得, 離諸化身, 言說 傳乎文字者, 則此眞如門, 乃

　　以証心自覺而相傳耳[23]

라고 논하고 있는 것은, 心法은 깨달은 사람에게만 전수할 수 있는

---

22 『능가사자기』, 粲禪師章(『大正藏』85권, 1286쪽中) 앞의 註20)에 언급한 元珪의 비
　　문에서도 '粲禪師'로 표기하고 있다.
23 柳田聖山, 『初期の禪史』(「禪の語錄」2, 筑摩書房, 1971년), 331쪽.

것이다.

또한 『楞伽師資記』의 求那跋陀羅傳에도,

우리 중국(인도)에 正法이 있지만 비밀스럽게 간직하여 함부로 전하지 않는다. 인연이 있고 근기가 익은 사람을 찾는다. 혹시 길에서 그러한 良賢을 만나면 도중에서라도 수여하지만, 만약 良賢을 만나지 못하면 부자지간이라도 전하지 않는다.

(『大正藏』 85권, 1284쪽上)

라고 주장하는 일단과 똑같은 취지이다.

『능가사자기』의 이 말은 원래『究竟大悲經』제2권의 말인데『臥輪禪師看心法』, 法照의『淨土法身讚』등에도 인용되고 있으며, 또 4세기경의 인물 葛洪의『抱朴子』제16권「黃白」에도 漢의 黃門郎程偉와 연금술사인 처와의 秘傳을 둘러싼 비극의 이야기도 전하고 있다.[24]

이같이 천축이나 중국에서도 心法의 傳持傳燈은 반드시 법을 전해 줄 만한 사람〔其人〕에게 부촉하는 것임을 강조하고 있는데 홍인의 부촉을 받은 법여는 달마 이래 동토육대의 심법을 이은 바로 그 사람이

---

24 『究竟大悲經』제2권에 어떤 貧者가 金鑛을 손에 넣어 그것을 精鍊하여 鈍金으로 만드는 방법을 배우려고 金師에게 나아가 맹세를 하고 몸을 청결히 하기를 百日, 淸禁을 스스로 잘 지켰을 때 그의 스승이 내린 말씀의 첫 구절이 다음과 같다.
"師知其意泣如語之曰, 若逢良賢, 途中授與, 若不逢良賢 父子不傳, 觀汝精專聞畢領解來吾授汝眞金之法. 眞金之法不過寸素, 汝持將去順如用之. 貧人得之 生大歡喜, 勇武還家, 如法造作, 遂豊金用自恭除貧慧及親族, 以此類之, 慧命法身, 如實眞金在自恃剛. 毚意慮浮鑛之中自不折伏無由可現."(『大正藏』 85권, 1370쪽中) 『臥輪禪師看心法』(S.1494號 寫本), 『鈴木大拙全集』(2권 452쪽); 法照의『淨土法身讚』(『大正藏』 85권, 1265쪽上~1266쪽中).

며 이러한 심법의 부촉이 다름 아닌 선종에서 주장하는 전등설인 것이다.

이처럼 『법여선사비문』에서 소박하게 기술하고 있는 심법의 부촉과 서천 동토의 전등계보는 중국 선종사 최초의 주장으로, 이후에 전개되는 선종 전등설의 기초를 이루고 있는 점에 주목해 두자.

한편 북종선을 대성시킨 당대의 대표적인 선승 大通神秀(606?~706)를 위해서 張說이 지은 『唐玉泉寺大通禪師碑銘幷序』[25]에도 보리달마-혜가-승찬-도신-홍인-신수로 이어지는 동토육대의 전법계보가 명시되어 있다. 특히 비문에는 동산 홍인의 문하에서 6년 동안 낮밤을 가리지 않고 지극히 열심히 수행 정진하는 신수를 보고 스승 홍인은 "동산의 법은 모두 다 신수에게 있다(東山之法 盡在秀也)."라고 감탄하며 신수가 새롭게 보리달마의 제6대 전승자임을 강조하고 있다.

신수는 사실 同門인 현색의 『楞伽佛人法志』 등 모든 자료가 한결같이 전하는 唐 측천무후의 大足 元年(701)에 天子의 召를 받고 東都(洛陽)에 들어가 入內說法하였으며, 洛陽·長安 등 二京法主 三帝國師로 존경받으면서 帝都에 선불교를 널리 홍포한 당대의 유명한 명승임은 널리 잘 알고 있는 일이다.[26]

---

[25] 張說의 『大通禪師碑銘』에 다음과 같이 보인다.
　　"逮知天命之年, 自拔人間之世. 企聞蘄州有忍禪師 禪門之法胤也. 自菩提達磨天竺東來 以法傳惠可, 惠可傳僧璨僧璨傳道信, 道信傳弘忍, 繼明重跡 相承五光, 乃不遠遲阻 翩飛謁詣. 虛受與沃心懸會, 高悟與眞乘同徹, 盡捐妄識, 湛見本心 住寂滅境, 行無是處. 有師而成卽燃燈佛所, 無依而說是空王法門. 服勤六年 不捨晝夜. 大師歎曰, 東山之法, 盡在秀矣. 命之洗足 引之並坐, 於是涕辭而去, 退藏於密."(『全唐文』 제231권 『唐文粹』, 제64권 『文苑英華』 제856권)
[26] 大通神秀(606?~706)의 중요한 전기 자료는 張說의 비문 이외에 대략 다음과 같다.

그런데 신수의 비문에 기술하는 법계 중에 第三祖를 승찬선사라고 조사의 이름으로 표기한 것은 앞에서 본 법여 비문의 표기와 다른 점이라고 할 수 있다. 처음 능가사의 계보에 명시된 '찬선사'에서 선종의 第三祖 승찬으로 등장되는 과정에 대해서는 뒤에 다시 고찰하기로 하자.

이상에서 살펴본 『법여선사비문』과 『신수비명』은 한 개인의 행적을 기록한 전기자료이지만, 달마―혜가―찬(승찬)―도신―홍인으로 이어지는 중국 선종의 전법계보가 처음으로 초안되어져 있다는 사실을 주목해야 한다.

사실 이후에 발전된 중국 선종의 전등설은 단순하게 법여나 신수의 법계를 기술한 이 두 비문의 기사를 실마리로 하여 점차로 자파의 정통의식과 더불어 다양하게 전개되고 있으며 심지어는 종론으로까지 확산되었고 드디어 중국 선종의 독자적인 전등사서를 엮어 내고 있다.

특히 법여나 신수의 비문에 초안된 달마 이하의 동토 전등계보에 의거하여 편집된 최초의 선종사서가 다름 아닌 『전법보기』와 『능가사자기』이다. 이 두 자료는 금세기 초 돈황에서 출토된 古逸 자료로서 종래 전연 알 수 없었던 초기 선종의 역사적인 사실을 소박하게 전해주고 있는 귀중한 문헌이며, 북종선의 성립과 함께 만들어진 선종사서의 발견 의의는 실로 지대하다고 하지 않을 수 없다.

또 『전법보기』와 『능가사자기』 모두 8세기 초, 거의 같은 시기에

『능가사자기』神秀章(『大正藏』85권, 1290쪽上), 『傳法寶紀』神秀章 및 『終南山歸寺大通道秀和上塔文』, 『宋高僧傳』 제8권 神秀傳(『大正藏』 50권, 755쪽下), 同卷19 惠秀傳(『大正藏』 50권, 835쪽中) 등.

만들어진 것으로 판명되는데, 그럼에도 불구하고 각기 주장하는 법
계가 다른 점으로 볼 때 서로가 그 존재를 알지 못하고 있었던 것 같
으며 똑같이 북종선의 법계를 주장하는 선종사서이면서도 그 입장이
전연 다른 미묘한 차이점을 보여주고 있다.

　　그러면 절을 바꾸어 이 두 선종사서를 중심으로 초기 선종에 있어
서 선종 전등설의 형성과 전개를 살펴보기로 하자.

4. 禪宗 傳燈史書의 성립

(1)『傳法寶紀』의 등장

　　『전법보기』는 보리달마로부터 비롯된 초기 중국 선종의 전법상승
의 사실을 역사적으로 기록하여 체계적으로 정돈된 현존 최고의 선
종사서로서 唐 玄宗의 開元初年(713)경 출현한 작품으로 간주되고
있다.[27] 또『전법보기』는 단순히 초기 선종의 師資傳法의 사실을 기
록한 사서의 입장에 그치는 것이 아니라『전법보기』의 등장은 이후
의 선종 각파에서 끊임없이 새로운 자파의 禪宗燈史를 출현하게 하
는 견인차 역할을 하는 것도 명심할 점이다. 예를 들면 같은 북종계
의 史書로서 입장을 달리하는『능가사자기』를 비롯하여 신회의 남종
주장과『보리달마남종정시비론』, 보당종의『역대법보기』등 후대의
선종 각파의 법통설에 지대한 영향을 미치고 있는 것이다.

---

[27] 柳田聖山,『初期の禪史』, 24쪽; 同氏,『初期禪宗史書の硏究』, 48쪽; 拙著, 第5章 5節.
　　「傳法寶紀의 登場」 참조.

　　신회의 남종과 그 후의 영향 등 여러 문제들은 순차적으로 고찰하기로 하고 먼저 『전법보기』의 성립과 구성을 살펴보자.

　　앞에서 언급한 『전법보기』는 돈황에서 발견된 자료로 현재 다음과 같은 3가지의 사본이 전해지고 있다.[28]

①　P.2634號本(首部의 達摩章의 數行뿐인 斷片)

②　P.3858號本(道信章의 後半에서 法如章 前半까지의 25行인 斷片)

③　P.3559號本(首尾完全한 善本)

　　『傳法寶紀』(P.3559號 寫本)는 형식상에서 볼 때 그 내용은 대략 다음과 같이 구성되어 있다.

1.　傳法寶紀 幷序. 京兆杜朏字方明撰.

2.　歸敬偈

3.　杜朏의 自序

4.　七代傳法의 系譜와 略傳

　　①　東魏嵩山少林寺菩提達摩

　　②　北齊嵩山少林寺釋惠可

　　③　隋崏公山釋僧璨

　　④　唐雙峯山東山寺釋道信

----

28 『傳法寶紀』의 발견과 그 연구사에 대해선 田中良昭, 「敦煌禪宗文獻分類目錄初稿」
　 (『駒澤大學佛教學部研究紀要』 제27호, 1969년 3월); 柳田聖山, 『初期의 禪史』의 解
　 說; 椎名宏雄, 「北宗燈史의 成立」(田中良昭等編, 『敦煌佛典과 禪』, 大東出版社, 1980
　 년) 등을 참조 바람.

　　⑤ 唐雙峯山東山寺釋弘忍

　　⑥ 唐嵩山少林寺釋法如

　　⑦ 唐當陽山玉泉寺釋神秀

5. 作者의 後序

6. 終南山歸寺大通和化上塔文

7. 傳(法)寶紀. 七祖 一卷.

　이상의 내용과 구성에서 일목요연하게 알 수 있는 것같이 『전법보기』는 보리달마로부터 大通神秀에 이르는 七代의 전법상승의 사실과 그 계보를 골격으로 한 東土七祖의 약전을 기록하고 있다. 이러한 七代의 전법계보에 대해선 『전법보기』의 序에서 다음과 같이 밝히고 있다.

　　其有發迹天竺, 來到此土者 其菩提達摩歟. － (略) － 唯東魏惠可以身命救之, 大師傳之而去. 惠可傳僧璨, 僧璨傳道信, 道信傳弘忍, 弘忍傳法如, 法如及乎大通. 自達摩之後. 師資開道, 皆善以方便取證於心. 隨處發言, 略無繫說.[29]

　여기에 東土七祖의 사자상승의 전등계보를 주장하면서, 동산홍인의 전법제자로서 숭산 소림사 법여를 신수 앞 六祖의 지위에 두고 있는 점은 특이한 구성이라고 할 수 있다. 이미 앞에서 여러 차례 언급한 『전법보기』는 『법여선사행장』에 최초로 초안된 東土六代의 전법

---

29 柳田聖山, 『初期の禪史』I , 337쪽.

계보를 계승하여 당시 북종선의 전법 사실과 그 宗源을 분명히 밝혀
두기 위해 편집된 史書인데, 먼저 이 책의 編著인 杜朏와 『전법보기』
의 성립적인 배경과 그 특성을 고찰해 보기로 하자.

『전법보기』卷首에 이 책의 작자로서 '京兆杜朏 字方明撰'이라고
명시한 것처럼 京兆의 杜朏字(雅號)가 方明이라는 사람이 찬술하였
다고 밝히고 있다. 두비에 대해서는 일찍이 穴山孝道, 矢吹慶輝氏가
주장한 대로 북종신수 문하의 대표적인 제자 義福(658~736)이 출가
하기 전에 사사한 바 있는 洛陽 大福先寺의 朏法師와 동일인물로 간
주된다.[30]

즉, 義福과 普寂(651~739)의 비문에 의하면 그들이 출가하려 할
때 당시 법여선사의 行化 소문을 듣고 숭산 소림사를 방문하였지만
벌써 법여선사가 입적하였다는 사실을 알고 크게 실망하여 荊州 玉
泉寺의 신수를 참문하게 된 사실을 기술하고 있다. 의복과 보적이 법
여를 방문하게 된 것은 당시 洛陽 大福先寺의 朏法師(杜朏)의 지도에

---

30 矢吹慶輝, 『鳴沙餘韻解說』(日本 岩波書店, 1933년), 526쪽. 杜朏에 대해선 柳田聖山,
   「傳法寶紀とその作者」(『禪學研究』제53호, 1963년 7월) 및 註29), 註2)의 拙著 등
   참조. 嚴挺之, 『東京大敬愛寺大智禪師碑銘』(736년 작)에 義福과 朏法師와의 관계를
   다음과 같이 기록하고 있다.
   "(義福) 於都福先寺, 師事朏法師, 廣習 大乘經論, 區析理義 多所通括, 以爲未臻, 元
   極深求典奧. 時嵩嶽大師法如 演不思義要門, 夕惕不遑, 旣至而如公遷謝, 恨然悲憤追
   踐, 經行者久之載."(『全唐文』제280권)
   『傳法寶紀』에 '京兆杜朏 字方明撰'이라고 표기하고 있는 것처럼 원래 京兆의 杜氏는
   名門이었다. 유명한 詩聖 杜甫(712~770)도 '京兆의 杜甫' 혹은 '杜陵의 布衣'라고
   자칭하고 있다. 杜氏 本家는 遠祖로 『春秋經傳集解』30권의 저자로서 유명한 학자임
   과 동시에, 晉武帝의 창업시 鎭南將軍으로서 건국에 공헌하여 빛나는 무공으로 당양
   현후라는 名譽稱號를 수여받은 武將인 晉의 杜預(222~284)이다. 杜預를 선조로 한
   杜氏는 京兆(長安)의 杜陵에 본적을 가지고 있었기 때문에 家門으로 '京兆의 杜氏'
   라 불렸다.

의한 것이라고 생각할 수 있겠다.[31] 이렇게 볼 때 朏法師(두비)와 법여선사와는 스승과 제자, 혹은 상당히 친밀한 교류가 있었던 것으로 추측할 수 있다.

또한 두비, 신수의 兩足弟子인 의복·보적과도 친밀한 관계를 유지하고 있었던 사실은 『전법보기』의 다음과 같은 작자의 後序 결언 부분에서도 엿볼 수 있다.

昔嘗有知音者 令修此傳記. 今將草潤絶筆, 輒爲其後論文矣. ─(略)─
今大通門人 法棟無撓. 伏膺何遠, 裹足宜行. 勉哉學流. 光陰不棄也.[32]

즉, 옛날에 잘 알던 사람이 이 『전법보기』를 편집해 줄 것을 부탁하기에 초안을 끝내고 이제 그 後序를 쓰고 있다. 요즈음 大通神秀 門人들은 그 법문의 棟樑이 튼튼하여 흔들림이 없다. 그 가르침을 체득한다면 어찌 道가 멀리 있을까 보냐. 발을 싸매고 즉시 실천해야할 일이다. 노력하라 수행인들이여, 光陰을 헛되이 해서는 안 된다.

이 가운데 '知音者'라든가 '지금 大通門人'이라고 하는 것은 분명히 義福, 혹은 義寂을 지칭하는 말이라고 볼 수 있다. 이것은 즉 大通神秀의 문인이 옛날의 스승으로 문장력이 있는 杜朏(朏法師)에게 自派의 宗源과 전법의 사실을 기록하는 법보기의 편찬을 의뢰한 사실을 읽어 볼 수 있다.

---

[31] 普寂의 法如參問에 대해선 李邕의 『大照禪師塔銘』(742년 작)에 다음과 같이 보인다. "將尋少林(寺) 法如禪師, 未臻止居已, 承往化追攀, 不及感絶時芥子相投遇之. 莫遂甘露一注受之何階, 翌日遠詣玉泉 大通和上 膜拜披露."(『全唐文』 제262권) 柳田聖山, 『初期の禪史』 I , 25쪽 참조.

[32] 柳田聖山, 『初期の禪史』 I , 424쪽.

『전법보기』의 후부에 부록으로 싣고 있는『終南山歸寺 大通和上 塔文』역시 신수 입적 후 당시 終南山 化感寺에 주석하고 있던 義福의 간청으로 杜朏가 찬술한 것임을 아울러 照合해 볼 때『전법보기』는 사실 義福(혹은 普寂)의 간청으로 이루어진 최초의 선종 전등사서임을 알 수 있다.[33]

홍인-법여-신수로 이어지는 독특한 七祖傳燈相承의 전법사실을 골격으로 하고 있는『전법보기』는 이와 같이 작자인 두비와 법여선사 그리고 杜朏(朏法師)와 신수 문하의 의복·보적 등 제자들과의 인간관계 배경과 심도를 여실히 반영하고 있는 것임을 엿볼 수 있다. 이러한 점에서『전법보기』의 구성과 성립적 배경, 편집의도를 관찰해야 한다.

신수 앞에 법여선사를 제6대조로 하는 구성에 대해서는 남종의 신회가『보리달마남종정시비론』에서 날카롭게 지적하고 비난하는데[34], 이것은 작자 두비의 인간관계에 연유된 것을 반영한 것이며, 또한 성립상의 특성을 드러내고 있는 점이기도 하다. 아마 당시의 작자는 신회의 주장처럼 正傍의 법통적인 의식 없이 지극히 순수하고 단순하게

---

33 앞의 책, 426쪽. 註30) 柳田氏 論文 참조.

34 "遠法師問, 普寂禪師 口稱第七代 復如何. 和上答, 今秀禪師實非的的相傳, 尙不許充爲第六代. 何況普寂禪師是秀禪師門徒, 有何承稟充爲第七代. 見中岳普寂禪師, 東岳降魔藏禪師, 此二大德口稱秀禪師是第六代. 未審, 秀禪師將何爲信充爲第六代. 我韶州一門從上已來 排其代數, 皆以達摩袈裟爲信. 今普寂禪師在嵩山竪碑銘, 立七祖堂, 脩法寶紀, 排七代數. 以何爲信, 其付囑佛法 傳授代數. 並不許秀禪師已下門徒事. 何以故, 爲無傳授, 所以不許."(胡適, 『神會和尙遺集』, 283~284쪽)
"又今 普寂禪師 在嵩山竪碑銘, 立七祖堂, 修法寶紀, 排七代數, 不見著能先師所. 能禪師是得傳授付囑人, 爲人天師, 蓋國知聞, 卽不見著. (法)如禪師 是秀禪師同學, 又非是傳授付囑人, 不爲人天師, 天下不知聞, 有何承稟 充爲第六代. 普寂禪師 爲秀和上竪碑銘, 立秀和上爲第六代. 今修法寶紀, 又立(法)如禪師爲第六代. 未審, 此二大德各立爲第六代, 誰是誰非. 請普寂禪師 子細自思量看."(앞의 책, 289~290쪽)

법여를 중심으로 한 종래의 법맥과 선승의 전기를 편집한 것으로 생각된다.

즉 두비는 숭산 소림사를 중심으로 새로운 동산법문을 北地에 최초로 홍포한 법여선사의 존재를 매우 높이 평가하면서 앞에서 언급한 『唐中岳沙門釋法如禪師行狀』에 초안되어 있는 보리달마—혜가—찬선사—도신—홍인—법여에 이어지는 동토육대조사의 전법계보에 의거하여 신수의 전기를 첨가시켜 『전법보기』 1권을 편집하였던 것이다.

신수를 법여의 同學으로 취급하지 않고 법여의 후계자인 제7대에 배치시키고 있는 점은 문제로 남지만, 이것은 어디까지나 법여선사를 중심으로 단순히 엮은 작자의 입장에서 이해해야 할 것이다. 이처럼 순박하고 正傍의 법통의식없이 만들어진 『전법보기』는 등장 후 곧 사회로부터 날카롭고 신랄한 비판을 받았으며, 이것이 뒤에는 무척이나 복잡하고 시끄러운 정방의 법통설로 얽혀져서 전개되는 선종 전등설 불씨가 되리라고 작자는 꿈에도 예견치 못했을 것이다.

두비가 『법여선사행장』에 의거했음을 증명하는 또 하나의 사실은 『전법보기』 序에 西國의 전법사실을 법여의 비문에서 의용하고 있는 점에서도 분명한데 참고로 두 자료를 대조하여 인용해 보면 다음과 같다.

『法如禪師行狀』

故廬山遠法師禪經序云, 則是阿難曲承音詔, 遇非其人. 必藏之靈府, 幽關莫闢, 罕窺其庭. 如來泥曰未久, 阿難傳末田地, 末田地傳舍那婆斯. 此三應眞 冥契于昔. 功在言外(云云).

(『金石續編』 제6권)

『傳法寶紀』序

昔廬山遠上人禪經序云, 佛付阿難 阿難傳末田地, 末田地傳舍那婆斯. 則知爾後不墜於地, 存乎其人至矣.

(P.3559號寫本, 『初期の禪師』Ⅰ. 336쪽)

여기 『전법보기』序에서 서천의 전법사실을 입증하기 위해 인용한 여산혜원의 『선경서』一節은 사실 내용으로 볼 때 『出三藏記集』 제9권에 수록된 혜원의 『廬山出修業方便禪經統序』에서 직접 인용한 것이라기보다는 『법여선사행장』에 인용된 말을 다시 의용한 것으로 생각된다.[35]

사실 달마계의 선종 사람들 가운데에서 불타발타라가 번역한 『달마다라선경』에 의거하여 실제로 수행의 근거로 한 사실의 예는 찾아볼 수 없다. 이 자료는 선종의 전등설을 논할 적엔 자주 거론되고 있는데, 『법여선사행장』에서 혜원의 『선경서』에 언급된 西天相承說의 인용으로 말미암아 동토육대의 전등설과 함께 초기 선종의 전법계보설 형성에 始源이 되고 있는 사실 등 그 역사적인 의의는 실로 지대하다고 하겠다.

앞의 대조인용에서도 확인했듯이 『법여선사행장』에 처음으로 인용된 혜원의 『선경서』 西天相承說은 『전법보기』의 序에서 장차 전개될 서천조통설의 지반을 만들어 놓은 결과가 되었다. 예를 들면 남종의 신회가 『보리달마남종정시비론』에서 『선경서』에 의거한 서천 13대설을 제시하고 있는 것이나,[36] 보당종의 『역대법보기』가 보리달마

---

35 註21) 참조.

36 『菩提達摩南宗定是非論』에 對論者인 崇遠法師가 菩提達摩의 西國에서의 相承과 그

와 보리달마다라선사와의 同異問題를 야기하는 등 요란스러운 서천
조통설의 쟁점이 되고 있는 것도 모두 『선경서』에 의거한 것이다.[37]
서천조통설의 성립과 여러 문제점은 뒤에서 자세히 논하기로 하고,
여기서는 『전법보기』가 북종선의 宗源 및 그 역사를 기록한 최초의
선종사서일 뿐만 아니라 이러한 서천동토의 전등계보의 주장 및 구성
을 갖춘 선종사서의 출현을 유도하게 되었고 선종 전등설의 기점을
이루고 있다는 사실을 확인해두자.

(2) 三祖 僧璨傳의 形成

『전법보기』의 성립에서 특히 주목해야 할 점이 三祖 僧璨의 전기
를 최초로 싣고 있는 것이라고 하겠다. 일찍이 『법여선사행장』에서
는 『속고승전』 제25권 「釋法沖傳」에 기록하고 있는 '楞伽師들의 系
譜'에서

　　　　달마 — 혜가 — 찬선사

로 이어지는 법계를 단순히 아무런 의도없이 법여선사의 宗源을 밝

宗源을 질문하자 神會는 如來의 부촉으로부터 西天 8代의 傳法相承을 주장하고, 또
遠法師가 그러면 도대체 무엇을 근거로 하여 이렇게 말씀하시는 것이냐? 라고 묻자
神會는 다음과 같이 답하고 있다.
"和上答. 據禪經序中 具明西國代數. 又惠可禪師 親於嵩山少林寺 問菩提達摩西國相
承者, 菩提達摩答 一如禪經序所說."(『神會和尙遺集』, 294~296쪽)
37 『歷代法寶記』에 "梁朝第一祖菩提達摩多羅禪師."(『大正藏』 50권, 301쪽下)라고 표
기하고 있다. 「慧可章」에서도 "『禪經序』에 구체적으로 설하고 있는 것과 같다."(『大
正藏』 51권, 181쪽上)라고 하는 것에서 입증되고 있다. 이상과 같은 西國相承과 그
문제점에 대해선 뒤에 西天祖統說에서 논하기로 한다.

히고자 하는 의미에서 도신-홍인-법여의 동산법문과 연결시켜 법여의 법계를 만들었다. 또 뒤에 언급할 淨覺의 『능가사자기』에서도 똑같은 자료에 의거하여 능가의 전등법계를 주장하고 있다. 이 두 자료가 한결같이 달마-혜가를 잇는 제3대째의 인물로서 '능가사들의 계보'에 의거하여 '璨禪師'로 표기하는데, 특히 『전법보기』에서는

隋皖公山釋僧璨

이라고 住山 및 具名을 기술하고 있는 점은 특히 주시해야 할 점이다.
사실 중국 선종의 전등설 형성에 있어서 三祖 승찬의 존재는 二祖 혜가와 四祖 도신의 法系를 연결하는 중요한 역사적인 사명을 짊어지고 등장되었음은 물론, 달마-혜가의 頭陀禪을 도신-홍인의 동산법문이라는 불확실한 두 계통의 선종사상사적인 계보로 통합시켜주고 있는 교량의 역할을 담당하고 있다. 이처럼 초기 선종에 있어서 선종 전등설의 형성에 결정적인 인물로서 가장 무거운 책임을 짊어지고 있는 三祖 승찬은 처음 可禪師의 뒤를 이은 능가사의 한 사람이었다. 『속고승전』 제25권 法沖傳을 보자.

> 可禪師後, 璨禪師, 惠禪師, 盛禪師, 那禪師, 端禪師, 長藏師, 眞法師, 玉法師. '已上 並口說玄理. 不出文記.'
>
> (『大正藏』 50권, 666쪽中)

여기 可禪師를 이은 '璨禪師' 이하 7인의 능가사들은 '모두 입으로 경의 玄理를 설했지만 경의 주석을 만들지는 않았다'라고 주기한 것은 이들 모두가 달마-혜가의 선종의 실천적인 입장을 가장 충실하

게 계승한 제자들이었음을 강조하는 것으로 볼 수 있다.

그런데 한 가지 주의할 것은 앞에서도 언급한 혜가의 제자 중에 최초로 이름을 기록하고 있는 '粲禪師'가 『전법보기』 등에서 僧璨이란[38] 구체적인 이름으로 등장되어 선종의 제3조로서 그 위치를 부여하고 있다. 그런데 '능가사들의 계보' 가운데 '粲禪師'와 나란히 실려 있는 '那老師'를 『속고승전』 제16권 혜가장에 附傳되어 있는 '僧那' 그 사람으로 간주할 때, 똑같은 '혜가의 宗系' 가운데에서 그에 대한 일부의 전기를 전하는 가장 확실한 혜가 제자의 한 사람이라고 할 수 있다.[39] 그런데도 뒤에 『법여선사행장』이나 선종사서에서는 여기의 '那老師 (僧那)'를 혜가의 법을 이은 제3조의 조사로 채택하지 않고 전기도 전연 알 수 없고 이름뿐인 粲禪師를 선택하고 있는 것은 도대체 무엇을 의미하는 것일까?

또 굳이 '승찬'이라면 柳田聖山氏도 지적했듯이 같은 시대 똑같은 이름을 가진 名僧으로 『속고승전』 제9권에 詳傳을 싣고 있는 興善寺 僧璨(529~613)도 적임자로 가능했을 텐데 초기 선종의 사람들은 그 방법을 취하지도 않고 어디까지나 '능가사들의 계보'에서 '찬선사'를 혜가의 후계자로 선정하고 있다.[40] 그것은 초기 선종의 사람들은 선

---

[38] 『傳法寶紀』 이전의 자료로서 東土六祖의 법계를 기술한 것으로 三祖를 '僧璨'으로 표기한 것은 張說의 『荊州玉泉寺大通禪師碑銘』(『全唐文』 제231권), 『唐文粹』 제64권뿐이라고 할 수 있는데 『傳法寶紀』에서 '僧璨'으로 具名한 것은 이 碑文에 의거한 것이었다고 볼 수 있겠다.

[39] 『속고승전』 제16권, 慧可章(『大正藏』 50권, 552쪽下), 제25권 法沖章(『大正藏』 50권, 666쪽中).

[40] 柳田聖山, 『初期禪宗史書の研究』, 422쪽.
興善寺僧璨傳은 『속고승전』 제9권(『大正藏』 50권, 500쪽上)에 수록. 그는 三國論師로 불려졌던 義學의 僧으로 三論宗의 大成者인 吉藏과도 交遊를 맺고 있으며(『大正藏』 50권, 514쪽中), 曇論과도 親交가 있었다.(『大正藏』 50권, 598쪽上)

종의 법계를 어디까지나 혜가의 宗系(능가사들의 계보)에서 구하려고
한 사실을 단적으로 나타내고 있음을 증명하고 있으며 거기의 '찬선
사'를 달마—혜가의 정통 수제자로 간주했음을 말해주고 있는 것이
라 하겠다.

도선의 『속고승전』을 포함하여 현존하는 중국불교의 諸資料에서
달마—혜가—찬선사로 이어지는 능가사의 계보와 도신—홍인—법
여로 계승되고 있는 동산법문의 두 법계를 연결시켜 줄 만한 직접적
인 자료나 근거가 되는 것이라고는 하나도 없다.

『법여선사행장』이 어떠한 자료에 근거를 두고 이 두 법계를 연결
시켰는지 확인할 수 없지만 지극히 단순하게 법여의 법계는 중국 선
종의 전등설의 성립에 결정적인 기초를 확립한 것이라고 할 수 있다.

『속고승전』 이후 자파의 법통의식의 자각과 함께 출현하는 초기
선종의 史書들이 한결같이 『법여선사행장』에 초안된 법계를 근거로
하여 달마로부터 홍인에 이르는 선종의 전등사를 엮고 있음은 그러
한 사실을 증명하는 것이다.

그런데 달마로부터 홍인에 이르는 동토 五祖 가운데 三祖僧璨(粲
禪師)을 제외하고는 달마·혜가·도신의 전기는 『속고승전』에, 그리
고 홍인전은 『송고승전』에 立傳되어 있다. 唐·宋의 양고승전 그 어
디에도 삼조승찬(粲禪師)의 전기가 실려 있지 않은 사실에 눈치 챈
초기 선종 전등사의 작자는 서둘러 승찬의 전기를 만들어야 할 필요
성을 절감했음엔 틀림없다. 또한 당연히 승찬(粲禪師)의 전기 자료를
찾아서 『속고승전』의 '법충전'과 '도신전' 등의 師資關係를 언급한 관
련 기사를 중요한 소재와 실마리로 하여 二祖 혜가의 嗣法者로 어울
리는 인물상을 구상하는 한편, 四祖 도신의 스승으로서, 새로운 중국
선종의 第三祖로서 적합한 승찬상을 만들어낸 최초의 사서가 바로

다름 아닌 『전법보기』와 『능가사자기』의 승찬전인 것이다.

　杜朏의 『전법보기』에서는 「隨皖公山釋僧璨」이라고 題命을 붙인 뒤 다음과 같이 그의 전기를 최초로 기술하고 있다.

　　釋僧璨, 不知何處人. 事可禪師 機悟圓頓, 乃爲入室. 後遭周武破法, 流遁山谷經十余年. 至開皇初 與同學定禪師, 隱居皖公山. 「在舒州, 一名思空山」 此山先多猛獸, 每損居人, 自璨之來, 並多出境. 山西麓有寶月禪師 居之已久, 時謂神僧. 聞璨至止, 遽越巖嶺相見, 欣如疇昔. 月公卽巖禪師之師也. 璨定惠齊泯, 深學日至, 緣化旣已, 顧謂弟子道信曰, 自達摩祖, 傳法至我, 我欲南邁. 留汝弘護 因更重明旨極 遂與定公南隱. 後竟不知其所經矣.[41]

　"釋僧璨의 출신지는 알 수 없다. 可禪師를 師事하여 그의 뛰어난 근기로 圓頓을 깨닫고 입실제자가 되었다. 뒤에 北周의 폐불사건을 만나 십여 년간이나 산중에서 살았으며, 開皇 初年(581)에 이르러 동학인 定禪師와 함께 舒州의 皖公山(思公山이라고도 함)에 은거하였다. 이 산은 예로부터 맹수가 많아 항상 주민에게 해를 끼쳤는데 찬선사가 온 이후로는 맹수들이 모두 먼 곳으로 가버렸다. 또 이 산의 서쪽 기슭에는 寶月禪師가 오랫동안 살고 있었는데 사람들은 그를 선승이라고 불렀다. 그는 찬선사가 이 산에 와서 살고 있다는 소문을 듣고, 즉시 岩山의 준령을 넘어와 서로 인사를 하고 옛 친구처럼 기뻐하였다. 月公(寶月)은 다름 아닌 智嚴禪師의 스승이다. 찬은 선정과 지혜를 일체화하였으며 그의 학문은 날로 깊어 갔다. 교화의 인

---

41 柳田聖山, 『初期の禪史』 I , 371∼372쪽.

연이 이미 끝났으므로 제자 도신에게 '달마조사로부터 법을 전수하여 나한테까지 이르게 되었다. 나는 이제 남쪽으로 가려고 하는데 자네는 여기에 남아 정법을 널리 펴고 잘 지키도록 하라'고 말씀하셨다. 그리고 또다시 거듭하여 정법의 종지를 밝힌 뒤 드디어 定公과 함께 남쪽으로 향해 은거하였으니, 그가 어디서 생애를 마쳤는지 알 수가 없다."

이상은 초기 선종에서 최초로 전하고 있는 승찬전의 전부이다. 앞에서 언급한 바와 같이 『속고승전』 등 그 어디에서도 찾아볼 수 없는 승찬의 전기를 『전법보기』의 작자는 어떠한 자료에 근거를 두고 이와 같은 승찬전을 엮고 있는지 전연 밝히지 않고 있다.

그러나 여기 승찬전을 자세히 살펴보면 사실 거의 불분명한 승찬의 전기를 서술하는 것으로 끝나고 있는데 후대의 선종사서는 거의 모두가 이러한 『전법보기』의 승찬전이 유일하고 확실한 전기 자료인 양 계승하여 각기 자파의 선종 전등사서에 어울리는 3조 승찬상을 만들어 놓고 있다.

여기서는 『전법보기』 승찬전의 내용을 구체적으로 분석하여 그 근거자료와 소재를 구명하면서 초기 선종에 있어서 전등설이 형성되는 일면을 살펴보기로 한다.

'승찬은 어디 출신인지 알 수 없다. 可선사를 師事하여 그의 뛰어난 근기로 圓頓을 깨닫고 入室弟子가 되었다'라는 말에서 먼저 작자는 승찬전의 직접적인 자료를 전연 구하지 못했던 사실을 추측할 수 있다. 그러나 그가 혜가의 법을 이은 제자임을 강조하여 먼저 법계의 확실함을 밝힌 것은 다름 아닌 『속고승전』 제25권, 법충전에서 밝히고 있는 「능가사의 계보」의 '可禪師後 粲禪師'와 『법여선사행장』에 의거한 것임은 앞에서도 누차 언급한 바와 같다.

승찬이 北周 武帝 建德 3년(574)에 廢佛事態[42]를 만나 山谷에 숨어 살게 된 이야기는 아마도 작자가 혜가의 뒤를 잇는 그의 생애를 『속고승전』 도신전에 언급된 도신의 스승이 산중 은거한 선승이었음을 상정하여 그러한 계기가 北周의 폐불사건에 연유한 것이었음을 자연스럽게 연결시키려고 한 것이라고 볼 수 있다.

『전법보기』의 작자가 제목에서 '隨皖公山釋僧璨'이라고 命名하고 있는 것처럼 승찬이 同學인 定禪師와 함께 서주 皖公山에 은거하였다고 기록하고 있다. 이것은 『속고승전』 제26권 도신장에 도신이 처음 출가하였을 때 舒州 皖公山(현재 安徽省 太湖縣의 西北部) 어디에서 왔는지 알 수 없는 二人의 禪僧이 조용히 禪業을 닦고 있다는 소문을 듣고 찾아가서 가르침을 받게 되었다는 기사를 소재로 한 것임을 알 수 있다.[43] 여기 同學인 定禪師는 뒤에 『보림전』(801년 성립)에서는 혜가의 제자로서 '皖山神定'으로 등장시키며, 『전등록』에서도 이것을 이어받고 있지만 실제 그에 대해선 전연 알 수 없다. 다시 말하자면 이것은 『전법보기』의 작자가 단순히 도신장에서 말하는 것처럼

---

[42] 北周 武帝가 불교와 도교에 대해서 폐지령을 내린 것은 建德 3년(574)과 同6년(577) 두 번에 걸쳐서였다. 이에 대한 연구로는 常盤大定, 「周末隋初に於ける菩薩佛敎の要求」(『支那佛敎の研究』第1, 名著普及會, 1979년 수록) ; 塚本善隆, 「北周の廢佛」, 「北周の宗敎廢棄政策の崩壊」(『塚本善隆著 作集』第二卷 收錄, 大東出版社, 1974년) ; 野村耀昌, 『周武法難の研究』(東出版, 1968년) 등이 있다.

[43] 『속고승전』 제26권 道信章에 "又有二僧莫知何來. 入舒州皖公山, 靜修禪業. 聞而往赴, 便蒙授法. 隨逐依學, 遂經十年. 師往羅浮, 不許相逐, 但於後任必大弘益."(『大正藏』50권, 606쪽中)라고 하였다.
'舒州皖公山'은 현재 安徽省 潛山縣의 西部에 있는데 皖公山이라고 표기하는 것이 올바르며, 一名 潛山이라고도 한다. 『속고승전』 제25권, 智巖傳(『大正藏』50권, 602쪽中)에서도 '皖公山'이라고 표기하고 있다.

도신이 선법을 배운 두 사람의 선승 가운데 한 사람을 승찬으로 확정하고 또 한 사람을 同學인 定禪師로 이름 붙인 것에 불과한 것이다.

뒤에 달마로부터 전래된 불법을 제자 도신에게 부촉하고 定公과 함께 남방으로 은거하였으며, 결국 그의 최후에 대해선 알 수 없게 되었다는 것 역시 『속고승전』 도신장에서 도신이 崍公山에 들어가 사사한 二僧은 10년 후에 남방의 羅浮山으로 갔으며 도신이 따라가려고 하자 허락하지 않았다[44]고 하는 일절을 근거로 하여 응용한 것이라고 할 수 있다.

또 『전법보기』 승찬전에 寶月禪師를 등장시킨 것은 앞에서 논한 바와 같이 『속고승전』 도신전에 의거하여 완공산을 승찬이 인연 있는 住山地로 확정시켜놓고 보니, 공교롭게도 그 시대의 완공산은 神僧인 보월선사가 주석한 곳으로 잘 알려져 있었기 때문임을 알 수 있다. 『속고승전』 제25권 「丹陽沙門智巖傳」에 의하면 智巖(557~654)이 40살 때에 관직을 버리고 서주 완공산 보월선사에게 나아가 출가하였다고 하는 기사와 그리고 그는 산중 깊숙이 은거하여 인적이 없는 곳에 거주하며 맹수나 호랑이가 제멋대로 으르렁거렸으나 잘 길들여 두려워하지 않았다[45]고 한다. 『전법보기』의 작자는 이러한 「智

---

44 註43) 참조. 羅浮山은 현재의 廣東省增城縣東北에 위치하고 있으며, 『抱朴子』의 著者인 葛洪(283~343)이 수도, 저술한 곳으로 잘 알려진 곳이다.
　　石井本, 『神會語錄』의 僧璨傳에는 僧璨, 寶月, 定公이 함께 羅浮山으로 갔으며, 3년 후에 다시 崍山에 되돌아왔다고 한다. 羅浮山과 불교를 논한 연구는 古田紹欽, 「嶺南 羅浮山の佛敎」(『佛敎硏究』 제3권 3호, 1939년, 12)가 있다.
45 『속고승전』 제25권, 智巖傳의 다음과 같은 一段을 應用한 것이다.
　　"武德四年, 從鎭州南定淮海, 時年四十. 審榮官之若雲, 遂棄入舒州崍公山, 從寶月禪師披緇入道. 黃公眷戀追徵. 答曰, 以身訊道誓至薩雲. 願特捨怒無相撓擾. 旣山藪幽隱 蘭若而居. 豺虎交橫訓狎無恐. 忽見異僧身長丈餘, 姿容都雅言音淸朗, 謂曰, 卿已八十. 一生出家宜加精進. 言訖不見, 蒙此幽 屬精勵晨昏.(云云)" (『大正藏』 50권, 602쪽中)

嚴傳」의 기록을 근거로 응용하여 보월선사와 승찬이 관계를 맺게 된 사실의 승찬전을 구성하고 있음을 알 수 있다.

그것은 즉, 『전법보기』의 승찬전에 '月公은 嚴禪師의 스승이다'라고 작자가 특히 주의시키고 있는 일절에서 이러한 자료가 「지암전」에서 채택한 사실임을 간접적으로 노출시키고 있다.

『전법보기』의 작자는 보월선사로 하여금 嚴嶺을 넘어 일부러 승찬선사를 찾아가 서로 만났다는 사실을 밝혀 승찬이 보월선사와 같은 시대에 완공산에서 거주한 역사적인 인물이었음을 확인시키려고 한다. 동시에, 神僧인 보월선사의 권위로서 비록 평생 은둔생활을 한 승찬이었지만, 그는 달마의 정법을 이은 禪宗의 제3조로 위대한 조사였음을 일찍이 보월선사도 인정하였다는 사실을 널리 부각시키려는 작자의 의도가 작용하고 있음을 알 수 있다.

후대의 선종에서는 지암을 牛頭宗의 제2조로 하고 보월선사를 혜가의 법을 이은 달마계 선종의 인물로 간주하는데[46] 이 역시 『전법보기』 승찬전에서 발전된 것이라고 할 수 있다.

한편 『전법보기』와 거의 같은 시기에 淨覺이 편집한 『능가사자기』 승찬전은 다음과 같이 기술하고 있다.

隋朝舒州思空山粲禪師, 承可禪師後. 其粲禪師 罔知姓位, 不測所生.
按續高僧傳曰, 可後璨禪師. 隱思空山, 蕭然淨坐, 不出文記. 秘不傳法,

---

46 『寶林傳』 제8권, 「第二十九祖可大師章」에 "此可大師下除第三祖, 自有一支而有七人. 第一者 峴山神定, 第二者 寶月禪師, 第三者 花閑居士, 第四者 大士化公. 第五者 向居士, 第六者 弟子和公, 第七者 寥居士, 第二寶月者 有一弟子, 名曰智巖, 後爲牛頭第二祖師 是也."(中文出版社 影印本, 148쪽上)라고 하였다.

唯僧道信, 奉事粲十二年, 瀉器傳灯, 一一成就. 粲印道信, 了了見佛性
處. 語信曰, 法華經云, 唯此一事實, 無二亦無三. 故知聖道幽通, 言詮
之所不逮 法身空寂, 見聞之所不及. 卽文字語言徒勞施設也. 大師云 余
人皆貴坐終, 歎爲奇異. 余今立化. 生死自由. 言訖. 遂以手攀樹枝, 奄
然氣盡. 終於皖公寺. 寺中見有廟影.

(『大正藏』 85권, 1286쪽中)

隋朝의 舒州 思空山 粲禪師는 가선사의 뒤를 이었다. 찬선사의 姓
은 알 수 없고 또한 출신지도 알 수 없다. 『속고승전』에 의하면 '可後
粲禪師'라고 하고 있다. 思空山에 은거하며 소연히 정좌하였으며 注
釋書(文記)도 짓지 않고 입으로 법을 설하지도 않았다. 오직 도신이
이십년간이나 찬선사를 師事하여 한 그릇의 물을 다른 그릇에 고스란
히 옮겨 놓은 것처럼, 똑같은 燈火를 다른 燈에 옮겨 붙여 놓은 듯이
법을 전함에 모자람이 없이 성취하였다. 粲은 도신이 분명히 불성을
깨달았음을 인가하였으며 도신에게 다음과 같이 말했다.
 "『法華經』에 말씀하시길 오직 이 한 가지 사실뿐이지 둘도 없고 셋
도 없다."라고, 따라서 알 수 있다. 聖道(깨달음의 경지)는 거기에 이
르는 길이 깊고 言詮(말)으로 표현할 수 없는 것이며, 진리의 주체(法
身)는 공적하여 견문이 미치지 않는 것임을 알 수 있다. 즉, 문자와
언어는 헛된 방편에 지나지 않는 것이라고 대사께서 말씀하셨다. "세
상 사람들이 모두 앉아서 천화하는 사람을 존경하며 신기하다고 감
탄하고 있지만 나는 지금 선 채로 천화하리라. 나의 생사는 자유이
다."라는 말을 마치고 드디어 손으로 나뭇가지를 붙잡고 곧바로 숨을
거두었다. 皖公寺에서 일생을 마쳤으며 寺中에는 현재까지 그의 묘
와 영상이 있다.

『능가사자기』의 찬선사전 역시『전법보기』의 작자가 의용한 자료
들을 근거로 하여 불분명한 찬선사의 전기를 약술하고 있다. 後部에
는 北周 惠命의 작품인『詳玄賦』를 인용하여 주석하는데,[47] 그것은
당시 찬선사의 전기에 대해서 더 이상 그 어디에서도 의거할 만한 자
료가 없다는 사실을 단적으로 말해주고 있다.

특히 '서주사공산찬선사'라는 표제는『속고승전』제26권 도신전에
서 도신이 완공산에서 이름 모를 두 선승으로부터 禪法을 전수 받았
다는 기사에 의거한 것 역시『전법보기』와 같다. 思空山이란 이름은
『전법보기』에서도 '舒州에 있으며 일명 思空山이라고 한다'[48]라는
주기와 같이 당시 皖公山의 異名이었다.

『능가사자기』의 작자가 일부러「도신전」에서 기록한 '皖公山'이란
山名을 쓰지 않고 그 異名인 思空山으로 표기하고 있음은 불분명한
찬선사전을 그 어떤 분명한 자료에 의해 찬선사의 전기를 기술하고
있다는 사실을 보여주기 위한 것임을 읽어볼 수 있다.

또 '찬선사'라는 표기는 작자가 "『속고승전』을 조사해 보니…"라고
그 出典 근거를 밝히는 것처럼 제25권 법충전의 '능가사들의 계보'에
있는 '가선사후 찬선사'[49]라는 일절에 의지하여 찬선사의 법계를 밝
히면서 그의 略傳을 구성하고 있음은 앞에서 살펴본『전법보기』와
똑같다. 그런데『전법보기』에서는 '승찬'으로 具名하고 있는데 여기

---

[47] 『속고승전』제17권,「河陽仙城山善光寺釋惠命傳」(『大正藏』권50, 561쪽上)에 의하
면 惠命은『大品義章』·『融心論』·『還原鏡』·『行路難』·『詳玄賦』등의 저술이 있었다
고 한다. 그의『詳玄賦』는『廣弘明集』제29권(『大正藏』52권, 340쪽上) 및 嚴可均의
『全後周文』제22권 등에 수록하고 있는데『능가사자기』에는 그 일부를 인용하여 주석
하고 있다.

[48] 註41) 참조.

[49] 『속고승전』제25권,「法沖傳」(『大正藏』50권, 666쪽中).

서 '찬선사'라고 표기하고 있음은 「능가사들의 계보」의 이름을 가장
정확하고 충실하게 계승한 사실을 단적으로 증명하고 있다.[50]

정각의 『능가사자기』의 성립에 대해선 뒷절에서 상론하겠지만 사
실 이 禪宗史書는 그 書名에서 내용의 일부를 추찰할 수 있다. 『속고
승전』 혜가장과 법충장에서 밝히는 능가사들의 사자전등에 의거하
여 그들의 전기를 편집한 것이다. 이는, 즉 달마─혜가─찬선사로
이어지는 능가사들의 전등계보를 전기와 교설을 포함하여 한층 더
구체적으로 기록하기 위한 목적으로 엮은 燈史인 것이다.

따라서 『전법보기』의 승찬전보다 더 정확하고 충실히 『속고승전』
법충전의 「능가사들의 계보」를 의용하고 있음을 알 수 있다. 『능가
사자기』에서 『속고승전』을 조사해보니 '可後粲禪師'라고 말하고 있
다. (찬선사는) 思空山에 은거하였으며 소연이 정좌하여 주석서를 만
들지도 않았으며, 입으로 사람들에게 법을 설하지 않았다고 하는 일
절은 앞에서 언급한 바 법충전의 「능가사들의 계보」에서 가선사의
후계자로서 찬선사 이외에 惠禪師·盛禪師·邢老師·端禪師·長藏
師·眞法師·玉法師 등 여덟 사람의 이름을 들고 '이상은 모두 입으로
經의 玄理를 설했을 뿐, 주석서(文記)는 만들지 않았다'[51]라고 注記한
말에 의거한 것이다.

그리고 도신이 찬선사를 12년간 봉사하여 법을 전등하였다는 말은
모두 『속고승전』 도신장에 의거한 이야기이다. 특히 찬선사가 도신
이 분명히 불성을 깨달았음을 인가하고 『법화경』 방편품의 게송[52]을

---

50 淨覺의 『注般若波羅蜜多心經』 李知非 序(S.4556호 사본)에서도 『능가사자기』의 똑
    같은 系譜로 '粲禪師'로 표기하고 있다.
51 註49) 참조.

인증하여 부촉하는 일단은 瀉器傳燈의 사실을 한층 더 구체적으로
표현하려고 한 작자의 배려라고 할 수 있겠다.

그런데 여기에서 주목할 것은 師資傳法의 사실을 '瀉器傳燈'이란
말로 표현하고 있는 것이다. 원래 이 말은 『대반열반경』 제40권에
아난이 부처님의 법을 남김없이 모두 전해 받은 사실을 비유하여 '병
의 물을 다른 병에 쏟아 옮겨 놓은 것과 같다'라는 말에 의거한 것인
데, 이와 똑같은 이야기가 『付法藏因緣傳』 제2권에도 보인다.[53] 즉,
師資의 付法은 병의 물을 다른 병에 옮겨 놓은 것같이 조금도 부족
함이 없으며 또한 똑같은 물(同質)이라는 사실로서 선종의 독특한
以心傳心, 敎外別傳으로 부촉한 사실을 전등이란 말로 표현하고 있
는 점이다.

사실 전등이란 『大智度論』 제100권에도 아난에 대해서 서술한 곳
에 "비유해 보건대 하나의 燈火가 다시 다른 등에 그 불을 옮기더라
도 그 광명은 더욱더 밝아지는 것과 같다."[54]라고 설하고 있으며, 또
불타발타라가 번역한 『達摩多羅禪經』의 序部에,

佛滅度後 尊者大迦葉, 尊者阿難, 尊者末田地, 尊者舍那婆斯, 尊者
優波崛, 尊者婆須蜜, 尊者僧伽羅叉, 尊者達摩多羅, 乃至尊者不若蜜多

---

[52] 『법화경』 제1권 「方便品」에, "十方佛土中, 唯有一乘法 無二亦無三, 除佛方便說, 但以
假名字, 引導於衆生, 說佛智慧故, 諸佛出於世, 唯此一事實, 餘二則非眞"(『大正藏』 9
권, 8쪽上)이라는 일단에 의거한 것이다.

[53] 『대반열반경』 제40권에, "阿難事我二十余年, 具足八種不可思議, 何等爲八. — (略) —
五者自事我來持, 我所說十二部經. 一經於耳曾不再問, 如寫瓶水置之一瓶."(『大正藏』
12권, 601쪽下)라고 하였다.
『付法藏因緣傳』 제2권(『大正藏』 50권, 302쪽中).

[54] 『大智度論』 제100권(『大正藏』 25권, 755쪽中).

羅, 諸持法者 以此慧燈次第傳授.

(『大正藏』15권, 301쪽中)

라고 말하고 있다.

『능가사자기』에서 특히 '전등'이란 말을 많이 사용하며 師資相承의 의미로 강조되는데 이는 초기 선종에서 '不立文字 以心傳心'의 사실을 말하려고 한 것이다.[55]

그리고 최후로 찬선사가 선 채로 脫化하여 生死自由를 보여주었다는 이야기는 작자가 어떤 자료에 의거했는지 알 수 없지만『고승전』의 習禪篇에 坐脫立亡(坐化)한 고승의 예는 많이 보인다.[56] 찬선사가 손으로 나뭇가지를 붙잡고 숨을 거두었다는 이야기는 아마도『付法藏因緣傳』제6권 僧伽難提의 입멸 이야기에 보이는데 후에『보림전』제3권에도 싣고 있다. 찬선사의 입적 이야기는 틀림없이『부법장인연전』의 이야기를 의용한 것이라고 생각된다.[57]

『전법보기』에 승찬이 도신에게 법을 전한 뒤 남방으로 갔으며 그의 종말은 알 수 없다고 했는데,『능가사자기』에서는 思空山(晥公山) 晥公寺에서 선 채로 입멸하였다고 하며 현재 그의 묘와 遺影이 寺中에 있다고 주장하고 있다.

똑같은 시대에 출현한 북종선의 燈史에서도 두 자료가 일치하지

---

[55] 註1) 참조.

[56] 『고승전』제11권, 帛僧光(曇光)(『大正藏』50권, 395쪽下).
同卷 11의 習禪總論엔 道法의 坐化(『大正藏』50권, 400쪽下)를 특기하고 있다. 또『속고승전』제16권 慧可章에 附傳으로 하고 있는 慧滿도 나이 70이 되어서 '無疾坐化'(『大正藏』50권, 552쪽下) 하였다고 한다.

[57] 『付法藏因緣傳』제6권 僧伽難提章에, "將欲捨身, 至一樹下, 指攀樹枝, 尋便捨壽, 猶依此樹."(『大正藏』50권, 320쪽上) 하였으며『寶林傳』제8권 僧璨傳에도 보인다.

않고, 다른 주장을 하고 있는 것은 첫째 승찬전의 자료가 없었으며, 이 모두 작자에 의해서 임의로 편집된 것이었음을 알 수 있으며, 둘째는 이들 두 燈史가 각기 다른 한쪽 史書의 존재를 알지 못했다는 사실을 추측할 수 있다.

뒤에 남종의 史書인 石井本, 『신회어록』의 승찬전에는 북종선의 두 燈史에서 전하는 자료를 절충하여 승찬이 남방의 羅浮山에 갔다가 3년 후에 다시 이 思空山으로 되돌아와 樹下에 서서 합장한 그대로 임종하였으며, 寺內에는 碑銘과 形像이 그대로 보존되어 있어 지금도 공양 올린다고 기술하고 있다.[58] 승찬의 비명에 대해서는 『신회어록』에서 처음으로 주장했는데 현존하는 『보림전』 제8권에는 房琯의 '三祖僧璨碑文'을 싣고 있다.[59]

이 비문에는 天寶 5년(746) 何南少尹의 李常이라는 사람이 荷澤寺의 신회에게 三祖大師의 묘소를 묻고, 그가 舒州의 別駕에 좌천되었을 때 승찬의 묘소에서 舍利 三百余粒을 얻어 공양하고 一百余粒을 신회에게 惠與하였다고 적혀 있다.

뒤에서 다시 언급하겠지만, 사실 房琯의 『僧璨碑銘』에 신회가 주장하는 동서 13대 조통설을 계승하고 있는 것을 보면 신회의 청에 의

---

[58] 石井本, 『神會語錄』의 僧璨傳에 다음과 같이 기록하고 있다.
"璨大師與寶月禪師及定公, 同往羅浮山, 于時信禪師亦欲隨璨大師, 璨大師言曰, 汝不須去. 後當大有弘益. 璨大師至羅浮山, 三年却歸至峴山. 所經住處. 唱言汝等諸人. 施我齋粮食訖. 道俗咸盡歸依. 無不施者, 安置齋, 人食訖. 於齋場中, 有一大樹. 其時於樹下立, 合掌而終. 葬在山谷寺後, 寺內有碑銘形像. 今見供養."(鈴木貞太郎等校訂, 『敦煌出土神會禪師語錄』, 森江書店, 1934년 4월, 57쪽)

[59] 『神會語錄』에선 三祖僧璨의 碑銘이 있음을 말할 뿐 碑文의 撰者에 대해선 언급하지 않고 있는데 『寶林傳』에선 房琯의 僧璨碑文을 싣고 있다. 房琯에 대해선 잘 알 수가 없지만 『송고승전』 제8권, 慧能章에는 "太尉房琯, 作六葉圖序"(『大正藏』 50권, 755쪽中)라고 말하고 있다.

해서 만들어진 비문임을 알 수 있다. 이러한 일련의 3조 승찬의 묘소와 사리의 발견, 비문의 등장 등이 신회와 관련하여 기술되고 있는 것은 天寶 초기경 신회가 주장한 六祖 혜능의 법통확립운동에 깊은 관계가 있는 것이다.

즉 이것은 신회가 三祖 승찬 顯彰運動을 전개한 성과로서 만들어진 것이며, 방관의 三祖碑도 그 성과이다.

특히 唐 玄宗의 天寶 10년(751)에는 3조 승찬에게 '鏡智禪師'라는 諡號와 '覺寂'이라는 塔號가 下賜되었는데 이러한 追諡와 塔號는 선종의 列祖 가운데에서 최초로 이루어진 일이었음을 주목해야 한다.

즉, 신회의 삼조현창운동은 초조달마로부터 육조 혜능에 이르는 동토 육대조사들의 확실한 전기와 정법전등을 분명히 밝혀 놓기 위해, 북종선의 선종사서에서 주장한 승찬전을 依用하여 보다 확실한 승찬전을 남종의 입장에서 만들려고 한 것이 방관의 碑文 출현으로까지 발전하게 된 것이다.[60] 이러한 방관의 삼조승찬비문은 이어서 출현하는,

郭所聿의 『黃山三祖塔銘幷序』(767년, 『全唐文』 제440권)

獨孤及의 『舒州山谷寺覺寂塔 隋故鏡智禪師碑銘幷序』(772년, 『全唐文』 제390권)

獨孤及의 『舒州山谷寺上方禪寺第三祖璨大師塔銘』(772년, 『全唐文』 제392권)

張彦遠의 『三祖大師碑陰記』(861년, 『全唐文』 제790권) 등의 碑文 역시 방관의 그것을 모델로 하여 각각 자파의 입장에서 삼조현창운동을 펼친 성과이며 나아가 삼조승찬의 작품으로 유명한 『신심명』의

출현으로 발전하고 있다.[61]

말하자면 『속고승전』에 그의 전기가 없었다는 사실이 도리어 『전법보기』나 『능가사자기』 등 燈史의 작자로 하여금 서둘러서 僧璨(粲)傳을 만들게 하였던 것이며, 또한 신회의 남종운동과 더불어 開元 末期에서 大曆時代에 걸쳐 수차례 삼조승찬의 묘탑 현창운동을 야기하게 되었고 드디어 중국 선종의 東土列祖 중 최초로 諡號追贈의 영광을 입게 되었던 것이다.

唐末의 名僧, 洞山良介(807~869)의 어록에는 3조의 塔頭에서 온 衲僧과 선문답의 일단을 싣고 있는데[62], 이미 동산의 시대에 이른 중국 선종에서의 승찬은 중국 선종의 제삼조로서 그의 존재와 위치가 확고부동하게 된 사실을 알 수 있다. 그리고 북종선의 燈史에서 처음 승찬의 故地로 인연을 맺게 한 舒州 皖公山(思空山) 山谷寺는 이제 숭산 소림사 다음 가는 선종의 聖地로서 중시되고 있다.

(3) 『楞伽佛人法志』와 『楞伽師資記』

1) 玄賾의 『능가불인법지』

현색의 『능가불인법지』와 정각의 『능가사자기』는 사실 『속고승전』의 혜가장과 법충장의 '능가사들의 계보'에 의거하여 撰述된 북

---

[61] 『信心銘』이란 작품은 8세기 말~9세기 초의 禪思想으로 그 인용도 『百丈廣錄』(『古尊宿語錄』 제2권, 『卍속장경』 118-86d·88c·89c·90b), 澄觀의 『華嚴經演義鈔』 제37권(『大正藏』 36권, 282쪽下)에 최초로 인용된 禪籍이다. 黃檗의 『傳心法要』나 『臨濟錄』·『趙州錄』·『宗鏡錄』 제98권에 보이는 「龍牙和尙語」(『大正藏』 48권, 945쪽下) 등에 많이 인용되고 있다.

[62] 『洞山語錄』에 "師門僧, 什麼處來. 曰, 三祖搭頭來. 師曰, 旣從祖師處來又要見老僧作什麼. 曰, 祖師卽別學人與和尙不別."(『大正藏』 47권, 511쪽下). 『祖堂集』 제6권 (2-56), 『傳燈錄』 제15권(『大正藏』 51권, 322쪽中)의 洞山章에도 싣고 있다.

종선의 선종사서이다. 이 두 사서가 모두 '능가'라는 經名을 붙이고 있는 것처럼 앞에서 살펴본 『전법보기』보다 한층 더 '능가사들의 계보'를 충실히 계승하고 있음을 알 수 있으며, 사실 그러한 달마－혜가－찬선사 등 능가사들의 전통을 상승한 사람들이 다름 아닌 도신－홍인의 동산법문과 홍인문하의 신수·현색·혜안 등 소위 홍인의 십대제자라고 강조하기 위해서 편집된 선종사서인 것이다.

현색의 『능가불인법지』는 현재 그 전모를 알 수 없지만 그의 제자 정각의 『능가사자기』의 홍인전과 신수전은 현색의 『능가불인법지』에서 그대로 인용하여 싣고 있다.[63] 현재로서는 여기 인용된 자료 이상의 내용은 알 수 없으므로 이것을 근거로 하여 원초의 구성이나 그 내용, 그리고 제작의도 등을 추론하여 보기로 하자.

현색의 『능가불인법지』란 제목이 암시하듯이 『능가경』의 傳持에 의한 부처〔佛〕와 사람〔人〕과 법의 기록인데, 이것은 현색이 東山弘忍(601~674)의 법을 얻은 후 嵩山慧安(582~709)과 大通神秀(606?~706)에 이어서 中宗의 勅召를 받고 入京한 景龍(707~709) 이후의 저술이었다고 볼 수 있다.

현재 이 책의 전체적인 구성과 내용에 대해선 잘 알 수 없지만, 淨覺의 『능가사자기』에 인용된 弘忍傳과 神秀傳 이외에도 慧安傳이 있었음이 확실하다고 柳田聖山氏는 논하는데,[64] 그렇다면 왜 정각이 『능가사자기』에 신수장을 두면서 따로 혜안장을 만들지 않았을까 하

---

63 『능가사자기』 弘忍章에, "按安州壽山和上諱賾 撰楞伽人法志云, 大師俗姓周, 其先尋陽人, 貫黃梅縣也.(云云)"(『大正藏』 85권, 1289쪽中)이라고 하고 있으며, 또 神秀章에도, "按安州壽山和上. 撰楞伽佛人法志云, 其秀禪師 俗姓李, 汴州尉氏人.(云云)"(『大正藏』 85권, 1290쪽上)이라고 인용하고 있다.

64 柳田聖山, 『初期禪宗史書の研究』, 59쪽.

는 점은 문제로 남는다.

그런데 정각이 『능가사자기』에 달마 이하 도신까지의 각 장에 현색의 『능가불인법지』를 일체 인용하지 않는 것을 보면, 원래 현색의 『능가불인법지』에는 달마 이하 도신까지의 전기가 없었기 때문이라고 할 수 있겠다. 그것은 정각이 『능가사자기』의 달마, 혜가, 찬선사 장에 『속고승전』을 인용하고 의용하여 부족한 전기자료를 찾으려고 노력한 흔적이 보이고 있음에도 불구하고 『능가불인법지』의 書名이나 인용은 일체 보이지 않고 있기 때문이다.

이러한 관점에서 볼 때 현색의 『능가불인법지』는 『속고승전』의 뒤를 이어 특히 혜가장, 법충장의 「능가사들의 계보」에 자극 받아 『속고승전』에 그 전기가 보이지 않는 홍인과 그의 문하의 대표적인 신수 등의 전기를 만들어, 달마―혜가―찬선사 등 능가사들의 계보와 도신―홍인과 그의 문하 동산법문과의 법계를 연결하여 자파의 종통과 법계를 표명하려고 한 것이었다고 추측할 수 있다.

현색에 대해서는 현재 정리된 전기자료가 전해지지 않고 그의 제자 정각의 『능가사자기』序에 그의 略傳을 간단히 기술하고 있을 뿐이다.[65] 그것에 의하면 현색의 속성은 王氏, 太原祁縣(山西省 陽縣의 東部) 출신으로 東山弘忍의 전등제자로서 주로 安州(湖北省 應山縣西南) 壽山寺[66]를 중심으로 교화를 펼친 선승이다. 中宗의 景龍 2년(708) 勅으로 入京하여 兩京을 중심으로 십여 년간 선법을 널리 開演

---

65 柳田聖山, 『初期の禪史』 I , 56~57쪽(『大正藏』 85권, 1283쪽上).

66 『續高僧傳』 제16권, 「周京師天寶寺僧瑋傳」(『大正藏』 50권, 558쪽中)에 의하면 僧瑋(513 ~573)가 天和 5년(570)에 창건한 사찰로 남쪽엔 楚水를 바라보고 동쪽에는 隋城을 가리킨다고 하는 風光明媚의 곳이었다고 한다.

하였으며 淨覺도 이때에 귀의하였다고 한다.

여기 정각이 기술하고 있는 스승 현색의 傳記는 지극히 간단하며 대부분 현색이 帝都에서 활약한 만년의 일부를 전하고 있다. 더군다나 정각이 帝都에서 현색을 참문하여 교시를 받고 깨달음을 얻었다는 등, 정각 자신과의 師資관계와 인연을 서술하는 것에 중점을 두고 있다.

특히 정각은 여기서 홍인과 현색과의 관계에 대해서 "祖, 弘忍大師가 수기하시기를 安州에 一箇(聖者)가 있다"라고 말씀하셨으니 이것은 다름 아닌 "우리(玄賾) 大和上이시다"[67]라고 하며, 현색은 홍인조사가 특별히 인가한 제자임을 강조하고 있다.

실제 현색의 『능가불인법지』弘忍章에는 홍인이 입적하기 전에 현색에게 특별히 자기의 壽塔을 세우도록 명한 것과, 스스로 십대제자들의 이름을 밝히면서 그들의 특성을 한마디씩 코멘트 붙인 뒤, 또 현색에게 다음과 같이 특별히 부촉의 말씀을 하였다고 한다.

> 又語玄賾曰, 汝之兼行 善自保愛, 吾涅槃後, 汝與神秀, 當以佛日再暉, 心燈重照.
>
> (『大正藏』 85권, 1289쪽下)

또 弘忍大師는 나(玄賾)에게 말씀하셨다.

"자네는 지혜와 수행을 겸비한 제자이다. 스스로 자기를 잘 保愛하라. 내가 열반한 뒤, 자네는 신수와 함께 반드시 불법의 광명을 다시

---

67 "祖忍大師授記云, 安州有一箇, 卽我大和上是也."(『大正藏』 85권, 1283쪽上)

비추고 心法의 燈火를 다시 한 번 비추도록 하라."라고.

이를 볼 때 현색은 사실 홍인이 직접 선정한 신수 등, 소위 홍인의 십대제자 부류에 속하지 않고 홍인으로부터 특별히 인가받은 격외의 인물이며, 십대제자의 대표인 신수와 함께 홍인의 뒤를 이어 불법을 다시 밝히고 心法을 거듭 비추도록 장래를 부촉받은 인물이었음을 알 수 있다.

현색의 홍인 참문은 『능가불인법지』弘忍傳에 의하면 그가 咸亨 元年(670)부터 약 5년간 安州 壽山寺에서 往還하면서 3차례 친견하였다고 스스로 기술하고 있다. 그때 스승 홍인으로부터 특히 "이 경(능가경)은 오직 마음으로 증득하여 깨달을〔了知〕뿐, 문자나 주석으로써 능히 알 수 있는 것이 아니다."라고 하는 능가의 깊은 뜻을 교시받은 사실을 말하고 있다. 그리고 또 홍인이 입적하는 날 현색에게 특별히 부촉한 후, 손으로 十方을 가리키며 하나하나 증득한 마음을 설명하시면서 최후 전법의 사실을 기술하고 있다.[68]

현색에 대해선 이상의 자료 이외에 그의 전기는 알 수 없으나 그는 실제 安州 壽山寺에 거주하면서 동산홍인대사를 참문한 제자로 보인다. 그가 특히 스승 홍인으로부터 능가의 깊은 뜻을 부촉받은 사실을 거듭 강조하고 있음은, 『속고승전』에 기록하고 있는 달마―혜가―찬선사로 이어지는 능가사들의 계보를 의식한 것이며, 이러한 법통설을 이은 도신―홍인―현색의 종통설을 주장하기 위한 의도로 만

---

68 "又語玄賾曰, 汝之兼行 善自保愛 吾涅槃後, 汝與神秀 當以佛日再暉, 心燈重照. 其月 十六日, 問曰, 汝今知我心不. 玄賾奉答, 不知. 大師乃將手撝十方. 一一述所證心."(『大 正藏』 85권, 1289쪽下)

든 것임을 짐작할 수 있다. 또한 현색이 십대제자의 대표자인 신수와 함께 특별히 스승 홍인으로부터 佛法再暉의 부촉을 받은 사실을 강조하는 것은 당시 帝都佛敎에서 북종선을 대성시킨 신수의 존재와 그의 문하 普寂·義福 등 뛰어난 제자들이 찬란한 활약을 펼쳤던 사실을 의식한 것이었다고 할 수 있다. 즉, 현색은 신수를 자기가 주장하는 능가주의의 입장으로 끌어들임으로써 당대의 명승 신수를 능가하려는 자파의 법통설을 확립함과 동시에 내외에 널리 그러한 사실을 공인토록 하기 위한 의도가 있었다고 생각할 수 있다. 사실 북종선에서 『능가경』의 전통과 傳持를 주장하는 일파는 현색―정각의 師資였으며 신수와 『능가경』과의 관계도 거의 모두 이들에 의해 주장된 것이다.

예를 들면 현색의 『능가불인법지』 神秀章에 다음과 같이 전하고 있다.

> 大足元年. 召入東都 隨駕往來, 兩京敎授, 躬爲帝師. 則天大聖皇后問
> 神秀禪師曰, 所傳之法誰家宗旨. 答曰, 稟蘄州東山法門. 問, 依何典誥.
> 答曰, 依文殊說般若經一行三昧. 則天曰, 若論修道, 更不過東山法門.
> 以秀是忍門人, 便成口實也.
>
> (『大正藏』 85권, 1290쪽上~中)

즉, 신수는 大足 元年(久視 2년, 701) 勅召에 의해서 東都(洛陽)에 나아가 천자의 마차를 타고 洛陽과 長安의 兩京을 왕래하며 사람들에게 불법을 가르치고 친히 제왕의 스승이 되었다. 그때, 則天大聖皇后가 神秀大師에게 질문했다.

"선사께서 전해 받은 불법은 누구의 宗旨입니까?"

신수가 대답했다. "蘄州의 東山法門을 稟承하였습니다."

武后가 질문했다. "어떠한 경전에 의거하고 있습니까?"

신수가 "『文殊說般若經』의 一行三昧說에 의거하고 있습니다."라고 답하자, 則天武后는 "만약 修道의 문제로 논한다면 동산법문을 능가할 만한 것은 없다."라고 말했다. 신수선사는 홍인선사의 제자이기 때문에 그것이 口傳이 되었다.

이 내용은 동산법문이라고 부르는 호칭의 근거로서 많이 인용되는데, 여기서 주목할 것은 현색이 스스로 능가의 법을 전지한 사람들의 전법 사실을 기록한 입장임을 강조하면서도 여기서 신수가 주장하는 동산법문의 소의경전과 내용은 실제『능가경』에 관계되는 것이 아니고『문수설반야경』의 일행삼매에 의거하고 있음을 밝히는 것이다. 이것은 원래 신수와『능가경』과는 관계가 없었다는 사실을 분명히 현색 자신이 밝히고 있음을 알 수 있다.[69]

또 한 가지 의문점으로 남는 것은 정각이 스승 현색의『능가불인법지』를 계승하여『능가사자기』를 편집했음에도 불구하고 홍인으로부터 특별히 格外의 제자로 인정받은 스승인 현색에 대해서 특별히 一章을 구성하지도 않고, 홍인의 법을 이은 십대제자의 한 사람으로 취급한 神秀와 그의 문하에 뛰어난 4명의 제자들의 전기와 전법계보를 구성하고 있는 점이다. 이 문제를 포함하여 현색과 정각의 師資관계,『능가경』에 의한 전법계보 등에 대해서는 뒤에서 다시 고찰하겠지만 어쨌든 현색의『능가불인법지』는 정각의『능가사자기』의 출현

---

69 拙著,『中國禪宗의 成立史硏究』第3章 7節의「北宗禪과 楞伽宗」項을 참조.

을 인도한 견인차 역할을 감당하였다는 역사적인 사실에 주목해야
할 것이다.

2) 淨覺의 『능가사자기』

앞에서도 언급한 것처럼 정각의 『능가사자기』는 스승 현색의 『능
가불인법지』에 이어서 그보다 한층 더 조직적으로 발전시킴과 동시
에 『능가경』의 전통에 의한 스승과 제자간의 전등 사실을 구체적으
로 체계화시켜서 널리 천명하기 위해 편집한 것이다.

그런데 이러한 주장을 너무 지나치게 발전시켰으므로 『능가경』의
역자인 구나발타라를 보리달마 앞에 初祖로 모시고 구나발타라─보
리달마─혜가─찬선사로 이어지는 법계와 동산법문, 북종선의 선종
계보를 모두 『능가경』의 전지자로 만들어 버린 결과가 되고 말았다.

말하자면 정각의 『능가사자기』는 동산법문의 교시를 받은 현색이
中宗의 景龍 2년(708)에 入內하였으며, 또 그 전에 혜안이나 신수가
二京法主 三帝國師로 활약한 것처럼 홍인문하의 逸才들이 중앙에 진
출하여 京師의 지식인들에게 주목되는 과정에 있어서 선종의 종교적
인 敎相과 以心傳心의 전통과 宗源을 밝혀두어야 할 필요성을 느꼈
을 때 『속고승전』 등의 관련자료들을 비판 없이 끌어들여 서둘러 엮
은 초기 선종의 史書라고 생각한다.

이하 『능가사자기』라는 문헌의 발견과 구성을 통해서 선종의 전등
역사서로서의 내용과 그 성립 의미를 살펴보기로 하자.

앞에서 여러 차례 언급한 『능가사자기』는 『전법보기』와 같이 중
국 선종 최초의 전등사서이며, 금세기 초 돈황에서 발견되기 전까지
만 해도 그 자료의 존재가 전연 알려지지 않았던 책이었다. 현재까지
발견된 돈황본을 소개하면 다음과 같다.

1. 〔漢文資料〕

① S.2504號本(首欠. 序文의 途中에서 道信章의 末尾 부근까지의 斷片)

② S.4272號本(首欠. 達摩章의 末尾에서 粲禪師章까지의 斷片)

③ p.3294號本(序文의 首部 몇 行뿐인 斷片)

④ p.3436號本(序文의 首部를 제외하고는 거의 完本에 가까운 善本)

⑤ p.3537號本(求那跋陀羅章의 後半에서 達摩章의 末尾까지의 斷片
　S. 4272號本의 앞부분에 해당됨)

⑥ p.3703號本(弘忍章의 後半에서 卷末까지의 斷欠本)

⑦ p.4564號本(卷首의 標題와 本文四行뿐인 斷簡)

2. 〔티베트 譯本〕

① S.710의 2號本(求那跋陀羅章에서 道信章의 앞부분까지의 斷片)

② S.704號本(道信章의 一部分뿐인 斷片)

　　이상과 같이 『능가사자기』의 완본은 없으며 모두 斷片欠本뿐이
다. 이 자료의 발견과 연구 보고에 대한 書誌學的 고찰은 여기서 생
략하고, 이 책이 일찍이 티베트어로 번역된 사실을 주목해야 한다.[70]
　참고로 티베트어로 번역된 중국 선문헌은 『능가사자기』 이외에 달

---

[70] 田中良昭, 「敦煌禪宗資料分類目錄初稿」(『駒澤大學佛教學部研究紀要』 第27號, 1969
년 3月); 同氏, 『敦煌禪宗文獻の研究』(日本 大東出版社, 1983년), 23쪽 이하.
柳田聖山, 『初期禪宗史書の研究』, 58쪽 이하 및 〔資料〕 8 「楞伽師資記序」; 同氏, 『初
期の禪師』 I 의 解說; 拙著, 第5章 5節의 「淨覺의 『楞伽師資記』」 참조. 『楞伽師資記』
의 티베트 譯本은 S.710의 2호본과 S.704호본이 알려지고 있는데 모두 斷片. 이를
최초로 발견하여 소개한 논문이 上山大峻, 「チベット譯『楞伽師資記』について」(『佛
教學研究』 제25·26호, 1986년)라고 발표한 것이다.

마의 『이입사행론』과 뒤에서 논할 『역대법보기』 등이 있는데, 이러한 사실은 티베트 불교에 미치고 있는 중국 선종 영향의 일면을 단적으로 보여주고 있다. 사실 서기 780년을 전후하여 북종계의 禪僧 摩訶衍이 티베트의 수도까지 진출하여 인도의 名僧 Kamalaśila(蓮華戒)와 頓漸의 우열을 가리는 유명한 'bsam yas 宗論'은 그러한 역사적인 사실을 입증하고 있는 사건이다.[71]

그런데 『능가사자기』 역시 『전법보기』와 마찬가지로 撰述年時를 밝히지 않고 있어 이 자료의 정확한 성립연대는 알 수 없지만 현재 柳田聖山氏의 연구성과에 의하면 현재 학계에선 唐 玄宗의 先天 2년(713)에서 開元 4년(716) 사이에 성립된 것으로 간주하고 있다.[72]

柳田氏의 설에는 『능가사자기』의 神秀章에 신수와 혜안·현색 등 三人은 則天大聖皇后와 應天神龍皇帝, 그리고 太上皇 등 전후 三帝의 國師가 되었다는 사실을 강조하는 일단이 있다. 여기서 응천신룡 황제란, 中宗을 지칭하는 尊號이고, 태상황은 睿宗을 가리킨다. 예종이 '太上皇'이란 尊號로 불리게 된 것은 先天 2년(713) 그의 아들인 臨淄王隆基(玄宗)가 즉위할 때부터 太上皇帝로서 逝去한 開元 4년(716)까지 4년간이기 때문에 이 기간 중에 『능가사자기』가 성립하였

---

⁷¹ 「bsam yas 宗論」의 기록으로 摩訶衍의 『頓悟大乘正理決』(P.4646호, S.2672호 사본)이란 돈황자료가 알려지게 된 것은 프랑스의 동양학자 Paul, Demievil의 『Le Council de Lhasa』(1952년, paris)라는 연구를 발표한 이후이다. 氏는 P.4646호, 사본을 부록으로 影印하여 싣고 있다. 최근 일본의 長谷部好一氏는 「吐蕃佛敎と禪」(『愛知學院 大學文學部紀要』 제1호, 1971년)에 P.4646, S.2676호본을 교정하여 수록하고 있다.

⁷² 종래 『楞伽師資記』의 撰述年時에 대해서 학자들 사이에 이견이 많다. 矢吹慶輝氏는 '略略玄宗의 開元年間'으로, 胡適氏는 '開元時', 鈴木大拙氏는 '西曆 第8世紀의 始期', 宇井佰壽氏는 '708년,' 쯔沙雅章氏는 '開元 15년(727)전후', 中川孝氏는 '開元 15년 (727) 이후', 柳田聖山氏의 '開元 7, 8년(719~720)경' 등의 諸說이 주장되었다. 田中良昭, 『敦煌禪宗文獻의 硏究』, 59쪽 참조.

을 것이라고 논하는 것이다.[73]

　따라서 『능가사자기』 역시 『전법보기』와 거의 같은 시기인 開元 初年 전후에 출현된 초기 선종의 史書임을 알 수 있는데 앞에서도 언급한 것처럼 내용의 相異點으로 볼 때, 이들 두 자료가 서로 다른 한쪽의 존재를 알지 못했음엔 틀림이 없으며 이들 두 자료의 성립상의 전후문제도 신경이 쓰이지만 현재의 자료로선 이러한 문제를 해결하기란 여간 곤란한 일이 아닐 수 없다.

　그러면 여기서 『능가사자기』의 作者 淨覺(683~750?)에 대해서 살펴보기로 하자.

　『능가사자기』 內題 다음에 "東都沙門釋淨覺 居太行山靈泉谷集"(『大正藏』 85권, 1283쪽下)이라고 명기한 것처럼 작자는 스스로 東都(洛陽)沙門 釋淨覺이라고 밝히면서 『능가사자기』를 太行山 靈泉谷(現 河南省 沁陽縣 懷州)에서 편집하였다고 기술하고 있다.

　정각의 전기를 전하는 자료로는 본인이 쓴 『능가사자기』 序와 『주반야바라밀경』 李知非의 序, 그리고 王維(700~761)가 찬술한 『大唐大安國寺 故大德淨覺師塔銘幷序』(『全唐文』 제327권) 등이 있는데, 그의 전기를 전하는 왕유의 『塔銘』에는 연대의 기술이 거의 없어 그의 생애를 정확히 파악하기가 어렵다.

　정각이 스스로 '東都沙門'이라고 자칭한 것은 왕유의 『탑명』에서 기술했듯이 그가 洛陽 大安國寺의 주지였기 때문이라고 할 수 있다.[74]

---

[73] 柳田聖山, 『初期の禪史』 I, 30쪽 참조.

[74] 李知非의 序에도, "于時大唐京兆大安國寺沙門淨覺. 俗姓韋, 祖消遙公之後也"라고 기록하고 있다.

그의 俗姓은 韋氏, 中宗(684~710년 재위)의 皇后인 韋夫人의 實弟였
다.[75]『능가사자기』自序에는 大足 元年(701) 神秀에게 師事하였음을
말하고 있으며, 景龍 2년(708) 스승 현색이 入京했을 때 현색과의 만
남과 10여 년을 參侍하여 心地를 決了했다는 사실 등을 적고 있다.

　李知非의 序에 의하면 그가 神龍 元年(705) 23살 때 懷州 太行山
에서『金剛般若理鏡』1권을 저술하고,『능가사자기』도 太行山 靈泉
谷에서 편집하였다는 것을 볼 때 그가 신수나 현색을 참문한 기간에
도 주로 이곳에서 주석하였던 것 같다.

　회주의 태행산은 일찍이 北齊의 대표적인 名僧 僧稠(480~560)의
故地인데 정각이 승조의 崇德을 그리워하며 太行山을 찾으니 수백 년
간 고갈되었던 샘물이 다시 솟았기에 '靈泉谷'이라 불렀다고 한다.[76]

<hr>

大安國寺의 창건과 沒革에 대해선『唐會要』제48권,『歷代名畫記』제3권 참조. 참고
로 牧田諦亮,「唐長安大安國寺利涉とその歡善文」(『中國佛敎史硏究』第Ⅰ, 大東出版
社, 1981년)이라는 논문을 소개한다.

[75] 『舊唐書』제51권에「中宗韋庶人傳」이 있다.
王維의『淨覺禪師塔銘』에도 "中宗之時, 後宮用事, 女謁寖盛, 主柄潛移, 戚里之親, 同
分珪組 屬籍之外 亦縮銀黃."이라고 기술하고 있다. 여기에 '後宮用事'란 韋夫人의 政
爭을 가리키는 말로서,『資治通鑑』제208권, 中宗의 神龍元年(705)條에도 기록되어
있다. 참고로 淨覺의 俗家와 韋夫人의 정권투쟁에 대해서는, 谷川道雄「武后末年よ
り玄宗朝初年に至る政爭について－唐代貴族制度硏究への一親角－」(『東洋史硏究』
第14-4號, 1956년 3월); 柳田聖山,『初期禪宗史書の硏究』, 87쪽 참조.

[76] 李知非의 序에 다음과 같이 보인다.
"其禪師年二十三, 起神龍元年, 在懷州太行山, 稠禪師 以錫杖解虎鬪處修道. 居此山注
金剛般若理鏡一卷. 其靈泉號名般若泉也. 古今相傳. 高歡之時. 稠禪師於太行山靈泉,
見兩虎鬪爭一鹿. 以錫杖分之. 兩虎伏地, 不敢爭也. 稠禪師涅槃已後數百年, 無人住持,
靈泉涸竭 栢樹枯朽. 自從大唐淨覺禪師, 尋古賢之跡, 再修葺禪宇, 掃漉未經三日, 涸泉
爲之涌出 朽栢爲之再茂也."(S.4556호 사본. 柳田聖山,『初期禪宗史書の硏究』〔資料〕
7. 597쪽)『續高僧傳』제16권 釋僧稠傳에, "後詣懷州西王屋山, 修習前法, 聞兩虎交鬪
咆響振巖, 乃以錫杖中解, 各散而去."(『大正藏』50권, 553쪽下)라고 기록되어 있다.
두 마리의 호랑이가 서로 다투는 것을 화해시켰다는 이야기는 僧稠에게 수학한 曇詢傳
(『大正藏』50권, 559쪽中)에도 보인다. 후에 圓寂(『大正藏』50권, 770쪽上), 伏牛自

이지비의 序에 정각의 법계를 '신수의 門人 혜안의 足下, 현색의 전등제자'라고 밝힌 그는 당대의 대표적인 명승들의 교시를 받았음에 틀림없으며, 특히 현색의 전등제자로서의 전법 사실을 기술한 일단이 다음과 같이 보인다.

其賾大師持摩納袈裟, 甁鉢錫杖等, 並留付囑淨覺禪師.

(S.4556號 寫本)

즉, 스승 현색이 평소 소지하고 있던 摩納袈裟와 淨甁, 鉢盂, 錫杖 등을 모두 제자 정각에게 부촉의 증거로 물려주었다는 것이다. 정말 이 일단의 기사는 뒤에 신회(684~758)의 傳衣付法說의 주장으로 소란스럽게 된 선종의 전의설 및 인가 증명의 始源으로 보이는데 주목해야 할 기록이다. 물론 신회의 주장보다 연대적으로 앞선 주장이다.

정각이 언제부터 洛陽 大安國寺의 주지가 되었는지 알 수 없지만, 이지비의 序에는 그가 兩京을 중심으로 널리 禪法을 開演하였으며, 王公道俗의 歸依者가 무수히 많았고, 또한 크게 활약한 사실을 전하고 있으며, 王維의 『塔銘』에서도 門下의 升堂入室弟子가 70명이 넘었다고 한다.

그의 저술 『注金剛般若理鏡』은 전하지 않지만, 『능가사자기』·『주반야바라밀경』은 모두 돈황에서 출토되었고, 또 돈황본 『太行淨覺禪師開心勸導禪訓』이라는 단편도 전하고 있다.

在(『大正藏』 50권, 771쪽下) 역시 僧稠의 遺跡地를 그리워 訪問하고 있다.

그러면 『능가사자기』의 구성과 내용을 통하여 禪宗燈史書로서의 성격과 그 성립적 의의 등을 살펴보기로 하자.

『능가사자기』는 대략 다음과 같은 순서로 구성되어 있다.

歸敬偈

序文

第一　宋朝求那跋羅三藏

第二　魏朝三藏法師菩提達摩

第三　齊朝鄴中沙門慧可

第四　隋朝舒州思空山粲禪師

第五　唐朝蘄州雙峯山道信禪師

第六　唐朝蘄州雙峯山幽居大師　諱弘忍

第七　唐朝荊州　玉泉寺大師　諱秀

　　　安州壽山寺大師　諱賾

　　　洛州嵩山會善寺大師　諱安

第八　唐朝洛州嵩高山普寂禪師

　　　嵩山敬賢禪師

　　　長安蘭山義福禪師

　　　藍田玉山惠福禪師

이상과 같은 『능가사자기』의 구성과 내용을 중심으로 선종 燈史로서 형식상의 특징과 그 문제점 등을 고찰해 보기로 하자.

『능가사자기』 구성에 있어서 최대의 특색은 보리달마 앞에 구나발타라를 初祖로 모시면서 보리달마를 그의 법을 이어 받은 제2조로 배치하고 있는 점이라 할 수 있겠다.

그리고 그 다음은 홍인의 嗣法者로서 신수와 현색·혜안 등 3인의 이름을 나란히 열거하고 있는 것과, 신수의 사법자로서 보적·경현·의복·혜복 등 4인의 이름을 동등한 입장으로 병기하고 있는 점이라 하겠다.

따라서 『능가사자기』에서 주장하는 전등 계보를 도표로 표시하면 다음과 같이 된다.

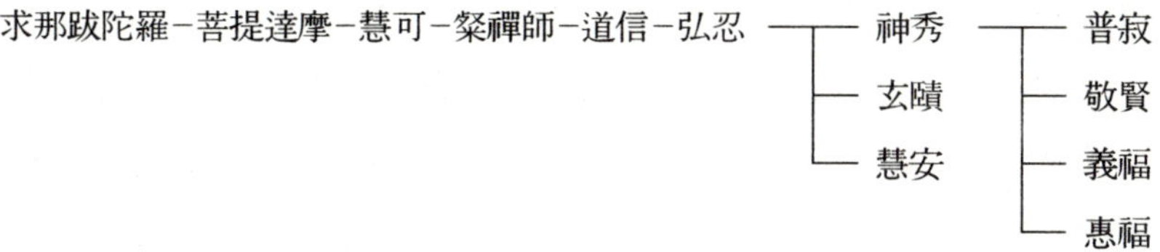

앞에서 주의한 바와 같이 정각은 스승인 현색의 『능가불인법지』를 계승하여 동산홍인의 유력한 제자들이 법계를 『속고승전』 제16권의 慧可章과 法沖章에 전하고 있는 능가사들의 계보에 의거하여 그 옛날 달마－혜가계로부터 비롯된 능가의 법통을 상승한 것이라고 주장하면서, 한 걸음 더 나아가 강조한 것이 이처럼 구나발타라를 初祖로 모시게 된 결과를 초래하게 된 것으로 볼 수 있다.

사실 『능가사자기』가 보리달마 앞에 初祖로 『능가경』의 번역자인 구나발타라(394~468)를 배치하고 있는 것은 이 史書의 제목에서 보여주고 있는 것처럼 『능가경』의 전수에 의한 사자와의 전법상승의 전통을 강조하기 위한 것임을 알 수 있다. 정각은 분명히 『속고승전』 제25권 법충전 '능가사들의 계보'전에 기술하고 있는 중국에서의 『능가경』의 傳譯과 유통에 대한 다음과 같은 일단에 주목했음이 틀림없다고 하겠다.

其經本是宋代求那跋陀羅三藏翻. 慧觀法師筆受. 故其文理克諧行質
相貫. 專唯念惠不在話言. 於達摩禪師 傳之南北. 忘言忘念無得正觀爲
宗. 後行中原. 慧可禪師 創得綱紐.

(『大正藏』 50권, 666쪽中)

즉, 4권『능가경』은 宋朝의 구나발타라 삼장이 번역하고 慧觀法師
가 筆受했으며, 달마선사가 처음 남북 각지에 홍포하였으며 혜가에
의해서 經의 玄理가 분명히 확립되었다고 한다.

여기 구나발타라의『능가경』번역과 혜관법사의 필수에 대한 내용
은『出三藏記集』제14권 구나발타라전(『大正藏』 55권, 105쪽下)에 의
거한 것이다. 그리고 달마의 홍포와 혜가의 綱紐는『속고승전』제16
권 혜가장에서 달마가 처음 4권『능가경』을 가지고 혜가에게 수여하
면서 "내가 漢地를 살펴보니 오직 이 경이 수행에 도움이 될 뿐이다.
賢者는 이 경에 의거하여 수행하면 반드시 해탈을 얻을 수 있으리
라."고 하였다. 혜가는 오로지 경의 玄理에 일치하였다[77]라고 하는 일
단과「법충전」에서 혜가로부터 친히 가르침을 받은 사람들이 南天竺
一乘宗에 의하여『능가경』을 설하였다[78]고 하는 말을 전제로 하고
있다. 즉, 혜가의 綱紐란 남천축일승종에 의해서 경의 玄理를 설하
는 것이며 그것은 앞에서 언급한 것처럼 '忘言忘念無得正觀'을 종지
로 한다.

정각은 분명히「법충전」의 이 일단에 주목하고 혜가의 宗系인「능
가사들의 계보」에 의거하여 구나발타라ー보리달마ー혜가ー찬선사

---

[77] 『續高僧傳』 제16권, 慧可傳(『大正藏』 50권, 552쪽中).
[78] 『續高僧傳』 제25권, 法沖傳(『大正藏』 50권, 666쪽中).

로 이어지는 능가의 전법계보를 설정하여 도신―홍인―신수·현색·혜안 등 동산법문의 법계와 연결시켜 독자적인 楞伽師資의 법통설을 완성시켰음을 알 수 있다.

사실 구나발타라를 중국 선종의 初祖로 모시는『능가사자기』의 전등설은 실로 많은 무리가 있다. 그럼에도 불구하고 정각이 어디까지나 그를 중국에서『능가경』의 번역자겸 전수자로서 달마 앞의 初祖로 모시고 있는 점은 그가『속고승전』능가사들의 계보를 얼마만큼이나 확신하고 의지했으며 의식했었는지를 추측할 수 있다. 말하자면 정각은 종래 능가사들의 계보를 계승하여 새로운 능가사들의 전통을 중국 선종의 차원에서 체계화시키려고 한 의도가 보이며, 구나발타라를 初祖로 모신『능가사자기』는 이러한 구상에서 만들어진 초기 선종의 전등사서였다고 할 수 있다.

사실 구나발타라를 初祖로 모신 그의 법통설은 자신이 저술한『주반야바라밀다심경』(727년 作) 이지비의 서문에도 그대로 계승되고 있음을 다음의 일절에서 확인할 수가 있다.

古禪訓曰, 宋太祖之時, 求那跋陀羅三藏禪師, 以楞伽傳燈. 起自南竺國, 名曰南宗. 次傳菩提達摩禪師, 次傳可禪師, 次傳粲禪師 次傳蘄州東山道信禪師, 遠近咸稱東山法門也. 次傳忍大師, 次傳秀禪師, 道安禪師, 賾禪師. 此三大師 同一師學, 俱忍之弟子也. 其大德三十餘年 居山學道 早聞正法, 獨得髻珠, 益國利人, 皆由般若波羅密而得道也.

(S.4556號 寫本)

즉, 구나발타라로부터 비롯된 능가의 전등이 남천축국에서 興起된 것이기 때문에 '南宗'이라고 부르며, 그 능가의 전등이『능가사자기』

와 마찬가지로 구나발타라－보리달마－혜가－찬선사－도신－홍인 －신수, 도안, 현색의 三大師에서 전래되었다고 한다.

이지비가 어떤 사람인지 자세히 알 수 없지만 그가 정각의 『주반야 바라밀경』에 쓴 서문을 보면 당연히 『능가사자기』의 존재를 알고 있었 을 것이며, 그가 여기에 기술하고 있는 능가의 전등법계는 『능가사자 기』에 의거한 것이었음엔 의심의 여지가 없다.

그런데 여기서 주목해야 할 사실은 구나발타라로부터 비롯된 능가 의 법을 이은 사람들이 모두 '동산법문'이라고 咸稱하였다는 것과, 능 가의 전등계보를 밝히고 있으면서도 홍인과 그의 제자 신수·도안·현 색 등이 모두 반야바라밀에 의해서 깨달음을 얻었다는 사실을 특기하 고 있는 점이다. 그렇다면 결국 능가의 법과 반야바라밀과는 동일한 것이 되며, 구나발타라가 전한 능가의 전등을 도신－홍인의 동산법문 에 귀결시켜 능가의 전통이 그대로 동산법문이라고 주장하고 있는 것 임을 알 수 있다.

『전법보기』나 『능가사자기』 등 초기 선종사서의 작자들은 처음 『속 고승전』에 기록된 '능가사들의 계보'에다가 동산법문 계통 선승들의 법계상의 宗源으로 무리하게 연결시켰는데, 이제 이들 두 법계가 원래 다른 계통임을 눈치 채고 처음으로 그러한 모순에 고민한 나머지 종원 이 다른 이들 두 법계를 보다 합리적으로 절충하여 결합시키려고 하는 노력의 일면을 읽어볼 수 있다. 그러나 여기에서도 구나발타라로부터 비롯되는 그 종원은 능가의 전등임을 주장하면서 홍인의 동산법문이 반야바라밀에 의해서 득도한 사실을 밝히고 있음은 원래 이들 두 계통 의 법계가 근원이 다르다는 사실을 작자 스스로가 노출시키고 있는 것이다. 이와 같은 예는 앞에서의 인용처럼 현색이 『능가불인법지』 신수전에 신수의 入內時, 측천무후의 대화를 기술하고 있는 일단에도

보인다.[79]

　그런데 이지비는 이러한 능가의 전등계보가 「古禪訓」에서 말하고 있는 것임을 밝히고 있다. 여기서 말하는 「고선훈」이 과연 어떤 것을 가리키는 것인지 불분명하지만, 정각의 『능가사자기』 구나발타라장에 '王公道俗들이 구나발타라 선사에게 「禪訓」을 개연해줄 것을 간청하였다'[80]라고 말하고 있는 것으로 볼 때 『능가사자기』가 아니면 현색의 『능가불인법지』에서 주장하는 능가의 전등계보가 아닐까 추측된다. 아니면 이 계통에서 전승되었던 그 어떤 禪籍이었을런지 모르지만, 그러한 사실을 입증할 자료가 없는 현재로선 정각의 『능가사자기』를 가리키는 말로 간주된다.

　李華의 『左溪玄朗碑』(754년 作, 『全唐文』 제320권)에서 '菩薩僧 菩提達摩禪師는 능가의 법을 전했다'라고 기술하고 있는데 사실 달마와 『능가경』과의 관계는 『속고승전』에서 전하는 능가관계의 기사에 의한 것이라기 보다는 현색·정각 師資에 의한 능가주의 운동에 의한 영향이었다고 생각된다. 특히 정각은 『능가사자기』 보리달마장에 달마의 『이입사행설』과 曇林의 序를 인용한 뒤에 달마의 親說임을 밝힌 뒤, 또 달마는 坐禪衆들을 위하여 12,3매 정도의 『釋楞伽要義』 1권을 저술하였다고 한다.[81] 그가 말한 달마의 『석능가요의』가

79　『楞伽師資記』, 神秀章(『大正藏』 85권, 1290쪽上~中).

80　"譯出楞伽經. 王公道俗 請開禪訓. 跋陀未善宋言有愧, 即多夢人以劍易首, 於是就開禪訓."(『大正藏』 85권, 1283쪽下~1284쪽上)

81　"此四行 是達摩禪師親說, 餘則弟子曇林 記師言行. 集成一卷. 名曰達摩論也. 菩提師又爲坐禪衆釋楞伽要義一卷. 有十二三紙. 亦明達摩論也. 此兩本論文, 文理圓淨. 天下流通, 自外更有人僞造達摩論三卷, 文繁理散, 不堪行用."(『大正藏』 85권, 1285쪽中) 達摩의 저술과 『楞伽經』에 대한 注釋 등 諸問題는 拙著 『中國禪宗의 成立史硏究』 第2章 3節 「二入四行論」과 「達摩論」을 참조.

과연 어떤 것인지 전연 알 수 없지만 후대의 불서 목록에 달마의 『능가경』 주석이 보이는 것도 모두 이러한 주장의 발전에서 이루어진 것이라고 할 수 있다.

그런데 또 한 가지 중요한 점은 뒤에 神會(684~758)의 南宗 宣言으로 인하여 비롯되는 시끄러운 '南宗'이란 宗名을 여기 이지비의 서문에서 정확히 밝히고 있다는 사실이다. 신회의 남종 주장에 대해선 뒤에서 다시 거론하겠지만, 여기 이지비의 서문에 구나발타라로부터 시작되는 능가의 전등이 남천축국에서 일어난 것이기 때문에 이를 남종이라 한다. 이 남종은 정각의 『능가사자기』에서 주장하는 능가의 전통을 계승한 능가주의자들의 일파를 가리키는 宗名의 별칭임엔 틀림없다.

또 이러한 능가사들의 전법을 특히 남종이라고 칭하는 근거는 두말할 것도 없이 『속고승전』 제25권 法沖章에서 법충이 혜가로부터 직접 교시를 받은 사람이 '남천축일승종'의 입장에서 『능가경』을 강의하는 것을 듣게 되었다는 '남천축일승종'이라고 하겠다. 사실 처음 남종은 남천축일승종의 약칭으로 불렸다고 볼 수 있다. 남천축일승종에 대해서는 『속고승전』 法沖章에 '忘言忘念, 無得正觀을 宗旨로 하고 있다'고 했는데 三論宗의 般若空宗과 똑같은 반야사상을 기초로 한 실천불교의 입장임을 알 수 있다.[82]

이지비가 정각의 『능가사자기』에 의거하여 능가의 전등을 주장하면서 홍인의 동산법문이 반야바라밀에 의해 득도했다고 하였는데, 능가와 반야바라밀을 동일시한 이유는 사실 그가 『속고승전』에서 주

---

[82] 註12) 참조.

장한 '남천축일승종'에 주목했기 때문이었다고 할 수 있다.

앞에서 언급한 바와 같이 능가의 전등을 주장하면서 내용적으로는 반야사상에 의거하고 있는 소위 능가와 반야와의 전후 모순의 기술은, 『속고승전』 법충전을 비롯하여 현색의 『능가불인법지』 신수장, 정각의 『능가사자기』 도신장 등 주로 능가의 전등을 주장하는 현색－정각 등 능가주의자들 자료에 한결같이 노출되고 있다.[83]

사실 이지비의 서문에, 정각은 『주반야바라밀경』이나, 『금강반야리경』 1권의 저술이 있었다[84]고 하는 것 역시 반야사상의 입장에 서 있으면서, 自派의 宗源이 어디까지나 능가의 전등임을 주장하고 있음을 알 수 있다.

즉, 그것은 외부적인 자파의 법통을 권위 있는 史書 『속고승전』에 명기된 '능가사들의 계보'를 이어온 오랜 전통의 상승임을 추구하면서, 동산법문의 법계를 그러한 오랜 전통의 법계에 연결시키려고 했으나, 실제로는 도신－홍인계의 동산법문에서는 모두 반야사상에 토대를 두고 있었다는 사실을 그대로 드러내고 있다.

초기 선종에서 이와 같은 능가와 반야와의 관계는 신회의 남종에서 『금강경』 선양과 더불어 북종 『능가경』을 초극하는 자세로서 남종 『금강경』의 입장이 강하게 표면화되고 있다. 그 하나의 예가 신수

---

83 『續高僧傳』 제25권, 「法沖傳」(『大正藏』 50권, 666쪽中), 『楞伽師資記』 「道信章」에, "其信禪師. 再敞禪門, 宇內流布. 有菩薩戒法一本, 及制入道安心要方便法門. 爲有緣根熱者說. 我此法要 依楞伽經 諸佛心第一. 又依文殊說般若經, 一行三昧(云云)"(『大正藏』 85권, 1286쪽下)라고 기술하고 있는 것처럼 『楞伽經』의 諸佛心第一에 의거한 것이라고 하고 있지만, 이후의 법문이 『文殊說般若經』의 一行三昧에 의거하고 있음을 밝히고 있다. 이와 같은 예는 앞에서 언급한 것처럼 神秀章에서, 神秀와 則天武后와의 대화에도 보인다.(『大正藏』 85권, 1290쪽上～中)
84 柳田聖山, 『初期禪宗史書の研究』 〔資料〕 7, 597쪽. S.4556호 사본.

와 혜능과의 心偈(깨달음의 노래)를 둘러싼 드라마틱한 이야기가 『육조단경』에서 묘사되고 있다.[85] 이는 『능가경』 시대에서 『금강경』 시대로 전향되는 시대적 배경과 북종에서 남종으로 흐르는 선종의 사상사적 일면을 멋지게 파악하여 전개하고 있는 작자의 뛰어난 문학적인 재능을 보여주고 있는 것이라 하겠다.

여기서 이상의 여러 문제점들을 다시 한 번 재고해 보면, 정각은 스승 현색의 『능가불인법지』를 이어받아 새롭고 보다 구체적이고 체계 있는 능가의 전통을 구상했지만 실제로 의존할 수 있는 근본자료는 『속고승전』 제16권의 혜가장과 제25권의 법충장 등에 기록된 『능가경』을 둘러싼 단편적인 관련기사와 「능가사들의 계보」 등이 전부였다.

그리고 「능가사들의 계보」와 도신─홍인계의 동산법문과는 그 전승의 법계뿐만 아니라 사상적인 기반도 서로 크게 모순되었으며, 이 사실을 작자인 정각 자신도 인정하면서 끝까지 능가의 전등을 주장하고 있음을 알 수 있다.

그것은 달마로부터 시작된 「능가사들의 계보」가 초기 선종의 법통설 및 전등설의 형성에 결정적인 영향을 미치고 있음을 단적으로 의미하고 있다. 다시 말하면 초기 선종 燈史의 작자들은 권위 있는 『속고승전』의 달마─혜가계의 능가 법계를 의용하여 자파의 宗源으로 삼으려고 한 것에서 중국 선종의 전등설이 출발점이 되고 있다.

한편 『능가사자기』나 『전법보기』의 작자가 『속고승전』「능가사들의 계보」와 『능가경』의 玄理나 혹은 경의 傳持를 주장하면서 실제

---

85 拙著, 『中國禪宗의 成立史硏究』 第3章, 7節의 「楞伽宗과 南宗」을 참조.

로는 그 모두를 무시하고 달마-혜가-찬선사의 三代를 도신-홍인의 동산법문의 종원으로 연결하여 자파의 법계가 그 옛날 인도에서 건너온 보리달마로부터 전래되어온, 오래된 전통으로 이어진 전법상승을 주장하려는 곳에 주안이 있음을 알 수 있다.

사실 이와 같은 경향은 어느 시대든 후대의 사람들이 자기의 종원과 혈통의 뿌리를 오래된 전통과 권위 있는 자료적 근거에서 찾아 자파의 역사를 기록하려고 노력한 것처럼, 초기 선종에서도 禪宗燈史의 역사관의 본질을 그대로 보여주고 있다. 이것은 단순한 조작이거나 허구의 산물이 아니라 당시의 사람들이 찾고 갈망하였던 종교심이 담겨진 시대적 요청으로 이루어진 것임을 명심해야 한다.

그러면 『능가사자기』의 구성과 다른 문제점에 초점을 맞추어서 論을 진행해 보자.

『능가사자기』 법계의 문제는 앞에서 여러 차례 언급한 바와 같이, 보리달마전에 初祖로서 『능가경』의 역자인 구나발타라를 모시고 있는 점이다. 구나발타라의 문제를 별도로 한다면 『법여선사행장』이나 『전법보기』에서 주장하고 있는 법계와 똑같은 것이라고 하겠다.

이것은 초기 선종 燈史의 작자들이 당시 가장 권위 있고 확실한 僧傳인 도선의 『속고승전』을 依用하면서, 선종의 입장에서 그것을 계승하는 한편 대항하는 자세로서 '不立文字 敎外別傳'의 기치를 내건 선종의 교판이라고 할 만한 독자적인 전등계보를 주장해야 하는 필요성의 기운이 거의 같은 시기에 자각되었다는 점도 주목해야 할 점이다.

그런데 『전법보기』에서는 혜가의 嗣法者로서 '隋皖公山釋僧璨'으로 具名하고 있는데 대하여 『능가사자기』에서는 '隋朝舒州思空山粲禪師'로 표기하고 있다. 또 앞에서 인용한 이지비의 서문에서도 '粲禪

師'로 하고 있는데 이것은 『전법보기』보다도 법충장의 '능가사들의 계보'를 한층 더 충실하게 계승하고 있는 증거로 볼 수 있다.

다음은 홍인의 嗣法弟子로 신수·현색·혜안(도안, 노안) 등 세 사람의 이름을 동등하게 기록하고 있는 점이다. 『능가사자기』 홍인장에는 현색의 『능가불인법지』를 인용하여 홍인 문하의 뛰어난 십대제자를 밝히고 있지만 사실 이들 세 사람은 실제 홍인의 유력한 제자들이었으며, 또한 당시 제도불교를 대표하는 명승들이었다고 할 수 있다. 『능가사자기』엔 이들 세 사람을 능가의 제7대 전승자로서 다음과 같이 기록하고 있다.

第七唐朝荊州玉泉寺大師諱秀, 安州壽山寺大師諱賾, 洛州嵩山會善寺大師諱安, 此三大師 是則天大聖皇后, 應天神龍皇帝太上皇, 前後爲三主國師也, 並忍大師授記云, 後傳吾道者 只可十耳. 俱承忍禪師後.[86]

(『大正藏』 85권, 1290쪽上)

즉 신수·현색·혜안의 세 사람은 다 같이 측천무후·中宗·睿宗에 걸친 三帝의 국사이며, 이들 모두 한결같이 홍인대사가 수기를 내린 십대제자들로서 忍禪師의 법을 이은 사람들이다.

여기서 홍인대사가 수기하여 말씀하시길 "뒤에 나의 道〔法〕를 전하는 사람은 오직 十人 정도이다"라고 한 말은 현색의 『능가불인법지』

---

86 李知非의 序(S.4556호 사본)에도 이와 똑같은 법계를 다음과 같이 주장하고 있다. "先是□□□□□□荊州秀門人. 復是洛州嵩山禪師足下. 又是安州壽山賾大師傳燈弟子. 古禪訓曰, 宋太祖之時 求那跋陀羅三禪師 以楞伽傳燈 起自南天竺國, 名曰南宗. 次傳菩提達摩禪師, 次傳可禪師, 次傳粲禪師, 次傳蘄州東山道信禪師. 遠近咸稱東山法門也. 次傳忍大師, 次傳秀禪師, 道安禪師, 賾禪師. 此三大師, 同一師學 俱忍之弟子也".

홍인장에 전하는 홍인의 십대제자설에 의거한 말이다.[87] 앞에서 언급한 현색은 홍인의 격외 제자이며, 신수와 혜안도 십대제자에 속하는 인물이다.

정각은 『능가사자기』 自序에서 분명히 밝혔듯이 신수·현색·혜안 등 이들 세 사람의 명승들로부터 직접 교시를 받았다는 사실을 거듭 강조하고 있으며,[88] 이러한 정각의 법계를 이지비는 『注般若波羅密多心經』序에 다음과 같이 기술하고 있다.

于時大唐京兆大安國寺沙門淨覺, 俗姓韋, 祖逍遙公之後也. 先是□□□□□□荊州秀門人, 復是洛州嵩山禪師足下, 又是安州壽山賾大師傳燈弟子也.

(S.4556號 寫本)

이것은 분명히 이지비가 『능가사자기』의 법계를 계승하고 있음을 알 수 있는데, 여기서 염두에 두어야 할 점은 정각의 법계를 '신수의 門人, 嵩山(慧安)禪師의 足下, 현색대사의 전등제자'라고 한 정각과 이들 三大師와의 관계를 각각 다른 입장에서 독특한 말로 표현하고 있다. 이것은 정각이 이들 三大師의 지도를 받았기 때문이겠지만, 사실 그는 현색의 전등제자임엔 틀림없다. 특히 신수의 門人이나 혜

---

[87] 『楞伽佛人法志』弘忍章에, "又曰 如吾一生 教人無數 好者並亡. 後傳吾道者 只可十耳. 我与神秀 論楞伽經. 玄理通快, 必多利益. 資州智詵, 白松山 劉主簿, 兼有文性. 莘州惠藏 隨州玄約, 憶不見之, 嵩山老安, 深有道行. 潞州法如, 韶州惠能 揚州高麗僧智德, 此並堪爲人師. 但一方人物. 越州義方 仍便講說. 又語玄賾曰, 汝之兼行, 善自保愛, 吾涅槃後, 與與神秀, 當以佛日再暉, 心燈重照."(『大正藏』 85권, 1289쪽下)라고 하였다.
[88] 『楞伽師資記』, 序(『大正藏』 85권, 1283쪽上) 및 註86) 참조.

안의 足下라는 말로써 그의 법계를 표기하고 있는 점은 당대의 명승 신수와 혜안의 위치 및 그들의 사회적인 권위를 빌어 정각의 존재를 보다 분명히 밝히려고 한 것을 알 수 있다. 柳田聖山氏가 현색의『능가불인법지』에 혜안전이 있었다고 추정하는 점도 아울러 고려해 볼 필요가 있다.[89]

『전법보기』는 홍인의 제자인 숭산 소림사의 법여선사를 중심으로 하는 전법계보를 기술하고 있으며 신수와 그의 문하에 대해선 간접적으로 언급하는 정도에 그치고 있다. 또 혜안이나 현색 그 이외 홍인 제자들의 이름은 한 사람도 밝히지 않는데 반하여『능가사자기』는 현색의『능가불인법지』를 인용하여 홍인의 십대제자 및 현색·혜안 그리고 신수와 그 문하의 대표적인 普寂·敬賢·義福·惠福 등 4대제 자의 이름을 밝히면서 이들 모두가『능가경』의 전지자인 사실을 과 감하게 주장하고 있다.

그런데 문제는 정각이『전법보기』의 법여처럼 왜 자기 스승인 현색 만을 홍인의 뒤를 이은 嫡嗣者로 확정하여 홍인 — 현색으로 이어지는 單傳의 전통을 주장하지 않고 신수·현색·혜안 등 삼대사의 이름을 병기하면서 특별히 신수장을 설정하고 또 신수 문하의 사대제자들을 제8대의 능가전등자로 밝히고 있는 것일까 하는 점이다.

『능가사자기』제8대 전승자로 등장하는 신수의 제자 보적·경현· 의복·혜복 등 四人이 사실 淨覺과 동시대에 같은 중앙에서 활약한 인물들이었으며, 특히 보적은 신수의 뒤를 이어 二京法主 三帝門師 로 존경받은 당대의 대표적인 고승이었다.

---

89 柳田聖山,『初期禪宗史書の研究』, 59쪽.

이는, 일찍이 스승 현색이 『능가불인법지』에서 홍인·신수·혜안 등 당대의 대표적인 동산법문의 名僧들을 자기가 주장하는 능가의 전등을 계승한 인물들로 끌어들여 自派의 입장을 자타가 공인할 수 있도록 노력했던 것처럼, 이제 정각은 동산법문 스승 현색의 『능가불인법지』를 이어 한층 더 구체적이고 조직적으로 체계화하여 『능가경』의 傳持를 중심으로 師資의 法統계보를 만들려고 하였다.

즉 당대 대표적인 신수계의 명승들을 모두 끌어들임으로써 자파의 주장이 단순한 허구에 그치지 않고 명승들과 더불어 전통적인 능가의 법통을 계승하고 있음을 당시의 중앙지식인들을 포함한 모든 사람들로 하여금 인정하게 하고, 수긍될 수 있도록 노력한 구상이라고 할 수 있다.

당시 초기 선종을 뒤에 남종의 신회가 정통의 相承을 힘있게 강조하고 있는 것처럼, 一代一人付法說을 내세워 正傍을 문제 삼거나 강한 종파적인 의도도 분명치 않았다는 사실도 아울러 고려해야 된다. 『능가사자기』에 홍인의 십대제자 존재와 이름을 밝힌 것이나, 그 가운데서도 제7대 전승자로 신수·현색·혜안 등 三人과, 제8대 전승자로 신수문하의 대표적인 보적·경현·의복·혜복 등 四人의 명승들을 열거한 것은, 많은 사람들로부터 존경받고 덕망과 명성이 있는 고승들의 권위와 영향력 있는 활약을 전개한 신수와 그 문하의 유력한 제자들을 모두 끌어들여 자파에서 주장하는 『능가경』의 傳持에 의한 師資의 계보를 주장한 것이라고 볼 수 있다.

즉, 그것은 『능가사자기』 후미에 작자가 밝힌 능가의 전등자에 대한 다음과 같은 일절에서 읽어볼 수 있다.

自宋朝以來 大德禪師代代相承, 起自宋求那跋陀羅三藏, 歷代傳燈,至于唐朝, 惣當八代 得道獲果, 有二十四人也.

(『大正藏』 85권, 1290쪽上)

이와 같이 "宋朝로부터 지금까지 큰 덕을 갖춘 선사가 대대로 불법을 상승하고, 宋의 구나발타라 삼장을 비롯하여 진리의 등불이 전해져서 오늘날 唐朝에까지 모두 8대가 되었다. 佛道를 체득하여 깨달음에 이른 자는 모두 24인이 된다."라고 하고 있다.

여기서 24인이라는 숫자는 구체적으로 누구누구를 지칭하는지 미묘하지만 그 대략을 살펴보면, 『능가사자기』에서 주장하는 구나발타라로부터 달마·혜가·찬선사·도신·홍인까지 6명과 홍인문하의 십대제자와 현색, 신수문하의 사대제자, 그리고 보리달마의 제자로서 그 이름이 보이는 道育과 曇林의 編者인 정각을 포함한 24명임엔 틀림없다고 하겠다.

이처럼 정각은 초기 선종계의 대표적인 모든 사람들을 끌어들여 『능가경』傳持에 의한 능가의 전등을 이은 사람들임을 주장함으로써 자파의 입장을 무리없이 나타내 보이려고 하고 있다.

특히 달마 앞의 初祖로서 구나발타라를 모시는 등의 무리한 법통설을 구상한 것은 어디까지나 『능가경』의 傳持를 보다 체계적으로 주장하려고 한 작자의 노력과 의지가 그대로 드러나고 있다고 볼 수 있다. 그러나 이는 뒤에 보당종의 『역대법보기』에서 다음과 같이 비난의 대상이 되고 있다.

有東都沙門淨覺師, 是玉泉神秀師弟子. 造楞伽師資血脈記一卷, 妄引求那跋陀三藏, 爲第一祖. 不知根由, 惑亂後學云, 是達摩祖師之師. 求那跋陀自是譯經三藏, 小乘學人, 不是禪師. 譯出四卷楞伽經, 非開受楞伽

經, 与達摩祖師. 達摩祖師自二十八代首尾相傳, 承僧迦羅又. 後慧可大
師 親於嵩高山少林寺, 問達摩祖師承上相傳. 自有文記分明. 彼淨覺師妄
引求那跋陀, 稱爲第一祖, 深亂學法. 法華經云 不許親近三藏小乘學人.

(『大正藏』 51권, 180쪽中)

신수선사의 제자인 정각이 『楞伽師資血脈記』 1권을 저술했는데 제
멋대로 구나발타 삼장을 제1조로 삼고 있음은 도대체 어떤 자료에 따른
것인지 알 수가 없으며, 또 그를 '달마조사의 스승이다'라고 한 것은
후학을 혹란시키는 말이라 하지 않을 수 없다. 구나발타라는 譯經三藏
으로 小乘學人일 따름이지 선사가 아니며, 4권 『능가경』을 번역했지만
『능가경』의 종지를 달마조사에게 수여한 것이 아니다. 달마조사는 가섭
이래 西天 28대의 전승을 거쳐 僧迦羅又의 법을 이었고, 뒤에 혜가대사
가 친히 숭산 소림사에서 달마조사에게 代代相承의 근거를 질문하였음
이 분명히 기록되어 있다. 정각은 제멋대로 구나발타라를 끌어들여 제1
조로 삼아 傳法의 사실을 어지럽혀 놓고 있다. 『법화경』에 말씀하시길
"三藏의 가르침에 의한 소승의 學人과 친근해서는 안 된다"라고 하셨다.

『역대법보기』의 비난은 날카롭고 대단히 격심하다고 하겠다. 4권
『능가경』의 역자인 구나발타라를 '譯經三藏'이라고 하며, 小乘學人
이지 선사는 아니라고 지적한 후 『법화경』 제5권 「安樂行品」의 게
송을 응용하여 심하게 배척하고 있다.[90] 그리고 정각이 구나발타라

---

[90] 『法華經』 제5권, 「安樂行品」 제14의 偈頌中, "增上慢人, 貪著小乘, 三藏學者 破戒比
丘. 名字羅漢. 及比丘尼 好戲笑者, 深著五欲, 求現滅度. 諸優婆夷, 皆勿親近."(『大正
藏』 9권, 37쪽中)의 일단을 응용한 것이다.

를 달마조사의 스승으로 모신 근거가 어디에 있는지 힐문하면서 이러한 『능가사자기』의 구조와 전법계보는 실로 후학을 혹란시키는 일이며, 불법전등의 사실을 문란케 하는 처사라고 심하게 비판하고 있다.

사실 『역대법보기』에서는 서천 29(28)조의 전등설이 抬頭되어 인도에서의 달마 법계를 확실히 밝히려고 하는 입장이므로 정각이 시도한 구나발타라-달마의 전법계보가 문제가 되지 않을 수 없었고 또 이를 지적하여 비판하지 않을 수 없었던 것이다.

이러한 『역대법보기』의 전등설과 여러 문제점은 뒤에서 다시 고찰하기로 하고, 여기서 한 가지 주목할 것은 정각의 『능가사자기』 존재가 『역대법보기』의 작자에 의해서 확인되고 비판되었다는 역사적인 사실이다. 이러한 시각에서 일찍이 북종의 『전법보기』가 신회의 『보리달마남종정시비론』에 지적되고 비판의 대상이 된 사실도 아울러 생각해 볼 필요가 있다.

(4) 禪宗七祖 傳燈說

종래 초기 선종에 있어서 처음 선종 전등설의 형성과 최초의 燈史인 『전법보기』 및 『능가사자기』의 성립 및 구성에 대하여 전등계보를 중심으로 살펴보았다. 선종 전등계보의 형성은 『속고승전』 제16권의 혜가장과 제25권 법충장의 「능가사들의 계보」에 의거하여 보리달마-혜가-찬선사로 전승된 능가사의 전통을 도신-홍인 동산법문의 법계와 접속시킴으로부터 이루어진 것이었다.

그것은 처음 홍인의 동산법문의 敎示를 받고 長安·洛陽의 二京에 진출하여 독자적인 禪法으로 교화를 펼친 법여·혜안·신수·현색 등 소위 북종선의 傑僧들이 실제 帝都佛教 지도자로 등장되면서 수당대의 여러 教相宗派佛教와는 근본적으로 종지를 달리하는 '不立文字, 教外別傳'의 기치를 내걸고, 불법의 極意가 스승과 제자간에 이심전심으로 전승된 사실을 강조하였다.

즉 그들은 이러한 선종(自派)의 宗源을 먼 옛날 인도에서 來朝한 보리달마로부터 전래되어온, 오랜 역사를 가진 법통설을 주장할 필요성을 느꼈기 때문이다. 말하자면 선종 전등설은 초기 선종의 시대적인 요청으로 이루어진 것이며 처음부터 隋唐宗派佛教에 대항하는 선종 교판의 의미를 가지고 만들어진 전승의 사실인 것이다.

『전법보기』와 『능가사자기』는 이러한 선종의 입장에서 최초로 만들어진 전등사서인데, 이미 앞에서 언급한 이들 두 燈史書가 거의 같은 시대에 똑같은 지역에서 활약한 소위 북종선계 선승들의 법통을 밝히려고 편집한 선종사서임에도 불구하고 그 구성과 내용은 각각 다른 입장을 취하고 있다.

그 가운데 가장 두드러진 특성은 『전법보기』가 보리달마 — 혜가 — 승찬 — 도신 — 홍인 — 법여 — 신수로 이어지는 7대의 전법상승을 주장하면서, 법여의 嗣法者로 同門인 신수를 두고 있는 점이며, 또 그 맨 뒤에 작자가 '傳(法)寶紀 七祖 一卷'이라고 기록하고 있는 것이다.

한편 『능가사자기』는,

구나발타라 — 보리달마 — 혜가 — 찬선사 — 도신 — 홍인 — 신수 — 현색 혜안 — 보적·경현·의복·혜복

으로 전래되었다는 8대의 전등계보를 주장하고 있다. 여기서 지나친 발전으로 달마의 앞에 第一祖로 구나발타라를 모신 문제를 論外로

접어든다면, 사실 달마로부터 신수문하의 뛰어난 보적 등 四人의 선
승에 이르는 7대 전등법계의 相承을 주장하고 있음을 알 수 있다.

『전법보기』의 7조 전등설은 실제 법계상으로는 문제가 있으므로
재고해야 되겠지만, 『능가사자기』에서 신수의 뒤를 이어 7대(8대)의
嗣法者로 列名하고 있는 보적, 경현, 의복, 혜복 등을 모두 초기 선
종에서 7조의 법을 전해 받은 인물로 등장시키고 있는 것은 실로 주
목해야 할 일이다.

결론적으로 초기 선종의 전등계보설과 전등사서의 출현은 홍인문
하의 법여나 신수, 현색, 혜안 등 보리달마 이래 6대의 전법계보를
주장하기 위해서 만들어진 것이라기보다는 오히려 신수문하, 즉 칠
대의 전승자로 自任한 뛰어난 제자들의 다채로운 활약으로 산중에서
마음을 닦던(調心) 頭陀禪이 갑자기 제도불교의 주도권을 잡게 되자
자파의 이심전심의 宗源과 종교적 교상인 교판의 의미로서 주장되고
만들어진 것이라고 할 수 있다.

선종에 있어서 7대(조)라는 숫자는 사실 『전법보기』에서 처음 나
왔는데, 달마에서 홍인까지의 5대와 법여－신수를 연결한 숫자이지
만, 선종 전등설의 주장과 더불어 일찍부터 초기 선승들 사이에는 '7
조(대)'의 법통과 전등이 자각되었던 것으로 생각된다.

예를 들면 돈황자료 가운데 『師資七祖方便五門』[91]이라는 제목이 붙
은 자료도 전해지고 있으며, 또 일본승 圓珍의 『入唐求法目錄』에도,

---

91 『師資七祖方便五門』(P.2058호본, P.2270호본)은 北宗系의 사상을 摘要한 것이다. 『鈴
   木大拙全集』 제2권, 453쪽에 수록하고 있다.

　　　　禪門七祖行狀碑銘　一卷.

(『大正藏』 55권, 1093쪽上)

이라는 자료가 著錄되어 있다. 『禪門七祖行狀碑銘』은 전하지 않아 그 내용도 알 수 없지만, 아마도 초기(北宗) 禪系의 칠조전등을 기록한 비명을 모은 문헌이 아닌가 추측이 된다. 이러한 추측을 가능케 하는 것은 현종의 개원 20년(732) 滑臺 大雲寺에서 개최된 宗論에서, 하택신회가 북종의 보적선사가 제멋대로 칠조라고 주장하고 있다면서 숭산에 비명을 세우고 七祖堂을 건립했으며, 『전법보기』를 편집하여 칠대의 전등을 주장하고 있다며 비난하고 있는 사실이다.[92] 사실 신회 북종공격의 동기가 바로 다름 아닌 신수─보적으로 이어지는 6대, 7대의 북종 전등계보설이란 사실을 아울러 고려해야 할 것이다. 신회의 북종 비난은 뒤에서 자세히 고찰하기로 하자.

　그런데 초기 선종 전등설의 형성과 더불어 보리달마로부터 비롯되는 선종계보상에서 처음부터 제7조(대)의 인물로 주목된 사람은 『능가사자기』에서 推戴하고 있는 신수문하의 대표적인 제자 보적·敬賢(景賢)·의복·혜복과 또 降魔藏[93] 등이라고 할 수 있다.

　이들 가운데서도 특히 보적(651~739)과 의복(658~736)은 '二京法主 三帝門師'[94]로서 명실 공히 신수의 뒤를 이은 당대의 명승으로 자

---

[92] 胡適, 『神會和尙遺集』(284쪽, 289쪽, 註34) 참조.

[93] 降魔藏의 七代傳承은 神會의 『菩提達摩南宗定是非論』에서 비난하고 있는 것에서 알 수 있다.(『神會和尙遺集』, 284쪽, 287쪽 註34)의 인용 참조.
　　참고로 降魔藏의 전기는 『宋高僧傳』 제9권, 「唐兗州東嶽降魔藏師傳」(『大正藏』 50권, 760쪽上); 『傳燈錄』 제4권(『大正藏』 51권, 232쪽中)에 수록하고 있으며, 티베트語譯 敦煌寫本 중에 「降魔藏禪師安心法」(P.T.365 Ⅱ)이 알려지고 있다.

[94] 嵩山普寂의 존재는 거의 동시대에 활약한 神會의 비난에 의해서도 그의 존재를 짐작

타가 능히 七祖로 공인한 인물이었다.

그밖에도 법여의 제자 元珪(644~716)[95]와 혜안과 혜능, 두 사람의 법을 이은 淨藏(675~746)[96]·혜능의 제자 신회(684~758)·회양(677~744)·청원행사(673~741) 등도 각각 선종칠조(대)로 추앙받은 인물인데, 혜능계의 남종 7조에 대해서는 뒤에서 재고하기로 하고 여기서는 초기(北宗) 선종의 자료를 중심으로 살펴보기로 한다.

먼저 『능가사자기』의 작자가 7조로 추대한 그 사실부터 고찰해 보자. 『능가사자기』에는 신수의 法嗣者로서 보적·경현·의복·혜복의 四人에 대하여 다음과 같이 기록하고 있다.

第八 唐朝洛州嵩高山 普寂禪師, 嵩山敬賢禪師, 長安蘭山義福禪師, 藍田玉山惠福禪師, 並同一師學, 法侶雁行 俱承大通和上後. 少小出家, 淸淨戒行, 尋師問道, 遠訪禪門, 行至荊州玉泉寺 遇大通和上諱秀, 蒙

할 수 있다. 『南宗定是非論』의 北宗 攻擊의 대상이 다름 아닌 普寂의 七祖 주장이었다고 할 수 있는데 이 점에 대해선 이미 앞의 註34)에 지적하였으며, 또 당시, 普寂이 '一佛出世, 帝王之師'라고 존경받은 사실을 다음과 같이 전하고 있다.
"嗚呼, 六代傳信 今在韶州. 四輩學徒, 空遊嵩嶺. 可謂魚遊於水 布綱於高山. 于時有同學相謂曰, 嵩山寂和上, 一佛出世, 帝王之師. 天下仰德, 四海歸依. 何人敢是, 何人敢非."(『神會和尙遺集』, 315쪽) 또 敦煌本 『第七祖大照和尙寂滅日齋讚文』(S.2512호 사본)에도, "故西天付囑, 五日照於曩辰. 東夏傳燈 七祖光乎皇運, 我第七祖 三朝國師, 大照和尙. 出二邊境, 越諸地心 得如來慈, 入佛知見."이라고 기술하고 있다.
宗密의 『中華傳心地禪門師資承襲圖』의 北宗에 대해서 논하고 있는 곳에, "就中 秀弟子 普寂化錄轉盛, 爲二京法主, 三帝門師."(『卍속장경』 110-433d)라고 하고 있으며 또 『圓覺經大疏鈔』 제3권의 下(『卍속장경』 14-277b)에서도 "謬稱七祖, 二京法主, 三帝門師"라고 하고 있다. 註100) 참조.
95 元珪의 七祖傳承은 그의 제자 智嚴이 찬술한 『大唐中嶽東閑居寺 故大德 珪和尙紀德幢』(725년 건립. 『金石補正』 제53권)에 기록하는 法如系의 法系, 註20)에 인용한 원문을 참조.
96 淨藏의 七祖는 『嵩山故大德淨藏禪師身塔銘』(『全唐文』 제997권. 『金石華編』 제87권)에 의함.

授禪法, 諸師等奉事大師十有余年. 豁然自証, 禪珠獨照大師付囑普寂,
敬賢, 義福, 惠福等, 照世炬燈, 傳頗梨大鏡. 天下坐禪人歎四箇禪師曰,
法山淨, 法海淸, 法鏡朗, 法燈明, 宴坐名山, 澄神邃谷, 德冥性海, 行茂
禪林. 淸淨無爲, 蕭然獨步. 禪燈默照, 學者皆証佛心也.

(『大正藏』 85권, 1290쪽下)

제8, 唐朝의 洛州 嵩高山 普寂禪師, 嵩山 敬賢禪師, 長安蘭山 義福
禪師, 藍田玉山 惠福禪師는 모두 다 同學이며 불법의 형제로서 다같이
大通和上의 뒤를 이었다. (이들은) 어려서 출가하여 계행을 청정히 하
고 스승을 찾아 도를 물었으며 멀리 禪門을 찾았다. 드디어 荊州 玉泉寺
에 이르러 대통화상 신수를 참문하여 선법의 교시를 받았다. 이들은
한결같이 대사 모시기 10여 년에 활연히 스스로 진리를 깨달아 선의
寶珠를 홀로 비추게 되었다. 대사께선 보적·경현·의복·혜복 등에게
장래를 부촉하셨으며 세상을 비출 등불이 될 것을 기대하며 수정같은
큰 거울을 전수하셨다. 천하의 좌선인들은 이들 四聖의 선사를 찬탄하
기를 '법(진리)의 산은 깨끗하며, 법의 바다는 맑고 법의 거울은 밝으며
법의 등은 빛난다.'라고 했다. (그들은) 명산에 연좌하며 정신을 깊은
계곡에서 맑히고 德은 진리의 바다처럼 깊고 行은 禪林을 번성케 했다.
청정하여 작위가 없고 숙연하게도 獨步하여 선의 등불을 묵묵히 비추
니 학자들이 모두 불심을 깨닫게 되었다.

『능가사자기』의 작자는 신수 문하의 '昇堂者七十, 味道者三千人'[97]

---

97 張說, 『荊州玉泉寺大通禪師碑銘』(『全唐文』 제231권. 『唐文粹』 제64권)

가운데에서 이들 四人을 신수의 법을 이은 후계자로 선정하고 제팔(칠)대의 嗣法者로 추대하고 있다. 실제 이들 四人은 『능가사자기』의 작자인 정각(683~750?)과 거의 동시대의 인물이며, 또 같은 京師를 중심으로 활약한 것으로 봐서 믿을 만한 것이라고 할 수 있다.

이들 가운데 혜복선사에 대해선 잘 알 수 없지만, 보적·의복·敬賢(景賢)의 三人은 각자의 비문과 더불어 諸傳에서 한결같이 이들의 존재를 전하고 있는 것처럼 신수 문하의 대표적인 인물들이었음엔 틀림없는 사실이다.

특히 이들 四人은 신수로부터 세상에 불법의 등불을 크게 비출 것을 부촉받은 사람이었으며, 당시 천하의 수행인들도 이들 四人에 대해서 '法山淨, 法海淸, 法鏡朗, 法燈明'에 비유해서 칭찬하였다고 전하고 있다.

敬賢(景賢)의 비문인 羊愉의 『嵩山會善寺故景賢大師身塔石記』(735년 作)에도 다음과 같은 신수 문하의 전등의 기사가 보인다.

> 先祖師達摩西來, 歷五葉而授大通, 赫赫大通 濟濟多士, 寂·成·福·藏爛其□門.

(『全唐文』 제362권)

여기에는 달마의 불법이 5대를 지나 신수에게 전수되었고, 뛰어난 신수 문하의 많은 제자 가운데 普寂 (某)成, 義福, 降魔藏 등 四人이 그의 선문을 빛냈다고 기록하고 있다. (某)成은 분명하지 않지만, 여기에 비문의 주인공 경현을 더하면 강마장을 제외한 三人은 앞에 정각의 『능가사자기』에서 열거한 제8대의 인물과 일치함을 알 수 있다.

신수 문하의 대표적인 사람은 역시 보적과 의복이라고 할 수 있으며, 또한 초기(북종) 선종에서 달마계 선종의 제7조의 인물로 가장 주목된 사람은 보적이었다. 특히 돈황에서 출토된 자료 가운데 『第七祖大照和尙寂滅日齋讚文(擬)』(S.2512號 寫本)이라는 문헌도 발견되었으며, 또 李邕의 「大照禪師塔銘」(742년 作) 즉, 보적의 비문을 비롯하여 종래의 古金石文 등의 자료에도 그를 제7조 혹은 7대의 인물로 주장하는 기록이 많은 것을 볼 때 당시 자타가 한결같이 인정하고 추대했던 역사적인 사실임을 알 수 있다.[98]

예를 들면 同門 의복의 비문인 嚴挺之의 『大智禪師碑銘幷序』(736년 作)에 다음과 같은 일단의 기사가 보인다.

禪師法輪, 始自天竺達摩大敎, 東派三百餘年, 獨稱東山學門也. 自可璨信忍至大通 遞相印屬. 大通之傳付者 河東普寂與禪師二人, 卽東山繼德, 七代於玆焉.[99]

(『全唐文』 제280권)

여기서는 의복의 법계를 기술하고 있는데 달마-혜가-승찬-도

---

[98] 註84) 참조. 普寂의 七祖傳承을 주장하는 간접적인 자료의 기록으로는 李華撰, 『故左溪大師碑』(754년 作. 『全唐文』 제320권) ; 同氏, 『故中岳越禪師塔記』(764년 作, 『全唐文』 제316권) ; 同氏, 『潤州天鄕寺故大德雲禪師』(『全唐文』 제320권) ; 王縉, 『東京大敬愛寺大證禪師碑』(『全唐文』 제370권) ; 權德輿, 『唐故東京安國寺 契微和尙塔銘幷序』(『全唐文』 제501권) ; 『唐故上都唐安寺外臨壇律大德比丘尼廣惠塔銘幷序』(『唐文拾遺』 제31권) 등이 있다.

[99] 義福의 碑文에서 '東山繼德, 七代於玆焉'이라는 말은 達摩以後 東山法門을 거쳐 義福, 普寂에 이른 東土의 傳法系譜를 七代로 밝히는 말. 좀 뒤에 성립된 獨孤及의 『舒州山谷寺覺寂塔隋故鏡智禪師碑銘幷序』(772년 作. 『全唐文』 제390권)에도 '我禪師後七葉之遺訓'이란 말이 보이며, 또 張彦遠의 『三祖大師碑陰記』(『全唐文』 제790권)에도 '東山第十祖'라는 말이 보인다.

신-홍인-대통(신수)으로 전래되었으며 大通의 부촉을 전해 받은
사람이 河東의 보적과 의복 두 사람이니, 7대의 인물이 된다고 밝히
고 있다. 의복의 선문칠대상승의 계보를 밝히려고 한 곳에 특히 '河
東普寂與禪師二人'이라고 보적의 이름을 들어 병기하고 있는 것은,
당시에 있어서 보적의 존재와 신수 문하에서 그가 차지하고 있는 위
치를 고려한 기술임을 엿볼 수가 있다.

보적의 7조설은 이옹의 『대조선사탑명』(742년 作)의 벽두에,

四海大君者 我開元聖文神武皇帝之謂也. 入佛之智赫 爲萬法宗主者,
我禪門七葉大照和尙之謂也.

(『全唐文』 제262권)

라고 서술하고 있는 것처럼 초기 선종에 있어서 보적은 달마계 선종
의 제7조로 널리 인정되고 있었으며, 더군다나 그의 비문에 唐朝의
제7대 황제인 현종과 대비하고 있는 점은 주목할 만하다.

현종은 唐王朝의 제6대 제왕으로서 중국의 역사상 전례 없이 찬란
한 개원성세를 이룬 인물이다. 보통 측천무후는 당왕조의 세대에 정
식으로 포함시키지 않지만, 주지하는 바와 같이 역사적인 사실로서
의 그의 존재는 지극히 중대하다. 그것을 고려해 볼 때 현종은 제6대
이면서도 또 제7대의 제왕이 된다.[100]

---

[100] 이러한 시점에 주목한 사람이 宗密이기도 한데 그의 『圓覺經略疏鈔』 제4권에는 다
음과 같이 七代의 숫자를 推論하고 있다.
"從第七代 後不局一人. 法宗旣立, 普令霑洽. 祖且局者 順世規矩 世諦之法, 多止於
七. 經敎亦然, 如此方七代先亡. 或令持念. 一七二七 乃至多七 請僧之數 亡人齋數,
每事皆七. 乃至祖有七佛, 國有七廟之類也."(『卍속장경』 15-131c)

말하자면 선종의 제6조, 혹은 제7조의 주장은 이러한 唐朝의 역사와 현종의 개원시대 등, 정치적인 세대감각을 의식하고 있었던 것이 아닐까? 적어도 7조 전등설의 경우 여기에 인용한 보적의 비문에서 그러한 작자의 의식과 사실을 찾아볼 수가 있다.

초기(북종) 선종에서 제6조 혹은 제7조 전등설의 주장은 드디어 이후에 전개되는 선종 각파에서 자파의 조통설을 강조하게 된 요인이 되었지만, 실제 그러한 법통설의 자각에 의해서 다양하고 개성 있는 초기 선종의 각파가 형성되기도 하였다.

이옹의 『대조선사탑명』에도 보적이 직접 문인들에게 자기의 법통 계보를 다음과 같이 밝히고 있는 일단이 보인다.

> 吾受託先師, 傳茲密印. 遠自達摩菩薩. 導於可, 可進於璨, 璨鍾於信, 信傳於忍, 忍授於大通, 大通胎於吾, 今七葉矣.
>
> (『全唐文』 제262권)

이와 똑같은 내용인 보적의 전법계보가 이옹의 『嵩嶽寺碑』[101](『全唐文』 제263권)에도 기록되어 있는데 보적은 생전에 자기가 달마이래 선종의 제7대(조)의 상승자인 사실을 선언하고 있었던 것 같다. 보적

---

[101] 李邕의 『嵩嶽寺碑』는 사실 嵩山普寂을 위해서 세운 것이라고 할 수 있는데 여기에 다음과 같이 普寂의 法系를 표시하고 있다.
"達摩菩薩, 傳法於可, 可付於璨, 璨受於信, 信忝於忍, 忍遺於秀, 秀種於今和上寂. 皆宴坐林間, 福潤寓內 其枕倚也."(『全唐文』 제263권)
여기의 기사는 뒤에 宗密이 『圓覺經大疏鈔』 제3권의 下 「神會七祖」 條에, "能大師滅後二十年中, 曹溪頓旨, 沈廢於荊吳. 嵩嶽漸門 熾盛於秦洛. 普寂禪師秀弟子也. 謬稱七祖, 二京法主 三帝門師, 朝臣歸崇 敕使監衛, 雄雄若是, 誰敢當衝 嶺南宗途 甘從毀滅(云云)"(『卍속장경』 14-277b)이라고 기술하고 있는 것처럼 비난의 대상이 되었다. 남종 이후의 普寂七祖 비난에 대해선 뒤에서 再考하기로 한다.

의 7조 전승의 사실은 그의 문하에 제자들도 한결같이 전하는데, 사실 이것이 신회의 북종공격의 쟁점이 되고 있음은 앞에서 언급한 그대로이다.[102]

　보적의 七祖傳承의 기록 가운데 특히 주목해 보고 싶은 자료는 돈황본 『第七祖大照和尙寂滅日齋讚文(擬)』(S.2512호 사본 이하 『齋讚文』이라 약칭함)이다. 이 제목을 보면 내용의 개요를 알 수 있듯이, 대조화상 보적의 입적에 즈음하여 그의 嵩德을 칭송한 단편인데 여기서는 이 자료의 가치와 활용을 고려하여 일단 원문을 전부 인용해 두고자 한다.

金般若

惟天爲大, 唯堯則之. 惟佛爲聖, 唯禪嗣之. 故西天付囑 五日照於曩辰, 東夏傳燈, 七祖光乎皇運. 我第七祖三朝國師大照和尙, 出二邊境, 越諸地心, 得如來慈 入佛知見. 乘最上乘, 來成正覺, 坐金剛座, 稱天人師. 稟訓者遍於寰中, 歸依者周於宇內. 隨感而應 挺生聖朝. 應盡還源. 歸乎淨利. 雄名振古, 威德動天. 其處世也皇上爲之傾心, 其息化也聖主以之追諡. 至哉妙哉, 可略言也. 然茲日者則, 我大師寂滅之晨也.

　我大師所作已辨 何賴齋功. 然以化導恩深, 師資義重. 況投智印 密授

102　李華의 『故中岳越禪師塔記』(764년 作)에, "摩訶達摩, 以智目開瞖, 法雷破聲, 七葉至大照大師."(『雲唐文』, 제320권)라고 하였다.
　　李華, 『潤州天鄕寺故大德雲禪師碑』에, "自菩提達摩 降及大照禪師 七葉相乘 謂之七祖 心法傳示 爲最上乘."(『全唐文』, 제320권)이라고 하는데 이와 똑같은 말이 『唐故上都唐安寺外臨壇律大德比丘尼廣惠塔銘幷序』(『唐文拾遺』 제31권)에도 보인다. 權德輿의 『唐故東京安國寺契微和尙塔銘幷序』에도 "自菩提達摩七葉 至大照祖師, 皆以心法秘印, 迭相授受"(『全唐文』 제501권)라고 기술하고 있는 것처럼 七祖 혹은 七葉은 普寂을 指稱한 祖位였다.

心珠, 竊效追攀, 恭申罔極. 有大弟子焉云云. 禪師代家相魏, 訪道伊洛.
創頭大照和尚 了一心源, 幷依弘正導師開五方便. 精修靡替, 名實克彰.
雖處白衣而德高緇侶, 形假塵俗而頓悟眞乘. 大師贖命, 印開心地. 然則
法本無住, 化必有緣. 黟黬慈雲已垂塞表. 岨赫佛日, 更照流沙. 來茲何
瀧, 道誘五涼. 嵩山白雲, 遊於塞幕. 伊洛明月, 更挂三危. 弘七祖義方,
妙功斯著. 傳諸佛秘藏眞際冥通. 可謂, 景貺 布於前修, 勝因昌於後嗣.
雖性平等, 道本忘情. 然臣子居心, 忠孝不泯.

이상이 『재찬문』(S.2512號本)의 본문 전부인데 비교적 짧고 내용
또한 보적의 적멸에 즈음하여 지은 찬문이지 그의 전기나 사상을 언
급한 것은 아니다.

그러나 제목에서 '第七祖大照和尚'이라고 표기하고 또 '我第七祖三
朝國師 大照和尚'이라고 호칭하고 있는 것은 보적이 생전에 선종의
7조이고, 三朝의 국사로서 존경받았음을 확인할 수 있다.

앞의 『재찬문』의 序部에서 "하늘을 크다고 한다면 오직 聖王 堯만
이 그것에 비준되는 것과 같이, 부처를 성인으로 삼는다면 성스러운
부처를 잇는 것은 오직 禪뿐이라고 하겠다."라고 시작하고 있다. 이
와 같은 표현은 앞에서 인용한 이옹의 『대조선사탑명』에서 "四海의
大君을 우리 開元聖文神武皇帝(玄宗)로 한다면 부처의 지혜광명으로
만법의 宗主가 되는 사람이야말로 우리 선문의 7조인 대조화상이
다."라고 시작하는 표현법과 상당히 비슷하다.

어찌되었건 여기 『재찬문』에서는 前文에 이어 선의 전등이 서천의
불타로부터 부촉된 것으로, 선이야말로 佛陀正傳의 가르침〔法〕이라
고 주장하고 있는 점이며, 그러한 선법을 이은 보적화상은 달마이래
東夏의 제7조의 인물이라고 말하고 있다.

서천전등설은 앞에서 논한 것처럼 일찍이 법여의 비문과 『전법보기』의 서문 등에서 혜원의 『禪經의 서』를 인용하여 강조하고 있는 것으로 간주되지만, 이상의 여러 기록들을 통해서 보적이 달마로부터 비롯된 중국 선종의 제7조로서 널리 인정되고 추대되었던 사실을 확인할 수 있다.

또 한 가지 주의할 점은 초기 선종(北宗)에서는 반드시 보적 한 사람이 제7조로 추대된 것이 아니라는 사실이다. 『능가사자기』에서 신수의 제자 四人을 들고 있는 것처럼 복수의 7조이며 7대의 인물인 것이다. 一代一人付法의 6조 혹은 7조의 전법설은 신회의 주장임을 명심해둘 필요가 있다.

처음 보적의 7조 주장은 6조 신수의 법을 이은 首弟子의 의미로 볼 수 있는데 달마로부터 비롯된 초기 선종 전등설의 형성과 더불어 한 층 더 종통의식이 강하게 작용되고 있음을 알 수 있다.

말하자면 당시 동산법문의 오조홍인의 법을 잇는 6조의 지위는 신수를 위해서, 또 육조신수의 법을 잇는 7조의 座는 보적을 위해서 설정된 祖位였다고 할 수 있으며, 적어도 초기(북종) 선종에서는 당대의 대표적인 신수와 보적의 존재를 상정하면서 선종의 6대 및 7대의 전등계보를 서술했다고 할 수 있다.

앞에서도 언급한 신수와 보적의 법계인 6조와 7조의 주장은 마치 당 왕조의 세대와 일치하고 있는 점도 주의되는데, 이러한 6조 및 7조의 주장이 남종 신회로 하여금 북종 공격의 戰火를 붙이게 한 요인이 되었으며, 남북 양종의 분파와 더불어 정법의 행방을 묻게 하는 종론을 야기시킨 근거가 되고 있다. 신회의 종론은 뒤에서 상론하겠지만 그의 투쟁은 전통적이고 정통적인 6조 신회-7조 보적의 전등설에 대한 아웃사이더의 입장에서 도전이었던 사실을 잊어선 안 된다. 말하자면 신회가 평생을 내걸고 스승 혜능의 육조현창운동을 펼치고 있는 그 이면에는 실제 신회 자신이 보리달마 남종의 제7조의 전법자임을 주장하기 위한 복선을 깔고 있었던 것이다.[103]

이처럼 초기 선종 전등설의 형성은 사실 달마-혜가-승찬-도신-홍인으로 이어지는 列祖들을 顯彰하기 위한 것이 아니라 오조 홍인 이후 육조와 칠조의 전법상승의 자각으로 인하여 주장되었고 발전되었다. 말하자면 그 제7조(대)에 해당되는 사람들의 시대에 자파의 종원을 천명하려는 순수한 운동에서 비롯된 것이었다.

그러나 신회의 南宗 抬頭와 육조현창운동은 사실 선종 전등설의 새로운 전환을 불러 일으켰다. 그가 주장하는 일대일인 부법설의 근거로 제기된 전의부법설은 선종 전등설의 正傍을 갈라놓고 있다.

또한 신회는 어디까지나 초기(북종) 선종의 신수와 보적의 6조 및 7조의 전승을 傍系로 몰아세우고 혜능의 6조를 주장하였는데, 신회 이후 남종에서는 북종과 남종의 대조적인 시대를 지나 이제 혜능문하의 正傍의 문제와 7조설이 각파에서 많이 주장되었다.

종밀은 『禪門師資承襲圖』 등에서 마조계의 홍주종을 방계로 하택종의 신회를 6조 혜능의 정법을 이은 7조라고 주장하며[104] 또 홍주종

---

103 神會의 주장은 그가 開元 20년(732) 滑臺 大雲寺에서 無遮大會를 열고 北宗의 傍系임과 法門이 漸教임을 비난한 宗論의 기록이 敦煌本 『菩提達摩南宗定是非論』이다. 神會의 南宗과 六祖顯彰運動의 本底意에 대해선 뒤에서 재고하겠지만 실로 南宗의 七祖는 神會를 지칭한 말이었다.
　예를 들면 최근 발견된 門人比丘慧空撰 『大唐東都荷澤寺歿故第七祖國師大德于龍門寶應寺龍崗腹建身塔銘幷序』에 "粵自佛法東流 傳乎達摩, 達摩傳可, 可傳璨, 璨傳道信, 信傳弘忍, 忍傳慧能, 能傳神會, 傳承七葉, 永播千秋."라고 하는 일단의 법계에서 주장하고 있는 것처럼 六祖慧能-七祖神會로 전승된 正統法系의 확립을 위한 투쟁이었다.
104 宗密의 『中華傳心地禪門師資承襲圖』라는 책은 본래 『裴休拾遺文』이라는 제목인

에서는 남악회양(677~744)을 7조라고 주장하고 있다.[105] 또 靑原行思(673~741)나 淨藏(675~746), 佛川惠明(697~780)[106]도 7조로 불렀고, 淨衆無相(682~762)[107]도 선종의 7조로 추앙된 사람이며, 우두종의 7대 전등설[108]과 천태종에서도 새롭게 7조설이 자각되었다.[109]

이처럼 처음 신수와 그의 문하에서 선종 전등설의 형성과 더불어 주장된 6조(대) 및 7조(대)라는 法系位(祖位)의 명칭은 점차 선종 각파의 확대와 조통설의 자각으로 각각 자파의 한 스승을 중심으로 하

데, 神會系의 荷澤宗을 慧能系 南宗의 正統法係로, 馬祖系의 洪州宗을 傍系로 주장하기 위해서 엮은 것이라고 말할 수 있다. 여기에 神會의 七祖를 다음과 같이 주장하고 있다.
"故德宗皇帝, 貞元十二年 勅皇太子, 集諸禪師, 楷定禪門宗旨, 搜求傳法傍正, 遂有勅下, 立荷澤大師 爲七祖. 內神龍寺 見有銘記. 又製七代祖師讚文, 見行於世."(『卍속장경』 110-434b)
이와 똑같은 기사가 그의 『圓覺經大疏鈔』 제3권의 下(『卍속장경』 14-277c), 『圓覺經略疏鈔』 제4권(『卍속장경』 15-131c) 등에서, 達摩以來로 '神會第七'이라고 傳法의 系譜를 명확히 강조하고 있다. 神會七祖의 문제는 次節에서 再考한다.

[105] 『汾陽無德禪師語錄』 하권에 "唐六祖後 門人立讓大師爲七祖"(『大正藏』 47권, 625쪽上)라는 말이 보인다.

[106] 皎然(~790?) 撰, 『唐湖州佛川寺故大師塔銘』에 "飮光以下二十四聖 降及菩提達摩 繼傳心敎, 有七祖焉. 第六祖曹溪能公, 能公傳方巖策公, 乃永嘉覺 荷澤會之同學也. 方巖卽 佛川大師也."(『全唐文』 제917권)라 하고 있으며, 『宋高僧傳』 제26권, 「唐湖州佛川寺慧明傳」(『大正藏』 50권, 876쪽上)에 전승되어 있다.

[107] 段文昌, 『菩提寺置立記』에 "草堂寺 無相大師 以質之. 大師傳繼七祖 於坐得三昧 以不思議之知見, 破群心之蒙惑 指玆地宜開法門(云云)."(『全唐文』 제617권)이라고 하는 일단이 보인다. 또 晚唐의 詩人 鄭谷의 '七祖院小山'이라는 詩에 '蜀淨衆寺'라고 하는 寺名이 있는 것으로 淨衆寺에 '七祖院'이라는 堂宇까지 있었다는 사실을 추측할 수가 있다.

[108] 牛頭宗의 七代傳法系譜의 주장은 李華가 鶴林玄素(668~752)를 위해서 찬술한 『潤州鶴林寺故徑山大師碑銘』(『全唐文』 제320권, 『唐文粹』 제64권, 『文苑英華』 제862권)에서 道信-法融-智巖-慧方-法持-智威-玄素에 이어지는 七代를 기술했다.

[109] 예를 들면 張彦遠의 『歷代名畫記』 제3권, 「兩京寺觀等畫壁」의 西塔院에, "西塔院, 玄宗皇帝의 題額이 있다. 北廊의 堂內에는 隋의 南獄智顗大師禪 法華七祖 및 제자의 영상이 있다."(岩波文庫本, 96쪽)라고 하는 기술이 보인다.

는 새로운 7조의 전통설이 잇달아서 주장되고 있다.

　당시 그러한 선종의 7조 전등운동이 고조된 사실을 唐朝 詩人들의 작품 속에서도 읽어볼 수가 있다.

　예를 들면 유명한 詩聖 杜甫(712~770)의 「秋日夔府詠懷奉寄鄭監審李賓客之芳一百韻」이라는 제목의 작품 중에,

　　　身許雙峯寺
　　　門求七祖禪
　　　落帆追宿昔
　　　衣褐向眞詮

이라는 구절에 보이는 '七祖禪'[110]은 주의를 끌고 있다. 두보가 이 시를 지은 大曆 초기경(766~) 그의 나이 57세로 잠시 夔州(四川省奉節縣東十三里)에서 휴양을 하고 있을 시기로 보이는데, 과연 그는 누구를 제7조로 주목했는지 알 수 없지만 '七祖禪'이 古來 杜甫詩의 주석가들 사이에 논의되고 있는 말이기도 하다.

　두보는 또 「夜聽許十一誦詩愛而有作」이라는 詩에서 다음과 같이 표현하고 있다.

　　　許生五台賓
　　　業白出石壁

---

[110] 杜甫의 七祖禪에 대한 논문으로는 士岐善磨, 「禪を求める詩人杜甫」(『大法輪』 제30권 7호 1963년 7월), 뒤에 氏의 『杜甫門前記』(春秋社, 1965년 4월에 수록), 黑川洋一, 「杜甫「秋日夔府詠懷百韻」における 七祖禪 についての考察」(『西天王寺女子大學紀要』 제1호, 1969년 6월) 등이 있다.

佘亦師粲可

身猶縛禪寂

　이상의 두보 시에서 살펴볼 수 있는 것처럼 그가 일찍이 蘄州 雙峯山을 중심으로 전개되는 초기 선종의 동향에 깊은 관심을 가지고 주시하고 있었음을 엿볼 수 있다.

　또 盧綸의 「送靜居法師」(『全唐詩』 제10권)라는 七律詩의 후반에 다음과 같이 읊고 있다.

九天論道當宸眷

七祖傳心合聖蹤

願此靈山前世別

多生還得此相逢

　여기에 정거법사란 靑原行思로 간주되므로 이 詩에 의해서 그를 7조로 부른 사실을 알 수 있다. 劉禹錫의 「送宗密上人歸南山草堂寺因詣河南尹白侍郎」(『全唐詩』 제13권)이라는 詩 가운데에도 다음과 같이 보인다.

自從七祖傳心印

不要三乘入方便門

　여기서 말하는 七祖는 분명히 하택신회를 지칭하는 것임엔 틀림없다.

　이상과 같이 도신·홍인의 동산법문이 帝都에 진출함과 더불어 중앙 귀족이나 지식인들에게 보여줄 선종교판의 입장에서 주장하기 시작한 선종의 전등설은 처음 5조 홍인 – 6조 신수[111] – 7조 보적으로 이어지는 북종선의 전등설로 등장된 것이었다. 그런데 시간의 흐름과 선종 각파의 발전과 더불어 각자 자파의 법계와 정통성을 주장하는 목소리가 크게 울리면서 선종 전등설과 7조의 주장은 점차로 표면화되어 널리 천하 사람들의 귓전에까지 울려 주목하게 되었다. 당대 시인들의 詩句에 七祖禪이 화제가 되고 있었다는 것은 그러한 사실을 말해주고 있는 증거라고 할 수 있다.

끝으로 초기(북종) 선종 사람들이 왜 이렇게 6조 혹은 7조의 전등설을 주장하게 되었으며, 그렇게 주장할 필요성은 무엇이었을까?

이에 대하여 필자는 앞에서 여러 차례 밝힌 바 있지만, 여기서는 일단 선종 전등설의 성립 근거를 요약해서 정리해 두고자 한다.

이러한 문제점들을 생각해 볼 때 당시 帝都佛敎界의 경향과 시대적 배경도 고려하지 않으면 안 된다. 즉 초기 선종은 홍인의 동산법문을 이은 법여·혜안·신수·현색 등 유력한 제자들이 嵩山이나 洛陽, 長安 등의 중앙무대로 진출하여 入內說法하는 등 行化를 전개함으로써 세상 사람들의 이목을 모으기 시작했다.

그런데 선종은 종래 隋·唐의 여러 종파불교처럼 어떤 특정한 소의경전에 의거하여 고차원적인 교리를 주장하고, 철학적인 자파의 교상을 가지지 않는 순수한 좌선과 頭陀行을 중심으로 하는 실천불교였다.

---

111 초기(北宗) 선종에서 神秀를 六祖로 지칭한 것은 당연한 일이었지만, 뒤에 南宗이 확립된 이후에도 宗密은 『圓覺經大疏鈔』 제2권의 上에 "如荷澤和尙, 先依北宗六祖 大通和尙, 後往曹溪承稟南宗"(『卍속장경』 14-243c)이라고 하는 일단이 주목된다.

『능가사자기』 신수장에 大足 元年에 신수가 入內하였을 때 측천무후가 신수에게 전법의 종통과 소의경전 및 실천, 동산법문의 교상을 질문하고 있는 일단을 싣고 있는데,[112] 여기서 당시 중앙 帝都에서 활약하고 있는 각 종파의 성격이 일반적으로 교상불교인 사실을 잘 드러내 보여주고 있다.

사실 당시 중앙 귀족이나 지식인들은 불교를 경전이나 논서를 중심으로 교학적이고 철학적인 시점에서 파악하려고 했으며, 또한 兩京을 중심으로 독자적인 교세를 펼친 玄奘(602~664)과 基(632~682)의 法相唯識이나 賢首法藏(643~712)의 화엄교학은 사실 고차원의 철학적

---

[112] "大足元年 召入東都 隨駕往來二京敎授 躬爲帝師. 則天大聖皇后問神秀禪師曰, 所傳之法 誰家宗旨. 答曰 禀蘄州東山法門. 問, 依何典誥. 答曰, 依文殊說般若經 一行三昧. 則天曰, 若論修道更不過 東山法門. 以秀是忍門人 便成口實也."(『大正藏』85권, 1290쪽上~中)

당시의 종파불교에서는 어떤 경전에 의거한 自派의 입장을 밝히고 있는 것이 상례였다. 사실 唐初의 楞伽師들도『楞伽經』을 근거로 한 自派의 宗旨와 達摩―慧可의 法統을 강조한 것도 중앙 지식인들에게 보이려고 한 것이었다고 할 수 있다.

참고로 禪宗의 敎相을 논한 것으로는, 宗密의『圓覺經大疏鈔』제3권의 上에, "卽順禪宗者 達摩大師, 以心傳心 正用斯敎, 若不指一言以直說 卽心是佛心要 何由可傳. 故寄無言之言, 直詮言絶之理敎. 亦明矣. 南宗禪門 正是此敎之旨. 北宗雖漸調伏, 然亦不在名言. 皆不出頓敎, 故順禪宗也."(『卍속장경』14-263c) 라고 논하고 있다.

또 일본 천태종의 僧 智證大師 珍(814~891)의『諸家敎相同異集』에 禪門宗에 대해서 다음과 같이 기록하고 있다.

"問, 彼禪門宗 爲何宗.

答, 自有宗 非八宗攝也.

問, 其終敎相何.

答, 未見立敎相旨. 唯以金剛般若. 維摩經而爲所依. 以卽心是佛爲宗 以心無所著爲業, 諸法空爲義. 始自佛世, 衣鉢授決, 師資相承 更無異途 具出傳記者也."(『大正藏』74권, 310쪽下)

시대나 지역에 관계없이 한 종파를 언급할 땐 敎相과 宗旨로써 파악하려 하고 있음을 알 수 있다. 禪宗에서 강조하는 경전, 특히『능가경』·『금강경』·『유마경』은 이러한 敎相의 의미로 강조된 것이며, 뒤에『육조단경』도 이러한 문제점을 종합하려는 의도가 보인다.

인 체계를 가지고 제도불교를 지도하였다. 또한 새롭고 신비스러운 종교, 善無畏·金剛智·不空三藏 등에 의해서 전파된 密敎 역시 밀교계의 소의경전을 중심으로 독특한 교상과 종교철학을 전개하였다.

말하자면 '不立文字 敎外別傳'의 기치를 내걸고 불법의 '以心傳心'을 주장하며 사자간의 전법상승의 사실을 중시하는 선종의 전등설은 선이 중앙에 진출하면서부터 이미 제도불교의 교세를 확보하여 많은 王公貴族 및 중앙 지식인들의 지지를 받고 있던 법상유식이나 화엄, 밀교 등 기존의 교상불교에 대항하는 자세로써 주장된 선종의 교판이었다고 할 수 있다.

실제 달마나 혜가 및 초기의 頭陀禪僧이나 도신, 홍인과 같이 기주쌍봉산에 山居修道하면서 묵묵히 스스로 調心하고 오로지 자아 구명의 수행에 힘쓴 修禪者들의 입장에서 볼 때 자파의 전등법계나 또 정법의 유래에 대해서 특별히 주장할 필요가 없었을 것임엔 틀림없다.

그런데 홍인문하의 법여·혜안·신수·현색 등 뛰어난 걸승들이 잇따라 入內說法하는 등, 제도불교의 한 종파로서 선종이 갑자기 그 교세를 넓혀 나가자 수당 제종파불교의 교상에 대항하는 차원에서 주장하기 시작한 것이 선종의 전등설이라고 할 수 있다.

즉 선종의 전등설은 '不立文字 敎外別傳'의 입장에서 師資間에 '以心傳心'의 부촉으로 상승되는 불법의 전통을 계보로 묶은 선종의 독자적인 교판의 의미를 가지고 주장된 것이라고 하겠다.

> ※이하 次號에서는 혜능—신회의 남종선의 주장과 더불어 제기한 남종의 전등설, 서천조통설의 형성과 발전, 그리고 선종 전등설의 완성인 『보림전』의 성립에서 『조당집』, 『전등록』이 등장하기까지의 여러 문제점을 고찰한다.

3장

南宗의 傳燈法統說

1. 문제의 소재

神秀系 북종선의 선승들이 初祖菩提達摩 → 二祖慧可 → 三祖僧璨 → 四祖道信 → 五祖弘忍 → 六祖神秀 → 七祖普寂, 義福 등으로 전승된 중국 선종의 정통적인 傳燈說을 확립하고, 洛陽·長安의 二京을 중심으로 帝都佛敎를 지도하는 활발한 교화를 전개하고 있을 즈음에, 보리달마—혜가—승찬—도신—홍인—혜능—신회로 이어지는 새로운 보리달마 남종의 전통을 주장하고 나선 하나의 야당 세력이 등장하였다.

그 주동자는 荊州 玉泉寺 신수의 문하에서 일찍이 수학한 바 있었던 荷澤神會(684~758)이다. 그는 曹溪慧能(638~713)의 嫡嗣 지위를 얻어,[1] 開元 20년(732) 정월 15일 滑臺(河南省 滑縣)의 大雲寺에서 無

---

[1] 宗密의 『圓覺經大疏鈔』 제3권의 下, 神會傳에 "先事北宗秀, 三年. 秀奉勅追入. 和上遂往嶺南和尙"(『卍속장경』 14-277b)이라고 기록하는데, 이것은 宗密의 주장일 뿐이다.

遮大會를 열어 宗論을 제기하고 천하의 學道者들을 향해서 "신수계의 북종선은 傍系이다. 조계혜능이 보리달마 남종의 正法을 이은 정통의 六祖이다."라고 주장하면서 북종 공격의 戰火를 붙였다.[2]

일반적으로 이 사건을 '滑台의 종론'이라고 한다. 일찍이 종밀의 기록으로 이 사건의 일부가 전해지고 있지만 구체적인 사실은 알 수 없으나 다행히 신회의 俗人 제자 獨孤沛가 이 사건의 내용과 對論을 집록하고 서문을 첨가한 『菩提達磨南宗定是非論幷序』가 돈황자료 중에서 발견되었다.

이 자료는 일찍이 胡適博士가 敦煌寫本 P.3047, P.3488, P.2045號本을 발견하고 교정하여 거의 전체를 복원시켜 『신회화상유집』으로 출간하여 오늘날 학계에 널리 주목되고 있다.

또 최근에는 중국의 학자, 楊會文氏가 敦煌縣博物館 所藏本(編.77號本)인 善本의 『菩提達摩南宗定是非論』(中國의 任子宣氏 舊藏本)을 소개하고 있다.[3] 호적의 교정본에서는 판독할 수 없는 부분이 많지만 돈황현박물관 소장본(이하 敦博本이라 약칭함)은 완전한 善本의 텍스트로서 주목받고 있다.

본론에서는 필자가 호적의 교정본과 돈박본을 다시 교정하여 내용을 알 수 있도록 인용하고자 한다.(이 자료의 書誌學的인 자세한 고찰은 필자의 다른 연구논문으로 미룬다.)

---

2 『南宗定是非論』의 獨孤沛의 序(『神會和尙遺集』, 261쪽, 267쪽) 및 『歷代法寶記』(『大正藏』51권, 185쪽中), 『圓覺經大疏鈔』 제3권의 下(『卍속장경』 14-277b) 등.
  그리고 宗密의 『禪門師資承襲圖』의 荷澤宗에 "天寶初 荷澤入洛, 大播斯門, 方顯秀門下, 師承是傍, 法門是漸, 旣二宗雙行, 時人欲揀其異, 故標南北之名, 自此而始"(『卍속장경』 110-434b)라고 神會의 주장을 요약하고 있다.
3 楊會文, 「中日兩國の敦煌禪籍硏究」(『中外日報』, 1987년 10월 23일자).

신회가 제기한 '활대의 종론'을 기록한 『보리달마남종정시비론』은 일명 『頓悟最上乘論』이라고도 칭한다. 여기 제목에서 밝히고 있는 것처럼 보리달마로부터 비롯된 남종의 정통을 심판하는 法論(宗論)의 기록임과 동시에 신회에 의해 새롭게 주장한 '南宗'의 독립과 육조 혜능으로 이어지는 남종의 정법상승을 밝히기 위한 남종의 새로운 전등법통을 기록한 자료라고 할 수 있다.

또 한 가지 중요한 자료는 역시 돈황에서 발견된 『하택신회선사어록』(石井氏 所藏本)에 수록된 보리달마—혜가—승찬—도신—홍인—혜능으로 이어지는 東土六代祖師의 법통과 전기이다. 이 자료는 사실 남종의 입장에서 정리된 동토육대조사에 대한 최초의 남종 전등 사서로서 특히 뒤에 『六祖壇經』의 이야기에서 잘 알려진 혜능의 전기도 이것을 근거로 하여 발전된 것이다.

이 밖에도 돈황에서 출토된 신회어록을 비롯하여 신회의 남종과 법통설에 토대를 두고 새롭게 정리하고 있는 淨衆, 보당종의 『역대법보기』(774년 作) 그리고 혜능에 대한 구체적인 전기와 설법집으로 엮은 『조계대사전』(781년 作), 돈황본 『육조단경』(790년경) 등이 중요한 자료이며, 이러한 초기 선종의 법통설을 종합하고 체계화시킨 것이 馬祖系의 洪州宗에서 집대성한 『寶林傳』(801년)이다.

여기선 먼저 전통적인 북종에 대항한 신회의 남종 독립과 그가 새롭게 주장한 남종의 법통설을 중심으로 살펴보고 신회의 남종에서 발전되는 선종 전등설을 역사적인 입장에서 고찰해 보기로 한다.

2. 神會와 菩提達摩 南宗

활대의 종론을 기록한 『보리달마남종정시비론』의 제목에서 밝히고 있듯이 신회는 중국 선종사에서 최초로 '보리달마 남종' 혹은 '남종'이라는 명확한 宗名을 천명하고 있다. 여기 신회가 주장하는 '보리달마 남종'은 어디까지나 종래의 전통적인 선종(北宗)에 대항한 것이었으며 종론에서 밝히고 있는 것처럼 신수계의 북종이 존재하지 않고선 주장될 수 없는 것으로, 말하자면 정통인 북종에 대한 아웃사이더의 도전으로 주장된 것이라 하겠다.

『보리달마남종정시비론』(이하 『남종정시비론』이라 약칭함)은 보리달마로부터 전승된 남종의 正統(是)에 대한 북종의 非正統(非)임을 결정하는 종론을 기록한 것이다. 여기서 '是非'는 남종과 북종 법통설의 정통과 비정통을 말하며 이를 결정하기 위한 법론이 활대의 종론이었다. 즉 종밀이 북종선을 '師承是傍 法門是漸'[4]이라고 평한 것처럼 신수계 북종의 법통설을 傍系로 배척하고 그들의 가르침도 漸敎의 방편법문이라고 비난하면서 혜능이야말로 보리달마의 정법을 계승한 육조임을 주장하여 그 증거로 새롭게 전통설을 제시하고 있다. 활대의 종론은 사실 이러한 남종의 새로운 법통설이 정통임을 결정하여 천하에 공포하고 인정하기 위한 목적임을 알 수 있다. 종론에 대한 신회의 주장은 뒤에서 평론하기로 하고 먼저 중국 선종에서 최초로 주장된 신회의 남종에 대해서 살펴보기로 하자.

『南宗定是非論』 獨孤沛의 序文에,

---

[4] 註2) 참조.

　　又見會和上 在師子座上說 菩提達摩南宗一門 天下更無人解 吾有解
者 我終不說 今日說者 爲天下學道者 辨其是非 爲天下學道者 定其宗旨

라는 기록처럼,[5] 신회가 '활대의 종론'을 제기한 의도는 '보리달마 남
종'을 천하에 알리기 위한 것이며, 또한 천하의 學道者들을 위하여
보리달마 남종 법통의 정통과 비정통을 분명히 판명하여 밝히고 그
종지를 확정하기 위한 것이다.
　　『남종정시비론』의 對論者인 崇遠法師가 "보적선사의 명성이 온
나라를 뒤덮고 천하에 잘 알려져 있으며, 그의 불법은 모든 사람들이
불가사의하다고 한결같이 말하는데 화상은 왜 이렇게 심하게 배척합
니까?"라고 질문하자 신회는 다음과 같이 대답했다.

　　和上答曰 讀此論者 不識論意 謂言非斥 普寂禪師與南宗有別 我自料
簡是非 定其宗旨 我今爲弘揚大乘 建立正法 令一切衆生知聞 豈惜身命.[6]

　　즉 신회가 북종의 보적선사를 상대로 종론을 펼쳐 도전한 것은 보
리달마 남종의 정통과 비정통의 정법을 판단하고 그 종지를 확정하
여 분명히 밝히기 위한 것이지, 북종의 보적선사를 비난하고 배척하
기 위한 것이 아니다. 이 『남종정시비론』을 읽어보면 論意를 알 수
있을 텐데 어찌 내가 보적선사를 배척한다고 말할 수 있겠는가. 보적
선사와 남종과는 별개의 문제이므로 확실히 구분하지 않으면 안 된
다고 주의시키고 있다. 그리고 신회는 보리달마 남종의 옳고〔是〕 그

---

5 『神會和尙遺集』, 263쪽.
6 『神會和尙遺集』, 293쪽.

름[非]을 料簡하여 그 종지를 확정하여 大乘을 크게 드날리고 正法을 건립하여 일체중생들에게 바로 알게 하기 위한 일인데 어찌 나의 身命을 아끼겠는가라고 말하고 있는 것은 남종의 독립에 대한 강한 의지와 비장한 각오를 보여주고 있다. 실제 신회는 보리달마 남종의 건립과 육조혜능으로 이어지는 남종의 법통설 및 혜능의 육조현창운동에 한평생을 내걸고 악전고투한 사람이었다.

또 『남종정시비론』에는 '남북양종'의 宗名과 그 유래에 대하여 다음과 같은 문답이 있다. 즉, 遠法師가 "왜 보적선사가 '남종'이라고 칭하는 것을 인정하지 않습니까?"라고 질문하자 신회는 다음과 같이 답하고 있다.

和上答 爲秀和上在日 天下學道者 號此二大師 爲南能北秀 天下知聞 因此號遂有南北兩宗 普寂禪師 實是玉泉學徒 實不到韶州 今口妄稱南宗 所以不許.[7]

즉, 신수가 살아 있을 때는 천하의 학도자들이 신수와 혜능 이 두 대사를 일컬어 남종의 혜능, 북종의 신수[南能北秀]라고 부른 것은 천하가 다 아는 사실이며, 이 때문에 남북의 兩宗이 생긴 것이다. 그런데 보적은 형주 옥천사 신수의 제자로서 혜능이 주석한 소주에는 한 번도 참문한 일이 없으면서 지금 망령스럽게 남종이라고 칭하고 있기 때문에 인정할 수가 없다고 대답하고 있다. 그리고 이어서 숭원법사가 "어째서 보적선사를 인정하지 않습니까?"라고 질문하자, 신

회는 "보적선사는 입으로는 남종이라 하면서 속으로는 남종을 없애려 하고 있다"고 대답하고 그 증거로서 開元 2년(714) 3월에 보적이 荊州의 자객 張行昌을 시켜서 혜능화상의 頂相을 절취하게 하였고, 碑銘을 마멸시켰으며, 또 문도인 武平一 등에게 韶州大德의 비문을 삭제시키고 달리 신수선사를 육대로 하는 글을 비문에 새기도록 했다고 공격하고 있다.[8]

물론 이러한 주장은 사실이 아니라 북종을 공격하기 위해 신회가 만들어낸 이야기인데, 張行昌의 육조혜능 頂相 절취 사건은 뒤에 지리산 쌍계사의 六祖 頂相奉安의 이야기로 발전되고 있음은 주지하고 있는 일이기도 하다.

이상의 '南能北秀'와 남북양종의 유래를 밝히는 문답에서 알 수 있는 것처럼 신회가 주장하는 남종이라는 宗名은, 蘄州 黃梅山 오조홍인의 동산법문을 이은 제자들 중에서 長江의 北地를 중심으로 교화를 펼친 신수계의 북종선에 대한 지리적인 차원에서 붙여진 편리한 명칭이었음을 알 수 있다.

그런데 주의해야 할 것은 신회가 주장하는 남북의 宗名이 단순한 지리적 차원의 입장을 넘어선 곳에 문제가 있다는 점이다. 즉, 신회가 북종선에 대해서 '法門是漸'라고 평하는 남종의 교설이 頓敎임에 반하여 북종의 교설을 漸敎라고 지적하고, 그것은 어리석은 사람의 교설[9]이라고 비난하고 있는 것이다. 이것은 마치 종래의 전통불교에 대하여

소승불교라고 貶稱한 대승불교의 태도와 똑같이 교학적인 가치판단의 의도를 내포하고 있는 곳에 문제가 있다고 할 수 있다.

사실 '북종'이라는 宗名도 신회가 남종을 주장하면서 처음으로 붙인 편리한 호칭인 것이지, 북종선의 사람들이 스스로 자파의 입장을 북종이라고 자칭한 일이 없었다.[10] 앞에서 살펴봤듯이 그들은 보리달마로부터 비롯되는 초기 선종의 토대를 형성하고 전법의 법통설을 새롭게 확립하여 제도불교를 지도하는 실천불교의 대표로 활약하고 있을 뿐, 여기에 신회가 주장하는 것처럼 종파의 관념은 없었다.

사실 '남종'이란 宗名을 살펴볼 때 신회의 주장 이전에 북종선의 선승들이 자파의 입장을 스스로 '남종'이라고 자칭한 일이 있음을 알 수 있다. 예를 들면,『속고승전』제25권, 법충전에 宋朝 구나발타라가 번역한 4권『능가경』을 所依로 禪法을 실천한 능가사들이 '忘言忘念 無碍正觀을 宗旨'로 하는 자파의 입장을 '남천축일승종'[11]이라고 주장하고 있으며 또 이러한 능가사들의 주장을 근거로 하여 북종계 정각의『주반야바라밀다심경』李知非의 序文에는 다음과 같이 자파의 입장을 '남종'이라고 분명히 밝히고 있다.

古禪訓曰 宋太祖之時 求那跋陀羅三藏禪師 以楞伽傳燈 起自南天竺國 名曰南宗.[12]

---

10 敦煌本『大乘無生方便門』의 異本으로『大乘五方便北宗』,『北宗五方便門』이라고 제목을 붙이고, 또 S.2581호본『大乘北宗論』에도 '北宗'이란 宗名이 붙어 있으나 이는 모두 후대에 붙여진 것이지 처음부터 있었던 것이 아니다. 柳田聖山,『初期禪宗史書の研究』117쪽 참조.

11 『續高僧傳』제25권, 法沖傳(『大正藏』50권, 666쪽中).

12 柳田聖山, 앞의 책, 596쪽,〔資料〕7 참조.

여기 『古禪訓』은 분명하지 않지만, 구나발타라 삼장선사가 남천
축국으로부터 來朝하여 『능가경』을 전하였기 때문에 '남종'이라고
불렀다고 하는 남종의 유래를 설명하고 있는 점에 주목하자. 이지비
의 서문은 구나발타라를 初祖로 모시고 있는 정각의 『능가사자기』의
전등계보에 의거한 것이며, 또한 정각은 앞에서 언급한 『속고승전』
제25권, 법충전의 기사를 이은 것인데, 그의 序文은 開元 15년(727)
의 작품으로 신회의 활대종론보다도 5년이나 앞선 주장이다. 말하자
면 신회가 주장하는 '남종' 역시 처음엔 이지비와 북종에서 주장한 남
종(남천축일승종)에 의거한 것이거나 이를 의식하고, 그가 말하는 長
江을 중심으로 한 남북의 지리적인 배경을 응용하여 '보리달마 남종'
이라고 칭하게 된 것이라 하겠다.

　특히 신회가 새롭게 편집한 보리달마의 傳記는,

　　菩提達摩　是南天竺國　國王第三子[13]

라고 기록하고 있는데 그의 출신을 '남천축국'이라고 강조한 것은 분
명히 이지비의 序文을 의식한 것이라고 볼 수 있다.

　사실 북종이나 남종의 문제는 신회와 그의 직계제자들에 의해서
제기된 것이며, 역사적인 인물로서의 혜능과는 아무런 관계도 없었
고 혜능의 다른 제자들이 관계되지 않았던 사실도 『남종정시비론』의
출현에 의해서 분명히 밝혀지게 되었다.

　이처럼 남종은 신회에 의해서 주장된 것으로, 말하자면 신회의 남

---

13 『神會和尙遺集』, 261쪽. 石井本, 『神會語錄』의 達摩傳.

종이라 할 수 있다. 이러한 사실은 그의 『신회화상유집』에서 특히 '남종'이란 표제를 많이 붙이고 있는 점으로도 확인할 수가 있다. 돈황에서 출토된 『보리달마남종정시비론』, 『南宗定邪正五更轉』, 『南宗荷澤禪師問答雜徵義』 등이 있으며, P.2963, S.5529호 사본의 「五更調」를 一名 '南宗讚'이라 하고 있는 것처럼, 신회는 남종의 건립에 일생을 걸고 활약한 사람이었다.

여기 신회가 주장하는 남종의 조사로 보리달마의 정법을 이은 육조 소주혜능을 세우고 있는데 혜능을 내세운 것도 신회가 활대의 종론에서 처음으로 주장한 것이며, 사실 역사적인 인물로서 혜능의 존재를 전하는 확실한 자료는 실제 全無라고 말하지 않을 수 없다.

오늘날 육조혜능에 대한 전기나 설법집이 『조계대사전』이나 『육조단경』 등 다수가 전해지고 있지만 역사적인 인물 혜능의 모습을 전한 것이 아니다. 이들 자료의 성격과 성립적 배경을 살펴보면 거의 모두 신회의 육조현창운동과 분리해서 생각할 수 없는 것뿐이다. 말하자면 혜능이 달마의 육대 조사로 된 것이나 남종의 祖로 추앙된 것도 모두 신회 일대의 활약과 성과로 이루어진 것임을 잊어선 안 된다.

종밀의 『中華傳心地禪門師資承襲図』(『裵休拾遺文』)에,

天寶初(742)에 하택선사가 낙양에 들어가면서부터 남종이 크게 전파되어 "신수문하의 법통설은 보리달마의 방계이며 그들의 가르침은 漸敎이다."라고 주장하였다. 이로부터 南北二宗이 세상에 알려지게 되었으며 당시의 사람들은 그 종지의 옳고[是, 正] 그름[非, 異]을 가리려는 종론이 있었다. 이로부터 남북양종의 宗名이 시작된 것이다.[14]

라고 남북양종의 유래를 밝히고 있다. 이와 같은 주장은 그의 『원각경대소초』 제3권 下[15]에서도 강조하는데 이것은 신회의 활대의 종론을 계승하여 남종의 입장을 분명히 하고 있다.

종밀은 또 "남종은 조계혜능대사가 보리달마의 宗旨를 계승하였고 역대의 조사들은 衣法(袈裟와 單傳의 宗旨)을 상전하는 것을 근본으로 하고 있다."라고 하면서 뒤에 신수선사가 북지에서 크게 漸敎를 홍포하였기에 북종에 대한 남종[16]임을 밝히고 있다.

이러한 신회의 남종 건립에 대해서『송고승전』제8권「唐洛京荷澤寺神會傳」에 다음과 같이 전하고 있다.

開元 8년(720) 勅으로 南陽의 龍興寺에 배치를 받아 머무르게 되었다. 이어서 洛陽에 나아가 크게 선법을 펼치면서 명성을 천하에 드날렸다. (신회가 낙양에 진출하기 전의) 兩京에는 모두 신수의 가르침이 근본이 되고 있었기에 다른 선법을 감히 펼칠 수가 없었다. 신회는 心法을 육조의 가르침으로 분명히 밝힌 뒤부터는 북종의 漸敎를 배척하였다.

남북의 二宗은 이때부터 처음으로 구분되었으며 도량에 가득 찼던 보적의 문하가 점차로 텅텅 비워지게 되었다.[17]

사실 南北二宗의 구분은『송고승전』에 이르러 신회의 남종 건립

---

[14] 註2) 참조. 宗密의『圓覺經大疏鈔』제3권의 下(『卍속장경』14-277b) 및 제1권의 下(『卍속장경』14-222d) 등에도 한결같이 주장하고 있다. 자세한 것은 鄭性本,『中國禪宗의 成立史硏究』(민족사, 1991), 499쪽 이하 참조.

[15] 앞과 같음

[16]『承襲圖』(『卍속장경』110-433d).

[17]『宋高僧傳』제8권, 神會傳(『大正藏』50권, 756쪽下).

으로 이루어진 사실을 공식적으로 기록하고 있다. 또한 『송고승전』 제8권, 혜능전에는 혜능과 신회와의 관계를 孔子와 顔子와의 관계에 비교하면서 혜능이 신회에게 부촉을 하였다고 하고 있다.

그리고 신회는 낙양 하택사에서 혜능의 眞堂을 세우고 兵部侍郞 宋鼎이 혜능의 비문을 지었다고 하며, 또 석가여래 이하 西域의 諸祖師 및 중국의 육대조사의 종맥을 서술하고 조사들의 眞影을 그려 모셨다고 한다.[18]

이처럼 신회의 남종 건립 및 육조현창운동은 낙양의 하택사를 중심으로 본격적이고 체계적으로 전개되어 중앙귀족 및 지식인들의 지지를 얻음으로써 공인화가 시작되었음을 알 수 있다.

그리고 이러한 신회의 남종건립운동을 계기로 신회 이후의 선종 각파에서는 신회의 남종 깃발에 동조하면서 새롭게 자파의 정통성을 주장하려고 하는 기운이 고조되었다. 그 대표적인 것이 金陵의 牛頭宗과 四川의 保唐宗이며 또 馬祖系의 江西洪州宗이다.

이러한 선종 각파는 모두 한결같이 反北宗 혹은 非北宗의 태도와 입장을 취하면서 각자 자파의 법통설을 확립하고 기존의 입장에 대항하는 자세로서 새롭고 개성 있는 선종의 전등설을 주장하고 있다. 그 선례가 된 것이 북종에 대항한 신회의 남종이며 신회의 남종을 극복하려는 사천의 보당종, 그리고 종래의 선종을 법통설과 사상적, 교단적으로 종합하여 조사선을 전개한 홍주종이다.

18 『宋高僧傳』 제8권, 慧能傳(『大正藏』 50권, 755쪽中).

3. 滑台의 宗論과 南宗의 傳燈說
― 單傳의 宗旨, 一代一人付法의 傳燈說 ―

『남종정시비론』獨孤沛의 序에 의하면 신회는 開元 20년(732) 정월 15일 활대의 대운사에서 무차대회를 개설하고 종론을 전개하였다고 한다. 현존하는 『남종정시비론』은 그 당시에 거행된 法論이 중심이 되고 있다. 開元 20년은 혜능의 입적 후 20년에 해당하는데, 뒤에 『역대법보기』나 돈황본 『육조단경』에서는 혜능이 입적에 즈음하여 자기 입적 후 20년경 나의 正法을 선양하는 사람이 나의 정법을 이은 제자라고 예언한 것은 신회의 宗論을 가리키는 작자의 의도와 이를 높이 평가하는 것임을 알 수 있다.[19]

滑台는 河南省 滑縣의 白馬城으로 大雲寺는 측천무후가 武周革命을 기념하여 전국의 諸州에 설치한 官寺[20]로 보이는데, 신회가 어떻게 이 지역까지 가서 山東의 숭달법사와 宗論을 하게 되었는지 그 동안의 전후 사정은 전혀 알 수 없다. 또한 對論者인 숭달법사가 어떤 인물인지, 그가 북종선의 선승들과 어떤 관계인지 자세한 것은 전혀 알 수 없다. 현존하는 자료는 모두 신회계 남종의 입장에서 만들어진 것이기에 사실 滑台의 종론 전모를 공정하고 자세하게 규명하기란 거의 불가능하다.

---

[19] 20년 懸記는 『歷代法寶記』(『大正藏』 51권, 182쪽下)에서 처음으로 주장한 것인데, 원래 石井本 『神會語錄』에 보이는 慧能의 40년 懸記를 이용하여 神會의 滑台 宗論의 사건과 연결시킨 것이다. 敦煌本 『六祖壇經』은 이를 이어받고 있다. 자세한 것은 鄭性本, 「敦煌本 『六祖壇經』의 諸問題」(金和見 編, 『六祖壇經』의 世界, 민족사, 1989)를 참조.

[20] 道端良秀, 「官寺の設置と內道場」(『唐代佛敎の硏究』, 法藏館, 1957).

여기서 먼저 『남종정시비론』 獨孤沛의 서문을 통해서 滑台 종론의 개요를 살펴보고, 신회의 주장과 남종의 전등설을 고찰해 보기로하자.

  우리 襄陽 神會和上은 無生法忍을 깨닫고 無碍智를 체득하여 상승의 법을 설하여 모든 중생들을 유도하여 중생들에게 불도를 가르쳤다. (중생들로 하여금) 불도에 회향하게 하는 모습은 百川이 바다에 나아가게 하는 것과 같았다. 開元 20년 정월 15일 滑台의 大雲寺에서 무차대회를 개설하여 널리 도량을 장엄하여 사자좌에 올라 천하의 학도자들을 향해서 설했다. 梁朝의 바라문승인 보리달마는 다름 아닌 남천축국 국왕의 第三王子이다. 어려서 출가하여 지혜가 심심하고 여러 三昧(禪法)를 修習하여 여래선을 획득했다. 그리고 이 법을 전하기 위해 멀리 파도를 넘어 梁 武帝의 처소에 이르렀다. 무제는 법사에게 질문했다. "짐은 많은 사원을 건축하고 승려를 양성하며 불상을 조성하여 경전을 필사하였소. 이 공덕이 얼마나 됩니까?" 달마선사는 "공덕은 없습니다."라고 답했다. 무제는 범부의 심정이었기에 달마 말씀의 의미를 깨닫지 못했다. 그래서 드디어 추방시켰다. 달마는 魏朝로 가서 혜가를 만났다. 혜가의 나이는 당시 40세, 俗姓은 姬氏, 武牢 사람이었다. 보리달마를 따라서 숭산 소림사에 이르렀을 때, 달마는 불가사의한 법을 설했다. 어느 날 혜가는 달마의 堂前에 섰다. 그날 밤은 눈이 많이 내려 혜가의 허리까지 쌓였는데 혜가는 선 채로 움직이지 않았다. 달마가 혜가에게 말했다. "자네는 무엇 때문에 여기 서 있는가?" 혜가는 울면서 말했다. "和上께서 멀리 西方으로부터 이곳에 오심은 법을 설하고 사람들을 제도하기 위한 뜻입니다. 혜가는 지금 몸이 상하는 것을 두려워하지 않습니다. 뜻을 세워 勝法을 구하고자 하오니 오직 화상께서는 대자대비를 베풀어주시길 빕니다." 달마는 혜가에게 말했다. "내가 보건대 求法人이 겨우 이 정도로선 어림없네." 혜가는 드디어 칼을 잡고 스스로 왼쪽 팔을 잘라 달마의 目前에 놓았다. 달마는 이러한 혜가의 의지를 보고서 "자네는 실로 求法人이라고 할 만하네(汝可)." 혜가의 본래 이름은 神光이었는데 이로 인하여 혜가라고 이름을 바꾸게 되었다. 그는 深信이 견고하여 목숨을 버리고 몸을 상하면서까지 뜻을 세워 勝法을 구했다. 예를 들면 雪山童子가 身命을 버리면서까지 半偈를 구하려고 한 것과 같다. 달마는 드디어 혜가의 佛知見을 열게 하여 密契하고 곧 一領의 袈裟를 전하여서 傳法의 信物로 삼도록 혜가에게 수여했다. 혜가는 승찬에게 전하고, 찬은 도신에게 전했으며, 도신은 홍인에게 전하고, 홍인은 혜능에게 전하여 六代에 상승되어 면면히 끊어짐이 없었다.[21]

이상과 같은 독고패 서문의 내용은 다음과 같은 4항목으로 요약할 수가 있다.

① 보리달마가 여래선을 전한 남종의 조사라는 점.
② 달마가 來朝하여 양의 무제와 만나 무제의 造寺, 造像, 度僧, 寫經의 공덕을 '無功德'이라고 물리친 일.
③ 숭산 소림사에서 혜가를 만나 斷臂求法의 의지를 보인 그를 인가하고 전법의 증거로서 一領의 가사를 수여한 것.
④ 종래 북종의 六代相承을 갱신하여 제6조를 조계혜능으로 결정한 것.

---

[21] 『神會和尙遺集』, 261쪽~263쪽.
　　鄭性本, 『中國禪宗의 成立史研究』, 516쪽 이상 참조.

이러한 주장들은 종래의 북종선에선 찾아볼 수 없는 신회의 독창적인 것이란 점에 먼저 주목해야 한다.

신회는 보리달마―혜가―승찬―도신―홍인―혜능으로 이어지는 새로운 남종의 법통설에 자기 주장의 초점을 두고 먼저 남종의 初祖에 어울리는 새로운 조사상을 만들고 있다. 여기 달마를 남종의 祖로서 여래선을 전했다고 하는 것은 북종선의 燈史인 『전법보기』나 『능가사자기』에서 주장하는 『능가경』의 傳持에 의한 북종의 전법 계보를 정면에서 부정하고 傍系(非正統)라고 배척하기 위한 것이다.[22] 원래 여래선이란 『능가경』에서 설하고 있는 四種禪의 최고경지인 如來淸淨禪[23]을 말하는데, 북종선에서 『능가경』의 傳持를 주장하면서 이 여래선에 주목한 사람은 한 명도 없다. 북종이 外相的인 경전의 傳持만 가지고 법통설을 강조하고 있는데 반해 남종은 경에서 강조하는 여래선의 경지를 체득한 달마의 선법을 계승한 것임을 강조하고 있다. 따라서 여래선은 달마로부터 전래된 남종선의 내용이며 사상으로 주장되었다.

『신회어록』 여러 곳에서 여래선을 강조하고 있으며 그 여래선의 내용이 그가 주장한 無念, 般若波羅蜜, 無住, 第一義空 등이라고 설하고 있다. 또 『역대법보기』에도 신회가 "북종의 청정선을 깨뜨리고 여래선을 세웠다"라고 하면서, 여래선의 내용으로 知見, 無念, 言說 등이라고 기록한 것도 똑같은 사실을 전하고 있다.[24]

---

22 『楞伽經』에 의한 北宗의 傳燈說은 鄭性本, 「禪宗傳燈說의 成立과 發展」 Ⅰ(『伽山學報』 창간호, 1991)과 앞의 책 460쪽 이하 참조.

23 『楞伽經』 제2권(『大正藏』 16권, 492쪽上).

24 『神會和尙遺集』, 145쪽, 131쪽 등. 『歷代法寶記』(『大正藏』 51권, 185쪽中), 『都序』(『大正藏』 48권, 399쪽中).

　말하자면 신회는 종래 북종선의 『전법보기』나 『능가사자기』에서
자파의 初祖로 모시고 있는 보리달마를 빼앗아, 그가 주장하는 남종
선의 初祖로 모시고, 그 달마로부터 전래된 남종선의 내용이 여래선
이라고 주장하고 있다. 특히 『남종정시비론』의 후반에는 一行三昧
說과 함께 『금강경』의 傳持를 주장하고 있으며, 石井本 『신회어록』
에 실려 있는 「東土六代祖師傳」에는 『금강경』 전수에 의한 師資의
전법이 이루어진 점을 강조하고, 신회 여래선의 내용이 無念, 無住,
般若波羅蜜 등 실제 『금강경』에 입각한 반야주의임을 알 수 있다.
신회가 주장한 여래선은 『능가경』의 말이지만, 그 내용은 『금강경』
에 의거하여 북종에서 신회의 남종으로의 발전은 『능가경』에서 『금
강경』으로의 사상적 移行이었다. 이러한 사실은 돈황본 『육조단경』
에 황매산 홍인문하에서 혜능의 구법을 전하는 신수와의 心偈(깨달음
의 노래)를 둘러싼 이야기에 그대로 잘 묘사되어 있으며, 또 뒤에 혜
능이 남해에서 이 經의 일절을 듣는 순간 마음이 열리게 되었다는 유
명한 이야기도 사실 신회가 남종의 주장과 더불어 펼친 『금강경』 선
양운동의 연장선상에서 만들어진 것이다.[25]

　그리고 두 번째, 달마와 양무제를 만나게 하여 무제의 護佛事業을
한마디로 ‘無功德’이라고 吐하게 한 이야기도 신회가 『남종정시비론』
에서 처음으로 주장했다. 이 이야기는 『역대법보기』와 돈황본 『육조
단경』, 『보림전』 등에 계승되어 선종 초조로서 달마전의 대표적인 일
면으로 묘사되고 있음은 周知의 사실이다. 여기 신회가 보리달마로

---

25 禪宗과 『금강경』 선양에 대해선 鄭性本의 앞의 책, 519쪽 참조.

하여금 불법천자인 양무제와 만나게 하여 무제의 造寺, 造像, 度僧,
寫經 등 護佛行의 공덕을 '無功德'이란 한마디로 물리치게 한 것은 다
음과 같은 의도가 있음을 알 수 있다. 즉 三帝國師 二京法主로서 당시
제도불교를 대표하는 신수와 그의 문하의 보적, 의복 등이 측천무후
와 中宗 등의 비호아래 공덕주의적인 불교신앙에 결합되어 있는 북종
선에 대한 비난으로 보인다.

이러한 사실은 『보리달마남종정시비론』에 遠法師가 "신수선사는
兩京(洛陽, 長安)의 法主요 三帝의 門師가 되는 분인데 어째서 六代
(祖)로 인정하지 않습니까?"라는 질문에 신회가 "달마로부터 혜능대
사에 이르기까지 六代의 大師 가운데 帝師가 되신 분은 한 사람도 없
었다."[26]라고 답하고 있는 곳에서 충분히 알 수가 있다.

특히 돈황본 『육조단경』에 달마와 양무제가 만난 이야기를 실은
뒤 육조혜능이 달마의 '無功德'에 대해서 새로운 해석과 더불어 달마
의 입장을 밝히고 변호하면서 공덕주의를 비판하고 있다.[27]

셋째, 달마가 혜가에게 전법의 증거물로 一領의 가사를 수여했다
는 '傳衣說'은, 혜능이 달마이래 정법의 상승자로서 제6대 조사임을
증명하기 위한 信物의 증거물로써 제시하기 위한 주장이다. 신회는
보리달마로부터 전래된 남종의 정통설을 주장하기 위해서 새로운 전
의부법설을 창조하여, 북종에서 주장하는 전법계보를 방계로 몰아붙
이기 위한 북종 공격의 무기로 삼고 있다.

이러한 남종의 전의부법설에 의한 새로운 전등계보를 『남종정시

---

26 『神會和尙遺集』, 284쪽.
27 『慧能硏究』, 321쪽.

비론』에서는 다음과 같이 주장하고 있다.

▶ **숭원법사**　선사는 자주 달마의 종지라고 말하고 있는데 도대체 이 禪門에서 相傳되고 부촉된 일이 있습니까? 왜 이런 주장을 하고 있습니까?

≫ **신회화상**　지금까지 모두 相傳되고 부촉되어 왔다.

▶ **숭원법사**　相傳 부촉된 이후로 지금은 몇 대에 이르고 있습니까?

≫ **신회화상**　지금까지 6대에 이르고 있다.

▶ **숭원법사**　그 6대의 大德은 누구누구이며, 아울러 法을 전수한 理由를 설해 주십시오.

≫ **신회화상**　後魏嵩山 少林寺에 바라문승인 보리달마라는 분이 계셨다. 이 조사 보리달마는 숭산에서 가사를 가지고 부촉하며 혜가선사에게 수여했다. 北齊의 혜가선사는 완공산에서 가사를 가지고 승찬선사에게 부촉했으며, 隋朝의 승찬선사는 사공산에서 가사를 가지고 도신선사에게 부촉하고 수여했다. 唐朝의 도신선사는 쌍봉산에서 가사를 가지고 부촉하고 홍인선사에게 수여했다. 唐朝의 홍인선사는 동산에서 가사를 가지고 부촉하고 혜능선사에게 수여했다.

지금까지 모두 6대를 거쳤다. (달마로부터 혜능에 이르는 6대 조사들은) 모두 안으로는 법에 계합된 것을 전하고 깨달은 마음〔證心〕을 인가하였으며, 밖으로는 가사를 수여하여 宗旨(가르침의 근본)를 분명히 하였다. 지금까지의 相傳을 一代一代가 모두 달마대사의 가사를 가지고 傳信(證明)으로 삼고 있는 것이다. 그 가사는 지금 韶州(慧能)에 있으며, 결코 다른 사람에게는 전수하지 않는다. 다른 물건을 전법의 증거로 전수한다고 하는데 이것은 정말 엉터리 같은 말이다.[28]

---

28 『神會和尙遺集』, 281쪽.

　　이상의 일단은 초기 선종에서 전의부법설에 의한 남종의 전법상승을 주장하는 최초의 기록이다. 신회의 주장은 북종의 『전법보기』와 『능가사자기』에서 보리달마－혜가－승찬－도신－홍인－신수로 이어지는 북종의 전등 법통설을 정면에서 부정하고 비정통의 전승이라고 배척하면서, 보리달마－혜가－승찬－도신－홍인－혜능으로 전승된 남종의 새로운 전통의 선종 법통설을 제시하고 있다. 그리고 이러한 북종의 전등설이 비정통이고, 새로운 남종의 법통설이 정통임을 확정시키기 위해 달마로부터 법의 부촉과 더불어 一領의 가사를 수여했다고 하는 전의부법설을 고안하여 傳信의 물적 증거로 제시하고 있다.

　　즉 달마로부터 혜능에 이르는 6대의 조사들은 모두 안으로는 법에 계합된 證心을 인가했고 밖으로는 가사를 전수하여 정법의 종지를 분명히 하였다고 하며 달마로부터 전법의 信物로 전래된 그 가사가 지금은 韶州 육조혜능 처소에 있다고 주장하고 있다. 다시 말하면 달마의 가사를 가지고 있는 혜능이 정법을 계승한 정통의 육조이며 신수는 비정통〔傍系〕이라고 주장하고 있다. 그리고 끝에 신회가 "가사 이외에 다른 물건을 傳法의 증거로 전수하는 것은 잘못된 것이다."라고 주의시키고 있다. 이것은 분명히 앞에서 詳論한 것처럼『속고승전』 제16권, 혜가장에 보리달마가 四卷『능가경』을 혜가에게 수여했다는 능가사들의 주장을 응용하여 『능가경』의 傳持(傳授)로서 전법상승을 주장하고 있는 북종선의 주장을 의식한 말임을 알 수 있다.[29]

---

[29] 註22)의 논문 참조.

또, 『남종정시비론』에 신회는 前文에 이어서 남종의 전등설이 一代一人에게만 부촉하는 소위 單傳의 종지임을 강조하는 주장을 다음과 같이 설하고 있다.

지금까지 6대의 조사는 一代에 오직 1인에게만 法을 부촉할 뿐 결코 2인에게 부촉한 일이 없었다. 설사 千萬의 學徒가 있을지라도 오직 1인에게만 부촉하여 그 뒤를 계승하도록 하였다.[30]

즉, 달마로부터 혜능에 이르는 육대조사의 전법상승은 一代에 오직 한 사람만이 정법을 계승한 사실을 역사적으로 주장하고 있으며 혜능이 바로 그러한 單傳의 宗旨를 전승한 인물임을 밝히고 있다.
이러한 신회의 주장에 대해서 숭원법사가 "무슨 까닭으로 한 세대〔一代〕에 오직 한 사람만이 뒤를 이어 法을 계승하도록 하고 있습니까?"라고 추궁하자, 신회는 다음과 같이 답을 하고 있다.

和尙答 譬如一國唯有一王, 言有二者 無有是處, 譬如一四天下 唯有一轉輪王, 言有二轉輪王者 無有是處. 譬如一世界, 唯有一佛出世, 言有二佛出世者 無有是處.[31]

"(보리달마로부터 혜능에 이르도록) 지금까지 육대조사의 相傳에는 오직 一代에 한 사람〔一人〕만을 후계자로 인가했을 뿐이며 결코 두 사람〔二人〕에게 정법을 전하지 않았다. 만약에 천만의 학도들이 있었

---

30 『神會和尙遺集』, 282쪽.
31 위와 같음.

다고 할지라도 오직 한 사람에게만 정법을 부촉하여 뒤를 계승하도록 하였다."라고 말한 것처럼 신회는 달마로부터 전래된 선종의 정법은 한 세대에 오직 한 사람에게만 부촉하여 계승하도록 하였다고 주장하고 있다.

즉, 한 나라에는 한 사람의 국왕이 있을 뿐 두 사람의 국왕이 있을 수 없는 것과 같고, 또한 一四天下에는 오직 한 사람의 轉輪聖王이 있는 것과 같으며, 一世界에는 오직 一佛의 出世가 있을 뿐이라는 비유를 들어서 一代에 오직 一人에게만 부촉하여 법을 전한다는 一代一人付法說을 입증시켜서 정당화하려 하고 있다.

사실 신회의 이러한 논증에는 문제가 많다. 즉 달마가 付法의 傳信으로 一領의 가사를 一代에 一人에게만 부촉의 信物로 전수한 것은 1인만이 정통 상승자임을 증명하기 위한 것이라고 강조하고 있다. 그러나 이는 북종의 신수가 방계임을 주장하기 위한 억설이었던 것이다.

신회는 신수계 북종선의 법통을 방계로 몰아붙이고, 혜능의 남종이 달마의 정법을 상승한 정통임을 주장하기 위해서 이처럼 '傳衣說'을 창안하여 一代一人付法說인 '單傳의 宗旨'를 강조하고 있다.

사실 신회는 혜능이 홍인의 정법을 부촉받은 인물임을 주장하기 위해서는 수단과 방법을 가리지 않았다. 예를 들면 『남종정시비론』에는 신수가 在世時에 주장했다는 설법까지 인용하여 혜능이 홍인의 정법을 부촉받은 인물이라고 다음과 같이 주장하고 있다.

久視年(700)에 측천무후는 신수화상을 초청하여 入內토록 하였는데, 출발에 즈음하여 모든 도속들은 신수화상께 예배하면서 질문했다. "화상께서 入內하신 뒤에 모든 문도들은 어떻게 수도해야 합니까? 그리고 어느 곳(누구)을 의지해야 좋겠습니까?"

신수화상이 말씀하셨다. "韶州에 大善知識이 계시니 그가 다름 아닌 동산홍인대사가 부촉한 사람이니 불법은 모두 그곳에 있다. 너희들 가운데 스스로 의문을 해결할 수 없는 자는 그곳에 가서 의문을 해결토록 하라. 반드시 그의 가르침은 불가사의하여 곧바로 불법의 종지를 깨닫게 될 것이다."[32]

久視年에 신수가 측천무후의 초청으로 入內說法하였다는 이야기는 잘 알려진 사실이지만, 과연 실제로 그가 출발에 앞서 이러한 대화를 제자들과 나누었을까.

滑台의 종론은 신수 입적 후 25년이나 지난 뒤의 일이었으며 사실 선종의 전등설 자체도 신수의 입적 후에 주장된 것이기에 이와 같은 대화가 있었다고는 상상할 수 없다.

말하자면 신회는 잘 알려진 신수의 入內를 교묘히 응용하여 신수의 입을 빌려서 혜능이 동산홍인으로부터 특별히 부촉 받은 인물임을 밝힘과 동시에 불법의 종지가 그에게 모두 전수되었다는 사실을 입증시키려고 하고 있다.

사실 초기 선종에서는 스승으로부터의 '付囑'이 印可라는 말과 함께 무게 있게 주장되고 있다. 부촉은 원래 『법화경』[33] 등의 대승경전에 붓다가 불법을 널리 전파하도록 부촉(부탁)하는 의미로 쓰이고 있다. 선종에서는 문자나 말로써 전할 수 없는 心法을 전수해야 할 사람을 조사라 부르고, 스승〔祖〕으로부터 제자(次代의 祖)에게 법을 전

---

32 앞의 책, 291~292쪽.
33 『法華經』 見寶壇品(『大正藏』 9권, 33쪽下) 등.

하는 傳持의 수속(절차)을 특별히 부촉이란 말로 불렀다.

예를 들면『속고승전』제26권, 釋道信章에 도신이 임종에 즈음했을 때 대중들이 "화상께선 어찌 부촉을 하지 않습니까?"라고 질문하자, 도신이 "지금까지 부촉한 바가 적지 않다."[34]라고 답하고 있다.

이것은 도신이 평소에 이미 홍인에게 부촉하였다는 의미로 이해되는데 북종선의 燈史인『전법보기』신수전에는 이러한 실례에 의거하여 홍인과 신수의 경우를 응용하여 다음과 같이 주장하고 있다.

> 儀鳳年中(676~678)에 荊楚의 대덕 수십인이 모여 神秀를 當陽玉泉寺의 주지로 받들었다. 홍인대사가 遷化에 즈음하여, 그가 일찍이 부촉을 받았으나 그로부터 10여 년간 여전히 法을 전파하지 않았다.[35]

앞에서 인용한 것처럼 신회의『남종정시비론』에서 동산홍인대사가 혜능에게 부촉하였다는 주장은 이러한 북종선의『전법보기』에서 홍인이 신수에게 부촉하였다는 주장을 의식하여 의도적으로 혜능에게 부촉된 것이라고 하면서 그러한 사실을 당시의 인물인 신수의 입을 빌려서 사실인 것처럼 강조하고 있다.

또『남종정시비론』에 숭원법사가 "세상의 모든 사람들이 정말 신수선사는 道果를 얻은 불가사의한 사람이라고 믿고 있는데, 지금 화상은 왜 신수선사를 六祖로 인정하지 않습니까?"라고 추궁하자, 신회는 다음과 같이 대답하고 있다.

---

34 『續高僧傳』제26권, 道信章(『大正藏』50권, 606쪽中).
35 柳田聖山, 앞의 책, 568쪽〔資料〕6,『傳法寶紀』참조. 그밖에도『楞伽師資記』弘忍章, 神秀의 弟子章 등에 많이 보인다.

홍인대사가 신수선사에게 (가사를) 전수하지 않았고 (法을) 부촉하지 않았기 때문에 설사 뒤에 신수가 道果를 얻었다고 할지라도 6대 조사로는 인정할 수가 없는 것이다. 왜냐하면 홍인선사로부터 신수선사에게 특별히 수기가 없었기 때문에 인정할 수가 없다.[36]

이처럼 신회는 홍인대사가 신수에게 법을 부촉하지 않았고, 또 傳法의 信物인 가사도 전수하지 않았기에 신수를 6대 조사로 인정할 수 없다고 하고 있다. 여기에 홍인의 수기란 말이 보이는데 '授記' 역시 초기 선종에서는 부촉과 같은 의미로 쓰이고 있다.

사실 가사를 전수〔傳衣付法說〕하였다는 주장도 처음 신회가 만들어낸 억지 주장이지만, 그 유일한 가사의 전수로서 특별히 홍인의 부촉을 받은 인물이 오직 혜능 한 사람이라고 강조하면서 북종 신수의 六代相承을 비정통인 방계로 몰아붙이고 있는 것이다.

즉 『남종정시비론』에 숭원법사가 "모든 사람들이 마땅히 선법을 설하여 중생들을 교화해야 하지 않겠습니까?"라는 질문에 신회는 "누구라도 선법을 설하여 중생들을 교화해서는 안 된다."라고 잘라 말하고 그 이유를 다음과 같이 설하고 있다.

중생들로 하여금 一念의 善心을 일으키게 하는 것은 실로 불가사의한 것이다. 그 옛날 석가여래가 계실 적에는 모든 보살이나 성문들이 모두 설법하여 중생들을 교화하였지만, 누구 한 사람도 감히 스스로

---

36 『神會和尙遺集』, 283쪽. '授記(Vyākarana)'는 『法華經』(『大正藏』 9권, 3쪽下) 등의 대승경전에 부처님이 제자들에게 미래에 正覺을 얻게 될 것을 예언하고 약속하는 것인데, 여기 禪宗에서 부촉이나 인가와 같은 의미로 쓰이고 있다.

부처(佛)라고 자칭한 사람은 결코 없었다.[37]

즉 신회는 禪法을 설하여 중생을 교화하는 사람이 많다고 할지라도, 선대조사의 單傳의 종지를 부촉 받은 조사와 다른 선사들과의 교화는 전연 차원이 다른 것임을 석가여래와 보살 성문(弟子)들의 교화에 비교하여 주장하고 있다.

이에 숭원법사가 다시 "선사께선 이미 달마의 종지가 대대로 상승되어 혜능선사에 이르도록 1대에 오직 1인에게만 부촉하여 종지를 수립하고 선문을 열어 사람들을 교화하도록 하였다고 하셨습니다. 그런데 무슨 까닭에 오늘날 천하의 諸州에도 수백여 명의 선사들이 각자 선문을 세워 어지럽게 사람들을 교화하고 있는데 이들은 도대체 누구의 문하에서 배출된 사람들입니까?"라는 질문에 신회는 다음과 같이 답하고 있다.

그들은 모두 신수선사의 문하에서 배출된 사람들이다. 그의 문하에서 20여 명의 제자들이 나와 선법을 설하고 사람들을 교화하고 있지만, 모두 한결같이 전수와 부촉이 없으면서 이렇게 선법을 설하고 있다. 또 그들 20여 명의 문하에서 요즈음은 수백여 명이 배출되어 선법을 설하고 사람들을 교화하지만, 모두 한결같이 老少의 질서도 없고 師資의 애정도 없으며 서로 名利를 다투고, 본래부터 (宗旨의) 稟承도 없었기에 정법을 어지럽히고 많은 학도자들을 惑亂시키고 있다. 이것은 불법을 멸망시키는 본보기인 것이다. 혜능선사야말로 확실히 (오조 홍인

선사로부터) 불법의 상전과 부촉을 받은 사람이다. 그의 문하에 도속이 수백여 명이 있지만, 한 사람도 감히 선문을 개창한 사람이 없다. 비록 한 사람이 그의 부촉을 얻었음에도 불구하고 오늘날까지 아직도 선법을 설하지는 않았다.[38]

신회는 신수계의 북종선은 홍인으로부터 종지의 부촉과 가사의 전수가 없었기에 그들이 설하는 선법 역시 올바른 것이 아닌 邪法이라고 배척하고, 신수 문하의 20여 명과 또 그들의 제자들 수백 명이 지금 전국에서 각기 선법을 설하고 있는 것은 정법을 멸망시키는 행위라고 비난하고 있다.

그리고 혜능선사야말로 오조홍인으로부터 가사의 전수와 정법의 종지를 부촉받은 인물임을 밝히고, 그의 문하에 수백 명이 있지만, 아직 한 사람도 선문을 열어 법을 설한 사람이 없다고 하고 있다.

그런데 여기 주목되는 것은 "비록 한 사람이 혜능의 부촉을 받았지만 아직도 선법을 설하지 않고 있다."라는 말은 분명히 신회 자신이 혜능의 부촉을 받은 유일한 인물임을 간접적으로 밝히고 있는 말임을 알 수 있다.

그것은 숭원법사가 "혜능 이후에 법을 전한 후계자가 있습니까?"라는 질문에 "있다"라고 하고 "그가 누구냐"는 질문에 "이후에 저절로 알게 될 것"[39]이라는 그의 대답에서도 신회 자신이 바로 혜능의 후계자임을 암시하고 있음을 알 수 있다.

석정본 『신회어록』에는 원법사가 "선사는 자주 달마의 종지라고

---

38 앞의 책, 283쪽.
39 앞의 책, 286쪽.

말하는데, 그 달마의 종지가 禪門에 대대로 상전되고 부촉되었습니까?"라고 질문하자, 신회는 "지금까지 전부 상전되었고 부촉되었다"라고 답하고 있다.

원법사가 "그러면 몇 대의 상전이 있었습니까?"라는 질문에 "지금까지 6대의 상전이 있었다."라고 답하자,

원법사가 "그 6대의 대덕이 누구누구입니까? 그리고 아울러 그분들에게 전수하게 된 까닭을 설해 주십시오."라고 간청하자 신회는 제1대 보리달마선사를 비롯하여 제6대 혜능에 이르는 동토육대조사들의 略傳과 전법의 인연, 부촉 가사의 전수 등 남종의 전등사를 서술하고 있다.[40]

사실 이것은 뒤에서 다시 논하겠지만 북종선의 燈史인『전법보기』나『능가사자기』에 匹敵하는 남종의 등사이다.『남종정시비론』독고패의 서문에는 이것을『師資血脈傳』이라고 부르고 있으며 당시 세상에 널리 유포되었음을 전하고 있다.[41]

사실 오늘날 동토육대조사의 전기와 전법의 인연은 신회의『사자혈맥전』에 근거를 두고 발전되었음을 알 수 있다. 여기에서 문제 삼고 있는 홍인의 동산법문과 가사가 북종선의 쇠퇴와 더불어 신수의 존재가 희미해지면서 신회의 육조현창운동과 남종선의 번창으로 육조혜능에게 전수되고 부촉된 것으로 확정되었다.

그러한 사실은 신회의『사자혈맥전』을 계승한 보당종의『역대법보기』(774년) 육대조사전에서나『조계대사전』(781년), 돈황본『육조

---

40 鈴木貞太郞, 公田連太郞 校訂,『敦煌出土 荷澤神會禪師語錄』(일본 동경 森江書店, 1934), 53~64쪽.
41 『神會和尙遺集』, 260쪽.

단경』 등에서 확인할 수 있는데 이 점에 대해서는 뒤에서 다시 논하기로 하고 다시 『남종정시비론』의 신회의 주장을 좀 더 들어보자.

> 長安 3년(703) 신수화상은 京城內의 雲花戒壇에 올랐다. 그때 綱律師라는 사람이 (大儀□□) 대중 가운데서 신수화상에게 "달마는 一領의 가사를 가지고 상전하고 부촉하였다고 들었습니다. 지금 그 가사는 대사의 처소에 있습니까?"라고 질문하자 신수는 "황매홍인대사로부터 전수된 가사는 지금 韶州의 혜능선사에게 있습니다."라고 답했다.
> 이처럼 신수화상이 在世時에 제6대의 조사임을 증명하는 전법의 가사가 소주 혜능선사에게 있다고 인정하였으며, 스스로 자기가 제6대 조사라고 칭한 일이 없었다. 그런데 지금 보적선사는 자칭 제7대 조사라면서 제멋대로 신수화상을 내세워 제6대 조사라고 주장하고 있는데 이는 도저히 용서할 수 없다.[42]

여기 신수와 綱律師와의 대화로 인용한 일단도 앞에서 살펴본 신수의 入內에 즈음하여 그가 문인들에게 소주혜능의 처소에 가서 수학할 것을 권유했다는 이야기와 마찬가지로 사실이 아니라 전등설을 강조하기 위해 신회가 꾸며낸 신회의 주장이다.

신회는 신수로 하여금 달마로부터 조사들에게 전법의 증거로 전래된 가사를 황매홍인대사는 소주혜능에게 전수하였으며, 그 가사는 지금 혜능에게 있다고 일부러 말하게 하여 傳衣의 행방을 분명히 밝혀서 혜능이 육대의 조사임을 신수의 입으로 인정하도록 하고 있다.

---

42 앞의 책, 290~291쪽.

그리고 이를 근거로 하여 "신수가 在世時인 達摩所傳의 가사가 육조혜능에게 전래되었다"라고 인정하고 있는 것처럼 실제로 신수는 스스로 육조라고 자칭한 일이 없었으며, 그 당시에는 사실 육조에 대한 시비의 문제는 전연 없었다.

그런데 요즘 와서 신수의 제자 보적이 스스로 자칭 제7대 조사라고 주장하면서 신수를 제6대 조사로 내세우고 있기 때문에 오늘날 이러한 법통설의 시비가 다시 문제가 되고 있는 것이라고 보적의 7조 주장을 심하게 비난하고 있다.[43]

이상의 인용 자료를 통해서 확인할 수 있는 사실은, 신회가 전의부법설 등의 새로운 무기를 가지고 滑台의 종론에서 북종 공격의 대상을 삼은 것이 6대 조사인 신수가 아니라 스스로 선종의 제7대 조사로 자칭하고 있다는 보적선사(651~739)임을 알 수 있듯이 신회의 의도도 자명한 것이다.

즉 신회는 표면적으로는 스승인 혜능이 정통의 육조임을 주장하는 소위 육조현창운동을 전개하면서 자신이 선종의 제7조임을 주장하기 위해 보적의 7조 주장을 신랄하게 비난하고 있는 것이다.

신회의 7조 주장은 뒤에서 재론하기로 하고 여기서는 달마의 종지를 전수한 증거로서 一代一人付法의 의미로 전래되었다고 하는 소위 '單傳의 宗旨'를 증명하는 전의부법설의 배경을 잠깐 살펴보기로 하자.

『남종정시비론』에는 앞에서 살펴본 것처럼 달마소전의 가사가 혜능에게 있다고 신수의 입으로 인정하게 하면서, 또 보적은 使者를 시

켜서 조계혜능의 처소에 몰래 들어가 그 가사를 훔치려고 한 사건이 있었다고 하며, 보적은 항상 남종을 멸망시키려 하고 있다[44]고 신회는 주장하고 있다.

이러한 신회의 전의부법설에 대하여 숭원법사는 "그러면 도대체 법이 가사에 있습니까? 왜 가사를 가지고 傳法으로 삼고 있습니까?"라고 추궁하자 신회는 다음과 같이 대답하고 있다.

법이 비록 옷〔袈裟〕에 있는 것은 아니지만, 조사들이 대대로 상승함에 가사를 전수하여 전법의 증명으로 삼고 있는 것이다. 그것은 弘法者는 스승으로부터 올바른 품승을 얻도록 하며, 학도자에게는 달마 종지의 소재를 알게 하여 잘못됨이 없도록 하기 위한 것이다.

그 옛날 석가여래의 金蘭袈裟는 雞足山에 있으며, 가섭이 지금도 이 가사를 가지고 미륵의 출세를 기다려, 그것을 전하려고 하는 것은 석가여래의 가사를 전하여 전법의 증명을 나타내기 위한 것이다. 우리 육대 조사의 전의부법도 이와 마찬가지이다.[45]

이와 같은 주장은 신회의 『顯宗記』에도 보이는데, 신회는 "법이 가사에 있는 것은 아니지만, 역대 조사들이 가사를 전하여 전법의 증명〔信物〕으로 하고 있는 것은 법을 홍포하는 사람이 올바른 정법을 품승하도록 하기 위함이요, 또한 법을 배우는 사람들에게는 그 올바른 정

---

44 『神會和尙遺集』, 289쪽, 292쪽.
45 앞의 책, 284~285쪽. 傳衣로써 信으로 삼는다는 주장은 石井本, 『神會語錄』의 慧能章, 『顯宗記』(『大正藏』 51권, 459쪽中), 『曹溪大師傳』, 『寶林傳』, 『都序』, 『承襲圖』 등에 한결같이 인용하고 있다.

법의 품승자가 누구인지, 그리고 그 정법의 종지가 무엇인지 알 수 있도록 하여 그릇된 스승의 잘못된 가르침으로 나아가지 않도록 하기 위한 방편인 것이다."라고 주장하고 있다.

사실 이 일단은 신회가 주장한 전의부법설의 정신이라고 할 수 있으며, 이러한 전의부법설로써 혜능을 육조로 세우는 새로운 남종의 전등설을 單傳의 종지로써 강조하여 일대일인부법설을 세우고 있는 것임을 알 수 있다. 그리고 신회는 이러한 傳衣를 法信으로 하는 주장이 단순한 자기의 주장이 아니라 역사적인 사실에 입각한 것임을 확신시키기 위해 석가여래의 금란가사를 가섭이 계족산에 간직하고 있으며 미륵의 出世를 기다려 이 불법을 分付하려고 하는 경전의 이야기를 실례로 제시하고 있다. 신회가 여기에 석가여래의 금란가사설을 들고 나온 것은 두말할 것도 없이 달마의 전의부법의 권위를 부여하기 위한 것이라고 하겠다.

석가여래의 금란가사설은 원래 『중아함경』 13, 『현우경』 제12권, 『잡보장경』 제4권 등에서 언급하고 있는 '金縷織成衣'[46]와 『잡아함경』 41, 『아육왕경』 7 등에서 주장하고 있는 糞掃納衣[47]에 의거한 것이라고 할 수 있다.

즉 마하가섭이 평소에 직접 석존으로부터 정법을 부촉 받았다는 것은 그가 일찍이 석존으로부터 분소의를 전수 받고 석존과 함께 자리를 나누어 앉았다(半分座)는 『아함경』 이래의 전설을 이어받고 있

---

[46] 『中阿含經』 13, 說本經 제2(『大正藏』 1권, 511쪽中) ; 『賢愚經』 제12권, 波婆離品(『大正藏』 4권, 434쪽上).
　　『雜寶藏經』 4, 「大愛道施佛金縷織成衣幷穿珠緣」(『大正藏』 4권, 470쪽上).

[47] 『雜阿含經』 41(『大正藏』 2권, 303쪽中).
　　『阿育王經』 7(『大正藏』 50권, 153쪽下～154쪽上).

는 것이다.

이러한 종래의 전승을 종합한 『付法藏因緣傳』에선 가섭이 석존 입적시에 遺囑을 받고 아난과 함께 法藏을 결집하고 혼자 계족산에 들어가 풀을 깔고 앉아 석존으로부터 수여받은 분소의를 걸치고 미륵의 출세를 기다리며 禪定에 들었다고 한다.[48]

이러한 『부법장인연전』 주장은 『아육왕경』 7, 「가섭인연」에 의거한 것이다. 그런데 『대당서역기』 9, 「마가타국계족산」조에는 석존이 입적에 즈음하여 법장을 마하가섭에게 부촉하고 일찍이 이모인 摩訶波闍波堤가 바친 '金縷袈裟'를 주면서 慈氏彌勒佛의 出世를 기다리도록 하였다[49]고 하고 있다.

사실 '금루가사'는 彌勒成佛의 전설에서 나온 것이다. 그런데 신회는 이것을 가섭의 분소의와 결합시켜 傳法의 증명으로 '금란가사'를 내세워 그가 주장한 전의부법설의 선례로 응용하여 선종 전의부법의 근거로 제시하고 있는데 이것은 최초의 일이며, 역시 주목해야 할 착안이라고 할 수 있다.[50]

그러나, 신회의 전의부법설은 보리달마로부터 전래된 동토육대에 한정된 주장으로 西國(인도)의 전등에는 응용하지 않고 있음을 알 수 있다.

예를 들면 숭원법사가 "西國에도 가사를 전하고 있습니까?"라는 질문에, 신회는 "西國에는 가사를 전하지 않았다"라고 대답하면서 그

---

48 『付法藏因緣傳』 제1권, 迦葉章(『大正藏』 50권, 300쪽下).

49 『大唐西域記』 9, 「摩伽陀國雞足山」條(『大正藏』 51권, 919쪽中~下).

50 神會의 '金蘭袈裟'說은 石井本『神會語錄』 慧能章에 계승되어 慧能의 주장으로 하고 있다. 뒤에 『歷代法寶記』(『大正藏』 51권, 183쪽中), 『寶林傳』 제1권, 釋迦牟陀佛傳에 계승되어 釋尊이 迦葉에게 수여하여 미륵불의 출세를 기다리도록 부촉하고 있다.

이유를 다음과 같이 말한다.

西國에서는 聖果를 얻은 많은 사람들의 마음에 矯詐(사실을 왜곡시켜 거짓으로 말함)가 없기 때문에 오직 마음과 마음으로 계합하여 전할 뿐이지만, 이곳 漢地에서는 많은 사람들이 범부로서 名利를 찾고 시비가 서로 뒤섞여 있기 때문에 가사를 전하여 종지를 결정하는 것이다.[51]

신회의 西天祖統說은 뒤에 다시 상론하겠지만, 그는 보리달마가 여래의 법을 이은 제8대의 조사임을 주장하여 서천팔조, 동토육조 총 13대의 전등설을 제시하고 있으면서 西國에서는 전의부법할 필요가 없었다고 말하고 있다.[52]

말하자면 신회 전의설의 本領은 보리달마 이후 동토육대조사의 전법에서 가사로 付法의 증거로 삼도록 하고 가사의 소재로써 종지를 밝히어 정법을 확정하기 위한 증명으로 제시하고 있다.

이 점은 그의 『頓悟無生般若頌』(『荷澤大師顯宗記』)에도 衣(袈裟)는 法의 信物이요, 法은 袈裟(衣)의 宗旨이다. 오직 衣와 法을 상전하였으며 또 다시 다른 법이 없다. 안으로는 心印을 전하여 本心에 계합하고 밖으로는 가사를 전하여 그것으로 종지를 표시한다. 袈裟(衣)가 아니면 법을 전하지 않고, 법이 아니면 袈裟(衣)를 받지 않는다. 가사는 다름 아닌 法信의 옷[衣]이며, 법은 다름 아닌 無生의 법인 것이다.[53]

---

⁵¹ 『神會和尙遺集』, 296쪽.
⁵² 위의 책, 294쪽.
⁵³ 앞의 책, 195쪽. 『傳燈錄』 제30권(『大正藏』 51권, 459쪽中).

이와 같이 신회는 전의부법설로써 보리달마 남종의 종지를 결정하고 신수계의 북종 전승을 배척하는 근거로 제시하였다.

그런데 신회가 이러한 전의부법설을 주장할 수 있었던 선례의 자료와 힌트는 역시 북종의 『전법보기』나 『능가사자기』에서 주장하는 북종선의 전법계보설과 『능가경』의 전수로써 자파의 전등법통을 분명히 밝히려고 한 사실이라고 할 수 있다.

특히 전의설의 사례로서 주목해야 할 것은 앞에서도 언급한 정각의 『注般若波羅蜜多心經』 李知非의 序에 기록하고 있는 다음과 같은 기사이다.

其蹟禪師所持摩納袈裟 瓶鉢錫杖等 並留付囑 淨覺禪師.[54]

즉 玄蹟禪師가 소지하고 있던 摩納袈裟와 淨瓶, 鉢盂, 錫杖(주장자) 등을 모두 제자인 정각선사에게 부촉하였다는 기록인데, 여기 전의설뿐만 아니라 뒤에 선종에서 인가 증명으로 스승이 제자에게 물려주는 발우나 주장자 등의 선례로써도 주목된다.

이상과 같이 滑台의 종론을 열고 보리달마 남종을 선언한 신회는 종래의 전통적인 홍인－신수로 이어지는 북종선의 전등 법통설을 傍系라고 물리치고, 새롭게 홍인－혜능으로 이어지는 남종의 전등계보설을 正系라고 주장하면서, 그 사실을 뒷받침하는 物的 근거로 달마소전의 가사를 제시하고, 그 가사가 지금 소주 혜능선사의 처소에 있다고 강조한다.

---

54 柳田聖山, 앞의 책, 597쪽, 〔資料〕 7 참조(S.4556호본, 중국 向達氏 手鈔本에 의한 교정임).

이러한 신회의 전의설은 새로운 남종 전등 법통설의 주장과 더불어 正法의 소재를 밝히기 위한 信物로 고안된 것이지만 신회 이후의 중국 선종에서는 인가증명의 信物로서 새로운 전통이 확립되었다.

특히 無住의 보당종에서는 『역대법보기』를 편집하여, 자파의 정통을 강조하는 이색적인 전의부법의 전등설을 주장하였으며, 『조계대사전』과 돈황본 『육조단경』, 『보림전』 등에 계승되어 선종의 전법 상승 및 인가증명의 심벌로 정착되었다.

4. 六祖 혜능 顯彰運動과 七祖 신회

宗密이 『裵休拾遺文』에서 신수계의 북종선을 '師承是傍 法門是漸'이라고 평한 것은, 신회가 한결같이 북종의 법통설이 非正統(傍系)이며 남종의 혜능이 오조홍인의 正法을 계승한 정통의 六祖라고 주장한 사실을 뒷받침하는 전법의 信物로서 전의부법설을 제시한 滑台 종론의 성과에 의거한 말이다.

그리고 '法門是漸'이란 말도 신회가 남종의 주장과 더불어 새롭게 단도직입하여 자기의 불성을 깨달아 견성성불을 이루는 頓敎(頓悟)의 선사상을 주장하면서 종래의 북종선이 좌선방편에 의한 漸敎(漸修)라고 규정하며, 이것은 어리석은 자의 교설이라고 비난한 것을 이어받은 것이다.

이러한 남북양종의 선사상 논쟁은 南頓北漸이라고 요약되는데 사실상 滑台 종론의 초점이 되고 있는 내용이다. 말하자면 신회는 선사상으로는 돈오설을, 전등법통으로는 전의부법설이라는 전연 새로운 주장으로 신수계의 북종선에 양면 공격을 가했다.

사실 신회가 북종 공격에 점화를 한 것은 그의 입장에서 볼 때 북종의 禪思想(教說)이 붓다나 달마의 정신에 위배된다고 확신하였기 때문이었다. 여기서 신회의 돈오선을 구체적으로 논할 여유는 없지만, 사실 신회는 전의부법설의 주장보다도 頓教(悟)의 선사상이 우선되었으며, 이러한 남종의 혁신적인 선사상을 근거로 하여 북종선을 비난하기 시작했다.

그것은 신회가 滑台 종론에 앞서 남양시대에 어사 왕유의 주최로 臨湍驛에서 신회와 慧澄禪師가 며칠간 修道論에 대하여 논쟁을 하였는데 여기서 이미 신회의 선사상이 확립되어 있음을 알 수 있다.[55]

이러한 선사상의 혁신에서 출발된 신회의 북종 공격도 시대의 흐름과 더불어 결과적으로 전의부법설에 의거하여 그의 스승인 혜능이 보리달마 남종의 정법을 계승한 정통의 제6대 조사인 사실을 확정하기 위한 적극적인 운동으로 전개되었다. 신회의 일생을 살펴볼 때 그는 변방 소주에 묻혀 그 존재조차 알 수 없는 스승 혜능을 보리달마의 정법을 이은 육대 조사의 지위에 모시기 위해 그 자신이 목숨을 내걸고 한평생을 투쟁하면서 몇 차례의 귀양살이까지 감수하고 있다.

한편으로, 신회가 이처럼 스승 혜능을 달마의 법을 이은 6대 조사라고 필사적으로 주장하고 있는 저의는, 결국 신회 자신이 스스로 달마의 정법을 이은 정통의 7대 조사임을 주장하려고 하는 복선을 깔고 있음이 보인다.

---

55 『神會和尙遺集』, 137쪽.
　神會의 禪思想과 北宗 공격은 鄭性本의 앞의 책, 512쪽 및 「中國禪宗史에 있어서 頓漸의 問題」(『普照思想』 4, 1990.10) 참조.

예를 들면 『남종정시비론』에 숭원법사가 "그러면 혜능선사가 법을 전한 후계자가 있습니까?"라고 질문하자 신회가 "있다."라고 단언하고 있다.

다시 원법사가 "그러면 그 법을 전한 후계자는 누구입니까?"라고 추궁하자 신회는 "이후에 당연히 저절로 잘 알게 될 것이다."[56]라고 대답하는 일단의 문답에서 신회의 의도를 잘 간취할 수가 있다.

앞에서도 언급한 것처럼 신회는 "혜능선사야말로 확실히 오조홍인선사로부터 가사의 전수와 부촉을 받은 사람이다. 그의 문하에 수백여 명의 도속이 있지만 아직 한 사람도 선문을 열어 선법을 설한 사람은 없다. 비록 한 사람이 그의 부촉을 받았지만 지금까지 禪法을 설하지 않고 있다."[57]라고 말하고 있다.

여기에서 혜능의 부촉을 받은 한 사람이 신회 자신임을 은근히 암시하고 있으며 一代一人付法으로 전래된 달마의 종지가 제6조 혜능을 거쳐 이제 제7조 신회선사에게 전승된 사실을 밝히고 있음을 알 수 있다.

이러한 신회의 남종선언 및 북종 전등 법통설의 비난과 육조혜능 현창운동의 성과는 돈황본 『南陽和尙問答雜微義』 劉澄의 다음과 같은 서문에서 더욱 분명히 밝히고 있다.

붓다의 가르침이 법계에 넘치고 있다. 달마는 남천축에서 붓다의 心契를 계승하여 중국으로 건너가 정법을 전하였다. 불법은 허무한 것을 전한 것이 아니라 진실로 의지할 것이 있다. 南陽和尙(神會)은 이러한

---

56 『神會和尙遺集』, 286쪽.
57 위의 책, 283쪽.

불법의 전승자가 되어 크게 융성시켰다.

　제6대를 품승한 혜능을 선사로 하여, 제7대 조사의 지위에서 지금 선법의 근본이 되어 교화를 펼치고 있다. 사람들이 부모를 그리워하는 것처럼 귀의하였으며 王公을 비롯한 많은 사람들의 질문에 정중하게 답하고 있다.[58]

　이 서문의 작자인 유징에 대해서는 전혀 알 수 없지만, 아마도 신회어록을 편집한 재가의 속인 제자로 추측되는데 글의 내용으로 볼 때 신회 생존 시에 쓴 것으로 칠조 신회를 주장하는 최초의 자료가 아닌가 생각된다.

　앞의 원법사 질문에 신회를 7조의 인물로 밝히고 있는 점이 주목된다. 이것은 다름 아닌 북종 공격과 육조혜능 현창운동을 전개하면서 강조한 신회의 의도와 주장을 유징이 곧바로 남양화상은 육조혜능의 법을 품승한 제7조라고 분명히 밝히면서 신회의 교화를 기록하고 있다.

　석정본『신회어록』에 初祖 달마로부터 육조혜능에 이르는 남종의 전등사서인『사자혈맥전』을 기술한 뒤에 싣고 있는「大乘頓敎頌幷序」에도 신회가 구법시절에 廣東의 曹溪尊者를 만나 곧바로 깨닫고 육조혜능으로부터 부촉을 받았으며 法燈을 이어받아 7조가 되었다고 기술하고 있다.[59]

　신회의 7조에 대해서는 뒤에서 다시 논하겠지만 이처럼 신회가 스승 혜능의 육조현창운동을 위해 한평생에 걸쳐서 북종 공격을 전개

58　앞의 책, 426쪽.
59　石井本,『神會語錄』, 65쪽.

한 목적은 결국 신회 자신이 육조혜능의 單傳의 종지를 이은 제7대 조사임을 강조하기 위한 것임을 알 수 있다.

앞에서도 언급한 것처럼 신회의 북종 공격의 대상이 이미 죽고 없는 신수(606?~706)가 아니라, 당시 신수의 뒤를 이어 二宗의 法主 三帝의 門師로서 활발하게 교화를 전개하여 6조 신수의 뒤를 이어 7조로 존경받고 있는 普寂(651~739), 義福(658~736) 등이다. 특히 보적은 당시 보리달마의 정법을 이은 제7조의 조사임을 자타가 공인하고 있었다.

앞에서 논한 바와 같이 7조 보적을 강조하는 자료는 상당히 많다.

李邕의「大照禪師(普寂)塔銘」(『全唐文』262),「嵩嶽寺碑」(『全唐文』263)를 비롯하여『능가사자기』, 돈황본『第七祖大照和尙寂滅日齋讚文(擬)』(S.2512호 사본)에서 한결같이 그 사실을 강조하고 있으며, 또한 북종선을 修學한 선승들의 碑銘에도 밝히고 있다.[60]

또한 일본승 圓珍의『入唐求法目錄』에도,

    禪門七祖 行狀碑銘

(『大正藏』55권, 1093쪽上)

이라는 전등의 자료가 있다. 이 자료의 내용은 잘 알 수 없지만, 북종의 보적을 중심으로 한 선종의 법통설을 강조하기 위해 기록한 것으로 간주된다.

---

60 鄭性本,「禪宗傳燈說의 成立과 發展」(I)(『伽山學報』 창간호), 60쪽.

신회는 당시 6조 신수의 법을 이어 7대 조사로서 추앙받고 있는 보적의 입장을 정면에서 부정하면서 이들 북종선의 전등 법통설은 달마의 정법을 상승한 것이 아니라 비정통인 방계라고 배척하였다.

여기서 이러한 신회의 주장에 대한 결론을 미리 밝히면 다음과 같다. 즉 신회는 자신이 보리달마로부터 전래된 중국 선종의 정통 제7대 조사의 지위를 차지하기 위해서는 먼저 자기의 스승인 혜능을 정법을 이은 제6대 조사로 확정시켜 놓을 필요가 있었던 것처럼, 보적의 7조 전승을 부정하기 위한 필연의 이유로서 먼저 신수의 6조 전승이 傍系라고 정면에서 배척하지 않으면 안 되었던 것이다.

『남종정시비론』에 숭원법사가 "세상의 모든 사람들이 한결같이 신수선사를 道果를 얻은 불가사의한 사람이라고 생각하는데, 지금 화상은 무엇 때문에 신수선사를 제6대 조사로 인정하지 않습니까?"라고 추궁하자 신회는 다음과 같이 대답하고 있다.

> 和上答, 爲忍禪師 無傳授付囑, 在秀禪師處. 縱使後得道果 亦不許充爲六代. 何以故, 爲忍禪師, 無遙授記處, 所以不許.[61]

신회는 신수선사를 제6대 조사로 인정할 수 없는 것은 제5조 홍인선사가 신수선사에게는 특별히 법을 전하는 부촉도 없었고 또한 가사를 전수한 일도 없었기 때문이라고 하고 있다. 설사 신수선사가 뒤에 수행하여 뛰어난 道果를 이루었다 할지라도 제6대 조사로 인정할 수는 없는 것이다. 왜냐하면 홍인선사가 신수선사에게 특별히 법의 부

---

61 『神會和尙遺集』, 283쪽.

촉과 가사의 전수가 없었기 때문이라고 그 이유를 밝히고 있다.

신수선사가 뒤에 수도하여 훌륭하게 불도를 이루고, 또한 洛陽, 長安의 二京의 法主요, 三帝의 국사로서 당시 모든 사람들에게 절대적인 존경과 신뢰를 받았다 할지라도 보리달마의 정법을 전해 받은 오조홍인선사로부터 제6대 조사로 인가 받은 일도 없었다. 또한 법과 가사를 전수 받거나 부촉받은 일이 없었기 때문에 정법 상승자로 인정할 수 없다고 하고 있다.

이처럼 신회는 자기가 주장한 전의부법설로서 一代一人付法과 單傳의 종지를 강조하면서 북종신수의 6조 상승을 정면에서 부정하고 방계로 몰아붙이는 증거물로 이용하고 있다.

또 앞에서도 언급한 것처럼 숭원법사가 "신수선사는 兩京의 法主이며 三帝의 국사인데 어째서 제6대 조사로 인정하지 않습니까?"라고 질문하자 신회는 "달마 이래 혜능화상에 이르기까지 6대 선사들 가운데 帝師가 된 사람은 한 사람도 없다."[62]라고 대답했다.

신회는 여기서도 신수계의 북종선과 洛陽, 長安 및 중앙 왕실과의 밀접한 관계를 비난하면서 신수의 6조 상승을 비롯하여 북종선의 선사상과 行化 등 여러 가지 입장을 모두 부정하고 이를 북종의 전승이 비정통(傍系)인 사실의 증거로 결합시켜 응용하고 있는 그의 논법은 실로 교묘하다.

신회가 『남종정시비론』에서, 활대의 종론은 천하의 학도자들에게 보리달마 남종을 알리고 남종의 종지를 판정하며 그 정법의 상승자를 밝히기 위한 것이라고 하면서 이를 위해 몸과 목숨을 아끼지 않는

---

62 앞의 책, 284쪽.

다[63]고 강조하는 그의 강한 신념에서 알 수 있는 것처럼, 그는 남종의 육조혜능이 보리달마의 정법을 이은 인물임을 천명하기 위해 온갖 수단과 방법을 가리지 않고 일생을 걸고 투쟁한 것이다.

앞에서 살펴본 전의부법설이나 일대일인부법설로 신회는 일찍이 신수가 자기 입으로 직접 대중 앞에서 오조 홍인선사로부터 전법의 증명으로 수여된 達摩所傳의 가사가 지금 소주의 혜능화상에게 있다고 널리 밝히고 있다.

또한 신수가 大足元年 入內할 때 제자들을 소주 혜능선사의 문하에 가서 법을 구하도록 말했다면서, 신수화상의 생전에는 그가 스스로 제6대 조사라고 자칭한 일이 없었는데 지금 보적선사는 건방지게 스스로 제7조라고 자칭하면서 제멋대로 신수화상을 제6대 조사로 모시고 있다고 비난하면서 이는 결코 인정할 수 없으며 그냥 넘어갈 수 없다[64]고 하고 있다.

신회가 활대의 종론을 하게 된 직접적인 이유는 이러한 북종의 법통설에 대한 불만이었으며 이를 물리치고 스승 혜능을 중심으로 한 새로운 남종의 법통설을 정통으로 끌고 가기 위해서였다.

그래서 오조 홍인선사가 특별히 법을 부촉한 제6대 조사에게 전법의 증명으로, 달마선사로부터 대대로 전래된 一領의 가사를 전수하였다고 하는 전의부법설을 창안하여 주장하고 있다.

사실 전법 증거물로서의 의미를 지니고 있는 전의부법설은 이처럼 신회 자신이 북종의 전등 법통설을 방계라고 물리치기 위하여 처음으로 주장한 것이었으므로 보리달마를 비롯하여 홍인이나 혜능, 신

---

63 앞의 책, 267쪽, 293쪽.
64 위의 책, 284쪽, 290쪽.

수도 가사의 존재와 전수의 사실을 알 까닭이 없다. 더군다나 이러한 전의설을 주장한 신회 자신도 그 달마소전의 가사를 보았을 턱이 없음은 물론이다.

말하자면 신회는 전의부법설을 가지고 보리달마 남종의 스승과 제자와의 一代一人付法인 單傳의 종지를 부촉하는 전법상승의 증명으로 삼는 전의부법설을 확립하였다. 한편 북종의 전등 법통설 등을 공격하는 무기로 이용하면서, 가사의 所在存否를 가지고 중국 선종의 제6대 조사 正傍을 심판하는 기준으로 삼고 있다.

결국 신회의 남종 선언이나 전의부법설은 북종에서 주장하는 전통적인 제6대 신수의 전법상승이 방계임을 주장하기 위한 것이었으며, 그것이 실제로는 당시 정통적인 보적의 제7조 상승의 주장에 아웃사이더로서의 도전이었다.

이러한 신회의 주장에 대해 잠시 『남종정시비론』에서 그 동안의 소식을 살펴보기로 하자.

崇遠法師가 질문했다. "普寂禪師는 스스로 제7조라고 자칭하고 있는데 어떻게 생각합니까?" 화상이 답했다.

"지금 신수선사가 실제로 정법을 상전받지 못했기 때문에 제6대의 조사로 인정되지 못했다. 그런데 하물며 보적선사는 다름 아닌 신수선사의 문도인데, 어떤 법을 품승하였기에 제7대의 조사가 될 수 있겠는가? 요즘 中岳(嵩山)의 보적선사와 東岳의 降魔藏禪師 이들 두 大德이 신수선사를 제6대의 조사라고 주장하지만, 도대체 신수선사가 무엇을 가지고 제6대 조사임을 증명할 수 있는가. 우리 소주(혜능선사)의 一門(南宗)에서는 지금까지 대대로 역대 조사를 열거하는 것은 모두 달마의 가사로서 증명〔信物〕으로 하고 있기 때문이다. 그런데 지금 보적선사는 숭산에서 비명을 세우고 七祖堂을 건립하며 『전법보기』를 편집하여 7대의 조사를 열거하고 있다. 도대체 무엇으로 전법 증명을 하여 불법의 부촉과 전수의 代數로 삼고 있는 것인가. 신수선사의 문하에서 주장하는 이와 같은 것은 모두 인정할 수 없다. 왜냐하면 (신수선사와 그 문하에게) 불법의 전수가 없었기 때문이다."[65]

여기서도 보적의 7조 주장에 대해서 질문하자, 신수가 정법을 이은 확실한 6조가 아닌데 신수의 제자인 보적이 어찌 7조가 될 수 있겠느냐고 반문하고 있다. 또 보적과 항마장선사는 신수를 제6대의 조사로 추대하고 있지만 신수가 6대의 조사가 될 수 있는 전법의 증명이 없다며 전의설로 이를 배척하고 있다.

그리고 혜능의 남종은 達摩所傳의 가사로서 누가 몇 대의 조사인지를 확정하고 있으며 지금 제6대의 조사인 혜능에게 그 가사가 있다고 주장하고 있다.

끝에 신회가 보적이 숭산에 비문을 세우고 七祖堂을 건립하며, 『전법보기』를 편집해서 북종 七代傳燈의 역사를 기술한 것을 비난하고 있는 일단에 주목해 보자. 이와 똑같은 내용의 비난이 『남종정시비론』에 다음과 같이 보인다.

요즘 普寂禪師는 숭산에 비명을 세우고 칠조당을 건립하였으며 『전법보기』를 편집하여 7대의 조사들을 열거하고 있지만 혜능선사의 이름은 보이지 않는다. 혜능선사야말로 불법을 전수하고 부촉을 받은 인물이며 人天의 스승이라고 천하에 잘 알려졌는데도 불구하고 이름이

---

65 앞과 같음.

보이지 않는다. 숭산의 법여선사는 신수선사와 同學이지만 불법을 전수하고 부촉받은 사람도 아니며, 人天의 스승도 아니고 천하에 알려지지도 않았는데 도대체 무슨 품승을 받았기에 제6대의 조사라 하고 있는가. 보적선사는 신수화상을 위해서 비명을 세우고 신수화상을 제6대의 조사로 모시고 있다. 그런데 요즘『전법보기』를 편집하고선 또 법여선사를 제6대의 조사로 모시고 있다. 도대체 이 두 大德을 모두 각기 제6대의 조사로 모시고 있는데 누가 진짜이고 누가 가짜인가 보적선사여! 스스로 자세히 생각해 보게나![66]

먼저 보적이 숭산에서 碑銘을 세우고 신수를 제6조로 모시고 스스로 제7조라고 자칭한 것은 아마도 李邕(678~747)이 보적을 위해서 세운「崇嶽寺碑」의 다음과 같은 기사를 보고 비난한 것이라 볼 수 있다.

達摩菩提, 傳法於可, 可付於璨, 璨受於信, 信恣於忍, 忍遺於秀, 秀鍾於今和上寂.

(『全唐文』 263권)

碑文 가운데 '七代感化'라는 말이 보이는 것처럼 달마-혜가-승찬-도신-홍인-신수-보적에 이르는 七代의 전등법계를 기록하고 있다.

---

[66] 앞의 책, 289쪽.
또『南宗定是非論』(같은 책, 291쪽)에 "秀和上在日 指第六代傳法袈裟 在韶州口不自稱 爲第六代數. 今普寂禪師, 自稱爲第七代, 妄竪秀和上爲第六代, 所以不許."라고 하고 있다.

이 비명은 뒤에 종밀이 "보적은 謬稱七祖"[67]라고 평한 것처럼 신회계의 남종에서 비난의 대상이 되는데, 이와 똑같은 보적의 7조 기록은 이옹의 「大照禪師塔銘」(『全唐文』 262권)에서 한층 더 자세하게 밝히고 있다.

그리고 신회가 지적한 '七祖堂'은 확실히 알 수 없지만 아마도 「嵩岳寺碑」의 건립과 더불어 숭악사에 세워진 것이 아닐까 생각된다. 이 碑銘이 보적을 위해 세워진 것으로 비문 중에 신수의 위대한 교화에 대한 기록과 中宗이 大通神秀를 위해 13층탑을 조성한 사실을 기록하고 있는 등 소위 북종선의 공덕비라고 할 수 있는 기념비이기 때문이다.[68]

그리고 『전법보기』를 편집하여 이러한 북종의 칠조 전등계보를 비난하면서 제6조 법여, 제7조를 신수로 하는 『전법보기』의 구성을 날카롭게 지적하고 이들 두 大德이 모두 홍인의 제자인데 어째서 법여를 6조로 신수를 7조로 하고 있는가. 도대체 누가 제6대의 조사인가를 질문하고 있다.

『전법보기』의 이러한 구성과 문제점은 이미 앞에서 논한 바 있으므로 여기서는 생략하고, 신회는 사실 북종의 『전법보기』를 응용하여 서천조통설과 남종의 전등설인 『사자혈맥전』을 편집하고 있다.

신회는 또 신수의 입을 통해서 달마소전의 가사가 지금 소주의 혜능에게 있다고 말하게 하면서 이러한 가사의 전수와 부촉도 받지 못한 북종의 보적선사가 자칭 제7대의 조사라고 주장하면서 망령스럽게 신수를 제6대 조사로 모시고 있다고 누누이 비난하고 있다.

---

67 『圓覺經大疏鈔』 제3권의 下. 神會第七(『卍속장경』 14-277b).
68 鄭性本, 앞의 책, 548쪽 참조.

이러한 보적의 7조 주장에 대해 뒤에 종밀도 『圓覺經大疏鈔』 제3
권 下에서 다음과 같이 비난하고 있다.

> 然能大師後, 二十年中 曹溪頓旨沈廢於荊吳. 嵩嶽漸門 熾盛於嵩嶽
> (略抄作奏洛) 普寂禪師 秀弟子也. 謬稱七祖. 二京法主. 三帝門師. 朝臣
> 歸崇. 勅使監衛, 雄雄若是. 誰敢當衝. 嶺南宗途. 甘從毀滅, 法信衣服,
> 數被潛謀, 事如祖章, 傳授碑文, 兩遇磨換, 據碑文中所叙, 荷澤親承付
> 囑, 詎敢因循. 直入東都, 面抗北祖, 詰普寂也. 龍鱗虎尾, 殉命忘軀.
>
> (『卍속장경』 14-277b)

이와 똑같은 내용의 기록이 그의 『圓覺經略疏鈔』 제4권(『卍속장경』
15-131b)에도 보이는데, 혜능 입적 후 20여 년, 嵩山·洛陽·長安을
중심으로 북지에서는 혜능의 돈교가 沈廢되고 북종의 漸門이 嵩嶽에
서 번창되었다며 당시의 상황을 설명하고 있다.

당시 보적선사는 신수의 제자로서 엉터리로 7조라고 주장하였으
며 二京의 法主, 三帝의 門師가 되어 중앙귀족들의 절대적인 귀의를
받았는데 감히 누구도 여기에 맞설 수가 없었고, 嶺南의 南宗을 훼멸
시키고 法信인 가사를 수차례나 훔치려고 했다.

또 전법의 사실을 기록한 비문도 두 번이나 마멸하고 내용을 바꾸
었다.[69] 비문의 기록에 의하면 하택신회는 혜능으로부터 친히 부촉을
받은 사람이라 하였으니 어찌 무기력하게 있을 수 있겠는가. 그는 곧
바로 東都(洛陽)로 들어가 북종의 보적을 詰問함에 목숨을 돌보지 않

---

[69] 碑文 磨滅의 주장은 神會의 『南宗定是非論』에서 말하고 있는 것을 인용한 것이다.(『神
會和尙遺集』, 289쪽)

았다고 신회의 북종 공격을 기술하고 있다.

종밀은 주로 신회의 『남종정시비론』에 근거하여 주장한 것이다. 앞에서 인용한 이옹의 비문에 의거하여 신회의 주장을 그대로 강조하고 있다. 특히 남종의 전법 사실을 기록한 비문에 신회가 혜능으로부터 직접 7조의 인물로 부촉 받았다는 기록은 종밀의 주장이다.

종밀은 "『역대법보기』와 돈황본 『육조단경』에서 말하는 혜능이 입적한 후 20년경에 나의 법을 크게 펼치는 사람이 정법을 부촉받은 사람이다."라며 소위 20년 懸記의 주인공을 신회로 규정하고 그가 육조혜능을 이은 칠조신회라고 기회가 있을 때마다 주장하고 있다.

보적의 7조 비난은 宋代의 宗鑑이 『釋門正統』 제8권에 숭산의 보적은 신수를 6조로 모시고 자칭 7조라고 했다. 때문에 杜詩에서는 "門을 칠조선에 구한다"(『卍속장경』 130-454d)라고 읊고 있다.

보적이 자칭 7조라고 한 비난은 『전등록』 제9권 弘弁禪師章이나 睦庵의 『祖庭事苑』 제8권 등에도 보이는데 이러한 비판은 한결같이 신회의 육조현창운동 성과에 의한 것으로, 역시 신회와 종밀의 주장에 의거한 것임엔 재언을 요하지 않는다.[70]

그런데 杜甫 詩에 언급된 七祖禪은 앞에서도 논한 것처럼 그의 「秋日 夔府詠懷奉寄鄭監審李賓客之芳一百韻」이라는 제목의 詩에 '身許 雙峯寺, 門求七祖禪'이라고 읊은 일절이 보인다. 두보와 당시 선종과의 관계는 분명히 알 수 없으나 그의 「夜聽許十一誦詩 愛而有作」이라는 詩에 '余亦師粲可, 身猶縛禪寂'이라는 술회의 시구를 남기고 있는

---

[70] 『傳燈錄』 제9권, 京兆大薦福寺弘弁禪師 장에 "弘弁이 唐宣宗이 禪宗은 어떻게 南宗 北宗이라고 하게 됐는가" 하는 질문에 南北兩宗의 유래를 밝히고 있다.(『大正藏』 51 권, 269쪽上~中), 『祖庭事苑』 제8권(『卍속장경』 113-115a).

것을 볼 때 쌍봉산의 동산법문과 혜가, 승찬의 선종 법통설에도 많은 관심을 가지고 있음을 알 수 있다. 그런데 두보가 '七祖禪'이라고 표현한 것은 과연 누구를 의식한 것일까?[71] 古來 杜詩의 주석가들도 이 문제에 많은 논란을 불러일으키고 있는 一句인데, 여기 신회도 북종의 보적 7조 주장에 대한 불만과 비난으로 올바른 7조가 자기임을 주장하기 위해 새로운 남종의 전등 법통설을 내세우고 그 증명으로 달마소전의 가사 전수를 창안한 것이다.

신회가 육조신수 — 칠조보적으로 이어지는 선종의 법통설을 傍系(非正統)로 몰아붙이고 육조혜능 — 칠조신회로 계승된 정통의 법통설을 주장하게 된 의도는 이상의 논증으로 거의 확실하게 알 수 있다.

신회의 육조현창운동에 대해서『송고승전』제8권, 혜능전에는 다음과 같이 기술하고 있다.

제자 신회는 마치 孔子門下의 顔子와 같았다. 부지런히 수행하여 혜능의 부촉을 받았는데 그 말은 신회전에 자세하다. 신회는 낙양의 하택사에 혜능의 眞堂을 받들어 세웠으며 兵部侍郎인 宋鼎은 비문으로 지었다. 신회는 선종의 법맥을 만들었으며 여래로부터 西域의 여러 조사와 중국의 육조까지 모두 진영을 그리고 또 太尉 方琯은 六葉圖의 서문을 지었다.

(『大正藏』 50권, 755쪽中)

이 일단은 사실 육조혜능의 후계자로서 신회의 존재와 그가 낙양을 중심으로 육조혜능의 현창운동을 전개하고 남종의 새로운 법통설을

---

[71] 註60) 참조.

확립한 사실을 구체적으로 전해주는 자료라고 할 수 있다. 즉 신회는 天寶 4년(745) 낙양 하택사에 들어가 육조의 眞堂(사진을 모신 곳)을 짓고 傳法의 비문을 세우며 서천동토조사들의 진영을 그려 모시고, 또 房琯(697~763)이『六葉圖序』를 지었다고 하는 것은 지금까지 法論으로만 주장해 온 육조현창운동과 남종의 법통설을 한층 더 조직적이고 구체적으로 전개하고 있는 사실을 전하고 있다.

실제로 여기에서 주장하는 내용의 사실과 진위문제는 확인할 수 없지만 앞에서 살펴본 비문은 신회의『남종정시비론』과 종밀의 주장에 의거한 것으로 볼 수 있다.

그리고 방관은 삼조승찬의 비문을 지은 인물로 간주되는데 현재『보림전』제8권에 수록된「僧璨碑」에는 신회가 주장한 13대 조통설을 계승하고 있는 등 신회의 삼조현창운동의 하나로 만들어진 것으로 볼 수 있는데 여기의『六葉圖序』도 신회의 권유로 만들어졌거나 아니면 仮託의 작품이 아닌가 생각된다.[72]

어쨌든 혜능을 정통 육조로 모시고 이러한 남종의 법통설을 천하에 공인받기 위해 투쟁한 사람은 신회 한 사람이었으며, 오늘날 육조혜능이란 祖位가 붙은 칭호는 모두 신회의 운동성과임을 잊어선 안 된다.

혜능에게 육조라는 祖位가 붙은 최고의 자료는 왕유(699~759)의『육조능선사비명』(761년 이전 作)(『全唐文』327)인데 이 비문도 신회의 간청으로 만들어진 것으로, 말하자면 신회의 낙양시대에 육조현창운동의 일환으로 이루어진 것이라 하겠다.

---

[72] 鄭性本, 앞의 책, 146쪽.

신회는 남종의 새로운 법통설과 육조현창운동을 문서나 그림〔眞影〕, 비문 등으로 기록하여 성문화한 자료로써 중앙의 전통적이고 권위 있는 지식인들에게 自派의 입장을 보여주고 입증시킬 필요성이 있다고 느꼈기 때문이다.

신회는 전의부법설과 일대일인부법인 單傳의 종지 등 모든 수단과 방법을 응용하여 북종의 법통설이 비정통임을 강조하면서 누가 보고 읽더라도 믿을 수 있게 권위 있는 남종의 법통설과 계보집을 만들었음엔 틀림없었으리라. 그것은 앞에서도 언급하였듯이 결국 자신이 육조혜능의 뒤를 계승한 제7조의 인물임을 전제로 한 것이었다.

신회 활약 당시에 오늘날 혜능의 수제자로 주목되고 있는 회양이나 청원, 혜충국사 등의 이름은 초기 선문헌이나 『신회어록』뿐 아니라, 돈황본 『육조단경』(790년)의 시대에도 일체 등장되지 않고 있다. 이것은 도대체 무엇을 의미하는가?

사실 신회는 혜능의 뛰어난 제자임과 동시에 당시 혜능의 후계자로서 유일한 인물이었음을 말해 주고 있는 것이라 하겠다.

혜능을 6조의 지위에 모시면 신회가 저절로 7조가 되게 되었으며 사실 당시에 혜능 문하에서 신회와 7조의 지위를 다툴 만한 인물은 전연 없었다.

이러한 사실은 『보림전』과 『조당집』에 실린 반야다라존자가 회양의 제자 마조의 출현을 예언한 참게에 마조가 "반드시 姪孫의 脚下를 빌려서 천하에 법을 펼 것이다."[73]라는 일절에서도 확인할 수가 있

---

[73] 『祖堂集』 제2권, 達摩章(1-65).
　　『傳心法要』 裵休의 序에 黃檗의 法系를 "曹溪六祖之嫡孫, 百丈之子, 西堂之姪"(『大正藏』 48권, 379쪽中)라고 표기하고 있는데, 여기 西堂之姪이라는 말은 당시 西堂이 馬祖의 嫡嗣者(首弟子)임을 인정하고 있는 말이다.

다. 여기에 질손은 신회를 혜능의 正系로 하는 의식이 아직도 생생하게 살아 있기 때문에 생긴 표현이다.

앞에서 살펴본 신회는 낙양 하택사에서 본격적이고 대대적인 육조현창운동을 전개하다가 드디어 天寶 12년(753) 70살 때는 대중을 동원시켰다는 죄로 弋陽, 武當, 襄州, 荊州 등에서 귀양살이를 하게 되었다.[74] 그러나 天寶 14년(755) 안록산의 반란이 일어나자 곧 軍資를 위해 특별히 설치된 香水錢의 계단을 主帝하는 수계사로 초청되어 활약하다 乾元 원년(758) 5월 13일 75세로 입적했다.

최근 중국의 학자 溫玉成이 용문에서 신회의 비문을 발견하여 학계에 소개함으로써 그간의 소식을 알 수 있게 되었다.[75] 즉, 신회의 이 비문은 문인인 비구 혜공이 찬술한 것으로,

大唐東都荷澤寺歿故七祖國師 大德 于龍門 寶應寺龍崗 腹建身塔銘 并序

라는 긴 제목을 붙이고 있다. 일찍이 종밀이 『원각경대소초』에 寶應 2년(763) 칙으로 寶應寺에 탑비를 세운 사실을 전하고 있었는데, 이 비문의 出土로 이 사실이 분명히 밝혀지게 된 것이다.

그런데 여기에 주목할 것은 신회가 '칠조국사'로 추앙 받고 있으며 입적 후 唐王室의 國葬으로 용문에 모시고 있다는 것이다. 流謫의 신분에서 입적 후 갑자기 국장으로 봉행된 것은 향수전의 수계사로 활

---

74 『圓覺經略疏鈔』 제4권, 神會傳(『卍속장경』 15-131b) ; 『宋高僧傳』 제8권, 神會章(『大正藏』 50권, 756쪽下) ; 鄭性本, 앞의 책, 553쪽 이하 참조.
75 溫玉成, 「記新出土的荷澤大師神會塔銘」.

약한 덕택이겠지만 그를 특히 '칠조국사'라고 부르는 칭호는 신회가 일생을 걸고 투쟁한 육조현창운동의 성과라고 봐야 할 것이리라.

더욱이 신회의 비문에는 신회가 칠조인 사실을 증명하는 중국 선종의 새로운 법통설을 다음과 같이 기록하고 있다.

奧自佛法東流 傳乎達摩, 達摩傳可, 可傳璨 璨傳道信, 信傳弘忍, 忍傳慧能, 能傳神會, 傳承七葉 永播千秋.[76]

즉 불법이 달마선사에 의해서 동쪽으로 전래되어 다시 달마－혜가－승찬－도신－홍인－혜능－신회에게 전승되었다는 칠조의 전등설을 명시하고 있다. 왕의 칙명으로 특별히 세운 탑비지만, 安史의 난으로 황폐되고 정치적, 경제적으로 어려운 상황에서 만들어진 것이기에 비석의 규모가 지극히 초라하다고 한다.

특히 주목해야 할 점은 앞에서도 언급한 바와 같이 寶應 2년(763)에 칙명으로 세운 신회의 비문에 이와 같이 신회가 주장했던 새로운 선종의 법통설이 명기되고 있는 것은 선종 제7조로서의 신회의 존재가 천하에 공인된 사실을 말해 주고 있다.

안사의 난(755년)이 일어나기 직전까지만 하더라도 신수－보적으로 이어지는 북종의 법통설이 공인되어 있었으며, 이에 대한 도전으로 육조현창운동을 펼치다 불과 7~8년 전만 하더라도 流謫生活을 하고 있지 않았던가.

안사의 난은 당대 왕실의 전통을 두 조각으로 나누게 된 사건으로

정치·경제·사회뿐만 아니라 불교의 선종도 이처럼 큰 변화를 가져
오게 한 큰 사건이었다. 말하자면 신회가 주장한 남종의 전등설도
안사의 난을 거치면서 천하에 공인을 받게 되었으며 그러한 사실은
칙명으로 만들어진 신회의 비문에서 확인할 수가 있다. 따라서 신회
의 제자를 중심으로 한 남종에서는 신회를 칠조로 모시고 있다.

　예를 들면 신회의 제자 慧堅(719~792)을 위해 찬술한 徐岱의「唐
故招聖寺大德慧堅禪師碑」(806년 세움)에는 조계의 법을 이은 칠조하
택대사가 도속의 귀의를 받은 사실과 혜견이 관음당에 칠조의 遺像
(眞影)을 그려 모셨다고 기록하고 있다.[77] 이것은 일찍이 신회가 낙
양 하택사에 역대 조사의 진영을 그려 모신 것을 이어받은 것이라고
생각할 수 있겠다.

　종밀의『원각경대소초』제3권의 下 칠조신회전에 "大曆 5년(770)
칙으로 조당의 액을 하사하였으며 호를 '眞宗般若傳法之堂'이라고
하였다"고 하고 또 "大曆 7년(772)에는 칙으로 塔額의 호를 '般若大師
之塔'이라고 하사하였다"[78]라고 기록하고 있다.

　여기 '진종반야전법지당'이라고 하사된 신회의 조당호를 받들기 위
해 혜견이 관음당을 건립하고 칠조의 遺像을 그려 모시게 된 것이라
고 볼 수 있다. 그리고 신회가 평생 스승 혜능의 육조현창운동을 하
였는데도 불구하고 혜능에게 禪師號나 祖堂號, 塔號 등의 하사보다
도 약 반세기나 앞서 제자인 칠조 신회가 먼저 시호의 영광을 받고

---

[77] 西川寧 編,『西安碑林』(講談社, 1966).
　　宗密의『承襲圖』에는 慧堅의 존재를 '西京堅'(『卍속장경』 110-435a)이라고 밝히고
　　있을 뿐이다.
[78]『圓覺經大疏鈔』제3권 下(『卍속장경』 14-277c)

있는 것은 미심쩍은 일이다.

말하자면 스승 혜능의 '육조'라는 祖師位는 정말 신회가 혜능의 육조현창운동과 더불어 중국 선종의 조사 番號으로 부여한 것이었지만, 이제 신회는 향수전의 공덕자로서 왕실의 권위와 칙사의 영광으로 칠조의 명예를 함께 천하에 공인 받게 된 것이다.

따라서 초기 선종, 특히 신회계의 자료에 신회를 '칠조신회'로 기록하고 있으며 이러한 신회계의 하택종을 계승했다고 자임하는 종밀은 그의 저술 곳곳에 '칠조신회', '칠조하택대사', '칠조문하', '칠조운'이라고 기술하고 있다.

예를 들면 『원각경대소초』 제3권의 下와 『원각경약소초』 제4권에 서천 28조, 동토 6조를 서술하면서 육조혜능에 이어 칠조신회를 기술하고 있으며 이것은 『선문사자승습도』에도 마찬가지다.[79]

『원각경대소초』에,

> 古來皆目 七祖禪師 爲心地法門 (『卍속장경』 14-223b)
>
> 七祖云 (『卍속장경』 14-275b)
>
> 七祖荷澤大師所傳 (『卍속장경』 14-279d)
>
> 七祖門下 (『卍속장경』 15-131c)

『華嚴經行願品疏鈔』에도,

> 禪宗七祖云 卽體之用自知, 卽知之體自寂 (『卍속장경』 7-405c)
>
> 七祖云 只是無念之心 自知無念. (『卍속장경』 7-429c)

---

[79] 『圓覺經略疏鈔』 제4권(『卍속장경』 15-131c), 『禪門師資承襲圖』(『卍속장경』 110-435a).

등 한결같이 신회를 칠조라고 부르고 있다. 그리고 배휴의 「圭峯禪師碑銘」(『全唐文』 743)에도 "혜능이 신회에게 법을 전하여 하택종이 되었으며, 하택신회는 선종의 칠조가 되었다."고 기록하고 있고, 류우석의 「送宗密上人歸南山草堂寺因詣河南尹白侍郎」이라는 詩에도,

自從七祖傳心印　不要三乘入便門

(『全唐詩』 13권, 56쪽上)

이 보이는데 여기 칠조도 신회를 가리키고 있음은 물론이다.

신회가 입적한 이후에도 당시의 하택종은 낙양을 중심으로 육조혜능의 정법을 상승한 칠조의 문하를 자임하면서 막강한 교세를 확장하고 있었다는 사실을 여러 자료에서 확인할 수 있다.

예를 들면 마조의 제자 鵝湖大義(746~818)를 위해 지은 韋處厚의 「大義禪師碑銘」(『全唐文』 715권)이나 白居易의 「傳法堂碑」(『全唐文』 678권) 등에도 살펴볼 수 있으며 또 蜀(四川)에서 낙양으로 올라온 神照(776~838)나 宗密(780~841)이 일부러 자기의 법계를 칠조 하택신회의 후손이라고 주장하고 있는 점은 그러한 사실을 증명하고 있는 것이다.[80]

종밀이 스스로 자기의 법계를 고쳐 가면서 하택종의 오대법손임을 자임하며 긍지를 가지고 이 사실을 주장하고 있는데 이러한 경향은 당시 낙양에서 활약한 하택종 선승들의 한결같은 입장이었음을 알

---

[80] 宗密이 法系를 바꾼 것을 처음 지적한 사람이 중국의 胡適이다.(「跋裴休的唐故圭峯定慧禪師傳法碑」, 『胡適禪學案』, 中文出版社, 395쪽, 1981)
鄭性本, 「淨衆無相禪師硏究」(『佛敎思想論叢』, 鏡海法印 申正午博士華甲紀念會刊, 1991. 10) 참조.

수 있다.

예를 들면 『송고승전』 제13권, 東京封禪寺圓紹傳에 "圓紹(811~895)는 칠조 하택신회선사의 오대법손이다"라고 주장하면서, 그는 "無念法을 설하며 眞心을 직시하고 달마의 密傳을 깨닫고 혜능의 심취를 통달했다."(『대정장』 50권, 784쪽下)라고 기술한 일절에서도 살펴볼 수 있다.

당시 칠조신회가 전등법계나 선사상으로나 선종의 대변자였음을 알 수 있다. 그런데 이러한 하택종의 본부인 낙양에 마조의 제자 大義나 惟寬(755~817), 懷暉(757~818) 등이 憲宗의 元和年에 차례로 낙양에 진출하여 입내 설법하는 등 그들의 활약에 적지 않은 자극을 주고 있음을 신회의 제자 靈坦(709~816)의 비문과 종밀의 『승습도』 등에서 확인할 수가 있다.

먼저 賈餗(~835)의 「揚州華林寺大悲禪師碑銘幷序」(825년 작) (『전당문』 732)에는 하택종의 교세가 낙양을 중심으로 전개되고 있음을 전하고 선종의 법통을 언급한 뒤 다음과 같이 주목해야 할 일절을 기록하고 있다.

조계혜능은 이미 입적하였으나 그의 嗣法者로는 신회와 회양이 있어 또 二宗으로 나누어졌다(曹溪旣沒 其嗣法者 神會, 懷讓 又析爲二宗).

신회계통의 하택종의 자료에 회양의 존재가 최초로 인정되고 있는 점에 주의할 필요가 있다.

이 碑文은 寶曆 원년(825)에 만들어졌다. 당시 마조계 홍주종의 선승들이 전국에서 교세를 떨치고 있었는데 이러한 홍주종의 종원인 회양의 존재를 무시할 수 없어 혜능의 불법이 다시 二宗으로 나누어졌다고 기록하고 있다. 더욱이 종밀은『도서』, 『원각경대소초』, 『승습도』 등에서 한결같이 신회의 하택종을 육조혜능의 正統으로 하면서 회양 —마조계의 홍주종을 傍系라고 몰아붙이고 있다.

지난날 신회가 북종신수계의 전법을 방계라고 하고 선사상도 점교 라고 배척한 것처럼 지금 종밀도 이러한 신회의 공격법을 배워 홍주종 의 법통과 불성의 전체 작용을 주장하는 선사상을 非正統으로 몰아붙 이며 비난하고 있다.

특히『中華傳心地禪門師資承襲圖』는 홍주종의 법통과 선사상이 비 정통〔傍系〕임을 여러 가지로 비교하여 밝히고 하택종이 정통임을 논증 하기 위해 만든 저술이라고 할 수 있다.

이에 대한 여러 문제점은 다음 기회로 미루고, 여기서는『승습도』 등에서 신회를 七祖로 확정하였다는 다음과 같은 법통설의 기록을 고 찰해 보자.

> 德宗皇帝貞元十二年 勅皇太子集諸禪師. 楷定禪門宗旨 搜求傳法傍
> 正. 遂惟勅下. 立荷澤大師爲第七祖. 內神龍寺見在銘記. 又御製七
> 代祖讚文 見行於世.
>
> (『卍속장경』 110-434b)

이와 똑같은 내용의 기사가『원각경대소초』제3권의 下(『卍속장경』 14-277c), 『원각경약소초』제4권(『卍속장경』 15-131c)에도 보인다. 즉 德宗의 貞元 12년(796)에 황태자에게 칙명을 내려 여러 선사들을 초 청하여 선문의 종지를 楷定하고 선법 전등법통의 정통과 비정통을 밝히도록 하였다. 그래서 칙명으로 하택대사를 선종의 제칠조로 모 시도록 하였으며 그 사실을 內道場인 신룡사의 비문에 명기하도록 하였으며 지금도 그 비문이 남아 있다. 또한 德宗皇帝는 직접 『칠대조사 찬문』을 지었으니 지금 세간에 유행되고 있는 내용이다.

앞에서 살펴본 것처럼 신회의 탑비에 '제칠조국사대덕'이라고 공인하여 국장으로 용문에 봉안되었다. 종밀이 전하는 자료를 통해 이미 신회에게 寶應 2년(763)에는 塔所를 寶應寺에 칙명으로 설치했고, 大曆 5년(770)에는 祖堂額과 7년에는 塔額이 칙명으로 이미 하사되었는데 신회가 입적한 40년 세월이 지나서 또 갑자기 신회를 칠조로 모시기 위해 칙명을 내려 전국의 선승들을 소집했다고 하는 기사는 어딘지 이상하다.

胡適氏도 종밀이 자파의 법계를 正系로 하여 권위를 부여하기 위해 창작한 것이지 사실의 기록이 아니라고 지적하고 있다.[81] 말하자면 종밀이 주장하는 의도는 신회가 평생 칠조로 자임하고 도전의 대상으로 한 북종의 칠조 보적에 대한 것이라기보다는 종밀이 하택종의 입장에서 당시 육조혜능의 문하에, 즉 남종의 내부에서 조계혜능의 정계라고 주장하면서 칠조로 자칭하는 새로운 인물이 출현하였기 때문에 육조혜능하의 정방을 확정해 둘 필요성에서 일부러 德宗의 勅裁의 형식을 취해 권위있게 주장한 것이라 할 수 있다.[82]

앞에서 언급한 것처럼 종밀의 시대에 마조문하의 선승들이 帝都에 진출하여 활약하고 있었으며, 낙양을 중심으로 교세를 확장해 온 하택종도 상당히 자극을 받았음엔 틀림없다.

사실 좀 후대의 자료이지만, 『汾陽無德禪師語錄』 하권에 "唐六祖

---

81 앞과 같음.
82 志盤, 『佛祖統紀』 제41권(『大正藏』 49권, 380쪽上). "貞元十二年 正月 勅皇太子於內殿 集諸禪師 詳定傳法旁正"이라고 하는 『承襲圖』의 기사와 똑같은 내용이 보인다.

後 門人立讓大師 爲七祖"(『大正藏』47권, 625쪽上)라는 말이 보이는데, 남악회양도 칠조로 모셨으며, 앞에서 본 靈坦의 비문에 신회와 남악을 혜능하의 二派로 나란히 기록하고 있는 것은 당시 홍주종의 교세와 칠조 주장을 의식한 표현으로 볼 수 있다.

또 盧綸의 「送靜居法師」란 시에 '七祖傳心合聖蹤'이란 말이 보이는데, 여기의 정거법사는 靑原行思를 칭하므로 그를 七祖傳心의 인물로 보고 있음을 알 수 있다. 또 당시 칠조로 불린 인물은 혜안과 혜능의 법을 같이 이은 淨藏(675~746)과 혜능의 제자 佛川慧明(697~780), 그리고 淨衆宗의 祖인 無相(684~762)이 거주한 정중사에도 칠조원이 있었다고 한다.[83]

말하자면 일찍이 신회의 남종선언과 육조현창운동은 장안·낙양의 二京을 중심으로 행화를 펼친 신수계 북종의 법통설에 도전하는 의도로 전개되었지만 이제 육조혜능을 종조로 하는 남종문하에 다시 정방의 법통설이 주장되기 시작한 것이다.

마조문하의 홍주종에서 만든 『보림전』(801년)에는 혜능-남악-마조로 이어지는 정계의 법통설을 제시하였는데 반해, 종밀의 『승습도』(831년)는 칠조신회의 하택종을 조계의 정계로 주장하고 있다. 이것은 분명히 『보림전』을 엮은 홍주종의 법통설에 대한 대결적인 의도로 보인다.

즉 종밀은 당시 이러한 홍주종의 법통설을 방계로 규정하기 위해 貞元 12년 덕종의 칙재를 응용하여 칠조신회의 입장을 다시 칙명으로 공인시키고자 한 칠조신회현창운동의 하나였다고 할 수 있다.

---

[83] 註61) 참조.

종밀은 文宗의 칙을 받고 太和 2년(828)에 입내 설법하였다. 그와 배휴와의 交遊 관계도 이때부터 시작되었으며 종밀의 칠조신회현창 운동도 그의 입내설법을 계기로 하여 새롭게 전개되었다.

선종의 법통설과 선종사의 재편도 이때부터 그가 입적할 때까지 10여 년간의 노력이었다. 특히 홍주종의 『보림전』과 류종원의 『賜諡 大鑑禪師碑』(816년 작), (『전당문』 587)의 출현에 이어 마조문하 선승들의 활동에 대한 새로운 하택종의 법통과 선사상을 천명하려고 힘썼다. 그의 선종 관계의 자료는 이러한 구상에서 만들어진 작품이다.

4장

남종의 傳燈史書 『師資血脈傳』 고찰

1. 돈황본 『사자혈맥전』 考

활대의 종론에서 신회는 보리달마 남종의 선언과 더불어 종래 북종선의 燈史인 『傳法寶紀』와 『楞伽師資記』에서 주장하는 전등법계를 방계라고 배척하면서 새로운 남종 傳燈法統說을 주장하고 있다. 이러한 宗論의 기록이 『菩提達摩南宗定是非論』인데 여기 獨孤沛 序文의 벽두에,

제자가 신회화상의 법석에서 화상과 崇遠法師가 논의[論爭]하는 것을 보고 곧바로 기록했다. 그러나 開元 18, 19, 20년 이래 그 논쟁을 기록한 책은 모두 정리가 되지 않았고 편집도 완성되지 않았으며 논쟁의 주장도 동일하지 않았다. 그래서 지금 여기에는 開元 20년(732) 논쟁을 한 권으로 정리하였다. 뒤에 『師資血脈傳』이 만들어져 지금 세간에 流行되고 있다.[1]

라는 일절을 기록하고 있다. 중요한 것은 논쟁의 기록인『보리달마남
종정시비론』이외에 달리 신회가 만든 남종의 법통설을 정리한『사자
혈맥전』이라는 전등사서가 세상에 유포되어 있다는 사실을 전하고
있다는 점이다.

돈황에서 발견된 신회어록은 宗論을 기록한『남종정시비론』(P.
2045, P.3047, P.3488. 敦煌博物館所藏本)을 비롯하여『南陽和上頓敎解
脫禪門直了性壇語』(S.2492, S.6977, P.2045, 北京本, 寒81, 敦煌博物館所
藏本),『南陽和尙問答雜微義』(S.6557),『신회어록』(P.3047, 石井光雄
氏 舊藏本),『頓悟無生般若頌』(S.296, S.468),『南陽和上南宗定是非五
更轉』(P.2045, 露6 등) 등 다수가 알려지고 있지만『사자혈맥전』이라
는 書名은 보이지 않는다.

신회가『남종정시비론』에서 주장하는 남종의 법통설을 추론해 볼
때,『사자혈맥전』은 북종의 燈史인『전법보기』에 대항하는 입장에
서 보리달마로부터 六祖 혜능 내지 七祖 신회까지의 師資傳燈과 법
계를 밝히고자 엮은 책임에 틀림없다.

그런데 이러한 내용으로 주장된 남종의 전등법계는 石井光雄氏 舊
藏本『신회어록』의 後部에 遠法師가 달마 이후 남종의 전등법계에
대한 질문에 신회가 달마에서 혜능에 이르는 육대조사의 전기와 전
의부법 사실을 답하는 형식으로 수록되어 있다.

원법사와의 對論으로 되어 있어『남종정시비론』과 같이 활대의 종
론을 기록한 것으로 간주된다. 독고패가 서문에 말하는『사자혈맥전』
이 이것을 가리키고 있음이 분명하다고 하겠다.[2]

---

1 胡適,『神會和尙遺集』, 260쪽.

그런데 독고패가 서문에 開元 18년, 19년, 20년에 걸쳐 신회와 원법사와의 몇 차례 法論을 모두 기록하였지만 開元 20년 기록만을 책으로 정리한 것이 여기『남종정시비론』이라고 밝힌 뒤에 또다시 일부러 "뒤에『사자혈맥전』이란 책이 엮어져 지금 세간에 유포되고 있다"라고 덧붙이는 의미는 무엇일까?

결론적으로는 石井氏本『신회어록』에 수록된 남종의『사자혈맥전』이 원래 숭원법사의 질문에 신회가 대답한 법론을 역시 독고패가 기록한 것이었다고 볼 수 있다.

이 자료가『남종정시비론』에 편입되지 않은 것은 開元 18, 19년에 거행된 법론의 기록이었기 때문이며, 또 달마에서 혜능에 이르는 동토 육대조사의 전기와 스승과 제자간의 전법 사실을 기록한 남종의 전등법통이기에 이것만으로도 충분히 남종의 燈史로서 가치를 가지고 있어 널리 유포되었다. 이러한 유포과정에서 달마로부터 혜능에 이르는 스승과 제자간의 전의부법한 내용의 사실을 편리한 명칭으로 붙인 것이 다름 아닌『사자혈맥전』이라는 독립된 남종의 燈史이다.

때문에 독고패는 開元 20년에 거행된 법론을『남종정시비론』으로 정리하면서 자기가 일찍이 기록했던『사자혈맥전』이 이미 독립된 형태로 세간에 널리 유포되고 있었기에 이 자료를 굳이 여기에 편집하지 않고 서문에 분명히 밝히고 있다.

또한『사자혈맥전』이 호적씨의 교정본으로 이용된 P.3047號 寫本의『신회어록』에 수록되지 않은 것은 독고패가 말한 것처럼 독립된 한 권으로 유포되었음을 입증한 것이라 하겠다.

---

2 石井本,『神會語錄』, 52~64쪽.
　鄭性本,『中國禪宗의 成立史研究』, 667쪽.

그러면 왜 『사자혈맥전』이 석정씨본 『신회어록』에만 수록되어 전하고 있는 것일까? 석정본 『신회어록』의 끝에는 다음과 같은 편집자의 후기가 보인다.

唐의 貞元 8年(792) 未歲에 沙門 寶珍과 判官 趙看琳이 함께 北庭에서 만나 張大夫의 지시를 받들어 校合하였다. 貞元 8年 겨울 12月 24日 記錄하다.

唐 癸巳年 10月 23日 比丘가 기록하다.[3]

즉 석정본이 唐 貞元 8년(792)에 張大夫라는 사람의 지시를 받들어 사문 寶珍과 판관 趙看琳이 함께 北庭에서 당시 유통되고 있는 여러 종류의 『신회어록』들을 모아서 비교하고 정리하여 하나의 교정본으로 만든 것임을 알 수 있다.

따라서 石井氏本은 胡適이 사용한 돈황본 P.3047號本 『신회어록』보다 훨씬 뒤에 재편된 것이어서 『신회어록』에 포함되지 않고, 독립된 남종의 전등사서로 널리 유행되고 있는 『사자혈맥전』을 『신회어록』[4] 속에 편입시켜 맨 뒤에 수록하고 있다. 따라서 石井氏本 『신회어록』은 현존하는 자료 중에서 연대적으로 최후에 편집된 것임을 알 수 있다.

여기에 "唐 癸巳年 10월 23일에 비구가 기록하다"라는 것은 貞元

---

3 앞의 책, 67~68쪽.

4 石井本, 『神會語錄』, 47단에서 49단까지는 遠法師와의 문답을 싣고 있는데 49단 이하는 『師資血脈傳』이다. 47단, 48단, 49단은 원래 開元 18, 19, 20년에 거행된 滑台의 宗論에서 神會와의 논쟁이었음이 틀림없다. 이 논쟁이 『南宗定是非論』에 수록되지 않고 뒤에 여기에 편집된 것은 당시 『師資血脈傳』이란 제목으로 따로 유통되고 있었던 것임을 말해주는 것이 아닐까?

8년에 재편된 『신회어록』을 뒤에 다시 필사한 사람이 남긴 메모인데 현재의 石井本은 당 계사년에 만들어진 이 비구의 필사본이다.

당 계사년은 813년과 873년이 있는데 어느 해인지 단정하기 어려우나 남종신회가 七祖로 활약한 교세가 상당히 미치고 있었던 813년으로 보는 것이 자연스러울 것 같다.

그런데 남종의 전등사서를 『사자혈맥전』이라 통칭하는데, 이것은 單傳의 宗旨를 스승과 제자간에 以心傳心으로 전하여 법통을 잇는 전법의 사실 내용을 중국적인 풍토에서 나온 가장 적절한 표현이라고 하겠다.

血脈은 血統을 말하는데, 특히 부친의 혈통을 상속하는 가계의 씨족사회 풍습에 젖어있는 중국 민족의 풍토와 관습, 풍속, 사고에서 나온 것으로 이를 禪의 전등법통설에 응용하고 있는 것이다.

사실 선종의 전등이나 법통설이 중국에서 형성될 수 있었던 것도 이러한 중국인의 가부장적인 혈맥 혈통중시 사고와 전통이 강하게 작용하고 있었기 때문이라 하겠다. 同質의 피를 상승시켜 가문〔家庭〕의 좋은 전통을 계승시키려는 정신이 특히 강한 중국인들은 男兒를 가문의 혈통을 잇는 후계자로 생각하고 있으며 이러한 혈통을 보존하고 계승시키는 산파로서 모친의 역할을 생각하고 있다.

이처럼 혈맥은 원래 혈통, 혈관의 의미인데 이를 불법의 전법상승 의미로 사용하게 된 것은 아마 중국 초기 선종이 최초가 아닌가 생각된다. 특히 신회의 南宗燈史가 『사자혈맥전』으로 불리게 된 것은 선종 최초의 사례로 볼 수 있는데 여기 혈맥이란 달마로부터 육조혜능에게 전법의 가사와 함께 부촉된 單傳의 종지를 의미하는 佛祖의 正法을 말한다.[5]

특히 남종의 燈史인 『사자혈맥전』은 신회의 남종과 선사상을 받아

들여 독자적인 자파의 법통설과 선풍을 주장하는 保唐宗 無住(714~
774)의 『역대법보기』(774년경)에 달마에서 육조혜능의 전기를 거의
똑같이 인용하고 있다. 특히 『역대법보기』의 異名으로,

　　　'師資血脈傳' 또 定是非摧邪顯正破壞一切心傳'[6]

이라고 덧붙이고 있음은 분명히 앞에서 살펴본 신회의 『사자혈맥전』
과 『남종정시비론』을 전적으로 依用하고 있음을 말해주고 있다.[7] 『역
대법보기』의 선종 전등설은 뒷장에서 논하기로 하자.
　사실 달마 이하 동토육조의 전기는 신회가 북종의 전등설에 대항
하는 입장에서 『금강경』에 의한 종지와 전의설에 의한 一代一人付
法인 單傳의 종지를 부촉한 남종의 조사전을 주장한 것이 『사자혈맥
전』이다.
　『역대법보기』를 비롯하여 『曹溪大師傳』, 돈황본 『육조단경』, 『寶
林傳』 등 거의 모든 선종사서가 신회가 주장한 『사자혈맥전』의 동토
육대조사 전기에 의거하고, 또 자파의 입장에서 발전시키고 있는 사
실을 볼 때 남종 최초의 전등사서로서 실로 남종 전등설의 근거가 되
고 있음을 알 수 있다.
　그것은 전등의 의미로 후대 선종에서 혈맥이란 단어가 자주 나오

5　白居易가 馬祖의 제자 興善惟寬(755~817)을 위해 지은 『傳法堂碑』(『全唐文』 678)
　　에는 惟寬의 法統을 家系의 혈통관계로서 표현하고 있는 것도 주목된다. 또한 裵休파
　　가 黃檗의 『傳心法要』序에 黃檗의 法系를 "百丈의 子요, 西堂의 姪"이라고 기록하고
　　있는 것도 중국적인 血統思想의 풍토에 젖은 표현임을 알 수 있다.
6　『歷代法寶記』(『大正藏』 51권, 179쪽上).
7　鄭性本, 『中國禪宗의 成立史硏究』, 667쪽 참조.

는 사실에서도 확인할 수 있다.

앞에서 살펴본 『역대법보기』를 비롯하여 日本僧 最澄[8](767~822)이 『內證佛法相承血脈譜』(819년)를 만들고 있으며, 宗密의 『中華傳心地禪門師資承襲圖』가 있다. 또 최징의 『越州錄』에 의하면 『達摩系圖』(『大正藏』 55권, 1059쪽中)가 보이고 있고 『禪門撮要』에 수록되어 있는 『달마대사혈맥론』이 만들어졌다.

종밀의 『중화전심지선문사자승습도』는 신회의 『사자혈맥전』을 이어받아 달마 이후 중국 선종의 전등 법통을 系圖한 것이다. 달마의 『혈맥론』은 이러한 종밀의 『승습도』와 『달마계도』의 총론 의도로 편집된 것이 아닐까? 라고 柳田聖山氏는 추론하고 있다.[9]

달마 이하 육조혜능에 이르는 육대의 조사가 以心傳心으로 문자를 여의었다(不立文字)라는 주장은 신회의 『南陽和上頓敎解脫禪門直了性壇語』에서이다.

신회는 북종의 『楞伽經』의 전수에 의한 스승과 제자간의 전법과 看心觀淨主義的인 북종 선사상에 불만과 비판을 하면서 以心傳心 不立文字라는 선종의 깃발을 내걸고 새로운 남종 전등설과 단전의 종지를 주장한 것이다.

---

[8] 最澄의 『內證佛法相承血脈譜』에는 佛法이 인도에서 중국을 거쳐 일본에 전래된 血脈의 系譜를 기록한다고 밝히고,
　① 達摩大師付法相承師資血脈譜－首
　② 天台法華宗相承師資血脈譜－首
　③ 天台円敎菩薩戒相承師資血脈譜－首
　④ 胎藏金剛兩曼茶羅相承師資血脈譜－首
　⑤ 雜曼茶羅相承師資血脈譜－首
　등의 불교 各 종파의 血脈譜를 기록하고 있다.
[9] 柳田聖山, 「語錄の歷史」(『東方學報』 제57책, 1985), 260쪽 참조.

『사자혈맥전』으로 유포된 남종의 전등사서는 신회의 남종선언과 六祖顯彰運動의 결산보고서와 같은 것이다. 그것은 신회 이후에 다양하게 발전되는 중국 선종이 신회의『사자혈맥전』에 한결같이 근거를 두고 자파의 법통설을 전개하고 있기 때문이다.

그 가운데 가장 유명한 것은 돈황본『육조단경』의 드라마틱한 혜능전이 신회의『사자혈맥전』의 혜능전을 그대로 옮겨 놓은 점이라 하겠다.

이처럼『사자혈맥전』이 신회 이후에 발전된 선종 전등설 연구에 결정적인 영향을 미치고 있는 중요한 자료이기에 본론에서도 석정본『신회어록』에서 全文을 인용한다.

2.『師資血脈傳』校訂

遠法師問 曰, 禪師 口稱達摩宗旨, 末審 禪門有相傳付囑, 以爲是說. 答曰, 從上以來, 具有相傳付囑. 又問曰, 復經今幾代. 答曰, 經今六代. 請爲說六代大德是誰. 幷叙傳授所由.

第一代 後魏嵩山少林寺 有婆羅門僧. 字菩提達摩. 是南天竺國王之第三子. 少小出家, 悟最上承 於諸三昧. 證如來禪 附船泛海 遠涉潮來 至漢地. 便遇慧可. 慧可卽隨達摩. 至嵩山少林寺 奉侍左右. 於達摩堂前立. 其夜雪下 至慧可腰 慧可立不移處. 大師見之 言曰, 汝爲何事 在雪中立. 慧可白大師曰, 和上西方遠來至此 意欲說法 濟度於人 慧可不憚損軀. 志求勝法 伏願和上 大慈大悲 開佛知見, 救衆生之若 拔衆生之難. 卽是所望也. 達摩大師言曰, 我見求法之人, 咸不如此. 慧可 自取刀 自斷左膊, 置達摩前. 達摩可慧可爲求勝法 葉命損軀 喩若雪山 捨身以

求半偈 便言, 汝可. 左前 先字神光, 因此立名 遂稱慧可. 達摩大師乃依
金剛般若經, 說如來知見, 授與慧可. 慧可授語已爲法契. 便傳袈裟 以
爲法信. 如佛授娑竭龍王女記. 大師云 金剛經一卷 直了成佛. 汝等後人
依般若觀門修學. 不爲一法 便是涅槃. 不動身心 成無上道. 達摩大師
接引道俗. 經于六年 時有難起 六度被藥 五度食訖, 皆掘地擿出. 語慧
可曰, 我與漢地緣盡. 汝後亦不免此難. 至六代後 傳法者 命如懸絲 汝
等好住 言畢遂遷化. 葬在嵩山 于時 有聘國使宋雲 於葱嶺上 逢一胡僧
一脚著履 一脚跣足 語使宋雲曰, 汝漢家天子 今日無常. 宋雲聞之 深大
驚愕. 于時具記日月. 宋雲遂問 達摩大師 在漢地行化 有信受者不. 達
摩大師云, 我後四十年外 有漢地人, 當弘我法. 宋雲歸至 朝庭見帝. 帝
早已崩. 遂取所逢胡僧, 記日月驗之, 更無差別. 宋雲乃向朝庭諸百官
說. 于時, 朝庭亦有達摩門徒數十人, 相謂曰, 豈不是我和上不. 遂相共
發墓開棺. 不見法身, 唯見棺中一隻履在. 擧國始知是聖人. 其履今見在
少林寺供養. 梁武帝造碑文, 見在少林寺.

第二代 北齊可禪師. 承達摩大師後. 俗姓周, 武漢人也. 時年四十 奉
事達摩經于九年. 聞說金剛般若波羅蜜經. 言下證如來實無有法卽佛,
菩提離一切法, 是名諸佛. 得授記已. 值周武帝 滅佛法. 遂隱居舒州皖
山(原本은 峴). 達摩滅後 經四十年外. 重開法門. 接引群品. 于時, 璨
禪師奉事 首末經六年. 師依金剛經, 說如來知見. 言下便悟受持讀誦此
經 卽爲如來知見 密受默言 以爲法契. 便傳袈裟 以爲法信. 卽如文殊
師利 授善財記. 可大師 謂璨曰. 吾歸鄴都還債. 遂從皖山至鄴都說法.
或於市四街巷 不恒其所. 道俗歸仰. 不可勝數 經一十年. 時有災難 競
起扇亂. 遞相誹謗 爲妖邪壞亂佛法. 遂經成安縣令翟仲侃, 其人不委所
由乃打煞慧可. 死經一宿重活. 又被毒藥而終. 楊楞伽 鄴都故事 第十

卷具說.

　第三代 隋朝璨禪師. 承可大師後. 不得姓名. 亦不知何許人也. 得師
授記 避難故. 佯狂市四, 託疾山林. 乃隱居舒州司空山. 于時, 信禪師
年十三 奉事經九年. 師依金剛經 說如來知見 言下便證實無有衆生 得
滅度者. 授默語 已爲法契, 便傳袈裟 已爲法信 如明月寶珠 出於大海.
璨大師 與寶月禪師及定公 同往羅浮山. 于時, 信禪師 亦欲隨璨大師.
璨大師言曰, 汝不須去 後當大有弘益. 璨大師至羅浮山 三年却歸至皖
山. 所經住處, 唱言 汝等諸人 施我齋粮食. 道俗咸盡歸依 無不施者 安
置齋. 人食訖 於齋場中 有一大樹 其時於樹下立, 合掌而終. 葬在山谷
寺後, 寺內有碑銘形像 今見供養.

　第四代 唐朝信禪師. 承璨大師後. 俗姓司馬. 河內人也. 得囑已. 遂往
吉州 遇狂賊圍城. 經百餘日 井泉皆枯. 信禪師 從外入城. 勸誘道俗. 念
摩訶般若波羅蜜. 其時, 遂得狂寇退散. 井泉泛溢. 其城獲全. 便逢度人.
吉州得度. 乃來至盧山峯頂上 望見蘄州黃梅 破頭山上 有紫雲. 遂居此
山. 便改爲雙峯山. 于時, 忍禪師年七歲奉事 經余三十年. 依金剛經 說
如來知見. 言下便證最上乘法. 悟寂滅 忍受默語 已爲法契. 便傳袈裟.
以爲法信. 如雪山童子, 得全如意珠. 信大師 重開法門 接引群品, 四方
龍象 盡美歸依. 經餘三十年. 至永徽二年八月, 忽命弟子元一 遺於山側
造龕一所. 至閏九月四日. 問龕成未. 報已成訖. 遂至龕所. 看見成就.
歸至房 奄然遷化. 大師春秋七十有二. 是日 大地震動 日月無光. 林木
萎悴. 葬經半年 龕無故自開 至今不閉. 杜正倫造碑文. 其碑見在山中.

　第五代 唐朝忍禪師. 承信大師後. 俗姓周. 黃梅人也. 得師授記. 以遂

居馮墓山, 在雙峯山東. 時人號東山法門 是也. 于時 能禪師 奉事經八
箇月. 師依金剛經. 說如來知見. 言下便證. 若此心有住 則爲非住. 密授
默語 以爲法契. 便傳袈裟, 以爲法信. 猶如釋迦牟尼 授彌勒記. 忍大師
開法 經三十年 接引道俗 四方歸仰. 奔湊如雲. 至上元(元)年 大師春秋
七十有四. 其年二月十一日. 奄然坐化. 是日 山崩地動 雲霧蔽於日月.
閭丘均造碑文, 其碑見在黃梅.

第六代 唐朝能禪師. 承忍大師後. 俗姓盧. 先祖范陽人也. 因父官嶺
外 便居新州. 年二十二. 東山禮拜忍大師. 忍大師謂曰. 汝是何處人也.
何故禮拜我. 擬欲求何物. 能禪師答曰, 弟子 從嶺南新山, 故來頂禮 唯
求作佛 更不求餘物. 忍大師謂曰 汝是嶺南獦獠. 若爲堪作佛. 能禪師
言, 獦獠佛性 與和上佛性 有何差別. 忍大師 深奇其言 更欲共語 爲諸人
在左右. 遂發遺. 令隨衆作務 遂卽爲衆踏碓經八箇月. 忍大師 於衆中尋
覓. 至碓上見. 共語 見知眞了見性. 遂至夜間 密喚來房內 三日三夜共
語. 了知證如來知見, 更無疑滯. 旣付囑已. 便謂曰, 汝緣在嶺南 卽須急
去 衆人知見 必是害汝. 能禪師曰, 和上 若爲得去. 忍大師謂曰, 我自送
汝. 其夜遂至九江驛. 當時 得般渡江. 大師看過江. 當夜却歸至本山. 衆
人竝不知覺. 去後經三日. 忍大師言曰, 徒衆將散. 此間山中無佛法. 佛
法流過嶺南訖. 衆人見大師此言. 咸共驚愕不已. 兩兩相顧無色. 乃相謂
曰 嶺南有誰 遞相借問. 衆中有路州法如言云, 此少慧能在此. 各遂尋
趁. 衆有一四品將軍 捨官入道 俗姓陳字慧明 久久在大師下 不能契悟.
卽大師此言. 當卽曉夜 倍程奔趁. 至大庾嶺上相見. 能禪師怕急. 恐畏
身命不存. 所將袈裟 過與慧明 慧明禪師謂曰 我本來不爲袈裟來. 大師
發遺之日 有命言敎 願爲我解說 能禪師具說心法. 明禪師 聞說心法已
合掌頂禮 遂遺急過嶺. 以後大有人來相趁. 能禪師 過嶺至韶州 居曹溪,

來住四十年. 依金剛經, 重開如來知見. 四方道俗. 雲奔雨至. 猶如月輪. 處於虛空. 頓照一切色像. 亦如秋十五夜月. 一切衆生 莫不瞻覩. 至景雲二年 忽命弟子玄楷 智本 遺於新州龍山故宅. 建塔一所. 至先天元年九月 從曹溪歸至新州. 至先天二年八月三日 忽告門徒曰 吾當大行矣. 弟子僧法海 問和上曰, 以後有相承者否. 有此衣 何故不傳. 和上謂曰, 汝今莫問. 以後難起極盛. 我緣此袈裟 幾失身命 汝欲得知時 我滅度後四十年外 竪立宗者卽是. 其夜奄然坐化. 大師春秋七十有六. 是日山崩地動. 日月無光 風雲失色. 林木變白 別有異香氳氳. 經停數日. 曹溪溝澗斷流. 泉池枯竭. 經餘三日 其年於新州國恩寺. 迎和上神座 十一月葬於曹溪. 是日百鳥 蟲獸哮吼. 其龍龕前 有白光出現. 直上衝天. 三日始前頭散. 殿中承韋據造碑文. 至開元七年 被人磨改 別造文報鐫. 略叙六代師資相授及傳袈裟所由. 其碑今見在曹溪.

門徒問曰, 未審 法在衣上 卽以將衣 以爲傳法.

大師謂曰. 法雖不在衣上, 以表代代相承 以傳衣爲信 今佛法者 得有稟承. 學道者 得知宗旨 不錯不謬故. 況釋迦如來金襴袈裟. 見在鷄足山迦葉今見持著此袈裟. 專待彌勒出世. 分付此衣. 是以表釋迦如來傳衣爲信. 我六代祖師 亦復如是. 我今能了如來性, 如來今在我身中. 我與如來無差別. 如來卽是我眞如.

(石井本 『神會語錄』 49段~55段)

3. 사자혈맥전 역주

숭원법사가 질문했다.

"선사는 달마의 종지를 자주 주장하는데, 도대체 禪門에 어떤 相傳

과 부촉이 있기에 달마의 종지를 강조하고 있습니까?"

【답】 "지금까지 모두 相傳과 부촉이 있었기 때문이다."

또 질문했다. "지금까지 모두 몇 대의 상전이 있었습니까?"

【답】 "지금까지 모두 육대의 상전이 있었다."

【문】 "그 육대 대덕은 누구누구입니까? 그리고 아울러 전수하게 된 유래도 설해 주십시오."

제1대는 後魏의 嵩山 少林寺에 바라문승이 있었으니 字는 보리달마이다. 그는 남천축 국왕의 제삼자로서 어릴 때에 출가하여 最上乘을 깨닫고 여러 가지 수행〔三昧〕으로 여래선의 경지를 증득했다.

배를 타고 멀리 大洋을 건너 漢地(中國)로 왔다. 그리고 慧可를 만났다. 혜가는 곧 달마를 따라 숭산 소림사에 가서 좌우에서 시봉하였다. 어느 날 혜가가 달마의 禪堂 앞에 서 있었는데 그날 밤은 눈이 많이 내려 혜가의 허리에까지 쌓였다. 혜가는 자리도 옮기지 않고 그곳에 선 채로 움직이지 않았다.

대사는 혜가를 보고 말씀하셨다. "자네는 무슨 일로 눈 속에 서 있는가?"

혜가는 대사께 말씀드렸다.

"화상께서 서쪽에서 멀리 중국에 오신 뜻은 법을 설하여 중생들을 제도하기 위한 것이 아닙니까? 혜가는 몸이 상하는 것을 두려워하지 않고, 훌륭한 불법을 구하고자 합니다. 바라옵건대 화상께서는 대자대비로서 佛知見을 열어주시고 중생의 괴로움을 건져주시고 중생의 어려움을 없애주시길 바랍니다."

달마대사께서 말씀하셨다. "내가 볼 때 법을 구하는 사람이 그 정도의 구도정신으로는 어림없다."

그러자 혜가는 칼을 들고 스스로 자기의 왼쪽 팔을 잘라 달마의 目前에 바쳤다.[10] 달마는 혜가가 勝法을 구하기 위해 身命을 돌보지 않고 버리고 있는 것을―…예를 들면 雪山童子가 몸을 내던져 半偈를 구하려고[11] 하는 것과 같은 정신으로 보시고 드디어 말씀하셨다.

"자네를 인가[可]하노라." 이전에는 혜가의 이름[字]이 神光이었는데, 달마의 인가[可]로 이름을 바꾸어 드디어 慧可라고 부르게 되었다.

달마대사는 곧 『금강반야경』에 의거하여 여래의 知見을 설하여 혜가에게 法을 전수하셨다.[12]

혜가는 달마의 가르침을 받고 이미 불법에 계합하자 곧 가사를 전수하여 법을 전한 증명[信物]으로 하였다.

부처님이 娑竭羅龍王女에게 수기를 내린 것과 같은 것이다.[13] 대사께서 말씀하셨다.

"『금강경』 1권은 곧바로 부처를 이루게 한다.[14] 자네들같이 젊은 사람들은 이제부터 반야의 空觀으로 修學하여 一法이라도 의식의 대상으로 행하는 것이 없으면 곧 이것이 열반이며, 身心에 動함이 없으

---

10 慧可의 斷臂求法은 『傳法寶紀』 慧可章에서 처음 주장된 것을 응용한 것이다.

11 雪山童子의 半偈求法은 『열반경』 제14권 聖行品(『大正藏』 12권, 450쪽上)에 나오는 이야기인데 "諸行無常 是生滅法 生滅滅已 寂滅爲樂"의 偈頌이다. 禪宗에선 神會가 『南宗定是非論』, 『神會語錄』(9단) 등에 慧可斷臂求法의 정신으로 비유한 뒤 널리 이용되고 있다.

12 達摩가 『金剛經』에 의거했다는 것은 南宗 神會의 주장으로 北宗에서 『楞伽經』의 傳持로서 禪宗의 傳法을 삼고 있는 것에 대한 것이다. 자세한 것은 필자의 『中國禪宗의 成立史研究』, 99쪽 이하 및 519쪽 참조.

13 『法華經』 「提婆達多品」(『大正藏』 9권, 34쪽中)의 故事.

14 註13) 참조. 『傳法寶紀』 達摩章에 達摩가 4권 『楞伽經』을 慧可에게 건네주면서 수행의 근거로 삼도록 하였다는 주장에 대한 것으로 神會가 『金剛經』으로 이 전통을 바꾸어 南宗의 祖로 하고 있다.

면 無上의 佛道를 이룰 것이다."

달마대사가 승속을 지도하기 6년이 지날 때 어려운 일이 생겼다. 여섯 번씩이나 독약을 마시게 되었는데 다섯 번은 먹은 뒤에 모두 땅을 파서 뱉았다.[15] 여섯 번째 혜가에게 말씀하시길 "나는 이제 漢地(中國)에서의 인연이 다 되었다. 자네도 뒤에 또 이와 같은 어려움을 면할 수 없을 것이다. 그러나 제육대 이후에는 법을 전하는 사람(祖師)의 생명이 마치 실낱처럼 위험할 것이다. 자네들은 조심하도록 하라."[16]라는 말씀을 마치시고 드디어 遷化하셨기에 嵩山에 묻었다.

이때에 외교사신(聘國使) 宋雲[17]이라는 사람이 파미르 高原(葱領)에서 한 사람의 胡僧을 만났다.

한 쪽 발은 짚신을 신고 한 쪽 발은 맨발이었다. (胡僧은) 使臣 宋雲에게 말했다. "당신의 나라(漢家) 天子가 오늘 돌아가셨습니다."

송운은 이 말을 듣고 크게 놀랐다. 그리고 그때의 날짜(月日)를 기록했다. 송운은 드디어 달마대사에게 질문했다. "漢地에서 교화를 하시어 법을 받은 사람이 있습니까?"

달마대사가 말씀하셨다. "내가 떠나고 40년이 지나면 漢地(中國)의

---

[15] 『傳法寶紀』達摩傳의 주장을 이어 받은 것이다. 神異의 高僧, 佛法을 傳한 達摩의 神異를 이야기하고 있다.

[16] 『南宗定是非論』에 神會는 開元 2년 중에 北宗의 普寂이 刺客 張行昌을 승려로 만들어 慧能의 머리〔頂相〕를 取하려고 3번이나 칼질을 하였다고 하는 주장에서 발전된 것이다. 또 普寂은 景龍 3년(709)에 僧廣濟를 시켜 韶州慧能의 처소에 가사를 훔치러 들어갔다고도 한다. 뒤에 敦煌本 『壇經』에서는 弘忍이 慧能에게 法을 전하면서 "여기에 머무르면 너를 해칠 사람이 있으니 어서 떠나라고 하며, 達摩의 傳法偈로 六代 이후에는 袈裟를 傳하지 않는 것으로 맺고 있다."

[17] 宋雲 등의 使節 파견은 『北魏僧惠生使西域記』(『大正藏』 51권, 866쪽下)에 실려 있다. 達摩와 宋雲이 파미르고원에서 만났다는 이야기는 『傳法寶紀』에서 주장된 것인데 달마가 한 손에 짚신을 들고 있다는 이야기는 神會의 주장이다.

사람이 반드시 나의 불법을 크게 펼칠 것입니다."

송운이 귀국하여 朝廷에 이르러 황제를 알현하려 하니 황제가 이미 돌아가셨음을 알았다. 그래서 胡僧과 만났을 때 기록한 날짜를 대조해 보니 황제가 죽은 날과 일치했다. 송운은 곧 조정의 여러 百官들에게 그때 일을 이야기했다.

당시 조정에도 달마의 문도가 십여 명 있어 서로서로 마주하며 "그분이 혹시 우리 달마화상이 아니신가?"라고 하면서 드디어 모두 함께 묘지를 파서 관을 열어보았다. 관 안에는 法身[身體]은 보이지 않고 오직 한 쪽 짚신만이 있었다. 비로소 나라에서는 그분이 聖人임을 알게 되었고, 지금 그의 짚신은 少林寺에 모셔져 공양을 올리고 있다. 梁의 武帝가 碑文[18]을 지었는데 현재 소림사에 있다.

제2대는 北齊의 可禪師[19]로 달마대사의 뒤를 이었으며, 俗姓은 周氏, 武漢 출신이다. 40살이 되어 달마대사를 9년 동안 받들어 모시고 『금강반야바라밀』 설하시는 것을 듣고 言下에 '여래는 진실로 의식의 대상경계에 一法도 취하지 않는 것이 곧 부처인 것이며 보리는 일체 법을 여읜 것이 바로 諸佛'이라는 뜻을 깨닫고 수기[인가]를 받았다.

周 武帝의 破佛을 만나 드디어 舒州 皖山(原本은 峴山)에 은거하였

---

18 梁武帝와 達摩와의 상면도 『南宗定是非論』에서 처음 神會가 주장했으며 碑文을 지었다는 주장도 마찬가지이다. 뒤에 『寶林傳』(901년)에는 梁武帝의 達摩碑文과 昭明太子의 祭文을 싣고 있으며 梁의 大同 2년 丙辰(536) 12월 辛丑朔 5日 丁未에 洛陽禹門에서 입적했으며, 28일 庚午에 態耳山의 吳坂에 묻었다고 한다.

19 慧可의 전기는 『續高僧傳』 제16권(『大正藏』 50권, 551쪽下~552쪽)에 수록하고 있다. 北宗禪의 『傳法寶紀』와 『楞伽師資記』의 慧可傳은 이것을 응용하여 재편한 것이다. 여기 南宗의 慧可傳은 『續高僧傳』과 北宗의 僧璨傳 등을 소재로 하여 엮었다.

다.[20] 달마 멸 후 40년이 지난 뒤에 거듭 법문을 열어 많은 중생들을 제도하였다.

이때에 찬 선사가 禪師를 6년이나 받들어 모셨는데 선사가『금강경』에 의거하여 여래의 지견을 설하자 言下에 곧바로 이 경을 수지하고 독송하는 것이 즉 여래의 지견임을 깨닫고 가만히 默語(以心傳心으로 契合)를 내려 그것을 法契로 하였다.

그리고 가사를 전하여 전법의 증명〔信〕으로 하였다. 그것은 마치 문수사리가 善財에게 수기를 내린 것과 같다.[21]

可大師는 璨에게 말했다.

"나는 鄴都에 들어가 前生의 負債를 갚으리라."[22]

드디어 皖山에서 鄴都[23]에 나와 설법하였다. 시중 네거리에서 일정한 장소를 두지 않고 법을 설하니 道俗의 귀의하는 자가 셀 수 없

---

20 이 말은『傳法寶紀』僧璨傳에 있는 말을 인용한 것이다.
　　北周 武帝(543~578)의 建德 3년(574)에 衛元高의 提言으로 불교와 도교를 폐지하게 된 사건이다. 塚本善隆,「北周の廢佛」(『塚本善隆全集』제2권, 大東出版社)에 자세함. 그리고 峴은 湖北襄陽府城南七理에 있는데 원래 여기선 그곳을 말하려 한 것이 아니고『傳法寶紀』와『楞伽師資記』僧璨章에 말하고 있는 皖山(安徽省 懷寧縣)을 잘못 기록된 것으로 보고, 皖山은 潛山을 말한다.
21 『華嚴經』제46권 入法界品(『大正藏』9권, 689쪽中)에서 설하는 선재동자의 구법 이야기에 의함.
22 뒤에「二祖償債」이란 公案으로 알려진 것인데 禪宗에서 24조 師子比丘의 참형과 더불어 還債, 宿債의 사상으로 禪의 인과응보를 대변하는 이야기로 전승되었다. 여기에 宿債란 前世에 지은 죄업을 갚는 것이며 선승의 죽음〔涅槃〕을 뜻한다.『首楞嚴經』제4권(『大正藏』19권, 120쪽下), 제6권(『大正藏』19권, 132쪽上) 등과『高僧傳』제1권 安世高傳(『大正藏』50권, 323쪽中), 제5권 道安傳(『大正藏』50권, 353쪽下) 등에 처음 보인다.
23 東魏와 齊의 수도 지금은 河南 臨漳縣西에 위치. 慧可는 東魏시대의 사람이다. 그가 鄴都에서 行化를 펼친 것은『續高僧傳』,『傳法寶紀』에 "後魏의 天平中에 鄴衛에서 遊化하여 많은 중생 제도하였다"라고 한다.

이 많았다. 10년이 지난 어느 날 재난이 연이어 일어나더니 혼란을 부채질하면서 헐뜯고 비방하며, 마구니의 삿된 견해가 불법을 파괴하고 있다고 慧可大師를 모함하였다.

급기야는 成安縣令 翟仲侃에게 신고하여 혜가를 붙잡아 가두게 하였다. 현령은 자세히 그 까닭을 조사하지도 않고 곧 혜가를 죽여 버렸다. 죽인 뒤 하룻밤이 지나 다시 살아났으나 또 다시 독약을 먹여 목숨이 끊어지게 하였다. 楊楞伽의 『鄴都故事』 제10권[24]에 자세히 기록되어 있다.

제3대는 隋朝의 璨禪師[25]이다. 可大師의 뒤를 이었으며 이름도 알 수 없고 출신이 어디인지도 알 수 없다.

스승의 수기를 받고 難을 피했기 때문이다. 거짓으로(佯狂) 시내에서 미친 짓거리를 하기도 하고, 질병으로 山林에 살기도 했다. 舒州 司空山[26]에 은거하였는데 그때에 道信禪師는 13살로 禪師를 9년이나 모셨다.

선사는 『금강경』에 의거하여 여래의 知見을 설하니 言下에 '진실

---

24 『歷代法寶記』(『大正藏』 51권, 179쪽上)에도 楊楞伽의 『鄴都故事』를 언급하고 있다. 文廷式의 『補普書芸文志』 第二와 『太平御覽』의 제75, 213, 225, 297, 300, 354 등에 인용되어 있다.(柳田聖山, 『初期禪宗史書の研究』, 298쪽 참조)

25 僧璨傳은 北宗의 『傳法寶紀』와 『楞伽師資記』에서 최초로 정리했다. 神會는 이것을 이어 房琯의 『三祖 僧璨碑』를 만드는 등 三祖 顯彰運動을 전개하였다. 자세한 점은 필자의 『中國禪宗의 成立史研究』, 139쪽 참조.

26 舒州 司空山은 安徽省 太湖縣에 있다. 司空山(皖公山, 思空山이라고도 함)이 三祖僧璨의 隱居地로 결정된 것은 『續高僧傳』 제21권 道信章(『大正藏』 50권, 607쪽中)에 道信이 舒州 皖公山에서 어떤 二僧에게서 修學했으며 그들이 羅浮山으로 떠났다고 한 말에 의거하였다. 神會가 『傳法寶紀』에 의거한 것임은 寶月禪師를 언급하고 있는 것으로 알 수 있다. 羅浮山은 廣東省 增城縣에 있는 名山.

로 중생이 滅度를 얻은 者가 없었다'라는 의미를 깨달았다. 선사는 默語를 수여하여 法契로 삼도록 하고 곧 가사를 전하여 法信으로 삼도록 하며, 마치 明月에 寶珠를 大海로부터 건져내는 듯하였다.

찬대사는 寶月禪師[27] 및 定公과 함께 羅浮山으로 가는데 그때 도신선사도 찬대사를 따라 가려고 했다. 찬대사는 말씀하셨다. "자네는 따라오지 마라. 뒤에 마땅히 사람들에게 불법을 크게 펼쳐 이익이 되도록 하라."

찬대사가 羅浮山에서 3년 뒤에 다시 皖山으로 되돌아왔다. 그는 가는 곳이나 머무르는 곳마다 "여러분! 나에게 공양을 보시하시오!" 라고 소리쳤다. 道俗들이 모두 귀의하여 보시하지 않는 자가 없었다.

(어느 날) 齋會가 열리고 사람들이 모두 공양을 마쳤다. 齋會가 열린 곳에 한 그루의 큰 나무가 있었는데, 이때 선사는 그 나무 밑에서 선 채로 합장하여 입적하였다. 山谷寺 뒤쪽에 묘지를 만들어 묻고 寺內는 碑銘과 선사의 형상을 세웠으며 지금도 공양을 올리고 있다.

제4대는 唐朝의 道信禪師[28]로 찬선사의 뒤를 이었으며 俗姓은 司馬氏, 河內出身의 사람이다. (찬선사의) 부촉을 받은 뒤 드디어 吉州에 갔는데, 미친 도적 백여 명이 성 주위를 포위하고 있어 城內의 우물이 모두 말라버린 처지를 알게 되었다. 도신선사는 밖에서 성으로

---

27 『傳法寶紀』가 『續高僧傳』 제25권 智儼章(『大正藏』 50권, 602쪽中)에 智儼이 舒州皖公山에서 寶月禪師에게 修學한 이야기를 활용하여 僧璨과 道友로 만들었다.

28 道信의 傳記는 『續高僧傳』 제26권(『大正藏』 50권, 606쪽中)에 있으며 北宗禪에선 『傳法寶紀』, 『楞伽師資記』 道信傳을 再編하고 있다. 도신이 吉州城에서 보인 神異는 『續高僧傳』에 의거한 것이다.
道信傳에 대해선 拙著 『中國禪宗의 成立史硏究』, 203쪽 참조.

들어가 도속들에게 권하기를 마하반야바라밀을 念하도록 하였다. 그러자 그때 미친 도적들이 退散하고 우물에서는 물이 솟아 넘치며 성은 안정을 되찾았다. 그리고 출가의 得度式이 봉행되는 인연을 만나 (信禪師는) 吉州에서 戒를 받았다.

그 뒤 廬山의 산봉우리에 올라 蘄州 黃梅의 破頭山 위에 紫雲이 길게 깔려 있음을 멀리서 바라보고 드디어 이 산에 거처를 결정하고 곧 雙峯山이라고 이름을 고쳤다.[29]

그때 홍인선사는 7살이었는데 선사를 30여 년이나 받들어 모셨다. 선사가 『금강경』에 의거하여 여래의 知見을 설하자 言下에 곧 최상승법을 증득하고 적멸〔空〕을 깨쳤다. 홍인은 가만히 스승의 말씀을 받아 법계로 삼았다. 곧 가사를 전하여 불법을 전한 증표로 삼게 했다. 마치 雪山童子가 모든 如意珠를 얻은 것과 같았다.[30]

도신대사는 거듭 법문을 하여 많은 중생들을 지도하니 사방의 龍象(뛰어난 禪僧)들이 모두 찬탄하며 귀의하였다. 이렇게 이 산에서 30여 년이 지나자 永徽 2년(651) 8월에 갑자기 제자 元一[31]에게 命하여 산모퉁이에 묘탑을 조성하도록 하였다.

윤 9월 4일 묘탑이 완성되었는가를 물어보고 이미 완성되었다고 보고하자 드디어 묘탑에 가서 완성된 것을 확인하시고 방으로 돌아가서 엄연히 천화하셨다. 대사의 나이 72살이었다.

그날 대지는 진동하고 태양과 달도 빛을 잃었으며 나무들도 생기

---

29 破頭는 湖北 黃梅의 破額山을 말하는데 誤傳된 말이다. 일반적으로 雙峯山이라고 通秤한다.

30 註12) 참조.

31 弟子 元一에 대해선 不明. 『續高僧傳』에는 弘忍에게 墓塔을 조성하도록 하고 있다.

를 잃고 시들어 버렸다. 장례를 치른 뒤 반 년이 지나자 묘탑이 까닭 없이 저절로 열렸으며 지금까지 닫히지 않았다. 杜正論이 碑文[32]을 지었으며 그 碑는 지금도 山中에 있다.

제5대는 唐朝의 弘忍大師[33]이다. 도신대사의 뒤를 이었으며 俗姓은 周氏. 黃梅山身이다. 도신선사의 수기〔印可〕를 받은 뒤 馮墓山에 거주했다. 빙묘산은 쌍봉산의 동쪽에 있으며 당시 사람들이 東山法門이라고 불렀다.

이때 혜능선사는 8개월간 선사를 받들었다. 선사가 『금강경』에 의거하여 여래의 知見을 설하자 (慧能은) 言下에 곧 증득하였다. "만약 이 마음이 住하는 것이 있으나 이것은 住하는 것이 아닌 것이다"라고 가만히 默語를 내리고 법계를 삼도록 하였으며 곧 가사를 전하여 法信으로 삼도록 하였다.

마치 석가모니부처님이 미륵에게 수기를 내리시는 것과 같았다.[34] 홍인대사는 법문을 열어 30여 년 도속들을 지도하니 사방에서 귀의하였고 구름과 같이 모여들었다.

上元 元年(674) 대사의 나이 74살, 2월 11일에 엄연히 坐化(앉은 채로 입적)하셨다. 이 날은 산이 무너지고 땅이 진동하였으며 구름과 안개가 태양과 달을 뒤덮어 온 세상이 깜깜하게 되었다. 閭丘均이 비문

---

[32] 杜正論(587~659)이 道信의 碑文을 지었다는 말은 『傳法寶紀』에서 처음으로 주장한 것이다. 道信의 碑文에 대해선 註29)의 拙著를 참조.

[33] 弘忍傳은 성립연대로 볼 때 北宗禪의 『傳法寶紀』, 『楞伽師資記』가 최초이다. 그러나 여기는 전연 다른 弘忍傳을 傳하고 있다. 拙著, 『中國禪宗의 成立史研究』, 2666쪽 참조.

[34] 鳩摩羅什 譯, 『佛說彌勒下生成佛經』(『大正藏』 14권, 423쪽下).

을 지었으며 그 비는 지금 황매에 있다.[35]

제6대는 唐朝의 慧能大師이다. 홍인대사[36]의 뒤를 이었으며 俗姓은 盧氏, 先祖는 范陽人이었다. 부친이 영남의 官吏가 되어 新州[37]에 옮겨 살게 되었다. 22살에 東山의 홍인대사를 찾아뵈었는데 그때 홍인대사께서 대사에게 질문했다.

"자네는 어디 사람이며 무슨 일로 나에게 예배하고 무엇을〔何物〕구하려고 하는가?"

혜능대사가 대답했다. "제자는 嶺南의 新山에서 올라왔습니다. 화상께 예배 올리는 것은 오직 부처가 되기를 구할 뿐, 다른 것을 구하려고 하지 않습니다."

홍인대사께서 말씀하셨다.

"자네는 다름 아닌 嶺南의 獦獠〔오랑캐〕가 아닌가? 어찌 감히 부처가 되려고 하는가?"

혜능선사는 말했다. "獦獠의 佛性과 和上의 佛性과는 어떤 차별이 있습니까?"

---

35 閭丘均이 弘忍의 碑文을 지었다는 주장은 이곳이 최초이다. 閭丘均은 『舊唐書』190 文苑傳에 附傳으로 실고 있고, 益州 成都의 사람. 그는 安樂公主가 誅殺(710년)되고 循州司倉에 좌천되어 죽었다. 『宋高僧傳』제8권 弘忍傳(『大正藏』50권, 754쪽中)에는 開元中(713~741)에 그가 弘忍의 塔碑를 지었다고 하는데 이것은 연대적으로 모순된 것이다.

36 北宗의 『傳法寶紀』와 『楞伽師資記』에서는 제6조로 法如 혹은 神秀를 세우고 있는데 여기선 慧能을 6조로 하고 있다. 사실 南宗의 주장이 慧能을 6조로 모시기 위한 것이기도 하다. 慧能의 전기는 이것이 最古의 자료이다. 王誰의 『六祖慧能大師碑(『全唐文』327)』도 神會의 請으로 만든 것이지만 연대의 기록이 전혀 없다. 혜능의 생몰연대 및 이후의 慧能傳은 이 자료를 근본으로 하고 있다.

37 廣州의 西南西에 있는데 지금의 神興縣이다.

홍인대사는 혜능의 말이 정말 기특하게 생각되어 함께 더 이야기를 나누고 싶었지만 주위에 여러 사람들이 있어 그를 내보내어 대중을 따라서 作務에 힘쓰도록 하였다. (혜능은) 대중과 더불어 디딜방아 밟는 작업을 8개월간 하였다.

홍인대사는 대중과 함께 디딜방아 위에서 작업하는 그를 찾아와 이야기하고서는 (혜능이) 진실로 견성하였음을 아셨다. 밤이 되자 가만히 (혜능을) 방으로 불러 3일 밤낮으로 같이 불법을 이야기하며 여래의 知見을 증득하게 하는 한편 의심덩어리가 없음을 알게 되었다.

법을 부촉한 뒤에 곧 말씀하셨다. "자네는 영남에 인연이 있으니 지금 속히 이곳을 떠나도록 하라! 대중들에게 (이 사실이) 알려지게 되면 반드시 자네를 해칠 것이다."

혜능선사가 말했다. "화상이시여! 어떻게 가야 됩니까?"

홍인대사가 말씀하셨다. "내가 자네를 전송해 주겠다."

그날 밤 드디어 九江驛에 이르러 배를 구해 長江을 건넜다. 홍인대사는 혜능이 長江을 건너간 것을 보고 그날 밤에 本山(東山)으로 되돌아갔다.

대중들은 아무도 이 사실을 몰랐다. 혜능이 떠난 3일 후에 홍인대사는 말씀하셨다. "대중들은 이제 해산하도록 하라. 이 산중에는 이제 佛法이 없다. 불법은 영남으로 내려갔다."

대중들은 홍인대사의 말씀을 듣고 서로서로 얼굴을 쳐다보며 놀람을 감추지 못했다. 드디어 서로 상의하여 말하기를 "영남에는 누가 있다는 것인가?" 하고 묻기도 했다.

대중 가운데 路州法如[38]라는 사람이 "혜능이 거기에 있었습니다."라고 말하자, 드디어 모든 대중들이 제각기 혜능의 뒤를 추적하기 시작했다. 대중 가운데는 이전에 4품 장군이었는데 관직을 버리고 佛

道에 들어온 사람이 있었다. 그의 俗姓은 陳氏, 字는 慧明인데 오랫
동안 홍인대사 밑에서 수행했지만 契悟하지 못했다.

그는 홍인대사의 이 말씀을 듣고 곧장 새벽에 두 배나 빠른 걸음으
로 혜능의 뒤를 추적하여 大庾嶺에서 서로 만나게 되었다. 혜능선사
는 두렵고 위급하여 身命이 위태롭게 된 공포심에, 가지고 있던 가사
를 혜명에게 건네주었다.

혜명이 말했다. "나는 본래 가사를 구하러 온 것이 아닙니다. 홍인
대사께서 떠나올 적에 어떤 말씀이 있었습니까? 제발 나를 위해 설
명해 주십시오."

혜능은 자세히 心法을 설했다.

혜명은 혜능이 心法 설하는 것을 듣고는 바로 깨달아 합장하고 정
례하였다. 그리고는 급히 (혜능을) 대유령을 넘어가도록 하였다. 그
후에도 많은 대중들이 그의 뒤를 추적했다.

혜능선사가 대유령을 지나 韶州에 이르러 曹溪[39]에 거주하기 40년,
『금강경』에 의거하여 거듭 여래의 知見을 열어 교화하니 제방의 도
속들이 비구름처럼 몰려 왔다. 마치 달이 허공에 걸려 있으면서 일체
의 色像을 비추고 있는 것과 같았다. 또한 仲秋의 明月〔보름달〕같이
일체의 중생이 우러러보았다.

景雲 2년(711) 갑자기 제자 玄楷와 智本에게 命하여 新州 龍山의

---

38 潞州法如(638~689)는 『傳法寶紀』의 제6조로 하고 있으며 『楞伽師資記』 弘忍의 십
   대제자에 밝히고 있다. 碑文이 아직 嵩山 少林寺에 있으며 神會가 『南宗定是非論』에
   서 北宗의 『傳法寶紀』에 法如를 6조로 하는 것을 비판하고 있다. 여기도 이를 비난하
   는 의도로 이런 이야기를 만들고 있다.
39 보통 「曹溪」로 표기한다. 『曹溪大師傳』에서는 曹溪山 寶林寺라고 하고 뒤에 南華
   寺라 하였다.

故宅[40]으로 보내어 한 곳에 탑을 세우도록 했다. 先天 元年(712) 9월에는 曹溪에서 新州로 돌아왔으며, 先天 2년(713) 8월 3일, 갑자기 문도들에게 알리며 말씀하셨다. "나는 이제 大行하려 한다."

제자인 僧 法海가 화상께 질문했다. "이후에 상승자가 있습니까? 이 가사는 왜 전하지 않습니까?" 화상께서 말씀하셨다. "자네는 이제 묻지 말라. 이후에 (患)難이 많이 일어날 것이다. 나도 이 가사로 인하여 몇 번이나 身命을 잃어버릴 뻔했다. 그래도 자네가 알고 싶다면 내가 멸도하고 40년이 지난 뒤에 종지를 竪立하는 자가 있을 것이니 그가 곧 나의 법을 상승한 사람이다."[41]

그날 밤 대사는 엄연히 坐化하셨는데 대사의 나이 76살이었다.[42] 이 날 산은 무너지고 땅은 진동하였으며 태양과 달은 빛을 잃고 바람과 구름도 슬퍼했다. 나무들은 하얗게 메말라 버렸고 유달리 묘한 향기가 가득 깔려서 수일간 머물렀다. 3일간이나 조계의 강물은 흐름을 멈추고 샘이나 연못도 고갈되었다.

그 해 新州의 國恩寺에 화상의 遺体(靈壇 信座)를 맞이하였고 11월

---

40 新州 龍山의 故宅을 寺院으로 만든 것, 國恩寺로 하였으며 龍山寺로도 불리고 뒤에는 天寧寺라고 하였다. 故宅을 절로 꾸민 것은 『楞伽師資記』 神秀章에 "勅於本生大李村, 爲置報恩寺"라고 하는 것을 의식하여 만든 것이다. 그리고 入寂 前에 제자에게 命해 탑을 만들도록 한 것은 『續高僧傳』 21 道信章 『楞伽師資記』 弘忍章에 주장하고 있는 것을 계승하여 祖師傳의 전통으로 삼으려고 한 것이다.

41 혜능의 40년 懸記인데 慧能沒(713) 후 40년은 玄宗의 天寶 13(754)년 이후인데 이것은 安史의 亂(755)에 神會가 官壇의 授戒師로 활약하여 肅宗(756~762)의 入內供養을 받은 사실을 강조한 것임엔 틀림없다. 『宋高僧傳』 제8권 神會傳(『大正藏』 50권, 757쪽上) 뒤에 『歷代法寶記』에서는 20년으로 바꾸어 주장하는데 이것은 神會의 滑台의 宗論을 말하고자 한 것이다. 20년 懸記는 敦煌本 『壇經』에 계승되고 있다.

42 慧能이 先天 2년(713) 8월 3일 76살에 入寂한 사실은 이 자료가 최초이다. 모든 慧能傳이 이 기록에 의거하여 그의 生沒年代를 638~713년으로 하고 있다.

에 조계에서 장사지내는데 수많은 새들이 슬피 울었고 곤충과 짐승이 슬피 울부짖었으며, 그 화상의 유체를 모신 탑의 龕室(龍龕 墓塔) 앞에서 白光이 나타나 곧바로 하늘로 치솟아 올랐으며 삼일이 지난 뒤에 비로소 앞으로 흩어졌다.

殿中丞 위거가 비문을 지었는데 開元 7년(719), 어떤 사람이 마멸시켰기에 또다시 비문을 지어 새기도록 하였다. 간략히 육대조사의 師資相傳과 가사를 전하게 된 유래를 서술하고 있다. 그 비문은 지금 조계에 있다.[43]

門徒가 질문했다.[44] "법이 가사에 있습니까? 가사로서 법을 전하는 것이 됩니까?"

대사께서 말씀하셨습니다.

"법이 비록 가사에 있는 것은 아니지만 가사로서 대대로 상승한 것을 나타내고 가사를 전하여 전법의 증명으로 하는 것이다. 지금 가사로서 稟承을 얻도록 함은 학도자가 종지를 알 수 있게 하여 그릇되고 잘못됨이 없도록 하기 위한 것이다.

---

43 韋據가 비문을 지었다는 주장은 이곳이 처음. 뒤에 敦煌本『壇經』인 韶州刺史로 韋據를 등장시켜 혜능에게 法을 求하게 하는데 여기서 뽑은 등장인물이다. 이것은 法海의 경우도 마찬가지이다.
　　『南宗定是非論』에는 北宗系의 武平一이 혜능의 碑文을 지워버리고 북종의 法統을 기록했다고 주장하고 있고『歷代法寶記』에서는 宋鼎이 다시 비문을 지었다고 하고 있다. 兵部侍郎 宋鼎은 神會를 처음 洛陽 荷澤寺에 초대한 인물인데『金石錄』에도 이 비문의 존재를 기록하고 있다. 拙著,『中國禪宗의 成立史硏究』, 559쪽 참조.

44 이하의 일단은『南宗定是非論』에도 보인다. "遠法師問, 未審 法在衣上 將衣以爲傳法. 和上答 法雖, 不在衣上, 表代代相承, 以傳衣爲信. 令弘法者, 得有稟承 學道者, 得知宗旨, 不錯謬故. 昔釋迦如來 金蘭袈裟, 見在雞足山, 迦葉今見持此 袈裟 待彌勒出世 分付此衣, 表釋迦如來 傳衣爲信. 我六代祖師, 亦復如是."(『神會和尙遺集』, 284～285쪽) 원래 신회와 遠法師의 문답을 여기서는 혜능이 門人에게 袈裟를 傳授하여 信物로 삼는 이유를 설하게 하고 있다.

금란가사는 지금 계족산에 있으며, 가섭은 지금도 미륵의 출세를
기다려 이 가사를 전하려 하는 것은 석가여래의 가사를 전하여 證明
[信]하게 하기 위한 것이다.[45] 우리 육대조사의 傳衣도 이와 같은 것
이다. 나는 지금 如來性을 깨달았기에 여래는 지금 나의 身中에 있으
니 나와 여래는 무차별인 것이다. 여래는 곧 나의 眞如이다."

---

[45] 석가여래의 金蘭袈裟 이야기는 『付法藏因緣傳』 제1권 迦葉章(『大正藏』 50권, 300쪽
下)에 의거한 것이다. 본 논문 3節 참조.

5장

서천 28조 법통설의 성립

1. 서언

앞의 논문에서 필자는 중국 당대 선종의 성립에 있어서 새롭게 주장된 선종 법통설을 살펴보았다. 즉 돈황자료를 중심으로 성립된 역사적인 배경과 발전과정을 체계 있게 구명할 필요성에서 북종선과 남종선에서 주장하는 동토육조, 내지 칠조의 선종 전등설 성립문제를 발표했다.[1]

여기서는 동토육조 혹은 칠조의 선종 법통설의 발전과 더불어 남종선에서 새롭게 주장하고 있는 서천 28조 동토육조의 전승을 주장하는 선종 법통설의 성립과 발전을 중심으로 살펴보기로 한다.

---

[1] 정성본, 「禪宗 傳燈說의 成立과 發展」(『伽山學報』 창간호, 1991).
　정성본, 「禪宗 傳燈說의 成立과 發展(2)」(『伽山學報』 제2호, 1992).
　정성본, 「禪宗 傳燈說의 成立과 發展(3)」(『韓國佛敎學』 제17호, 1992).
　정성본, 『중국선종의 성립사연구』(서울, 민족사, 1991년 3월) 등 참조.

사실 서천 28조의 선종 법통설이 완전히 성립되기까지는 북종선과 남종선을 비롯한 선종 각파에서『달마다라선경』과 혜원의 序(411년), 『부법장인연전』, 천태지의의『마하지관』에 인용한 24조설 내지 23조 설, 신회의『보리달마남종정시비론』의 13조설, 그리고『역대법보기』 의 29조설, 돈황본『육조단경』의 28조설 등 여러 가지 주장이 있다.

이렇게 다양한 서천법통설은 9세기 초 조사선 완성과 더불어 일단 서천 28조 동토육조의 선종 전등설이『보림전』(801년)에 이르러 완성 하게 되는데, 본론에서는 서천법통설의 성립을 중심으로 살펴보기로 한다.

2. 서천 法統相承說의 성립

선종 전등설이 최초로 언급된 자료는 황매산 홍인(602~675)이 동 산법문을 수학한 후 숭산 소림에서 최초로 북종선을 개창한 법여 (638~689)의 행장을 기록한『唐中岳沙門釋法如禪師行狀』에 보이는 다음과 같은 기록이다.

천축에서 스승과 제자간의 相承은 원래 문자에 의한 것이 아니라, 오직 마음만을 相傳하는 것이다. 廬山 혜원법사가 찬술한『禪經序』에 "이것이야말로 바로 아난이 여래의 말씀을 자세히 받아 전하면서 그럴 만한 사람〔其人〕을 만나지 못하면 반드시 이것을 心中에 감추고 나타내 지 않았던 이유이며, 깊고 깊은 가르침의 문을 열지 않고, 그 깊은 경지 를 깨닫는 사람도 드물었다.

여래께서 열반에 드신 지 얼마 후에 아난은 이 심법을 末田地에게 전했고, 말전지는 舍那婆斯에게 전했다. 이들 세 사람의 아라한〔應眞〕은 여래와 숙세의 인연으로 맺어진 사람들이며, 그들의 깨달음도 言外의 경지로 경전에도 설하지 않은 것이지만 여래의 깨달음과 일치하며 조금도 다를 것이 없었다.

거기에 또한 시절인연을 알아 변화에 훌륭하게 응하고 출처 진퇴에 자유로우며, 명성이나 행위를 세상에 나투지 않고 사람들에게 알리지 않는다. 또한 사람들에게 알리려고도 하지 않는다고 말한 인물이라면 명목을 붙여서 구별하기란 불가능한 것이며, 言敎와는 다른 종지를 근본으로 하는 분명한 것이 있기 때문이다."라고 말하고 있다.

이것은 다름 아닌 남천축 삼장법사 보리달마가 이 종지를 계승하여 다시 번성시켰고 당당하게 東鄰인 우리 중국으로 오신 까닭이다. 傳에 말하기를, "그의 불가사의한 교화는 깊고 깊어 측량키 어려우며, 그가 魏나라에 들어가 혜가에게 법을 전하고, 혜가는 찬에게 전하며, 찬은 도신에게 전하고, 도신은 홍인에게 전하며, 홍인은 법여에게 전하였다."라고. 법을 전함에 있어 언어로 교시할 수 없기에 그러한 법을 전해 받을 만한 사람〔其人〕을 만나지 못하면 어떻게 법을 전할 수가 있었겠는가![2]

『법여선사행장』에는 언어나 문자에 의존하지 않고 스승과 제자가 마음에서 마음으로 심법을 전했다는 이심전심의 교외별전을 주장하는 선종의 정신을 밝힘과 동시에 그러한 여래 심법의 종지를 계승한

---

[2] 『法如禪師行狀』의 비석은 嵩山에 현존하고 있다. 鷲尾順敬 編, 『菩提達摩嵩山史蹟大觀』圖版 26 참조. 『金石續篇』 제6권; 柳田聖山, 『初期禪宗史書の研究』(京都, 法藏館, 1967년), 〔資料〕 1 참조.

아난이 말전지-사나파사에게 전했다고 하는 서천법통설의 주장과, 보리달마에 의해 중국에 전래되어 보리달마-혜가-찬선사-도신-홍인-법여로 전래되었다는 불법의 역사를 전하고 있다.

이러한 『법여선사행장』의 기록은 선불교 역사상 최초의 자료임과 동시에 뒷날 서천 28조 동토육조로 전승되어 선종 전등설의 근본이 되고 있다. 사실 뒤에 발전되는 북종선과 남종선의 모든 전등설과 법통설은 법여선사의 행장을 근거로 하여 선종 각파에서 주장되고 있는 점은 명심해야 된다.

예를 들면 최초로 선종 전등의 역사를 기록한 『전법보기』에도 다음과 같이 『법여선사행장』을 토대로 하여 이심전심으로 전래된 서천법통설을 언급하고 있다.

우리들 진실 법신의 입장은 법신불만이 얻은 깨달음이며, 많은 화신불들이 언설하고 문자로 전한 경지를 초월한 것이다. 즉 이 진여의 입장은 自證에 의해서만이 사람들에게 알려지고 상전되는 것이다. …(略)… 따라서 만약 무상승의 깨달음을 얻어 각자의 마음을 전하지 않는다면 어떻게 진실한 깨달음의 경지에 도달할 수가 있으리오!

옛날 여산혜원상인의 『선경서』에 언급하고 있다. "부처님〔佛〕은 심법을 아난에게 부촉하고 아난은 말전지에게 부촉하고, 말전지는 사나파사에게 부촉하였다."라는 사실로 알 수 있다. 그로부터 부처님의 심법이 땅에 떨어지지 않는 것은 심법을 부촉 받을 만한 사람〔其人〕이 계속해서 출현했기 때문이다.[3]

---

3 『大正藏』 85권, 1290쪽上. 柳田聖山의 앞의 책 「資料 6. 傳法寶記」; 柳田聖山, 『初期の禪史 1』(日本 東京, 筑摩書房, 1971), 336쪽.

『전법보기』에서도『법여선사행장』에 토대를 두고 보리달마 이후 법여에 이르는 동토육조의 법통설을 주장하는 최초 선종의 전등계보를 주장하고 있는데, 동토 6대 법통설의 성립문제에 대해서는 필자가 이전에 발표한 논문에서 언급하였으므로 생략하고, 여기서는 서천법통설의 성립을 중심으로 살펴보자.

『법여선사행장』과『전법보기』에서 여래의 심법이 아난-말전지-사나파사에게로 전래된 사실을 여산혜원의『선경서』를 인용하여 밝히고 있는데, 혜원의『선경서』란 도대체 어떤 것일까?

여산혜원(334~416)의『선경서』는 불타발타라(각현, 359~429)가 東晋 安帝의 義熙 6~7년경(410~411)에 여산에서 번역한『달마다라선경』에 대해 혜원이 쓴 서문으로, 일찍이『出三藏記集』제9권에는『廬山出修行方便禪經統序』라고 수록하고 있다.[4]

『달마다라선경』은『修行道地經』,『修行方便經』,『不淨觀經』등으로도 불리는데, 5세기 초경 서역에서 선법을 고취한 달마다라와 佛駄先에 의해 저술된 선경으로, 소승선에 정통인 불대선의 선법설이 중심이 되고 있다.

법현과 함께 천축에 들어간 지엄은 계빈(罽賓)에서 불타발타라(각현)를 만나 선법의 지도자로서 중국으로 초청하여 이 경을 여산에서 번역한 것이다.

그래서 이 경을 여산의 선경이라 하고, 구마라집이 번역한『坐禪三昧經』을 관중의 선경이라고 한다. 이 경에 대한 서문은 혜원의『선경서』와 혜관의『修行地不淨觀經序』가 있다.[5]

---

[4]『大正藏』55권, 65쪽中.『達摩多羅禪經』(『大正藏』15권, 300쪽上)에도 수록하고 있다.

[5]『出三藏記集』제9권에 수록하고 있는 慧觀의『修行地不淨觀經序』(『大正藏』55권, 66

여산혜원이 주장하는 아난-말전지-사나파사로 이어지는 삼대의 법통설은 도대체 어떤 자료를 근거로 하고 있는 것인가. 혜원의 서문에 優波崛은 언급되지만, 분명히 부처님의 정법을 계승한 마하가섭의 이름이 보이지 않는 것도 주목해야 할 점이다.

혜원이 근거로 한 자료는 분명히 불타발타라가 번역한 『달마다라선경』「修行方便道安那般那念退分第一」에 설하고 있는 다음과 같은 법통설이라고 볼 수 있다.

> 부처님이 열반에 드신 후에 尊者 大迦葉, 尊者 阿難, 尊者 末田地, 尊者 舍那婆斯, 尊者 優波崛, 尊者 僧伽羅叉, 尊者 達摩多羅, 尊者 不若蜜多 등 모든 법을 지닌 사람들이 이 지혜의 등을 가지고 차례로 전수하였다.
>
> (佛滅度後 尊者大迦葉, 尊者阿難, 尊者末田地, 尊者舍那婆斯, 尊者優波崛, 尊者婆須蜜, 尊者僧伽羅叉, 尊者達摩多羅, 乃至 尊者不若蜜多, 諸持法者 以此慧燈, 次第傳授.)
>
> (『大正藏』 15卷, 301쪽下)

혜원의 서문에 마하가섭에 대해서 일체 언급하지 않는 문제점이 있지만, 그는 불타발타라가 번역한 『달마다라선경』의 서문에 언급된 이상의 법통설을 참조하고 있음을 알 수 있다. 또 뒤에 혜관의 『수행지부정관경서』에 인용한 아난-말전지-사나파사로 이어지는 법통이

쪽中)에도 "傳에 의하면, 부처님이 열반한 뒤에 阿難이 모든 聖旨를 받들고 千載에 유행토록 했다. 먼저 同行인 제자 摩田地에게 전해 주고 摩田地는 舍那婆斯에게 전했다고 한다. 이 세 阿羅漢(應眞)은 大願을 홍포하였다."라고 기록하고 있는데, 이 역시 『達摩多羅禪經』에 의거한 것이다.

나, 『고승전』 제3권 「역경총론」에 언급하고 있는 가섭－아난－말전
지 등의 법통도 모두 『달마다라선경』에 의거한 것임을 알 수 있다.[6]

『달마다라선경』이나 혜원의 『선경서』에서 주장하고 있는 이러한
법통설은 부처님의 가르침이 가섭이나 아난, 말전지 등 위대한 제자
들에 의해 널리 유통되었다는 사실을 강조하기 위한 근거로 제시한
기록이다. 이것을 『법여선사행장』과 『전법보기』에서는 심법을 깨닫
고 이심전심으로 스승과 제자 사이에 전래된 선법의 전법 근거자료
로 응용하여 주장하고 있다.

선종 전등설은 법여선사의 법계를 언급하는 지극히 소박한 주장에
서 비롯되었는데, 이후에 발전되는 북종선과 신회의 남종선에서는 이
러한 『법여선사행장』과 『전법보기』의 주장을 근거로 하여 자파의 입
장에서 새롭게 서천 동토의 법통설을 주장하면서 무한하게 발전된다.

특히 하택신회(684~758)는 북종선에서 주장한 선종 법통설을 근
거로 남종선의 입장에서 새롭게 서천 동토 13대 법통설을 주장하고
있다. 즉 개원 20년(732년) 활대의 종론을 기록한 『보리달마남종정
시비론』(732년)에 대론자인 숭원법사가 "당국의 보리달마를 초조라
고 칭하는데, 그러면 보리달마는 누구의 법을 계승했으며, 또한 몇
대입니까?"라는 질문에 다음과 같이 답하고 있다.

보리달마는 서국에서 僧伽羅叉의 법을 계승하였고, 승가라차는 須
婆蜜의 법을 이었으며, 수파밀은 優波崛의 법을 이었고, 우파굴은 舍那
婆斯의 법을 이었고, 사나파사는 末田地의 법을 이었다. 말전지는 阿難

---

6 慧觀의 『修行地不淨觀經序』(『出三藏記集』 9권, 『大正藏』 55권, 66쪽中).
   『高僧傳』 제3권, 「譯經總論」(『大正藏』 50권, 345쪽中).

의 법을 이었고, 아난은 迦葉의 법을 이었으며, 가섭은 여래의 부촉을
이어 받았다.

唐國에서는 보리달마를 초조로 하지만 서국에서는 제8대이다. 서국
에서는 반야밀다가 보리달마의 법을 이었고, 당국에서는 혜가선사가
보리달마의 법을 이었기에 여래의 부촉으로부터 서국과 당국을 합하면
모두 13대를 경과했다.[7]

또 숭원법사가 "어떠한 근거자료에 의거해서 보리달마가 서국에서
제8대인지를 알 수 있는가?"라는 질문에 다음과 같이 대답하고 있다.

『禪經序』에 자세하게 서국에서의 전법 세대수를 밝히고 있으며,
또 혜가대사가 직접 숭산 소림사에서 보리달마에게 질문했을 때도
그의 대답은 『선경서』에 기록되어 있는 것과 똑같았다.[8]

여기 신회가 제시하고 있는 보리달마의 법통설 역시 북종선에서
제기했던 여산혜원의 『선경서』라고 하지만, 실제로는 혜원의 『선경
서』를 근거로 한 것이 아니라 『달마다라선경』의 서문을 근거로 하고
있다.

뒤에 『역대법보기』에서는 이러한 신회의 주장을 근거로 하여 새로
운 서천법통설을 야기하고 있는데, 신회의 주장은 서천 동토법통설
의 새로운 문제제기를 하고 있다.

즉 법여의 행장이나 『전법보기』에서는 지극히 소박한 법여의 법계

---

7 胡適, 『神會和尙遺集』(臺灣 臺北, 胡適紀念館, 1968), 295쪽.
8 앞의 註6) 참조.

를 언급하기 위한 근거자료로 혜원의 『선경서』를 인용하였지만, 신회는 달마의 법이 육조혜능에게 전래되었다는 보리달마 남종의 정통성을 강조하기 위한 선종 법통설의 근거로서 제시하고 있다.

신회가 자기주장이 확실한 것임을 입증하기 위해, 숭산 소림사에서 혜가가 보리달마에게 질문한 것도 『선경서』의 내용과 같은 대답이었다고 제시한 것은, 사실 북종선의 전등서인 『전법보기』에 주장하고 있는 동토 6대 내지 7조의 법통설을 토대로 한 주장이다.

신회의 전등 법통설은 『남종정시비론』의 주장처럼, 그의 생애에 걸쳐서 서천 동토 13대설이었다고 할 수 있다. 天寶年間(742~755)에 신회가 房琯(697~763)에게 부탁하여 찬술한 『三祖僧璨禪師碑銘』(762년 건립)에도 똑같은 13대설을 주장하고 있는 점으로 확인할 수가 있다.

방관의 『삼조승찬비명』은 호적박사도 지적한 것처럼, 趙明誠의 『金石錄』에 의하면 당 대종 보응 원년(762) 건진월(3월)에 건립된 것이다.[9]

이와 같이 신회의 법통설은 『선경서』와 함께 삼조승찬의 묘탑 현창운동을 토대로 이루어진 것이며, 이러한 사실을 확립하기 위해 "신회는 종맥을 기술하고 여래 이후부터 서역의 여러 조사 이외에 震旦의 육조, 모두 그들의 영상을 그렸고, 태위방관은 「六葉圖序」를 지었다."라고 『송고승전』 8권 혜능전에 밝히고 있다.[10]

---

9 房琯의 『三祖僧璨碑銘』은 『寶林傳』 제8권 三祖僧璨傳에 수록되어 있음.
　柳田聖山, 「胡適之博士の手紙」(『禪學研究』 제53호, 1963년), 165쪽 참조.
10 신회의 三祖墓塔顯彰運動에 대해서는 松田文雄, 「神會の法統說について—特に三祖顯彰問題—」(『印度學佛敎學研究』 제12호, 1958년 3월) ; 鄭性本, 『중국선종의 성립사연구』, 139쪽 이하 참조.
　『宋高僧傳』 제8권 慧能傳(『大正藏』 50권, 755쪽中).

신회의 법통설은 서천 동토 13대설을 주장하지만, 사실 달마로부터 육조혜능에 연결되는 보리달마 남종의 동토 육대조사 전등설을 중심으로 하고 있는 것이며, 서천법통설은 단순히 보리달마의 법계를 『달마다라선경』과 혜원의 『선경서』에 의거하여 적당히 밝히기 위한 것에 지나지 않는다.

3. 서천 29조 법통설의 성립

북종선과 신회의 남종선은 주로 달마로부터 비롯되는 동토 육대조사의 전등계보를 강조하면서 부차적으로 혜원의 『선경서』에 언급된 아난 – 말전지 – 사나파사로 이어지는 법계를 인용하여 정비되지 않은 서천법통설을 단순히 언급했다.

그러나 이러한 서천법통설에 대한 자각은 부처님의 심법이 대가섭에게 부촉되었고 이래로 29대의 전승을 거쳐 보리달마에게 전래되었다는 서천 29대 전등설의 주장과 더불어 새롭게 주장되었다. 그 최초의 자료가 李華(~766?)가 지은 『左溪大師碑』 선종법계에 대한 기록이다. 이 비문은 천태종 제5세 左溪玄朗(673~754)에 이르는 천태종의 법계를 언급함에 앞서 대가섭으로부터 달마에 이르는 29세설과 달마 이후 선종 각파의 전등을 설하고 있다.

불타가 심법을 대가섭에게 부촉한 이래, 대개 29대를 상승하였으며, 우리 梁魏시대에 보살승 보리달마가 능가의 법을 중국에 전하여, 八傳하여 동경 聖善寺의 宏正선사에 이르게 된 것은 금일의 북종이다. 또 달마로부터 六傳하여 大通禪師(신수)에 이르고, 대통에서 大智禪師

(의복)에게 전하고, 다시 장안의 山北寺 融禪師에 이르는 법계도 모두 북종의 일파이다.

또 달마로부터 5세인 璨禪師를 거쳐 다시 혜능선사에 이르게 된 법계는 금일의 남종이다. 또 달마로부터 四傳하여 信禪師에 이르고, 신선사가 융선사에게 전하여, 우두산에 거주한 것으로, 지금의 徑山禪師는 그의 후예이다.[11]

여기에 북종과 남종, 그리고 우두종에 대한 선종 3파의 宗名과 법맥을 기록하고 있는 자료는 최초인데, 세대수에는 약간의 의문이 있다. 또 우두종의 경산선사라는 호칭도 경산대사로 불리는 鶴林玄素(668~752)를 지칭한 것인지, 아니면 그의 제자 徑山法欽(714~792)을 지칭했는지 분명히 알 수 없지만,[12] 당시 달마계 선종 각파의 흐름과 법계를 동시에 기록해서 전하는 자료로서 귀중한 것이다.

그런데 「좌계대사비」의 서천 29대 법통설에 대한 언급은 주목할 점이다. 선불교 역사에서 서천 29대 법통설을 전하는 자료로서는 최초이다.

호적박사는 이화의 「좌계대사비」의 문장에 오자나 탈자 등을 지적하면서 29대설의 기록은 『부법장인연전』과 천태지의의 『마하지관』에 인용하고 있는 서천 24대설 혹은 25대설로 해야 한다고 논한다.[13]

---

11 『全唐文』 320권. 29대설은 신회의 제자인 靈坦(709~816)을 위해 지은 賈餗의 「揚州華林寺大悲禪師碑銘」(『全唐文』 732권)에도 "自大迦葉 親承心印 二十九世傳, 菩提達摩, 始來中土."라고 주장하고 있다.

12 鶴林玄素의 碑文 역시 李華가 지은 「潤州鶴林寺故徑山大師碑」(『全唐文』 320권, 『唐文粹』 64권)가 있는데, 그를 徑山大師라고 부르고 있다. 그러나 玄素는 徑山에 거주한 일도 없기에 그의 제자 法欽을 지칭한 것으로 본다. 徑山法欽의 비문은 李吉甫, 「杭州徑山寺大覺禪師碑銘幷序」(『全唐文』 512권)가 있다.

만약 호적박사의 주장대로 『마하지관』에서 주장하는 24대설이라면 비문의 작자인 이화가 특별히 보리달마 계통의 선종 三派의 법계를 굳이 제시하여 밝힐 이유는 없었을 것이다.

그리고 또 柳田聖山씨도 논한 것처럼, 이화의 「좌계대사비」에서 주장하고 있는 서천 29대설을 일본 최징의 제자인 光定(779~858)이 저술한 『傳述一心戒文』 가운데 「좌계대사비」의 앞에서 언급한 29대설과 보리달마 계통의 선종법계 부분 구절을 인용하고 있다는 사실을 지적하고 있다.

또 송대 契嵩의 『傳法正宗論』 卷下에도 똑같은 문구의 인용이 보이는 점은 당시 「좌계대사비」의 서천 29대설이 주장된 사실을 인정해야 한다.[14]

「좌계대사비」에 언급한 서천 29대설은 북종과 남종 신회의 주장보다 한층 발전된 새로운 선종 법통설로 역사적인 사실을 기록한 것인데, 아쉬운 점은 비문에서 29대설의 근거와 조사들의 이름에 대한 내용은 전연 알 수 없다는 사실이다.

서천 29대설의 법통설에 대한 列祖의 이름과 내용을 구체적으로 제시한 최초의 자료는 唐 代宗 代曆末(~779년) 사천 성도를 중심으로 달마계 선종의 정법 상승을 주장하면서 정중, 보당종의 법통과 역사를 기록한 『역대법보기』이다.[15]

---

¹³ 柳田聖山, 「胡適之博士の手紙」(『禪學硏究』 第54號, 1963년), 169쪽 참조.

¹⁴ 註13) 柳田聖山의 논문 171쪽 참조. 光定의 『傳述一心戒文』에 "大唐天台故左溪大師碑云, 凡二十九世 至梁魏間, 有菩薩僧菩提達摩師, 傳楞伽法, 八世至東京聖善寺弘正禪師 今北宗是. 云云."(『大正藏』 74권, 652쪽下)이라고 인용함. 또 契嵩의 『傳法正宗記』 卷下(『大正藏』 51권, 783쪽上)에도 인용함.

¹⁵ 敦煌本 『歷代法寶記』에 대한 연구는 柳田聖山, 『初期禪宗史書の硏究』, 278쪽 이하; 鄭性本, 『중국선종의 성립사연구』, 663쪽 이하 참조.

『역대법보기』는 신회의 남종운동과 선사상은 물론 서천 29(28)대 동토 6조의 전등 법계를 계승하면서 특별히 측천무후에 의해서 육조 혜능에게 전래된 달마소전의 가사를 入內 공양한 후에 홍인의 제자인 지선에게 수여하였다는 전의상승자의 갱신을 주장하고 있다. 그리고 달마의 가사는 지선 - 처적 - 무상 - 무주에게 전해졌다는 이색적인 전의상승을 주장하는 의도는 보당종의 무주(714~774)가 달마계 선종의 정법 상승자임을 강조하기 위한 것이다.

즉 정중무상(684~762)과 보당 무주계의 선종 법통설을 주장하기 위해 편찬된 이색적인 전등사서가『역대법보기』인데, 이 책에 대한 여러 문제는 생략하고, 서천 29대 법통설을 중심으로 살펴보기로 하자.

『역대법보기』는 석가여래의 法眼이 29대의 조사들에 의해 전래된 정법의 유래를 다음과 같이 밝히고 있다.

『付法藏經』에 의거하면 "석가여래가 멸도한 뒤 법안을 마하가섭에게 부촉하였다. 가섭은 아난에게 부촉하였고, 아난은 말전지에게 부촉하였다. 말전지는 상나화수에게 부촉하였고, 상나화수는 우파국다에게 부촉하였다. 우파국다는 제다가에게 부촉하였고, 제다가는 미차가에게 부촉하였다.

미차가는 불타난제에게 부촉하였고, 불타난제는 불타밀다에게 부촉하였다. 불타밀다는 협비구에게 부촉하였고, 협비구는 부나야사에게 부촉하였다. 부나야사는 마명에게 부촉하였고, 마명은 비라장로에게 부촉하였다.

비라장로는 용수에게 부촉하였고, 용수는 가나제파에게 부촉하였다. 가나제파는 라후라에게 부촉하였고, 라후라는 승가나제에게 부촉하였다. 승가나제는 승가야사에게 부촉하였고, 승가야사는 구마라타에게 부촉하였다.

구마라타는 도야다에게 부촉하였고 도야다는 파수반타에게 부촉하였다. 파수반타는 마나라에게 부촉하고, 마나라는 학륵나에게 부촉하였다. 학륵나는 사자비구에게 부촉하였고, 사자비구는 사나파사에게 부촉했기 때문에 중천축국에서 계빈국으로 來向하게 되었다.

(罽賓國) 왕의 이름은 彌多羅掘인데, 그는 불법을 신봉하지 않고, 탑과 절을 파괴하고 중생을 살해하며, 외도인 말만과 미사가에게 봉사하였다. 이때에 사자비구는 일부러 이 계빈국에 와서 교화를 하였으며, 왕은 도가 없이 스스로 손에 利劍을 잡고 말했다. '만약 그대(사자비구)가 성인이라면 몸을 신중히 하라!' 사자비구는 몸을 앞으로 내밀었으며, 신체에서 白乳가 흘렀다.

말만과 미사가도 처형되어 유혈이 땅에 넘쳤다. 왕은 신심을 일으켜 불법에 귀의하고 곧 사자비구의 제자(사자비구는 이미 사나파사에게 부촉하였다)에게 命하여 남천축국에 들어가 널리 교법을 홍포하고 사람들을 해탈케 했다. 왕은 곧 외도인 말만과 미사가의 제자들을 찾아내어 조정의 처형대에 묶어 놓고 목에는 형틀을 씌워서 국민들로 하여금 화살을 쏘아 맞추게 하였다. 그리고 계빈국 왕은 여러 나라에 공포하기를 '말만 등의 외도 법을 설하는 자가 있으면 추방하리라!'라고 했다.

이로 인해서 사자비구의 불법이 다시 일어나게 되었다. 사나파사는 우파굴에게 부촉하고 우파굴은 수파밀다에게 부촉하였다. 수파밀다는 승가라차에게 부촉하였고, 승가라차는 보리달마다라에게 부촉하였다. 서국 29대, 달마다라를 제외하면 28대가 된다."

(『大正藏』 51권, 180쪽上~中)

『역대법보기』가 『부법장인연전』에 의거하여 제시한 최초 서천 29
대 조사의 법계를 정리해 보면 다음과 같다.

1. 摩訶迦葉
2. 阿難
3. 末田地
4. 商那和修
5. 優波掬多
6. 提多迦
7. 彌遮加
8. 佛陀難提
9. 佛陀蜜多
10. 脇比丘
11. 富那耶奢
12. 馬鳴
13. 毘羅長老
14. 龍樹
15. 迦那提婆
16. 羅睺羅
17. 僧迦那提
18. 僧迦耶舍
19. 鳩摩羅馱
20. 闍夜多
21. 婆修槃陀
22. 摩拏羅

23. 鶴勒那

24. 師子比丘

25. 舍那婆斯

26. 優波掘

27. 須婆蜜多

28. 僧迦羅叉

29. 菩提達摩多羅

그리고 최후에 작자는 '서국 29대 달마다라를 제외하면 28대가 된다'라고 부기하고 있다. 이것은 당시에 이미 29대설과 28대설이 주장되고 있었던 사실을 전하는 것으로 볼 수 있으며, 여기서 언급하고 있는 '달마다라'는 분명히 29대 보리달마다라를 가리키는 것이 분명한데, 이 문제는 뒤에서 재고하기로 하자.

어쨌든『역대법보기』는 보당종 무주계 정법의 유래를 분명히 밝히기 위한 필요성에서 서천 29대의 전등 법계를 기록하고 있으며, 이러한 서천법통설도 일찍이 신회가 주장한 13대 법통설의 주장과 그 이후에 새롭게 주장된「좌계대사비」등의 29대설을 채택하여 최초로 전등조사의 이름을『선경』의 서문과『부법장인연전』을 근거로 하여 명시하고 있다.

『역대법보기』가 서천법통설을 근거로 제시한『부법장인연전』6권은 元魏의 延興 2년(472년) 吉迦夜와 曇曜가 공동 번역한 책으로, 여래멸후 가섭이 법장을 결집하여 이것을 아난에게 전한 이래로 점차 展轉 부촉하여 사자존자에게 이르게 된 23명 존자의 부법인연을 기록한 책으로 알려지고 있다.(이 책은『대정장경』50권에 수록되어 있다.)

그러나 최근의 연구 성과로는『부법장인연전』6권은 번역된 것이 아니고, 元魏 제5대 道武帝의 폐불사태에 즈음하여 불교도가 만든 假託의 책이라고 주장하고 있다. 그 근본 자료는『阿育王經』,『馬鳴菩薩傳』,『龍樹菩薩傳』,『提婆菩薩傳』 등의 자료를 취사선택하여 편집한 것이라고 주장하는 학자들의 견해가 유력시되고 있다.[16]

『역대법보기』에 마지막의 사자비구가 彌多羅掘 왕에 의해 살해되었다는 사실을『부법장인연전』제6권에는 다음과 같이 기록하고 있다.

> 또 한 사람의 師子라고 하는 비구가 있었는데 계빈국에서 크게 불사를 번창시켰다. 그때에 미다라굴이라는 왕이 있었는데 그는 사견에 떨어져 불법을 敬信하지 않았다. 國中의 사원과 탑을 부수고 많은 승려들을 살해하였다. 그리고 날카로운 칼을 가지고 사자비구의 머리를 내리쳐서 땅에 떨어뜨렸다. 머리에는 피가 나지 않고 오직 우유가 솟아나왔다. 때문에 불법을 부촉한 사람은 끊어지게 되었다.
>
> (『대정장』 50권, 321쪽下)

『부법장인연전』에는 23대 사자비구가 계빈왕 미라굴(혹은 미다라굴)의 칼에 처형되었는데 우유가 솟아나와 불법의 상승이 끊어지게 되었다고 기록하고 있다. 이러한『부법장인연전』의 기록은『마하지관』을 비롯하여 선종의 자료에서는『역대법보기』,『보림전』,『조당집』,『전등록』 등 23조 사자비구전에 한결같이 사자비구가 미라굴 왕에게 처형되었다는 사실을 전하고 있다. 그런데 사자비구를 처형한

---

16 『望月佛敎大辭典』, 4493쪽.
    山田龍城, 『大乘佛敎成立史論』(1959년 3월), 583쪽.

미라굴(Mihirakula) 왕이 역사적인 사실이 아니라는 연구가 발표되고 있다. 즉 당시에 이 지방을 지배하고 있던 이민족으로 Hephthalite 王의 불교 박해의 역사적인 사실을 근거로 한 것이었다고 문제를 제기하고 있으며, 또한 北魏의 파불을 반영한 것이 아닌가 하는 주장도 제기되고 있다.[17]

이러한 『부법장인연전』의 23대 법통설은 천태지의의 『마하지관』 제1권과 『佛祖統紀』 제5권 등에도 인용되고 있다. 또한 河南 寶山 靈泉寺는 大住聖窟의 내벽 좌측과 용문 東山 擂鼓臺의 中洞腰壁에도 『부법장인연전』에 의한 傳法聖師 24祖像과 『부법장인연전』의 문장이 조각되어 있다고 전하는데, 선종 전등설이 성립되기 이전에는 한결같이 『부법장인연전』에 의한 24대 전법설이 통설이었다고 할 수 있다.[18]

그런데 앞의 인용에서도 알 수 있듯이, 『역대법보기』는 "사자비구가 사나파사에게 부촉하고 일부러 중천축국에서 계빈국으로 나아갔다. 계빈국의 왕인 미다라굴은 불법을 신봉하지 않고 탑과 사원을 부수고 중생을 살해하며 외도인 말만과 미사가 등을 신봉하였다.

그래서 사자비구는 일부러 이 나라에 와서 교화를 하였는데, 왕은

---

[17] 山田明爾, 「ミヒラクラの破佛とその周邊」(『佛教史學』 제11 1~2號, 1963년, 8~11).
　　柳田聖山, 『初期禪宗史書の研究』, 378쪽 등 참조.
[18] 『摩訶止觀』 제1권(『大正藏』 46권, 1쪽中).
　　『佛祖統紀』 제5권(『大正藏』 49권, 169쪽上).
　　河南 靈泉寺 大聖住窟 傳法聖師 24祖像에 대한 조사 기록은 常盤大定·關野貞, 『支那佛教史蹟評解』 제3권(日本, 佛教史蹟研究會刊, 1926년), 167~186쪽 참조.
　　龍門의 24祖像은 水野淸一·長廣敏雄, 『河南 洛陽 龍門石窟の研究』(日本, 座右寶刊行會, 1941년), 120~123쪽, 335~342쪽 참조.
　　椎名宏雄, 「龍門と禪宗」(『中國佛跡見聞記』 제1권, 駒澤大學中國佛跡調査團, 1979년).

사자비구를 처형하니 몸에서 白乳가 흘렀다."라고 전하고 있다.

이러한『역대법보기』의 주장은 분명히『부법장인연전』의 기록을 개조하여 당시 선종의 서천 29대, 혹은 28대 법통설을 의식하여 여래의 전법상승이 23대 사자비구에게서 완전히 끊어지고 단절된 것이 아니라 사나파사에게 이미 전법하였다는 부촉의 사실과, 또 사나파사 이후로 전법상승되어 29대 보리달마다라에게 전래된 전법의 사실을 새롭게 첨가하여 강조하고 있다.

이렇게 서천 29대 선종 전법상승의 계보가『역대법보기』에 의해 골격이 짜였는데,『역대법보기』는 과연 어떠한 자료와 근거를 의용하여 이러한 전법계보의 골격을 초안했는가?

앞에서도 언급한 29대설은 이미「좌계대사비」에서 주장하고 있으며, 또한 28대설도 동시에 주장되었던 당시의 선종 법계문제였다고 할 수 있다. 그리고 23대설은『부법장인연전』과 이를 인용하고 있는『마하지관』과 여러 자료에서 그러한 사실을 의심할 여지가 없다.

문제는『부법장인연전』의 23대 조사 이외에 나머지 6대 조사는 어떤 자료에 의거하여 29대설의 골격을 초안했는가 하는 점이다.

이를 구체적으로 밝히기 위해『역대법보기』가 의용하였다고 하는『부법장인연전』6권에 전하는 서천 전법조사의 이름을 먼저 정리해 보자.

　　제1조　摩訶迦葉　　（제1권）

　　제2조　阿難　　　　（제2권）

　　제3조　商那和修　　（제3,4권）

　　제4조　優波鞠多　　（제5권）

　　제5조　提多迦

제6조　彌遮加

제7조　佛陀難提

제8조　佛陀蜜多

제9조　脇比丘

제10조　富那奢

제11조　馬鳴

제12조　比羅

제13조　龍樹

제14조　迦那提婆　　(제6권)

제15조　羅睺羅

제16조　僧伽難提

제17조　僧伽耶舍

제18조　鳩摩羅多

제19조　闍夜多

제20조　婆修槃陀

제21조　摩拏羅

제22조　鶴勒那夜奢

제23조　師子比丘

　이상과 같이 『부법장인연전』은 제1조 마하가섭부터 제23조 사자
비구까지 23대 존자의 전법 상승설을 주장하고 있는데 일반적으로
학자들도 24대 전법조사로 기록하는 경우가 많다.
　예를 들면 柳田聖山씨의 「禪宗東西祖統對照表」에도 24조설을 주
장하는 것은 제21조 마나라와 제22조 학륵나야사 사이에 야사비구를
제22조로 두고 있기 때문에 사자비구가 제24조가 되는 24대 전법설

을 주장하고 있다.[19]

『부법장인연전』제6권에 의하면 제21조 마나라존자가 남천축에서 크게 교화를 한 뒤, 한때 북천축에 있을 때 야사존자가 마나라존자에게 항하 이남의 이천축국 교화를 간청한 인물로 등장했을 뿐이지 부법의 인물로 등장한 사람이 아님을 알 수 있다.[20]

이러한 사실은『부법장인연전』의 부법과 부촉을 그대로 충실히 계승한『마하지관』을 통해서도 확인할 수가 있다. 즉『마하지관』제1권에 마나라 이후의 부법 사실 기록을 인용해 보자.

馱付摩拏羅, 羅分恒河爲二分. 自化一分. 法付鶴勒夜那, 那付師子, 師子爲檀彌羅王所害劍斬流乳. 付法藏人 始迦葉 終師子 二十三人. 末田地與商那, 同時取之, 則二十四人.

(『大正藏』46권, 1쪽中)

즉 마나라－학륵야나－사자비구로 이어지는 부법의 계보를 설하고 있는데, 가섭으로부터 비롯되는 부법이 마지막 사자비구에 이르기까지 모두 23대가 된다고 하며, 덧붙여서 말전지를 포함하면 24대가 된다고 하고 있다.

말전지는 제3조 상나화수와 동문이기 때문에 포함하기도 하고 포함하지 않기도 한다는 입장이지만『부법장인연전』과 이를 계승한『마하지관』과『불조통기』제5권 등에서는 야사존자를 포함하지 않는 23대 부법을 기본으로 하고 있음을 알 수 있다.

---

19 柳田聖山, 『初期禪宗史書の硏究』 부록 참조.
20 『付法藏因緣傳』 제6권(『大正藏』 50卷, 320쪽下).

그런데 말전지―야사존자―학륵나로 이어지는 부법의 인물로 23조 야사존자를 등장시킨 자료는 아마도 용문석굴 24祖像에 조각된 『부법장인연전』의 刻文의 호칭인「夜奢比丘第二十三」이라는 기록에 의한 것이라고 할 수 있다.

앞에서 살펴본 것처럼, 『부법장인연전』에 의거하면 이 각문에서 야사비구를 부법의 인물로 넣고 있는 점은 문제가 있는 기록인데, 이것을 근거로 하여 『역대법보기』가 서천 29대 조통설을 주장한 것으로는 볼 수가 없다.

따라서 『부법장인연전』의 서천조통설은 제22조에 야사를 포함한 것이 아니라 지의가 『마하지관』에 열거했듯이, 가섭에서 사자비구까지 모두 23대 조통설을 주장하고 있는 것이다.

『역대법보기』도 앞에서 인용한 것처럼, 이러한 『부법장인연전』의 법통설을 토대로 하여 서천 29대 법통설을 주장하고 있는데, 나머지 6대 조사는 어떤 자료를 근거로 하는지 살펴보기로 하자.

결론적으로 『역대법보기』 29대 조통설의 구성은 『부법장인연전』에서 주장하는 가섭에서 사자비구까지 23대 법통설과, 『선경』의 서문에서 주장하고 있는 대가섭―아난―말전지―사나파사―우파굴―파수밀―승가라차―달마다라로 이어지는 8대 조사 가운데서 대가섭―아난 二人의 중복을 제외하고 六人을 첨가한 것이다.

『부법장인연전』에는 말전지가 상나화수와 동문인 관계로 부법인에 들어가지 않고 있는데, 『역대법보기』에서는 『선경』의 서문을 중시하여 가섭―아난―말전지―상나화수로 연결시키고 있는 점이 특징이다.

그리고 『선경』의 서문에는 말전지―사나파사―우파굴로 이어지는 계보를 완전히 분해하여 사나파사를 사자비구의 법을 부촉받은 인물로 주장하고 있다.

앞에서 언급한 것처럼, 『부법장인연전』에서는 23대 사자비구가 미라굴 왕에 의해 처형됨으로써 법장의 부촉이 단절되었다고 주장하는데, 『역대법보기』에서는 사자비구가 처형되기 전에 이미 사나파사에게 법을 부촉하였다고 주장하고 있다.

그래서 사자비구―사나파사―우파굴―파수밀―승가라차―달마다라로 이어지는 서천 29대 선종의 법통설을 개조하여 대담하게 주장하고 있다.

또 한 가지는 제29대 보리달마다라는 보리달마와 『선경』의 서문에서 주장하고 있는 달마다라를 통합한 명칭이라는 점이다. 과연 보리달마와 달마다라는 같은 사람인가?

『선경』의 서문에서 주장하고 있는 8대 법통설 가운데 『부법장인연전』의 23대 법통설을 삽입하여 중복된 가섭―아난을 제외하고 말전지를 포함시켜 새로운 서천 29대 선종 법통설을 최초로 주장하게 된 것이다.

『역대법보기』는 왜 이렇게 새로운 선종 법통설을 주장하지 않으면 안 되었을까?

그 이유 몇 가지를 추측해 보면, 『역대법보기』의 편집 의도와 목적이 사천 성도를 중심으로 활약한 달마계 선종인 정중종과 보당종의 무주선사가 붓다로부터 전래된 정법을 상승한 인물임을 주장하기 위한 것이라고 할 수 있다.[21]

그리고 이미 당시 『마하지관』에서 『부법장인연전』에 의거한 부법

---

21 鄭性本, 『중국선종의 성립사연구』, 663쪽 이하 참조.

의 주장과 역시 천태종의 「좌계대사비」에 서천 29대 법통설이 주장되고 있었던 점을 의식하지 않을 수가 없었다는 점이다.

또한 북종선의 「법여선사행장」과 『전법보기』도 『선경』의 서문에 의거하여 서천법통설을 언급하고 있었으며, 신회의 『보리달마남종정시비론』에서도 서천 13대 법통설이 주장되고 있었다.

그러나 이러한 선종의 법통설은 『부법장인연전』이나 『마하지관』 등 천태종에서 주장하고 있는 법통설에 비교하면 너무나 불완전하기 때문에, 당시 서천 29대설과 28대설의 주장을 받아들여 새로운 선종의 서천법통설을 체계 있게 정립할 필요성을 절감했음이 틀림없다.

어쨌든 『역대법보기』는 당시 선종과 천태종에서 다양하게 주장된 29대, 혹은 28대 서천법통설을 『선경』의 서문과 『부법장인연전』을 응용하여 최초로 조사의 이름을 열거하여 새로운 선종의 서천법통설로 전등법계를 제시하였다.

이러한 『역대법보기』의 29대 서천조통설은 『조계대사전』과 돈황본 『육조단경』 등을 거쳐 『보림전』의 서천조통설이 정착되기까지 약간의 차이와 출입은 있지만 선종 법통설의 토대가 되었다.

4. 돈황본 『육조단경』의 서천법통설

『역대법보기』(775년 성립)에서 처음으로 정리한 서천 29대 혹은 28대 조통설은 『조계대사전』(781년), 돈황본 『육조단경』(790년경 성립)에 그대로 계승되었다.

먼저 『조계대사전』은 일본의 最澄(767~822)이 중국에서 가져온 책으로, 최징의 장래목록에 보이는 자료로[22] 원래의 題名은 다음과 같다.

　唐韶州曹溪寶林山國寧寺六祖慧能大師傳法宗旨　幷高宗大帝　勅書，
兼賜物改寺額，及大師印可門人，幷滅度時六種瑞相，及智藥三藏懸記
等傳

　제목을 보면 이 자료의 내용 전모를 살펴볼 수 있을 정도로 긴 제
명을 가지고 있는데, 육조혜능(638~713)이 거주한 소주 조계 보림산
국영사의 유래와 혜능의 생애, 그리고 문인들을 인가하는 혜능 생애
에 대한 종합적인 전기 자료라고 할 수 있다. 특히 唐 왕실과의 관계
를 강조하는 점이 특징이라고 할 수 있다.
　『조계대사전』에 주장하는 서천조통설도 역시 육조혜능에게 전래
된 불법의 역사를 밝히기 위한 것인데, 『조계대사전』은 『역대법보기』
와 같이 조사들의 이름을 전부 열거하지 않고 서천 28조를 다음과 같
이 주장하고 있다.
　홍인대사는 혜능에게 말했다.

　여래께서 반열반에 임하여 심심한 반야바라밀의 법을 마하가섭에게
부촉하였으며, 가섭은 아난에게 부촉하였다. 아난은 상나화수에게 부
촉하였고, 상나화수는 우파국다에게 부촉하였다. 그 후로 展轉 相傳되
어 서국 28조를 거쳐 달마다라대사에 이르렀으며, 그는 漢地의 初祖가

22　最澄의 「大唐貞元二十年歲次乙酉五月朔己巳拾三日辛巳」라는 年記를 가지고 있는
　　『傳教大師將來越州錄』에 「曹溪大師傳 一卷」(『大正藏』55권, 1059쪽中)이라는 題
　　名이 보임. 자세한 점은 『慧能研究』에 수록된 「曹溪大師傳」과 역주 등을 참조.

되었고, 혜가에게 법을 부촉하였다. 혜가는 승찬에게 부촉하고, 승찬은 쌍봉의 도신에게 부촉하고, 도신은 나(홍인)에게 부촉하였다. 나는 이제 가려고 한다. 법을 그대에게 부촉하노니, 그대는 수호하고 단절됨이 없도록 하라!"

(忍大師告能曰, 如來臨般涅槃, 以甚深般若波羅蜜法, 付囑摩訶迦葉, 迦葉付阿難, 阿難付商那和修, 和修付優波掬多. 在後展轉相傳, 西國經二十八祖 至於達摩多羅大師. 漢地爲初祖, 付囑慧可, 可付璨, 璨付雙峰信, 信付於吾矣. 吾今欲逝, 法囑於汝, 汝可守護 無令斷絶.)[23]

이상은 오조홍인이 혜능에게 법을 부촉하면서 여래로부터 지금까지 전래된 불법의 역사를 언급하고 있는 불법상속의 일단이다. 즉 여래께서 마하가섭에게 甚深한 반야바라밀법을 부촉한 것이 특징인데, 이것은 신회의 남종선의 정신을 구체적으로 하여 불법 부촉의 내용으로 제시하고 있는 점이다. 남종선의 정신이 반야바라밀법이라고 특히 강조하고 있는 『육조단경』에 앞서 『조계대사전』에서 주장하고 있는 점은 상당히 주목된다.

『조계대사전』에는 이러한 여래의 반야바라밀법이 가섭-아난-상나화수-우파국다로 이어졌으며, 28대를 거쳐 달마다라대사에게 전래되었다고 전하는데, 28대 조사의 이름을 달마다라대사로 명기하고 있는 것은 『조계대사전』의 서천법통설이 『역대법보기』를 계승하고 있는 직접적인 증거라고 볼 수 있다.

그리고 또 한 가지 주목할 것은 『역대법보기』에 29대설과 28대설

을 동시에 제시했는데, 『조계대사전』에서는 28대설을 정립하고 있는 점이다. 서천 28대 법통설은 사실 『조계대사전』에서 정착되었다고 할 수 있는데, 『조계대사전』에서 가섭 – 아난 – 상나화수 – 우파국다로 이어지는 법통설을 밝힌 것을 보면, 『역대법보기』에 제시한 29대 조사 가운데 제3조인 말전지를 제외한 28대 법통설을 주장하고 있는 것임을 알 수 있다.

제3조 말전지를 제외한 『조계대사전』(781년)의 서천법통설은 『內證佛法相承血脈譜』(819년), 『원각경대소초』(823년) 등에 계승되고 있다.[24]

『조계대사전』에 제시한 서천 28대 법통설은 돈황본 『육조단경』에 계승되어 서천 28조 동토 6조의 선종 전등설로 정착되었으며, 또한 말전지를 제외한 서천 28조 법통설은 『보림전』에 전승되어 서천 28조 동토 6조의 조통설을 완성하게 된다.

돈황본 『육조단경』에서 주장하는 서천법통설을 살펴보면, 돈황본 『육조단경』 역시 『조계대사전』과 마찬가지로 육조혜능의 자서전과 황매산 오조홍인을 찾아가 불법을 체득하는 구법이야기, 그리고 문인들에게 무상계의 수계설법과 제자들을 인가하면서 불법상승의 역사를 혜능의 입을 통해서 밝히고 있다. 제자인 법해가 "이 남종의 돈교법이 전수된 것은 지금까지 몇 대를 경과하였습니까?"라는 질문에 처음 칠불의 전수를 말하고 다음과 같이 서천조사의 법통을 밝히고 있다.[25]

---

24 最澄(767~822)의 『內證佛法相承血脈譜』(『傳教大師全集』 제4권, 516쪽 참조).
　　宗密의 『圓覺經大疏鈔』 3의 下(『卍續藏經』 14권, 275d).
25 『慧能研究』, 381쪽.

優波堀　第三十二

僧伽羅　第三十三

須婆蜜多　第三十四

南天竺國王子第三太子菩提達摩　第三十五

唐國僧慧可　第三十六

僧璨　第三十七

道信　第三十八

弘忍　第三十九

慧能自身當今受法　第四十

　돈황본 『육조단경』의 법통설은 과거칠불, 서천 28조, 동토육조로 연결되는 선종 전등설을 제시하고 혜능 자신이 제40대의 법통 상승자임을 밝히고 있다.

　특히 과거칠불을 선종의 전등설로 연결하고 있는 최초의 자료라는 점이 주목되는데, 과거칠불의 전등설은 『보림전』(801년)과 『조당집』(952년)에 계승되어 체계 있는 선종 전등설의 완성을 이루게 된다. 이 점에 대해선 뒤에서 재고하기로 한다.

　돈황본 『육조단경』의 서천 28조 법통설은 『역대법보기』 제7조 미차가를 제외한 28조와 일치하는데, 『마하지관』에서 인용하고 있는 『부법장인연전』의 23조와 『선경』 서문의 5조를 합한 것이라고 할 수 있다.

　특히 『선경』에 의거한 제34조 파수밀의 경우, 신회의 『보리달마남종정시비론』에서는 수파밀로 바뀌어져 있는데, 『역대법보기』와 『육조단경』에서는 이것을 그대로 계승하여 '수파밀다 제34'라고 기록하고 있는 점도 주목된다.

　『육조단경』의 작자가 신회의 어록과 『남종정시비론』 등을 참조하여 편집한 사실을 여기서도 엿볼 수가 있다.

또 한 가지 『역대법보기』에서는 '27조 須婆蜜多, 28조 僧迦羅叉'로 되어 있는데, 돈황본 『육조단경』에는 '승가라차 33, 수파밀다 34'로 순서를 바꾸어서 배치하고 있는 점은 이해하기 어렵다.

『역대법보기』와 같은 계통인 『內證佛法相承血脈譜』와 『원각경대소초』에는 순서가 뒤바뀌지 않고 한결같은 점으로 볼 때 아마도 필사자의 잘못된 기록이 아닐까 생각된다.[26]

그리고 『역대법보기』와 『조계대사전』에는 한결같이 28대(29대) 보리달마다라, 혹은 달마다라라고 표기하였는데, 돈황본 『육조단경』에서는 '南天竺國王子第三子菩提達摩第三十五'라고 밝히면서 처음으로 보리달마라는 이름을 분명히 하고 있다.

이것은 지금까지 『선경』 서문을 의용한 '달마다라'라는 의탁의 법통설에서 탈피하여 선종 법통설의 새로운 입장을 분명히 제시한 것이라고 할 수 있다. 뿐만 아니라 보리달마가 남천축 국왕의 제3왕자라고 출신까지 밝힌 것 역시 신회의 『보리달마남종정시비론』에서 보리달마 남종의 새로운 조사로서의 이미지를 부각시킨 점을 계승하고 있는 것이라고 볼 수 있다.[27]

말하자면 돈황본 『육조단경』은 일찍이 신회가 주창했던 보리달마

---

26 柳田聖山씨도 이 문제를 지적하면서, 須婆蜜多와 僧迦羅叉의 순서가 뒤바뀐 이 법계가 「左溪大師碑」에서 말하는 29대설의 내용이었을 것이다라고 추측하고 있다. 「좌계대사비」에서 제시한 29대설은 조사의 이름이 없는 것이기 때문에 알 수 없지만 역시 무리한 추측이라고 할 수 있다.
柳田聖山, 『初期禪宗史書の研究』, 276쪽 참조.

27 신회의 『菩提達摩南宗定是非論』에는 남종의 조사 달마를 다음과 같이 기록하고 있다. "梁朝婆羅門僧學菩提達摩 是南天竺國, 國王第三者, 少小出家, 智慧甚深, 於諸三昧, 獲如來禪."(『神會和尙遺集』, 260쪽 참조)

로부터 육조혜능에 이르는 새로운 보리달마 남종의 법통설을 재확립하고, 혜능의 남종돈교법 상승과 법통을 강조하기 위해 주장된 것임을 알 수 있다.

이러한 사실은 앞에서도 인용한 것처럼, 제자인 법해가 육조혜능에게 "이 돈교법의 전수는 지금까지 몇 대나 됩니까?"라는 질문에 혜능이 직접 과거칠불 서천 28조 동토 육조에 이르는 40대의 법통설을 밝히고 있는 점으로도 분명히 알 수 있다.

돈황본 『육조단경』은 『역대법보기』나 『조계대사전』에서 완전히 정립하지 못한 서천 28조의 법통설을 확립하였다고 할 수 있다. 그것은 돈황본 『육조단경』의 법통설을 계승하고 있는 『보림전』이나 이후의 선종 전등설이 한결같이 서천 28조설을 제시하고 있는 점으로 분명히 알 수 있다.[28]

그러나 서천 28조 조사들의 列名이 완전히 정립된 것은, 조사선을 주장한 마조계의 사람들에 의해 편집한 『보림전』에서 제시한 서천 28조 법통설의 출현과 더불어 이루어지고 있다.

앞에서도 언급했지만, 서천법통설은 크게 돈황본 『육조단경』의 사나파사계와 『보림전』의 파수밀계 두 계통으로 구분되고 있다.

---

[28] 서천 28조 법통설을 주장하고 있는 자료는 상당히 많다.
『證道歌敦』의 異本인 敦煌本 『禪門祕要決』(P.2104호본)에 "建法幢 竪宗旨. 明明佛勅曹溪是. 第一迦葉首傳燈. 二十八代西天記. 入此土, 菩提達摩爲初祖. 六代傳衣天下聞. 後人得道何窮數."라고 읊고 있다.
神會和尙 『顯宗記』에도 "自世尊滅度 西天二十八祖 共傳無住之心 同說如來知見 至於達摩 屆此爲初 遞代相承 於今不絶."(『大正藏』 51권, 459쪽上)라고 하였다.
그 밖에도 裵休의 『圭峰禪師碑銘』(『全唐文』 743권). 李吉甫의 『杭州徑山寺大覺禪師碑銘幷序』(『全唐文』 512권, 『文苑英華』 865권), 劉禹錫의 『牛頭山第一祖法融新塔記』(『全唐文』 606권) 등에 한결같이 주장하고 있다.

『육조단경』이 『선경』의 서문과 『부법장인연전』을 결합한 『역대법보기』의 29조에서 제7조 미차가를 제외한 서천 28조설을 주장한 것은 신회의 『보리달마남종정시비론』에서 주장한 13대설의 영향을 받고 있는 것임을 알 수 있다.

말하자면 신회가 주장한 사나파사계의 서천법통설은 『역대법보기』(774년), 『조계대사전』(781년), 돈황본 『육조단경』(790년경), 그리고 『內證佛法相承血脈譜』(819년), 종밀의 『圓覺經大疏鈔』(823년) 등에 그대로 계승되고 있다.

그리고 이러한 돈황본 『육조단경』의 서천법통설은 송대에 오직 혜흔본 『육조단경』에서만 인용되고 있을 뿐, 그 밖의 『육조단경』은 한결같이 『보림전』에서 주장하고 있는 婆須蜜系의 서천법통설을 채택하고 있다. 이러한 경향은 『보림전』에서 정립한 파수밀계의 서천법통설이 완전히 정착된 사실을 단적으로 입증하고 있음을 말해주고 있다.

5. 서천 28조 법통설의 완성 ─『보림전』의 법통설─

신회가 주장한 舍那婆斯系의 서천법통설에 대하여, 마조계의 홍주종에서는 『보림전』(801년)을 편집하여 새로운 파수밀계의 서천 28조설을 주장하고 있다. 북종선에서 단순하게 주장하기 시작한 선종의 법통설이 신회의 남종운동과 더불어 새로운 법통상승의 문제로 대두되면서 선종 각파의 다양한 법통설이 주장되기 시작했다.

북종선에서 주장한 『선경』 서문과 혜원의 서문에 의한 3대와 8대설, 신회의 13대설과 『역대법보기』의 29대설을 거쳐 『조계대사전』과 돈황본 『육조단경』에서 28대설로 정착하였다.

그러나 列祖의 이름은 여전히 출입이 심하여 정립되지 못했는데, 『보림전』에서는 이러한 서천 28조 법통설을 완전히 완성시켜 정립하고 있다.

그것은 『보림전』 이후에 출현하는 선종 전등관계의 모든 자료가 한결같이 『보림전』의 법통설을 충실하게 계승하고 있는 사실로 입증할 수 있다. 예를 들면 『聖胄集』(899년), 『泉州千佛新著諸祖師頌』, 『조당집』(952년), 『경덕전등록』(1004년) 등에서 주장하고 있는 서천 28대 전등설이 모두 『보림전』에서 정립한 파수밀계의 서천법통설에 의거하고 있다.

뿐만 아니라 송대에 재편되고 있는 여러 『육조단경』에서도 돈황본 『단경』에서 주장하고 있는 사나파사계의 서천법통설을 채택하고 있는 자료는 혜흔본 『육조단경』뿐이며, 그 밖의 모든 『단경』은 『보림전』에서 주장한 파수밀계의 서천 28조 법통설을 그대로 수용하고 있는 점으로도 확인할 수가 있다.

원래 『보림전』은 일본승 圓仁(794~864)의 『入唐求法目錄』에,

大唐韶州雙峰山曹(侯)溪寶林傳 十卷一帙. 會稽沙門 靈徹字明泳序.

(『대정장』 55卷, 1075쪽下)

라는 기록처럼, 원래 10권이었지만, 현재는 1~5, 6, 8권 모두 7권이 발견되어 전해지고 있다.[29]

---

29 『寶林傳』의 발견과 서지학적인 자세한 연구는 常盤大定, 『寶林傳の研究』(日本 國書刊行會, 1934년).
　　柳田聖山, 『初期禪宗史書の研究』, 351쪽 이후.
　　정성본, 『중국선종의 성립사연구』, 756쪽, 「寶林傳의 성립과 正法眼藏」 참조.

『보림전』의 성립에 관한 기록은 宋代 惟白이 崇寧 2년(1103년)에 편집한 『大藏經綱目指要錄』 제8권에 다음과 같이 전하고 있다.

> 唐 貞元中(785~804)에 금릉의 사문 惠炬가 역대 조사의 게송을 가지고 조계에 가서, 서천에서 온 勝持三藏과 함께 교정하고, 당초 이후 선승들의 전법과 기연을 모아서 『보림전』을 완성했다.[30]
>
> 보림전 十卷은 서천의 승지삼장이 금릉사문 혜거와 함께 소주조계의 보림산에서 편집하였으며, 靈徹이 서문을 지었다. 본문 가운데 後漢의 員外 張成이 찬술한 대가섭의 비문은 그의 사적에 자세하며, 다른 여러 조사들의 기연은 모두 전등록과 똑같다.[31]

이상의 기록을 보면, 『보림전』 10권은 金陵沙門 혜거가 서천의 역대 조사들의 전법게를 모아 육조혜능이 활약한 소주 조계보림산에서 서천의 사문이 승지삼장과 함께 교정하고 영철의 서문을 첨가하여 편집한 선종의 전등록이다.

그리고 惟白은 『보림전』의 성립시기를 단지 貞元中(785~804)이라고만 언급하는데, 宋의 咸淳 6년(1270년)에 엮어진 本覺의 『釋氏通鑑』 제10권 「唐 德宗 貞元 17년 辛巳(801년)조」에 "금릉사문 혜거는 천축삼장 승지와 조사의 전법게와 참게 및 종사들의 기연 등을 수집하여 보림전을 편집했다."[32]라는 기록이 보인다.

---

[30] 『昭和法寶總目錄』 제2권, 770쪽中. 이 기록은 그대로 『祖庭事苑』 제8권(『卍續藏』 113권, 113c)에 인용되고 있다.

[31] 『昭和法寶總目錄』 2권, 768쪽中.

[32] 『卍續藏經』 131권, 475c.

이 기록을 근거로『보림전』의 성립 연대를 삼고 있는데,『보림전』의 발견과 기타 자세한 서지학적인 문제는 생략하고 여기서는 서천 28조 법통설을 중심으로 살펴보자.

현존하는『보림전』7권의 구성과 내용을 중심으로 법통상승을 정리해 보면 다음과 같다.

釋迦牟尼佛　　　　　（제1권）

제1조　大迦葉

제2조　阿難　　　　　（제2권）

제3조　商那和修

제4조　優波掬多

제5조　提多迦

제6조　彌遮加

제7조　婆須蜜

제8조　佛陀難提

제9조　伏馱蜜多　　　（제3권）

제10조　脇尊者

제11조　富那耶奢

제12조　馬鳴菩薩

제13조　毘羅尊者

제14조　龍樹菩薩

제15조　迦那提婆

제16조　羅睺羅多

제17조　僧伽難提

제18조　伽耶舍多　（제4권）

제19조 鳩摩羅多

제20조 闍夜多

제21조 婆修盤頭

제22조 摩拏羅

제23조 鶴勒那　　　(제5권)

제24조 師子比丘

제25조 婆舍斯多

제26조 不如密多

제27조 般若多羅　　(제7권缺)

제28조 菩提達摩

제29조 慧可大師　　(제8권)

제30조 僧璨大師

『보림전』 서천 28조 법통설의 특색은 지금까지 『선경』의 서문과 『부법장인연전』에 보이는 조사들의 이름을 단순히 29대 혹은 28대의 숫자에 맞추어 접속시켜서 법통의 상승을 주장하려는 차원을 완전히 탈피하여 새로운 석가모니불의 정법을 계승한 전등조사로 이미지를 부각시키고 있는 점이다.

『보림전』 제1권에 석가모니불의 법문[語錄]으로 『사십이장경』을 모두 수록하고 있는 점이나, 가섭에게 정법안장을 부촉하고 전법게를 전하며 열반에 들기까지의 구체적인 생애와 전기를 수록하고 있는 점을 비롯해서 가섭과 아난 등 모든 서천조사들도 한결같이 석가모니불과 같은 스승을 만나 정법안장을 부촉받고 전법게를 전하는 師資間의 전법과 기연을 자세히 기록하고 있다.[33]

말하자면 『보림전』은 사자간의 구법과 정법안장의 부촉, 그리고 이를 증명하는 의미로 전법게를 상전하는 부법의 기연을 자세히 기록하여 정법의 상승과 유래를 구체적으로 기록한 최초의 전등록이다.

그리고 서천 동토조사들의 생애와 入寂年時를 중국 역사에 맞추어서 명기하고 있는 점은, 석가모니불의 정법이 보리달마를 통해 중국으로 전래되어 선불교가 완성된 사실을 분명히 밝히려는 선의 역사를 기록하고 있는 점이며, 이러한 정법의 유래와 선의 전통을 전한 전법의 조사들이 다름 아닌 서천 28대 동토 6대의 조사라고 주장하고 있다.

『보림전』에서 새롭게 정립한 서천 28조 법통설의 내용을 살펴보면, 『역대법보기』 등 거의 모든 자료에서 제3조로 확정한 말전지를 없애려고 하는 것은 아마도 『조계대사전』의 입장을 따른 것으로 간주된다.

또 돈황본 『육조단경』에서 제외되었던 제7조 미차가를 제6조로 다시 되살려 놓고 있으며, 제7조로는 새롭게 파수밀을 배치하고 있다. 그래서 『보림전』을 파수밀계 서천법통설이라고도 한다.

앞에서 언급한 것처럼, 파수밀은 사실 『달마다라선경』에서 제6조인데, 신회가 잘못 기록하여 수파밀로 바꾸자 이를 이은 『역대법보기』나 돈황본 『육조단경』 등의 전등자료도 똑같이 수파밀로 명기하였으며, 그는 또 보리달마(달마다라)의 스승으로 간주하였던 인물이기도 하다.

지금까지 서천법통설에서 파수밀(혹은 수파밀)이 달마와 가깝게 위치한 것은 원래 보리달마와 달마다라를 동일시했기 때문이고, 『선경』

---

33 正法眼藏의 부촉에 대해서는 鄭性本, 『중국선종의 성립사연구』, 768쪽 이하 참조.

의 序에서 말하는 사나파사와 우파굴이 『부법장인연전』의 상나화수
와 우파국다 바로 그 사람임을 확실히 알지 못했기 때문이다.

　『보림전』은 종래 서천법통설의 부족한 점과 중복을 개선, 정리하
고 역사적인 배치를 새롭게 하여 체계화한 최초의 전등록임과 동시
에 최후의 전등사서라고 할 수 있다.[34]

　말하자면 『보림전』의 서천법통설은 사나파사와 우파굴의 중복을
정리하였고, 또 『선경』의 서문에서 달마다라의 스승인 승가라차를
제외시켰으며, 제24조 사자비구와 제28조 보리달마 사이에 새롭게
다음과 같은 三祖를 첨가하고 있는 점이 특징이다.

　　제25조 婆舍斯多
　　제26조 不如密(蜜)多
　　제27조 般若多羅

　이상의 三祖는 『보림전』에서만 보이는 조사인데, 어떠한 자료에
근거를 두고 있는지 알 수 없다. 송의 契崇은 『출삼장기집』 제12권
에 보이는 『薩婆多部記』와 혜관의 『修行地不淨觀經序』에 의한 것이
아닌가라고 추측하지만 확실한 것은 아니며, 『보림전』의 창조라고
볼 수 있다.[35]

34　柳田聖山, 『初期禪宗史書の硏究』, 370쪽 참조.

35　橫井聖山, 「燈史の系譜」(『日本佛敎學會年報』 제19호, 1954년 4월).
　　『薩婆多部記』는 『薩婆多師資記』라고도 하는데, 설일체유부의 十誦律의 師資相承 90
여 명의 사적을 기록한 자료이다. 설일체유부에 관한 史傳으로서 귀중한 자료인데
일찍이 유실되었고, 『出三藏記集』 제12권에 釋僧祐가 지은 『薩婆多部記目錄序』(『大
正藏』 55권, 89쪽上)가 전하고 있을 뿐이다.
　　慧觀의 『修行地不淨觀經序』는 『達摩多羅禪經』의 서문임.(『大正藏』 55권, 66쪽中)

즉 종래의 서천법통설은 주로 『부법장인연전』과 『선경』 서문에 의거하여 列祖의 이름을 정리하는 차원에 머물고 있었으며, 또한 『보림전』 이후에 정리한 종밀의 법통설도 『역대법보기』의 주장을 충실히 계승하는 정도였다. 그러나 『보림전』은 종래의 사서나 경전에 의거한 법통설을 벗어나 정법의 상승과 유래를 완전히 새롭게 창조하고 있다.

특히 27조 반야다라를 보리달마의 스승으로 새롭게 등장시켜서 동토에서 보리달마의 역할을 참게(예언)로 제시한 것은 서천 28조와 동토 6조와의 선종 전등 법통설을 연결하는 새로운 시도라고 할 수 있다.

『보림전』 제7권이 결여되어 반야다라존자의 전기에 대해서는 자세히 알 수 없지만, 『조당집』 제3권 달마전에 의하면, 달마가 천축에서 반야다라의 법을 받고 장차 동토로 가려고 할 때 반야다라존자는 다음과 같은 말을 하고 四首의 참게(예언)를 전했다고 한다.

> 그대는 지금 나의 법을 이었으나 멀리 가서 교화하지 말라.
> 그대는 내가 입적한 후 67년이 지난 뒤에
> 震旦(중국)에 가서 크게 법약을 베풀도록 하라.
> 그대는 급히 가지 마라.
> 급히 가면 재난을 만나 교화를 펼칠 수가 없게 될 것이다.

> 震旦雖潤無別路　　震旦(중국)이 넓다지만 다른 길은 없다.
> (震旦이란 唐國을 말한다. 別路가 없다고 함은 오직 一心의 법이 있을 뿐이란 뜻이니, 懷讓大師의 교화 방법이 이와 같다.)

要假姪孫脚下行　　반드시 姪孫의 脚下를 假借하여 행한다.

　　　　　　　　　　(姪孫이란 요즘의 법을 전하는 제자인 것이다.)

金雞解銜一顆米　　金雞가 一顆의 쌀알을 물어 올 줄 알아서,

　　　　　　　　　　(金雞란 金州이다. 懷讓은 바로 금주 사람이다. 一顆
　　　　　　　　　　의 米란 道一을 뜻하니, 강서의 마조는 도일이라 부
　　　　　　　　　　른다.)

供養十方羅漢僧　　十方의 나한승에게 공양하리라.

　　　　　　　　　　(회양화상의 법을 도일에게 부촉한다. 때문에 공양
　　　　　　　　　　이라고 말한다. 시방이라고 함은 마조화상이 바로 漢
　　　　　　　　　　州十方縣의 나한사에 출가했기 때문이다.)[36]

　　반야다라존자의 참게는 원래 『보림전』에 있었던 것이 틀림없으며,
그것을 입증하는 자료가 『조정사원』 제8권에 인용하고 있는 사실로
확인할 수가 있다.[37]

　　『보림전』에 제27조 반야다라존자가 제28조 보리달마에게 이와 같
은 예언의 게송을 통해서 조계혜능의 문하에서 남악회양-마조도일
의 출현을 예언하였다고 하는 것은 주목해야 할 일단이다.

　　그러므로 『보림전』은 마조문하의 인물에 의해 편찬된 홍주종의 전
등록이다. 『보림전』에는 이 밖에도 나연야사의 예언 13首를 전하면
서 혜가, 승찬, 도신, 우두, 홍인, 혜능, 신수, 신회, 인종, 혜충, 노

36　『祖堂集』 제2권, 보리달마장(1-63).
37　반야다라의 讖偈는 契崇의 『傳法正宗記』 제5권 「天竺第二十八祖達摩尊者傳」,(『大正
　　藏』 제51권, 739쪽下) 및 宋代 睦庵 『祖庭事苑』 제8권 「註祖師讖」,(『卍續藏經』 113,
　　113c) 등에 인용되고 있다.

안, 남악, 석두 등의 출현에 대한 예언을 전하고도 있지만, 특히 마
조도일의 출현을 반야다라존자의 예언으로 제시하고 있는 것은 마조
도일이 보리달마의 정법을 상승한 인물로 지목하고 있음을 말해주고
있다.[38]

　말하자면 『보림전』은 반야다라의 예언으로 마조계 홍주종의 불법
상승에 대한 전등의 역사를 분명히 하려는 것을 알 수 있다. 즉 석가
모니불 이래로 서천 28조, 동토 6조 혜능을 거쳐 남악회양–마조도
일에게 전래된 정법의 역사를 조사들의 전법게와 참게로 입증시키고
있다.

　전법게는 돈황본 『육조단경』에서 전의설에 대신하는 새로운 인가
증명으로 제시했는데, 동토 6조의 전법게만 수록하였고, 『보림전』
은 석가모니불과 서천 28조, 동토 6조 등 모든 조사들의 전법게를
전하고 있다. 이는 즉 사자간의 정법전수와 정법안장의 부촉을 증명
하는 의미로, 『보림전』은 이러한 전법게와 조사들의 예언을 서천
28조 동토 6조의 선종 법통설의 전법사실을 증명하는 자료로 확실
하다.[39]

　앞에서 언급한 것처럼, 북종선에서 주장한 선종 법통설은 마조계의
홍주종에서 편집한 『보림전』에서 서천 28조, 동토 6조의 법통설이 완

---

38 『祖堂集』 제2권 보리달마전 참조. 이에 대한 자세한 점은 정성본, 『중국선종의 성립
　사연구』, 756쪽 이하 참조.

39 敦煌資料 P.2977호본으로 작자 未詳의 『祖師傳敎西天二十八祖唐來六祖』 1권이 있
　다. 傳燈 師承을 강조하는 선종에서 주장된 唐末의 전등 자료로 추정되는 것인데,
　首部가 缺如되어 있다. 이 자료의 내용은 『寶林傳』系 西天二十八祖에 대하여 世代
　數와 祖師名, 出身地, 중국 帝王名에 의한 시대 표시의 三項目을 列記한 것이다. 달마
　가 正法을 동토에 傳持한 사람이라고 강조하고 東土 五代에 대해서는 언급하지 않고
　있다.

성되는데, 이러한 사실은 『조당집』과 『전등록』이 한결같이 『보림전』의 선종 법통설을 그대로 계승하고 있는 사실로도 알 수 있다.[40]

6. 맺는 말 —『조당집』과 과거칠불의 전등설—

이상 북종선에서부터 제기된 선종의 다양한 법통설의 주장과 성립에 대한 여러 문제점을 살펴보았다. 마지막으로 선종 법통설을 종합하고 있는 『조당집』의 선종 전등설을 간략히 살펴보면서 본론을 맺고자 한다.

선종 법통설은 『보림전』에서 완성되었다고 할 수 있는데, 『보림전』의 앞부분이 파손되어 석가모니불 이전 과거칠불에 대한 법통설을 확인할 수가 없다. 물론 『보림전』에도 과거칠불의 법통설에 대한 관심이 있었다는 사실은 제8권 제30조 승찬장에,

若取七佛 幷迦葉二十七師, 至此土璨禪師 卽三十七祖也.

라는 일절에서 확인할 수가 있으나 과거칠불의 전법게가 없었다는 사실은 송대 계숭이 『전법정종기』(1061년 作) 제1권에서 밝히고 있는 것으로 분명히 알 수 있다.[41]

---

[40] 『寶林傳』의 西天二十八祖 선종 법통설에 대하여 천태종의 비판도 보인다. 즉 『佛祖統紀』 제21, 子昉傳(『大正藏』 49권, 242쪽上)에는 契崇의 『正法定宗圖』와 智炬의 『寶林傳』에서 주장하는 西天二十八祖 法統說이 妄說이라고 심하게 비판하고 있다.

[41] 『傳法正宗記』 제1권에 "其寶林傳燈諸家之傳記 皆祖述乎 前魏 支彊梁樓 與東魏之那連耶舍. 此二梵僧之所譯也. 或其首列乎 七佛之偈者. 蓋亦出於支彊耶舍之二譯耳. 豈謂非

　　원래 선종의 전등 법통설은 석가모니불로부터 비롯되었고, 과거칠불의 전등을 최초로 언급한 것은 돈황본『육조단경』이다. 그러나 돈황본『육조단경』에서는 '初傳授七佛', '釋迦牟尼佛第七'이라고 기록하고 있을 뿐 七佛의 이름은 열거하지 않고 있다.

　　현존하는 선종 전등사서에서 과거칠불의 전등을 명기하고 있는 자료는『조당집』인데,『조당집』제1권에는 과거칠불의 이름을 다음과 같이 열거하고 있다.

　　　　제1　毘婆尸佛

　　　　제2　尸棄佛

　　　　제3　毘舍浮佛

　　　　제4　拘留孫佛

　　　　제5　迦葉佛

　　　　제6　拘那含牟尼佛

　　　　제7　釋迦牟尼佛

　　그리고『보림전』에서 석가모니불과 서천조사들이 전법게를 전한 것과 같이,『조당집』에서는 과거칠불의 약전과 전법게를 수록하고 있다. 이러한 과거칠불의 전법게는『종경록』제97권,『전등록』제1권과『禪門諸祖師偈頌』,『祖庭事苑』제8권 등에 전승되고 있다.[42]

其舊本耶. 然寶林傳其端不列七佛. 猶吾書之意也."(『大正藏』51권, 718쪽下)라고 기록하고 있다.

[42] 『宗鏡錄』제97권(『大正藏』48권, 937쪽下).
　　 『禪門諸祖師偈頌』(『卍續藏經』116, 455b).
　　 『祖庭事苑』제8권「七佛條」(『卍續藏經』113, 113a).

이렇게 볼 때 사실 선종 법통설은『조당집』에 이르러서 과거칠불 서천 28조, 동토 6조의 선종 전등설이 완성되었다고 볼 수 있다. 그러한 사실은『조당집』의 선종 전등설을 그대로 계승하고 있는『전등록』과 이후의 모든 선종사서가 한결같이 과거칠불 서천 28조, 동토 6조의 선종 법통설을 주장하고 있는 점이 확실하기 때문이다.[43]

【참조】

과거칠불에 대한 경전으로는『장아함경』제1『대본경』(『대정장』1권, 1쪽)이 있다. Pali 문헌 경전은 Mahapadana-suttanta가 이에 상당함. 異譯經典은『칠불경본』(『대정장』1권, 150쪽),『七佛父母姓字經』(『대정장』1권, 159쪽) 등이 있으며,『증일아함경』제45권(『대정장』1권, 790쪽) 등에도 언급되어 있다.

경전상 과거칠불의 등장과 그 역할은 경의 내용에 권위를 첨가하기 위해 등장시키고 있다. 즉 현재의 종교가 과거로부터 현재까지 전승된 보편적인 성격을 지닌 가르침이며, 역사적인 전통이 있는 것임을 입증하기 위한 것이라고 할 수 있다.

후대에는『過去莊嚴劫千佛名經』(『대정장』14권, 365쪽),『現在賢劫千佛名經』(『대정장』14권, 376쪽),『未來星宿劫千佛名經』(『대정장』14권, 388쪽) 등, 과거 현재 미래에 각각 千佛이 출현한다는 경전도 있다.

---

43 중국 선종의 전등 법통설의 주장에 영향을 받은 唐代의 여러 종파불교에서도 자파의 입장을 계보로 정립하려는 운동이 확산되었다. 이러한 사실을 전하는 돈황 자료가 많이 보이는데, 본론에서는 省略하였지만 이 분야의 연구자를 위해서 참고 자료로 田中良昭,『敦煌禪宗文獻の研究』(日本 東京, 大東出版社, 1983년)를 소개한다.

禪宗東西祖統對照表		
禪經序 411	付法藏傳 472	摩訶止觀 594
者大迦葉	摩訶迦葉	大迦葉
者阿難	阿難　摩田提	阿難
者末田地	商那和修	商那和修末田地
	憂波鞠多	鞠多
	提多迦	提迦多
	彌遮迦	彌遮迦
	佛陀難提	佛馱難提
	佛陀蜜多	佛馱蜜多
	脇比丘	脇比丘
	富那奢	富那奢
	馬鳴　達摩蜜多	馬鳴
	比羅	毘羅
	龍樹	龍樹
	迦那提婆	提婆
	羅睺羅	羅睺羅
	僧伽難提	僧法難提
	僧伽耶舍	僧佉耶奢
	鳩摩羅馱	鳩摩羅馱
	闍夜多	闍夜多
	婆修槃陀	盤馱
	摩奴羅	摩奴羅
	夜奢	鶴勒夜那
	鶴勒那夜奢	師子
	師子	
尊者舍那婆斯		
尊者優波崛		
尊者婆須蜜		
尊者僧伽羅叉		
尊者達摩多羅		
乃至尊不若蜜多羅		

禪宗東西祖統對照表		
龍門石窟·付法藏伝	**南宗定是非論 732**	**左溪大師碑 754**
	如來	1
A 佛付摩訶迦葉第一	迦葉	2
B	阿難	3
C	末田地	4
D	（舍那婆斯）	5
E 提多比丘第六	（優婆崛）	6
F 弥遮迦比丘第七		7
G 佛陁難提比丘第八		8
H 佛陁蜜多比丘第九		9
I 脇比丘第十		10
J 富那奢比丘第十一		11
K 馬鳴菩薩第十二		12
L 毗羅比丘第十三		13
M 龍樹菩薩第十四		14
N 迦那提婆菩薩第十五		15
O 羅候羅第十六		16
P 僧伽難提比丘第十七		17
Q 僧伽耶舍比丘第十八		18
R 鳩摩羅馱比丘第十九		19
S 闍夜多比丘第二十		20
T 婆修槃陁第二十一		21
U 摩奴羅比丘第二十二		22
V 夜奢比丘第二十三		23
W 鶴勒那夜奢比丘第二十四		24
X 師子比丘第二十五	舍那婆	25
	優婆崛	26
	須婆蜜斯	27
	僧伽羅叉	28
	菩提達摩	菩薩僧菩提達摩禪
	惠可	
	僧璨	
	道信	
	弘忍	
	惠能	

<table>
<tr><th colspan="3" align="center">禪宗東西祖統對照表</th></tr>
<tr><th align="center">歷代法寶記 775</th><th align="center">曹溪大師傳 781</th><th align="center">敦煌本六祖壇經</th></tr>
<tr><td></td><td></td><td>七佛</td></tr>
<tr><td></td><td></td><td>釋迦牟尼佛第七</td></tr>
<tr><td>釋迦如來滅度後</td><td></td><td>大迦葉第八</td></tr>
<tr><td>摩訶迦葉</td><td></td><td>阿難第九</td></tr>
<tr><td>阿難</td><td>如來臨般涅槃以甚深</td><td>末田地第十</td></tr>
<tr><td>末田地</td><td>般若波羅蜜法付囑</td><td>商那和修第十一</td></tr>
<tr><td>商那和修</td><td>摩訶迦葉</td><td>優婆掬多第十二</td></tr>
<tr><td>優婆掬多</td><td>阿難</td><td>提多迦第十三</td></tr>
<tr><td>提多迦</td><td>商那和修</td><td>佛陁難提第十四</td></tr>
<tr><td>彌遮迦</td><td>憂波掬多</td><td>佛陁蜜多第十五</td></tr>
<tr><td>佛陀難提</td><td align="center">5</td><td>脇比丘第十六</td></tr>
<tr><td>佛陀蜜多</td><td align="center">6</td><td>富那奢第十七</td></tr>
<tr><td>脇比丘</td><td align="center">7</td><td>馬鳴第十八</td></tr>
<tr><td>富那耶奢</td><td align="center">8</td><td>毘羅長者第十九</td></tr>
<tr><td>馬鳴</td><td align="center">9</td><td>龍樹第二十</td></tr>
<tr><td>毘羅長老</td><td align="center">10</td><td>迦那提婆第二十一</td></tr>
<tr><td>龍樹</td><td align="center">11</td><td>羅睺羅第二十二</td></tr>
<tr><td>迦那提婆</td><td align="center">12</td><td>僧迦那提第二十三</td></tr>
<tr><td>羅侯羅</td><td align="center">13</td><td>僧迦耶舍第二十四</td></tr>
<tr><td>僧迦那提</td><td align="center">14</td><td>鳩摩羅馱第二十五</td></tr>
<tr><td>僧迦耶舍</td><td align="center">15</td><td>闍耶多第二十六</td></tr>
<tr><td>鳩摩羅馱</td><td align="center">16</td><td>婆須盤多第二十七</td></tr>
<tr><td>闍夜多</td><td align="center">17</td><td>摩拏羅第二十八</td></tr>
<tr><td>婆修槃陁</td><td align="center">18</td><td>鶴勒那第二十九</td></tr>
<tr><td>摩拏羅</td><td align="center">19</td><td>師子比丘第三十</td></tr>
<tr><td>鶴勒那</td><td align="center">20</td><td>舍那婆斯第三十一</td></tr>
<tr><td>師子比丘</td><td align="center">21</td><td>優婆堀第三十二</td></tr>
<tr><td>舍那婆斯</td><td align="center">23</td><td>僧迦羅第三十三</td></tr>
<tr><td>優婆掘</td><td align="center">24</td><td>須婆蜜多第三十四</td></tr>
<tr><td>須婆蜜多</td><td align="center">25</td><td>南天竺國王子第三子菩提</td></tr>
<tr><td>僧迦羅叉</td><td align="center">26</td><td>達摩第三十五</td></tr>
<tr><td>菩提達摩多羅</td><td align="center">27</td><td>唐國僧惠可第三十六</td></tr>
<tr><td></td><td>二十八達摩多羅</td><td>僧璨第三十七</td></tr>
<tr><td></td><td></td><td>道信第三十八</td></tr>
<tr><td></td><td></td><td>弘忍第三十九</td></tr>
<tr><td></td><td></td><td>惠能自身當今受法第四十</td></tr>
</table>

<table>
<tr><th colspan="3">禪宗東西祖統對照表</th></tr>
<tr><th>寶林傳 801</th><th>內證佛法相承血脈譜</th><th>圓覺經大疏鈔 823</th></tr>
<tr><td></td><td>垂迹釋迦大牟尼尊</td><td></td></tr>
<tr><td>第一祖大迦葉</td><td>摩訶迦葉</td><td>迦葉第一</td></tr>
<tr><td>第二祖阿難</td><td>阿難</td><td>阿難第二</td></tr>
<tr><td>第三祖商那和修</td><td>商那和修</td><td>商那和修和第三
和稟親稟阿難不稟末田提</td></tr>
<tr><td>第四祖優波鞠多</td><td>優婆鞠多</td><td>優婆鞠多第四</td></tr>
<tr><td>第五祖提多迦</td><td>提多迦</td><td>提多迦第五</td></tr>
<tr><td>第六祖彌遮迦</td><td>彌遮迦</td><td>彌遮迦第六</td></tr>
<tr><td>第七祖婆須蜜</td><td>佛陀難提</td><td>佛陀難提第七</td></tr>
<tr><td>第八祖佛陀難提</td><td>佛陀蜜多</td><td>佛陀蜜多第八</td></tr>
<tr><td>第九祖伏馱蜜多</td><td>脇比丘</td><td>脇比丘第九</td></tr>
<tr><td>第十(祖)脇尊者</td><td>富羅奢</td><td>富那闍第十</td></tr>
<tr><td>第十一祖富那夜奢</td><td>馬鳴菩薩</td><td>馬鳴菩薩第十一</td></tr>
<tr><td>第十二(祖)馬鳴菩薩</td><td>比羅比丘</td><td>毗羅尊者第十二</td></tr>
<tr><td>第十三祖毗羅尊者</td><td>龍樹菩薩</td><td>龍樹菩薩第十三</td></tr>
<tr><td>第十四祖龍樹菩薩</td><td>迦那提婆</td><td>迦那提婆第十四</td></tr>
<tr><td>第十五祖迦那提婆</td><td>羅睺羅</td><td>羅睺羅第十五</td></tr>
<tr><td>第十六祖羅睺羅多</td><td>僧迦難提</td><td>僧伽難提第十六</td></tr>
<tr><td>第十七祖僧伽難提</td><td>僧伽耶舍</td><td>僧伽耶舍第十七</td></tr>
<tr><td>第十八祖伽耶舍多</td><td>鳩摩羅馱</td><td>鳩摩羅馱第十八</td></tr>
<tr><td>第十九祖鳩摩羅多</td><td>闍夜多</td><td>闍夜多第十九</td></tr>
<tr><td>第二十祖闍夜多</td><td>婆修槃陀</td><td>婆修盤陀第二十</td></tr>
<tr><td>第二十一祖婆修盤頭</td><td>摩奴羅</td><td>摩奴羅第二十一</td></tr>
<tr><td>第二十二祖摩拏羅</td><td>鶴勒耶舍</td><td>鶴勒那夜遮第二十二</td></tr>
<tr><td>第二十三祖鶴勒尊者</td><td>師子尊者</td><td>師子比丘第二十三</td></tr>
<tr><td>第二十四祖師子比丘</td><td>舍那婆斯</td><td>舍那婆斯第二十四</td></tr>
<tr><td>第二十五祖婆舍斯多</td><td>婆須密</td><td>優婆掘第二十五</td></tr>
<tr><td>第二十六祖不如密多</td><td>僧伽羅叉</td><td>婆須密第二十六</td></tr>
<tr><td>第二十七祖般若多羅</td><td>優婆掘</td><td>僧伽羅叉第二十七</td></tr>
<tr><td>第二十八祖菩提達摩</td><td>菩提達摩</td><td>達摩多羅第二十八</td></tr>
<tr><td></td><td>(後魏達摩和上)</td><td></td></tr>
</table>

<table>
<tr><th colspan="3">禪宗東西祖統對照表</th></tr>
<tr><th>聖胄集 899</th><th>祖堂集 952</th><th>傳燈錄 1004</th></tr>
<tr><td></td><td>第一毗婆尸佛</td><td>毘婆尸佛</td></tr>
<tr><td></td><td>第二尸棄佛</td><td>尸棄佛</td></tr>
<tr><td></td><td>第三毗舍浮佛</td><td>毘舍浮佛</td></tr>
<tr><td></td><td>第四拘留孫佛</td><td>拘留孫佛</td></tr>
<tr><td></td><td>第五拘那含牟尼佛</td><td>拘那含牟尼佛</td></tr>
<tr><td></td><td>第六迦葉佛</td><td>迦葉佛</td></tr>
<tr><td>釋迦牟尼如來</td><td>第七釋迦牟尼佛</td><td>釋迦牟尼佛</td></tr>
<tr><td>摩訶迦</td><td>第一祖大迦葉</td><td>第一祖摩訶迦葉</td></tr>
<tr><td>阿難</td><td>第二祖阿難</td><td>第二祖阿難旁出末田底迦</td></tr>
<tr><td>末田底葉</td><td>第三祖商那和修</td><td>第三祖商那和修</td></tr>
<tr><td>商那和修</td><td>第四祖優婆鞠多</td><td>製四祖優婆鞠多</td></tr>
<tr><td>優波鞠多</td><td>第五祖提多迦</td><td>第五祖提多迦</td></tr>
<tr><td>提多伽尊者</td><td>第六祖彌遮迦</td><td>第六祖彌遮迦</td></tr>
<tr><td>彌遮迦尊</td><td>第七祖婆須密</td><td>第七祖婆須蜜</td></tr>
<tr><td>伏陁難提　婆須蜜多佛陀難提</td><td>第八祖佛陁難提</td><td>第八祖佛陀難提</td></tr>
<tr><td>伏陀蜜多　伏馱蜜多</td><td>第九祖伏馱密多</td><td>第九祖伏馱蜜多</td></tr>
<tr><td>脇比丘　　脇尊者</td><td>第十祖脇尊者</td><td>第十祖脇尊者</td></tr>
<tr><td>　　　　　富那夜者</td><td>第十一祖富那耶奢</td><td>第十一祖富那夜奢</td></tr>
<tr><td>馬鳴菩薩　馬鳴菩薩</td><td>第十二祖馬鳴</td><td>第十二祖馬鳴大士</td></tr>
<tr><td>龍樹菩薩　龍樹菩薩</td><td>第十三祖毗羅</td><td>第十三祖迦毘摩羅</td></tr>
<tr><td>毘羅尊　　毘羅尊者</td><td>第十四祖龍樹</td><td>第十四祖龍樹大士</td></tr>
<tr><td>提婆菩薩　提婆菩薩</td><td>第十五祖迦那提婆</td><td>第十五祖迦那提婆</td></tr>
<tr><td>羅睺羅（多）</td><td>第十六祖羅睺羅</td><td>第十六祖羅睺羅多</td></tr>
<tr><td>僧伽難提（羅提）</td><td>第十七僧伽難提</td><td>第十七祖僧伽難提</td></tr>
<tr><td>僧伽耶舍</td><td>第十八祖伽耶舍多</td><td>第十八祖伽耶舍多</td></tr>
<tr><td>鳩摩羅馱</td><td>第十九祖鳩摩羅多</td><td>第十九祖鳩摩羅多</td></tr>
<tr><td>闍夜多</td><td>第二十祖闍夜多</td><td>第二十祖闍夜多</td></tr>
<tr><td>婆修槃陁</td><td>第二十一祖婆拏盤頭</td><td>第二十一祖婆修盤頭</td></tr>
<tr><td>摩奴羅尊者</td><td>第二十二祖摩拏羅</td><td>第二十二祖摩拏羅</td></tr>
<tr><td>皓勒那夜闍</td><td>第二十三祖鶴勒</td><td>第二十三祖鶴勒那</td></tr>
<tr><td>師子比丘</td><td>第二十四祖師子</td><td>第二十四祖師子尊者</td></tr>
<tr><td></td><td>第二十五祖婆舍斯多</td><td>第二十五祖婆舍斯多</td></tr>
<tr><td>第二十八代付法藏仁聖者・菩提達摩觀音菩</td><td>第二十六祖不如密多</td><td>第二十六祖不如蜜多</td></tr>
<tr><td></td><td>第二十七祖般若多羅</td><td>第二十七祖般若多羅</td></tr>
<tr><td>第二十九代法藏仁聖者惠可禪師</td><td>第二十八祖菩提達摩</td><td>第二十八祖菩提達磨</td></tr>
<tr><td>州代法藏仁聖者際禪</td><td>第二十九祖師慧可</td><td>第二十九祖慧可大師</td></tr>
<tr><td>第州一代付法藏仁聖者信行禪師</td><td>第三十祖僧璨</td><td>第三十祖僧璨大師</td></tr>
<tr><td>第州二代付法藏仁聖者弘忍禪師</td><td>第三十一祖道信</td><td>第三十一祖道信大師</td></tr>
<tr><td>第州三代付法藏仁聖者韶州僧惠能禪師</td><td>第三十二祖弘忍</td><td>第三十二祖弘忍大師</td></tr>
<tr><td></td><td>第三十三祖惠能</td><td>第三十三祖慧能大師</td></tr>
</table>

禪宗伝燈說系統圖

* 付法藏因緣伝 (472)
〔西天23祖〕
摩訶止觀 (594)
〔西天23祖〕
達摩多羅禪經序 (411)
〔西天8祖〕－本文序慧遠序〔西天3祖〕
河南寶山大住聖窟傳法
聖師(589) 〔西天24祖〕
龍門石窟臺二洞祖師像
(689-705) 〔西天24祖〕
法如禪師行狀 (689年頃)
〔西天3祖, 東土6祖〕
傳法寶紀 (712年頃)
〔西天3祖, 東土7代〕
楞伽師資記 (713年頃)
〔東土8代〕
龍門石窟看經寺洞羅漢像 (732年頃)
〔西天29祖〕
菩提達摩南宗定是非論(732)
〔西天3祖, 東土7代〕
左溪大師碑 (754) 〔西天29祖, 東土6代〕
歷代法寶記 (774) 〔西天29祖, 東土6代〕 ------------ (舍那婆舍系)
曹溪大師傳 (781) 〔西天29(28)祖, 東土6代〕
* 敦煌本 六祖壇經 (790年頃)
〔(過去 7佛)西天28祖, 東土6代〕
寶林傳 (801) ------(婆須蜜系)
〔西天28祖, 東土6代〕
內證佛法血脈譜 (819)
〔西天28祖〕
圓覺經大疏鈔 (823)
〔西天28祖, 東土6代〕
* 泉州千佛新著諸祖師頌
〔西天28祖, 東土6代〕
祖堂集 (952) 〔過去7佛, 西天28祖, 東土6代〕
(*) 景德傳燈錄 (1004)
〔過去7佛, 西天28祖, 東土6代〕

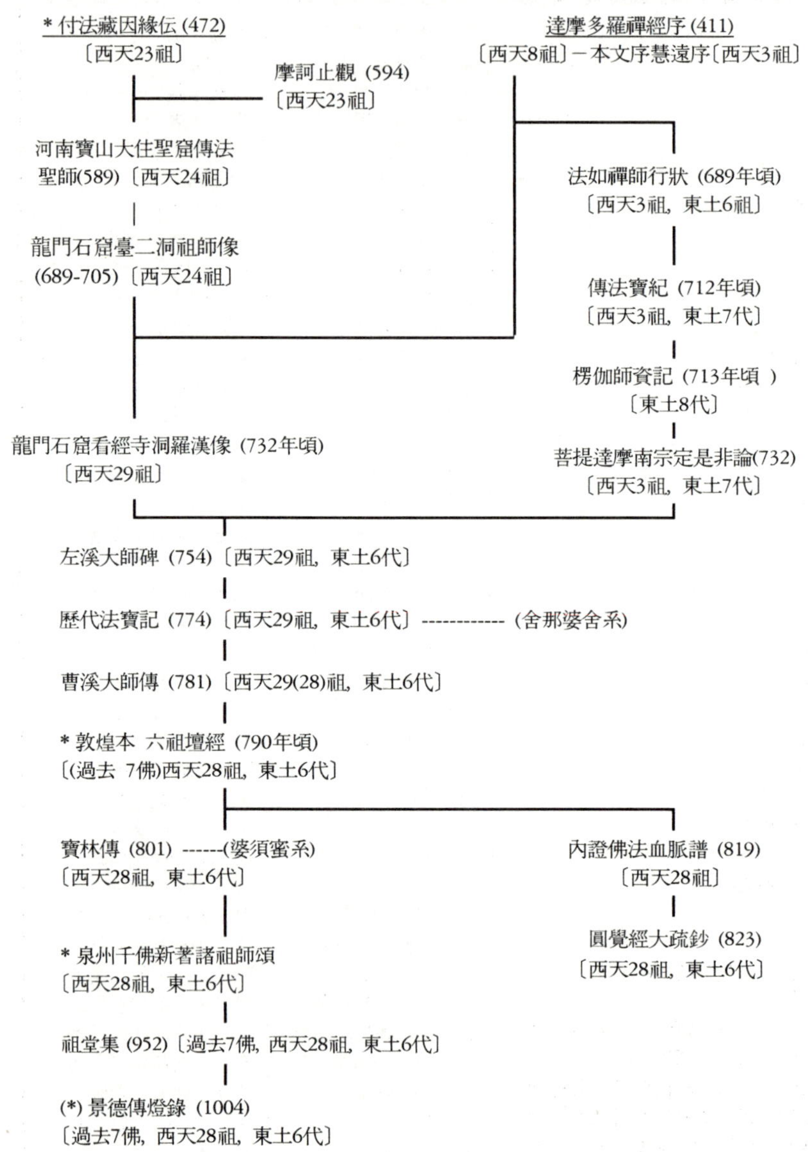

6장

선종의 印可證明 연구
－ 傳衣說의 성립과 발전을 중심으로 －

1. 서언 －문제의 제기－

중국 선종에서는 師資相承의 전법과 법통설을 중시하고 있다. 이렇게 이심전심으로 전래되고 있는 선종의 사자상승과 법통설을 일반적으로 전등이라고 표현하고 있으며, 사자상승된 전등의 사실을 객관적으로 입증하고 증명할 수 있는 것을 인가증명이라고 한다.

다시 말하면 인가 받고 스승의 正法眼藏을 계승하여 정법의 등불을 전해 받은 사실을 입증하고 스승으로부터 그 증거로 전달된 信物이 印可證明인 것이다.

이러한 선종의 인가증명은 각 시대와 종파에 따라 다양하게 발전되었다. 이에 자세한 점을 본 논문에서 살펴보기로 한다. 초기 능가종에는 보리달마가 혜가에게 인가의 증명으로 4권 『楞伽經』을 전했다고 주장하고 있으며[1], 남종의 신회는 달마가 혜가에게 인가의 증명으로 가사를 한 벌 전했다는 傳衣說을 주장하고 있다.

나아가 돈황본 『육조단경』에서는 가사와 더불어 게송을 한 수 전했다고 하는 전법게의 부촉을 주장하고 있다.

이렇게 주장된 초기 선종의 인가증명인 전의설과 전법게는 오늘날까지 그 전통이 면면히 계승되면서 선종의 새로운 전통으로 확립되었다.

주지하는 바와 같이 초기 선종에서는 어떤 특정된 所依經典을 설정하지도 않았고 '不立文字 敎外別傳'이라는 입장을 표방하면서 불타의 정법안장을 계승하여 이심전심으로 스승과 제자 간에 전승된 불법 전등의 사실을 강조하였다.

이런 사실을 볼 때 선종의 전등설은 붓다가 설하신 문자화된 경전상의 가르침 이외에 붓다의 정법안장이 붓다로부터 마하가섭 이하 역대의 여러 조사와 조사 간에 이심전심으로 전래된 사실을 밝히고 있기 때문에 선종 교판으로서의 의미가 강조된 것이라고 할 수 있다.

다시 말하면 중국 선종은 어떤 특정한 하나의 경전을 所依로 하는 隋唐의 종파불교 교판과는 차원이 다른 붓다의 근본정신인 정법안장을 상승하는 전등의 사실로서, 경전상의 문자화된 교판의 문제를 본래

---

1 중국 선종에서 인가증명의 근거와 모델이 되고 있는 자료는 「釋慧可傳」이다. 보리달마가 처음 중국에 와서 慧可를 인가하고 그에게 4권본 『능가경』을 전수하였다는 주장이 『續高僧傳』 권16 「釋慧可傳」에 다음과 같이 전하고 있다.
"처음 달마선사는 4권 『능가경』을 가지고 혜가에게 전수하면서 말했다. "내가 살펴보건대 중국 땅에서는 오직 이 『능가경』만이 수행에 도움이 될 수 있을 뿐이다. 仁者가 이 경에 의지해서 수행하면 스스로 깨달음을 얻으리라! 혜가가 오로지 이 『능가경』에 의지해 수행하여 玄理에 계합한 사실은 앞에서 기술한 바와 같다.(初達摩禪師 以四卷楞伽 授可曰, 我觀漢地, 惟有此經, 仁者依行, 自得度世, 可專附玄 理如前所陳."(『大正藏』 50권, 552쪽中)

심의 깨달음이라는 근본적인 입장에서 해결하려는 것으로 볼 수 있다.

붓다가 마하가섭에게 교외별전한 정법이 역대 조사들에 의해서 끊임없이 전래되었고, 또 스승[師]이 제자[資]에게 붓다의 정법안장을 이심전심으로 부촉하고 전승된 付法의 사실은 스승에 의해서 증명되었으며, 스승 또한 그의 스승에 의해서 인가되고 보증된 것이었다.

이처럼 스승과 제자간에 付法하고 傳法한 사실성의 증명을 중국 선종에서는 付囑 혹은 印可, 授記 등으로 표현하고 있다.

그리고 스승이 제자를 인가하여 법을 전하고 부촉하면서 이를 증명하는 의미로 스승이 특별히 어떤 경전이나 袈裟, 偈頌 또는 淨瓶, 鉢盂, 錫杖, 禪板, 机案, 스승의 頂相 등을 제자에게 전해 주고 있다. 이러한 스승과 제자간의 付法과 傳法의 사실을 증명하는 信物的 증거를 선종에서는 인가증명이라고 한다.

말하자면 內心으로 정법을 깨달은 그 사실을 인가라 하고, 그러한 스승의 전법과 부촉의 사실을 기념하고 증명하기 위한 信物 증표로 가사나 주장자 등 스승이 사용하던 도구를 제자에게 전한다.[2]

사실 중국 선종은 이러한 스승과 제자간의 전법 사실과 이를 보증하는 인가증명으로 선종 전등의 법통설이 확립되었다고 할 수 있다. 선종 전등설의 성립에 대해서는 필자의 다른 논문[3]으로 미룬다. 이러한 스승과 제자간에 이심전심으로 전승된 붓다의 정법안장의 전등을

---

2 신회의 『頓悟無生般若頌』에 "가사는 법의 표시요 법은 가사의 종지이니 가사와 법을 전했다고 하면 다시 만법이 따로 없다. 안으로 심인을 전하여 본심에 계합하고 밖으로 가사를 전하여 종지를 표시하니 가사가 아니면 법을 전하지 못하고 법이 아니면 가사를 받지 못한다"(『神會和尙遺集』, 195項)라고 하고 있다. 이러한 주장은 『菩提達摩南宗定是非論』과 신회어록 『曹溪大師傳』, 돈황본 『六祖壇經』 그리고 종밀의 『都序』, 『裴休拾遺文』 등에 주장하고 있다. 자세한 점은 본문에서 논하기로 한다.

3 鄭性本, 「禪宗傳燈說의 성립과 발전1, 2」(『伽山學報』 제1호, 제2호, 1991, 1992) 참조.

확인해 주는 객관적인 증거물의 필요성에서 등장된 것이 스승으로부터 전수된 인가증명이다.

이렇게 스승이 제자의 깨달음을 인가하고 入室을 허락하면서 특별히 수여하는 가사나 게송, 즉 傳衣나 傳法偈는 선종의 인가증명을 대표하는 信物로 정착되었다.

본론에서는 중국 선종의 형성에 있어서 전등 법통설의 발전과 더불어 새롭게 주장된 전의설과 전법게를 중심으로 선종 인가증명의 성립과 여러 문제점들을 고찰해 보자.

2. 荷澤神會의 六祖顯彰運動과 傳衣印可說

중국 선종사에 있어서 역사상 스승과 제자간에 傳法의 인가증명으로 등장된 대표적인 것은 傳衣付法說이라고 할 수 있다. 즉 스승이 사용하던 가사를 心法을 전수한 제자에게 외형적인 전법 상징의 표시로 물려주었다는 주장이다.

이러한 전의부법설을 최초로 주장한 사람이 혜능의 정법을 계승했다고 자임한 하택신회(684~758)이다. 남종의 실질적인 창립자 신회가 주장한 전의설은 당시 낙양과 장안의 二京을 중심으로 제도불교를 지도하던 神秀─普寂系의 대세 북종선에 대항하는 입장에서 북종의 전통적인 선법의 전승을 傍系라고 배척하고, 혜능이 보리달마의 선종의 정법을 계승한 제6대 조사라고 주장한 六祖顯彰運動에서 비롯된 선종의 법통설이다.

따라서 신회의 전의설을 고찰하려면 먼저 당시의 역사적인 배경과 선종 법통설의 형성 등 다양한 문제점을 함께 고찰해야 한다. 먼저 하택신회의 전의설과 이를 둘러싼 약간의 문제점을 중심으로 전의설의 성립적인 배경과 그 의의를 살펴보기로 하자.[4]

하택신회는 唐 玄宗 개원 20년(732) 滑臺(河南省 滑縣)의 大雲寺에서 無遮大會를 열어 천하의 여러 학도자들을 모아놓고 "신수계의 북종선은 傍系이며, 보리달마 남종의 제6대 정법을 이은 조사는 조계혜능(638~713)이다."라고 새로운 남종선의 법통설을 선포하였다.

이 사건을 「활대의 종론」이라고 하는데, 사실 중국 선종사에서 '南宗'이라는 宗名이나 '육조혜능'이라는 조사의 祖位를 최초로 제시한 사람도 하택신회이다.

종래 신회가 남종의 독립을 선언했던 「활대의 종론」 사건과 신회에 관한 일반적인 약전은 종밀의 『圓覺經大疏鈔』 권3의 下 및 『宋高僧傳』 권8의 신회전 등에 의해 전해졌다.[5]

그런데 이러한 종론이나 육조현창운동 및 전의설 등의 전모가 분명하게 밝혀진 것은 돈황 자료의 발견과 이에 대한 연구 성과이다.

특히 신회와 활대종론의 기록인 『菩提達摩南宗定是非論』(P.3047, P.2045호본)과 『신회어록』이 발견됨으로써 지금까지 거의 불분명했던 북종과 남종의 관계, 북종신수와 육조혜능, 그리고 돈교와 점교의 문제, 전의설과 선종 전등설의 성립 등 초기 선종사의 여러 문제점들이 밝혀지기 시작했다.

신회와 북종의 숭원법사와의 논쟁인 「활대의 종론」을 기록한 『보

---

4 鄭性本, 『중국선종의 성립사 연구』, 제6장 「남종의 등장과 발전」 참조.
5 종밀의 『圓覺經大疏鈔』 권3의 下(『續藏經』 14권, 277쪽b).
　『圓覺經略疏鈔』 권4(『속장경』 15권, 131쪽b).
　『송고승전』 제8권, 신회전(『대정장』 50권, 756쪽下) 등 참조.

리달마남종정시비론』과 獨孤沛의 서문에 전하고 있는 신회의 주장을 요약해보면 다음과 같다.

① 보리달마는 여래선을 전한 조사이다.
② 달마는 중국에 와서 梁의 武帝와 만나고 무제의 불사를 '無功德'이란 한마디로 평가하고 北魏 嵩山 少林寺로 들어갔다.
③ 달마는 소림사에서 혜가를 만나, 斷臂求法의 의지를 보인 혜가를 인가하고 전법의 증명으로 가사 한 벌을 수여했다.
④ 북종선의 전등 법통설을 傍系라고 배척하고, 초조달마로부터 육조 혜능으로 전래된 새로운 남종의 전등 법통설을 확정했다.[6]

이상과 같은 신회의 주장은 모두 지금까지 북종선의 자료에서는 찾아볼 수 없는 새로운 주장이란 점을 주목해야 한다. 신회는 먼저 북종에 대항하는 '보리달마 남종'이라는 새로운 宗名을 내세우고, 그가 주장하는 '전의부법설'을 중심으로 남종의 조사인 보리달마의 전기를 만들어, 달마로부터 육조혜능에게 전래된 정법 상승자로서의 전기와 선종 법통설을 확정시키고 있다.

사실 신회가 주장하는 '전의부법설'은 이러한 남종의 법통설을 뒷받침할 수 있는 증거 자료로 제시하기 위한 것이다. 이하 신회의 주장을 좀 더 살펴보자.

먼저 신회가 달마를 여래선을 전한 조사라고 주장한 것은 『능가사자기』 등 북종선의 법통과 인가증명으로 주장해온 4권 『능가경』의

傳持와, 『전법보기』에서 주장하는 『능가경』의 종통설에 대항하는 새로운 남종선의 내용을 분명히 밝히려고 한 것이라 할 수 있다.

원래 '여래선'이란 『능가경』에 설하는 四種禪의 最高位 경지를 말한다. 그런데 북종선의 전등사서인 『능가사자기』와 『속고승전』 제16권 혜가전에는 처음 달마가 혜가에게 전법의 인가증명으로 4권 『능가경』을 수여했다고 주장하고 있다.

또 제25권 법충전의 '능가사들의 계보'에 의거하여 『능가경』의 傳持와 법통을 주장하고, 여래선을 계승한 인가증명으로 삼고 있으면서도 이 '여래선'의 내용에 주목한 사람은 없었다.[7]

신회는 『능가경』에서 최고 깨달음의 경지로 주장한 여래선을 발견하여 남종선의 입장임을 분명히 밝히며 이것은 보리달마로부터 전래된 남종선의 정신이며 법통이라고 주장했다. 신회는 남종 여래선의 사상을 구체적으로 그의 어록 여러 곳에서 자주 언급했는데, 그가 주장한 남종 여래선의 내용은 '無念, 無住의 般若波羅蜜, 頓悟見性' 등이다.[8]

또 『역대법보기』 無相傳에는 "東京 荷澤寺 신회화상은 매월 戒壇을 설치하고 사람들에게 설법하였는데, 북종의 청정선을 쳐부수고 여래선을 내세웠다."라고 하면서 그 여래선의 내용이 '知見, 言說, 無念'이라는 기록 역시 당시의 소식을 전해주는 자료라고 할 수 있다.[9]

말하자면 신회는 종래 전통적인 북종선의 조사로 모시고 있는 보

---

7 註1) 참조. 法沖의 楞伽宗에 대해서는 정성본, 『중국선종의 성립사연구』, 제2장 「능가종의 성립과 발전」 참조.
8 정성본, 『중국선종의 성립사연구』, 525쪽 이하, 「신회의 선사상」.
   정성본, 「초기 선종사에 있어서 돈점의 문제」(『보조사상』 제4집, 1990.10) 참조.
9 『역대법보기』 무상전(『대정장』 51권, 185쪽中).

리달마를 가로채어 그가 주장하는 남종선의 조사로 받들어 모시고, 보리달마로부터 전승된 남종선의 내용이 다름 아닌 '여래선'이라고 주장했다.

신회는 『능가경』의 전수와 전지에 의한 스승과 제자간의 傳法 사실을 강조하는 북종선의 주장을 정면에서 부정하고, 『능가경』에서 설하고 있는 四種禪의 최고위인 여래선(여래청정선)을 채용하여 달마가 전수한 선법의 내용이라고 주장하면서, 이러한 달마의 정법을 계승한 사람이 다름 아닌 조계혜능이라고 강조하고 있다.

사실 보리달마가 처음 중국에 와서 4권 『능가경』을 혜가에게 전수하면서 心要로 삼게 하였으며, 또한 혜가도 경의 玄理에 의거하여 수행하고 교화하였다는 『속고승전』 권16, 혜가장의 이야기는 중국 선종 인가증명의 효시라고 볼 수 있는 기록이다.

이러한 『능가경』 전수의 전통은 보리달마─혜가─나선사─慧滿으로 이어져 4대에 걸친 능가사의 법계가 명시되어 있으며, 또 이와 관련된 기사가 『속고승전』 제25권 법충전에 달마─혜가계의 소위 말하는 능가사들의 계보가 제법 자세하게 기록되어 있다.[10]

중국 선종의 법통설이나, 뒤에 체계 있게 정비되고 발전된 선종의 전등설은 사실 모두가 『속고승전』에 기록된 달마─혜가계의 『능가경』 전수와 전지의 전통 및 능가사들의 계보에 의거하여 초안되었고, 그 기초 골격이 이루어진 것이라고 볼 수 있다.

예를 들면 중국 선종의 법통설을 최초로 주장한 북종의 『法如禪師行狀』에는 『속고승전』의 기록을 토대로 達摩─慧可─粲禪師─道信

---

10 『속고승전』 25권, 법충전(『대정장』 50권, 666쪽中).
　　정성본, 『중국선종의 성립사연구』, 121쪽 이하 참조.

―弘忍―法如에게 전승된 동토 육대조사의 법계가 기록되어 있으며, 이를 한층 더 발전시킨 것이 중국 선종 최초의 선종사서인『傳法寶記』(714년경 성립)이다.[11]

똑같은 북종계의 선종사서인 淨覺의『능가사자기』(714년경 성립)는『속고승전』능가사들의 계보를 가장 충실하게 계승하여『능가경』전수에 의한 禪宗(북종) 법통설을 편찬하고 있다.

그런데『능가사자기』는 4권『능가경』의 번역자인 求那跋陀羅를 보리달마 앞에 두고 능가사의 初祖로 삼고 있기 때문에 뒤에『역대법보기』의 통렬한 비판을 받게 된다. 이것은 아마도『속고승전』의 기사를 너무 과신한 결과라고 볼 수 있겠다.

선종 법통설의 성립 문제는 여기서 줄이고, 보리달마로부터 비롯된 중국 선종의 법통(法系)설은 달마가 혜가에게『능가경』을 전수하였다는 능가사들의 주장과 그들의 계보에 근거를 두고 발전된 것임을 알아야 한다.

선종의 인가증명도 이러한 師資相承의 전등 법계설에 수반된 필연적인 주장이다. 스승으로부터 제자에게 이어지는 전법의 사실을 제삼자 내지 일반인에게 확신시키기 위한 어떤 信物(道具)的 증거를 제시하는 것을 인가증명이라고 한다. 그 인가증명은 먼저 스승과 제자의 이심전심으로 계합되어 불법을 傳授, 傳持하게 된 역사적인 사실 뒤에 부수적으로 수반되는 信物이란 점이다. 따라서 선종의 인가증명은 선종 전등설의 성립과 함께 고찰해야 할 필요성이 있다.

그런데『속고승전』에서 주장하는 달마―혜가계의 소위 '능가사들

---

11 정성본,『중국선종의 성립사연구』, 462쪽 이하「전법보기의 등장」참조.

의 계보'를 주장하는 능가종은 반드시 역사적인 사실의 기록이라기보다는 혜가로부터 4세대 뒤인 法沖, 慧滿선사 등, 『능가경』을 선양한 선승(楞伽主義者)들이 후대의 시대적인 요청으로 주장된 것이다. 이 문제에 대해서는 필자도 이미 논한 바 있지만, 『속고승전』제16권 혜가장에 보이는 『능가경』 전수 및 전지에 관련된 기사나, 제25권 법충전 등이 『속고승전』의 편집자인 道宣(596~667)이 만년에 얻어 뒤에 첨가한 자료였다는 점에서도 의심의 여지가 없다.[12]

사실 중국 선종의 傳法系譜나 인가증명설도 정확히 근거 있는 역사적인 사실을 주장한 것이기 보다는 거의 모두가 선종 자파의 宗源을 밝히고 천명하기 위해 후대에 주장된 것이다. 다시 말하면 자파의 입장에서 불법의 역사적인 전승과 정통성의 계보를 주장하기 위한 시대적인 요청이라고 할 수 있다.

그러나 주의할 점은 선종 각파의 입장에서 당시의 시대적인 요청으로 주장된 전등계보나 인가증명설은 가장 확실한 역사적인 사실이었다는 점이다. 그러므로 선종의 참된 연구는 이처럼 어떠한 사실을 언제 누구에 의해서 주장하지 않으면 안 될 필연성은 무엇이었는지, 역사적인 주장을 내세운 그 시대와 주역자들의 심리를 탐구하여 시대적인 요청의 사실을 구명해 가는 작업이라고 하겠다.

다시 본론으로 되돌아가서, 신회가 『능가경』의 여래선을 보리달마의 선사상으로 결합시키고 있는 것은, 앞에서 살펴본 『전법보기』나 『능가사자기』 등 북종선에서 주장하는 『능가경』의 전수와 전지에 의한 달마에서 신수에 이르는 동토 6대 내지 7대의 외면적인 전등

---

[12] 註9) 참조.

법계설을 정면에서 부정하고 달마로부터 전래된 내실적인 여래선의 전승으로 혜능계의 남종이 정통임을 천명하기 위한 주장이었다고 할 수 있다.

또 한 가지 주의할 점은 신회가 『능가경』의 여래선을 들고 나오긴 했으나, 여래선의 내용으로 밝히고 있는 '無念, 無住, 般若波羅蜜'은 모두 『반야경』을 토대로 한 반야사상이란 점이다.

사실 『菩提達摩南宗定是非論』의 후반부터는 반야바라밀을 내용으로 하는 一行三昧說과 함께 『금강경』의 전지를 주장하면서 곳곳에 『금강경』의 구절들을 인용하여 남종선의 선사상을 전개하고 있다.

또 石井本 『신회어록』에 부록으로 수록된 보리달마에서 육조혜능에 이르는 동토 육대조사들의 略傳에도 한결같이 『금강경』의 전수에 의한 전법의 사실이 강조되고 있는 것처럼, 신회는 중국 선종에서 최초로 『금강경』을 선양한 인물이며 남종선을 반야사상으로 전환시켜 선사상의 새로운 혁신을 불러일으킨 위대한 선승임을 알 수 있다.

특히 혜능과 신회에 의해 주장된 남종선은 종래의 북종선에서 주장하는 習禪的인 명상의 차원을 탈피하여 자각의 주체인 佛性을 깨닫는 돈오견성과 '반야바라밀'의 실천적인 전개로 一轉시켜, 전불교를 통합한 입장인 선불교의 새로운 실천정신을 체계화한 일대 혁신을 불러일으킨 공로는 실로 높이 평가해야 할 점이다. 중국의 胡適博士가 신회를 '新禪學의 건립자'라고 평가한 것은 이러한 견지에서 내린 것이다.[13]

---

13 1960년 3월 10일 70세인 호적(1891~1962)은 돈황 문헌 禪籍 가운데 하택신회 연구에 정열을 쏟았다. 호적의 『신회화상유집』, 424~425쪽 참조.

신회는 『능가경』의 여래선을 주장하고는 있지만, 실제 여래선의 내용은 『금강경』에 의한 반야사상이다. 滑臺의 종론을 계기로 북종에서 남종으로의 선사상의 변화는, 『능가경』에서 『금강경』으로의 移行(轉換)이라고 할 수 있다.

뒤에 조계혜능이 남해의 한 구석에서 우연히 어떤 객승이 외우는 『금강경』의 한 구절을 듣고 깨달은 바가 있어 黃梅山 五祖弘忍을 친견하였다는 『육조단경』 이야기는 남종선이 『금강경』에 의해서 새로운 선사상을 전개하고 있음을 단적으로 증명해 주는데, 이 역시 신회의 『금강경』 선양과 남종의 독립, 혜능의 六祖顯彰運動의 연장선상에서 그 성과를 집대성한 것이라고 볼 수 있다.

특히 『육조단경』에 황매산 오조홍인의 문하인 教授師 신수와 盧行者 혜능의 心偈를 둘러싼 이야기에, 盧畵伯을 청하여 『능가경』 變相圖를 그리기 위해 준비된 남쪽 回廊 벽에 신수의 심게가 간밤에 몰래 적혀져 있는 것을 본 홍인이 노화백에게 『금강경』의 "凡所有相 皆是 虛妄 云云" 게송을 말하면서 『능가경』의 변상도 그릴 것을 포기하는 일단이 있다.[14]

이것은 작자가 홍인의 입을 통하여 북종의 능가주의적인 입장을 남종의 반야사상으로 비판하고 있는 일단이며, 이는 또한 『능가경』에서 『반야경』, 『금강경』으로의 선사상적인 변화를 단적으로 밝히고 있는 것이라고 할 수 있다.

그리고 두 번째 달마와 梁 武帝가 만났을 때 무제의 불사 업적을 '無功德'이란 한마디로 일축해 버렸다는 일단도 신회가 『보리달마남

---

14 駒澤大學禪宗史研究會 編, 『혜능연구』(東京, 大修館書店, 1978년 3월), 278쪽 이하.

종정시비론』에서 최초로 주장했다. 이후에 성립된 『역대법보기』나 돈황본 『육조단경』, 『보림전』 등에 계승되어 중국 선종 초조 達摩傳記의 대표적인 행적으로 전승되고 있다.

그런데 신회가 달마로 하여금 불법천자인 양 무제와 만나게 하여 무제의 造寺, 造像, 造塔, 度僧, 寫經 등, 제반 불사를 '무공덕'이란 한마디로 물리치게 한 것은, 다름 아닌 당시 二京의 法主, 三帝의 國師로서 帝都佛敎를 대표하는 신수와 그의 문하 普寂 등의 제자들이 則天武后와 中宗 등 王公 귀족의 비호아래 功德主義적인 불교신앙에 결합되어 있는 북종선에 대한 비난인 것이다.[15]

그리고 세 번째 전법의 증거로서 주장하는 전의설은 네 번째의 혜능이 달마 이래로 정법을 상승한 제6대 조사임을 주장하기 위한 근거로 제시하고 있는 증명자료이다.

『보리달마남종정시비론』에는 그러한 사실을 다음과 같이 주장하고 있다.

숭원법사가 질문했다. "신회선사는 자주 달마의 종지를 강조하는데 이 禪門에 師資相承에 어떤 相傳과 付囑이 있습니까? 어째서 이와 같은 주장을 할 수가 있습니까?"

신회화상이 대답했다. "달마대사로부터 지금까지 계속 상전함에 부촉이 있습니다."

숭원법사가 다시 질문했다. "사자상승의 상전과 부촉은 지금 몇 대가 됩니까?"

15 정성본, 『중국선종의 성립사 연구』, 520쪽 참조.

신회화상이 대답했다. "지금까지 6대에 이르고 있습니다."

숭원화상이 질문했다. "그러면 그 6대의 대덕이 누구인지 말씀해 주시고, 아울러 그러한 불법이 부촉되고 전수하게 된 이유를 설명해 주십시오."

신회화상이 대답했다.

"後魏의 嵩山 少林寺 바라문 僧인 보리달마라는 선사가 있었습니다. 보리달마조사는 숭산에서 가사를 혜가선사에게 주면서 법을 부촉하였습니다. 北齊의 혜가선사는 얼산(嵲山)에서 가사를 승찬선사에게 부촉하였습니다. 隋朝의 승찬선사는 司空山에서 道信선사에게 가사를 전해주면서 법을 부촉하였습니다. 唐朝의 도신선사는 雙峰山에서 弘忍선사에게 가사를 수여하면서 법을 부촉하였습니다. 唐朝의 홍인선사는 동산에서 가사를 혜능선사에게 전하면서 법을 부촉하였습니다. 이렇게 하여 지금까지 6대에 이르고 있습니다.

안으로는 법에 계합된 법을 전하면서 깨달음의 마음을 인가하고, 밖으로는 가사를 전하여 (보리달마 남종) 종지를 확정하고 있습니다. 지금까지 계속해서 서로 서로 전하여 一代 一代에 모두 달마대사의 가사를 전하여 인가의 증명으로 삼고 있습니다. 그 달마대사의 가사는 지금 韶州 혜능대사의 처소에 있으며, 이제 다시는 다른 사람에게 전하지 않습니다. 가사 이외의 물건을 가지고 (전법의 증명) 서로 전하고 있다는 것은 잘못된 것입니다."[16]

중국 선종에서 최초로 가사를 전법의 인가증명으로 주장하고 있는

---

[16] 胡適, 『神會和尙遺集』, 281쪽 참조.

기록이다. 신회는 보리달마 남종의 전통과 정법 상승의 증명으로 달마가 숭산 소림사에서 혜가에게 법을 전하면서 그 인가증명으로 가사를 한 벌 전했으며, 달마의 가사는 혜가－승찬－도신－홍인－혜능에게 전해졌다고 하며, 그 가사는 지금 혜능의 처소에 보관하고 있다는 주장이다. 이것은 혜능이 달마의 정법을 계승한 육대 조사임을 증명하기 위한 것이다.[17]

달마로부터 육대 조사들이 안으로는 법에 계합된 證心을 인가했고, 밖으로는 달마의 가사를 전수하여 정법 상승자임을 밝히고 종지를 확정한다는 주장은 가사를 전하게 된 이유를 밝히면서 정법이 가사의 所在處에 있다는 사실을 강조하고 있다.

스승이 사용하던 가사나 수행도구를 제자에게 전한 사례는 북종 玄賾선사가 所持하던 摩納袈裟와 瓶鉢, 錫杖 등을 제자 淨覺(683~750?)에게 전해주면서 법을 부촉했다는 기록이 정각의 『注般若心經』과 李知非의 서문에도 전하고 있다.

이것이 禪宗傳衣說의 모델이며, 달마의 가사로 정법상승과 인가증명을 강조하고 있는 것은 신회의 독창적인 주장이다.[18]

---

17 달마가 전한 袈裟가 목화면으로 된 七條袈裟였다고 『寶林傳』에 전하고 있다. 즉 『義楚六帖』 제22권, 「布名屈眴」條에 다음과 같이 전한다. "寶林傳云 唐言第一布, 紡木綿華心, 爲之卽達摩所傳之衣七條也. 碧裏, 自師子尊者傳與." 『傳燈錄』 제3권 혜능전에 혜능의 탑 속에 달마로부터 전래된 가사가 있다고 다음과 같이 전한다. "塔中有達摩所傳信依. '西域屈眴布也. 絹木綿華心織成, 後人以碧絹爲裏.'" 즉 달마의 가사는 서역에서 생산된 屈眴布로 만들어졌다고 하는데, 屈眴布는 木綿을 말한다. 이러한 기록은 『祖堂集』 제2권, 『宋高僧傳』 제6권, 『祖庭事苑』 제8권 등에 한결같이 전하고 있는데 모두 『寶林傳』의 기록에 의거하고 있는 것이라고 생각된다.

18 敦煌資料로서 淨覺의 『注般若心經』, 李知非의 序文(727년 作)에 다음과 같이 보인다. "其賾大師所持 摩衲袈裟, 瓶鉢, 錫杖等, 並留付囑淨覺禪師."
柳田聖山, 『初期禪宗史書の硏究』(日本, 法藏館, 1967년 5월), 596쪽 〔資料 7〕 참조.

그리고 신회가 "다른 물건[信物]을 相傳하는 것은 잘못된 것이다."
라고 첨가하여 주의시키고 있는 것은 분명히 『속고승전』 제16권 혜
가전에 보리달마가 4권 『능가경』을 혜가에게 전수했다는 능가사들
의 주장을 이용하여 북종선에서 『능가경』 전승의 주장을 의식하고
있는 것임에 틀림없다.[19]

신회는 前文에 이어서 다음과 같이 주장하고 있다.

"그리고 또한 지금까지 六代 조사들은 一代에 오직 한 사람만을 인가
하였고, 결코 두 사람에게 법을 전한 일이 없으며, 설사 千萬 학인이
있을지라도 오직 한 사람에게만 인가하여 법을 계승하도록 하였다."[20]

이러한 신회의 주장에 숭원법사는 "어째서 一代에 오직 한 사람만
인가하고 법을 상승하도록 하고 있습니까?"라고 반문하자, 신회는 다
음과 같이 대답했다.

"예를 들면 한 나라에는 한 사람의 국왕이 있을 뿐, 두 사람의 국왕
이 없는 것과 같다. 또 하나의 四天下에는 오직 한 사람의 轉輪聖王이
있을 뿐, 두 사람의 전륜성왕이 있는 곳은 어디에도 없다. 또 한 세계
에는 오직 한 부처님의 出世가 있을 뿐, 二佛이 출세할 수 없는 것과
같다."[21]

---

19 北宗禪에서는 달마의 『楞伽經』 전수를 주장하는 楞伽師들의 계보를 응용하여 『傳法
   寶記』와 『楞伽師資記』를 편집하여 달마 이후 신수와 보적 등에 이르는 북종선의 전법
   계보를 만들어 주장하고 있다. 북종선의 전등설에 대해서는 鄭性本, 『중국선종의 성립
   사 연구』, 460쪽 이하 참조.
20 胡適의 앞의 책, 282쪽.
21 胡適의 위의 책, 282쪽 참조.

즉 한 나라에는 한 사람의 국왕이 있을 뿐이며, 하나의 四天下에는 한 사람의 전륜성왕이, 一世界에는 一佛의 出世가 있을 뿐이라는 비유로 一代에는 오직 一人付法說을 입증시켜서 자기의 주장을 정당화하려는 것을 알 수 있다.

사실 이러한 신회의 주장과 논증은 불법의 전등과 대승불교 중생구제 보살도 입장에서 볼 때 많은 문제를 안고 있다. 그가 일대 일인 부법설을 주장하고 있는 저의는 혜능이 달마의 정법을 계승한 진짜 육조라는 점을 강조하기 위한 것이다.

즉 달마로부터 전래된 一領의 가사를 일대 일인부법한 정법 상승자를 증명하기 위한 것은 북종의 신수가 傍系임을 주장하기 위한 역설이라고 할 수 있다.

이와 같은 신회의 주장은 『보리달마남종정시비론』에 다음과 같이 강조하고 있는 일단과 表裏를 이루고 있다.

長安 3년(703년) 신수화상은 京城內에서 雲花戒壇에 올라앉았다.

그때 綱律師와 大儀律師가 대중 가운데서 신수화상에게 질문했다. "달마대사는 一領의 가사를 가지고 상전하고 법을 부촉하였다고 들었습니다. 지금 그 가사는 대선사의 처소에 있습니까?"

신수화상이 말했다. "황매 홍인대사의 전법가사는 지금 韶州에 있으며 혜능선사의 처소에서 볼 수 있다."

신수화상이 在世時에 제6대의 전법가사가 소주(혜능의 처소)에 있다고 말한 것처럼, 신수선사는 스스로 자신이 제6대 조사라고 자칭한 일이 없었다. 그런데 지금 普寂선사는 자칭 제7대 조사라고 하며, 자기 마음대로 신수선사를 내세워 제6대 조사로 삼고 있음은 허용할 수 없는 일이다.[22]

이 일단은 신회가 신수로 하여금 달마로부터 전래된 전법의 증거인 가사가 황매 홍인대사로부터 소주의 혜능에게 전수되었다는 사실을 고의로 말하게 하고, 자기가 주장하고 있는 전의부법의 사실을 인정하게 하는 것이다.

또한 신회는 신수가 세상에 활약할 때 달마로부터 전래된 가사가 혜능의 처소에 있다고 말하고, 신수 자신이 스스로 제6대 조사라고 자칭한 일이 없었는데, 지금 신수의 제자 보적은 자칭 제7대 조사라고 하고 신수를 제6대 조사로 내세우고 있다며 보적을 비난하고 있다.

이 같은 신회의 주장은 북종 공격의 대상이 이미 죽고 없는 신수가 아니라 선종의 제7조라고 주장하는 보적(651~739)인 것처럼, 신회의 의도도 사실 스승 혜능을 6대 조사로 모시기 위한 것이라기보다 자신이 7대 조사의 지위를 확보하기 위한 것이라고 볼 수 있다.

또 『보리달마남종정시비론』에는 보적이 使者를 조계혜능의 처소에 잠입시켜 달마의 가사를 훔치려고 한 사건을 사실처럼 꾸민 일단과, 보적이 남종을 멸망시키려고 한다고 비난하고 있다.[23]

숭원법사가 그러면 "도대체 불법이 袈裟〔衣上〕에 있는가? 왜 가사를 가지고 전법을 삼고 있습니까?"라고 추궁하자 신회는 다음과 같이 대답하고 있다.

불법이 가사에 있는 것은 아니지만 대대로 법의 상승을 나타내는 것은 가사를 전하여 그 증명으로 삼고 있는 것이다. 그것은 법을 펴는 사람에게는 스승으로부터 올바른 불법의 稟承이 있었음을 의미하고

---

²² 胡適의 앞의 책, 290쪽 이하 참조.
²³ 胡適의 위의 책, 289쪽, 292쪽.

학도자에게는 그 종지를 알게 하여 잘못됨이 없도록 하기 위한 것이다. 옛날 석가여래의 金襴袈裟는 鷄足山上에 있으며 가섭이 지금도 그 가사를 지키고 있으면서 彌勒佛의 출세를 기다려 그 가사를 전하려고 한다. 그것은 석가여래의 가사로 불법이 전해지는 증명〔信〕이다. 우리 남종에서 육대의 조사들이 가사를 전하는 것도 역시 이와 같은 의미이다.[24]

불법이 가사에 있는 것은 아니지만, 그 가사를 전하는 것은 스승과 제자가 정법 상승자임을 증명함과 동시에 불법을 배우려는 학인들에게 불법의 소재와 종지를 바로 알게 하여 그릇됨이 없도록 하기 위한 것이라고 주장하고 있다.

그리고 이러한 주장을 뒷받침하는 실례로, 옛날 석가여래의 금란가사가 지금 계족산에서 대가섭이 간직하여 미륵불의 출세를 기다렸다가 불법을 분부하려는 이야기를 들고 나와 그 증거로 삼고 있다.

신회가 여기서 석가여래의 금란가사를 들고 나온 것은 두말할 것 없이 달마의 전의부법의 권위를 부여하고 역사적인 사실의 전통으로 확신시키기 위한 것이다. 이러한 신회의 전의설은 석정본『신회어록』혜능전에 계승되어 혜능의 주장으로 되어 있으며, 이후『역대법보기』와 돈황본『육조단경』,『보림전』에 전승되어 선종 인가증명의 새로운 전통으로 확립되었다.[25]

---

24 胡適의 앞의 책, 284쪽 이하 참조.
25 鈴木, 公田 校訂本,『敦煌出土神會禪師語錄』(1934년 日本, 森江書店), 63쪽.
　　『歷代法寶記』(『大正藏』51권, 183쪽中).
　　『寶林傳』제1권「度衆付法章涅槃品」및『祖堂集』제1권「마하가섭장」(1-32) 등 참조.

　　석가여래의 금란가사 이야기는 신회의 독자적인 주장이라고 할 수 있는데, 원래『중아함경』제13권「說本經」,『잡아함경』제41권에 세존이 아난에게 金縷織成衣를 가져오게 하여 彌勒比丘에게 주면서 그대는 여래를 따라 이 금루직성의를 가지고 중생들에게 불법을 펴라고 부촉하는 일단이 있다.[26]

　　『雜寶藏經』제4권「大愛道施佛金縷織成衣 幷穿珠師緣」에 이 금루직성의는 이모인 마하파사파제가 세존께 올린 것으로, 미륵이 이 옷을 입고 城에 들어가 걸식을 하자 미륵의 몸 32상에서 紫金色의 광명이 있었다고 전하는데,[27] 세존의 가사는 금루직성의이지 금란가사는 아니다.

　　『잡아함경』41권에 糞掃衲衣로 기록하고 있는 비구승들의 가사는 길거리나 묘지에 버려진 죽은 사람의 옷을 세탁해서 기워 입은 것이다.『아육왕경』제7권「迦葉因緣」에 가섭은 옛날 여래가 주신 분소의를 걸치고 성에 나아가 걸식한 뒤 계족산에 들어가 입정하고 미륵불의 출세를 기다렸다는 이야기를[28] 전한다. 이러한 주장을 토대로『付法藏因緣傳』제1권 가섭장에는 가섭이 부처님의 遺訓에 따라 아난과 함께 法藏을 결집하고 홀로 계족산에 들어가 풀방석을 깔고 가부좌한

---

26 『中阿含經』제13권「說本經」에 다음과 같이 설하고 있다.
　　"於是世尊迴顧告曰, 阿難, 汝取金縷織成衣來, 我今欲與彌勒比丘. 爾時尊者阿難, 受世尊教, 卽取金縷織成衣來, 授與世尊. 於是世尊, 從尊者阿難, 受此金縷織成衣, 已告曰, 彌勒, 汝從如來, 取此金縷織成之衣, 施佛法衆. 所以者何. 彌勒, 諸如來無所着等正覺, 爲世間護, 求義及饒益, 求安隱快樂. 於是尊者彌勒, 從如來, 取金縷織成衣已, 施佛法衆."(『大正藏』1권, 511쪽中)
　　『雜阿含經』제41권(『大正藏』2권, 303쪽中),『賢愚經』제12권「波婆離品」(『大正藏』4권, 434쪽上) 등에도 전한다.
27 『雜寶藏經』제4권,「大愛道施佛金縷織成衣 幷穿珠師緣」(『大正藏』4권, 470쪽上).
28 『阿育王經』제7권,「迦葉因緣」(『大正藏』50권, 153쪽下).

뒤, 부처님이 수여한 분소의를 걸치고 미륵의 출세를 기다리며 입정
했다고 한다.[29]

　玄奘의 『大唐西域記』 제9권 「摩伽陀國 鷄足山」에 다음과 같이 전
한다.

　　여래가 이 세상에서 교화의 인연이 다하여 마침내 열반에 들려고 할
　　때 가섭에게 부촉했다. "나는 예로부터 고행하면서 중생을 위해 최상의
　　불법을 구해 왔다. 지난날의 원력은 이제 모두 원만히 이루었다. 나는
　　지금 열반에 들고자 하니 모든 법장을 그대에게 부탁한다. 그대는 이를
　　잘 주지하여 선포하고 失墜하는 일이 없도록 하라. 이모가 바친 금루가
　　사는 慈氏(미륵보살)가 출세할 때까지 그대가 잘 보관하였다가 전하도
　　록 하라.

(『대정장』 51권, 919쪽中)

　이상과 같이 금루가사와 분소의는 원래 계통이 다른 미륵성불의
전설에 관련된 이야기인데, 『대당서역기』에 가섭이 계족산에서 금
루가사를 가지고 미륵의 출세를 기다린다는 이야기를 신회는 『남종
정시비론』에서 '금란가사'로 바꾸어서 주장했다.
　신회의 이러한 전의설의 주장은 선종 법통설과 더불어 새로운 선
불교의 전통을 확립하게 되었다.[30]

---

29 『付法藏因緣傳』 제1권, 「迦葉章」(『大正藏』 50권, 330쪽下 이하 참조).

30 신회의 주장은 『歷代法寶記』(『大正藏』 51권, 183쪽中), 『寶林傳』 제1권 「度衆付法藏
　涅槃品」, 『祖堂集』 제1권 「가섭장」, 『祖庭事苑』 제5권 「鷄足守衣」(『續藏經』 115권,
　65쪽c), 『無門關』 제22칙 등에 전하고 있다.

그런데 신회의 전의설은 동토에 한정된 것이며, 西國에는 언급되지 않았던 것 같다. 왜냐하면 『남종정시비론』에 숭원법사가 "서국에도 가사를 전하고 있습니까?"라는 질문에 신회는 "서국에는 가사를 전하지 않습니다."라고 대답하고 있다. 다시 숭원법사가 "서국에는 왜 가사를 전하지 않습니까?"라고 추궁하자, 신회는 그 이유로 다음과 같이 대답한다.

"서국에서는 거의 모두가 聖果를 얻은 사람이며 마음에 거짓이나 삿됨이 없어서 오직 마음으로 계합하여 전할 뿐이다. 그러나 중국(漢地)에는 많은 사람들이 범부로서 명예와 이익을 찾고 시비가 서로 뒤섞여 있기 때문에 가사를 전하여 종지를 결정하는 것이다."[31]

신회의 전의설 의도는 가사를 전하여 인가증명을 하고자 한 것이며, 정법의 종지를 확정하기 위한 방편으로 제시되고 있음을 알 수 있다. 즉 '가사를 전하는 것은 전법의 증명〔傳衣爲信〕'이라고 누누이 강조하고 있는 그의 주장에서 분명히 밝혀지고 있다. 『頓悟無生般若頌(荷澤大師顯宗記)』에도 다음과 같이 주장하고 있다.

가사는 법의 증명〔信〕이요, 법은 가사의 종지이니, 가사와 법을 전했다면 다시 다른 법이 없다. 안으로는 心印을 전하여 本心에 계합함을 인가하고, 밖으로는 가사를 전하여 종지를 나타낸다. 가사가 아니면 법을 전하지 못하고, 법이 아니면 가사를 받지 못한다. 가사는 법을 표시하는 것이요, 법은 생멸 없는 법이니, 생멸이 없으면 허망도 없어 그것이 바로 공적한 마음이다. 공적을 알면 법신을 깨닫고 법신

---

31 胡適, 『神會和尙遺集』, 296쪽.

을 깨달으면 참다운 해탈이다.

(『대정장』 51권, 459쪽中)

　신회가 주장한 전의설은 혜능을 중심으로 보리달마 남종의 새로운 법통설을 확립하고 신수계의 북종이 비정통이며 방계라고 공격하고 배척하기 위한 방편의 입장을 벗어나 새로운 중국 선종의 스승과 제자간에 법을 전하는 인가증명으로 자리 잡는 계기가 되었다. 즉 '가사를 전하는 전법의 증명인 전의설〔傳衣爲信〕'은 선종의 법통설과 더불어 새로운 師資相承의 전통으로 강조되고 있다.
　이러한 신회의 전의설은 특히 無住系의 保唐宗에 크게 영향을 미치고 있다. 『역대법보기』는 남다른 전의부법설을 주장하면서 무주계 보당종의 정통성을 강조하였고, 『曹溪大師傳』, 돈황본 『육조단경』, 『보림전』 등의 선종 전등록에 법통설과 더불어 강조하고 있는 것은 그러한 사실을 입증하고 있다.[32]

3. 保唐宗의 전의와 선종 법통설

　四川 成都를 중심으로 신회의 전의설과 선사상을 계승하여 독자적인 선종 법통설을 주장하고 있는 일파가 無住(714~774)의 보당종이

---

[32] 『歷代法寶記』의 전의설에 대해서는 정성본, 『중국선종의 성립사연구』, 675쪽 이하 참조. '傳衣爲信'의 주장은 돈황본 『六祖壇經』(11단)에 다음과 같이 주장하고 있다. "五祖夜至三更 喚慧能堂內, 說金剛經. 慧能一聞, 言下便悟, 其夜受法, 人盡不知. 便傳頓法及衣. 汝爲六代祖. 衣將爲信. 稟代代相傳法. 以心傳心. 當令自悟." 이 외에도 石井本, 『神會語錄』「홍인장」, 『조당집』 제2권 홍인장(1~85), 『曹溪大師傳』(『慧能研究』, 35쪽), 『禪源諸詮集都序』 등에 여러 번 언급하고 있다.

다. 무주의 보당종에 대해서는 이미 논한 바 있어 여기서는『역대법
보기』를 중심으로 전의설과 선종 법통설을 살펴보기로 한다.[33]

무주계의 보당종은 자파의 정통을 강조하기 위해『역대법보기』를
편찬하여, 신회의 對北宗的인 자세와 혜능계 남종의 정통성을 주장
하는 물증의 일환이었던 전의설을 계승하면서, 신회의 입장을 초월
하려는 의도로 이색적인 전의상승과 법통설을 주장하고 있다.

『역대법보기』에서 신회의 주장을 계승하여 서천 28(9)대 조통설
과 달마로부터 혜능에 이르는 동토 6대의 전의부법설을 인정한 것
은, 달마의 가사를 가지고 보당종의 새로운 정통성을 주장하기 위한
기초 작업이라고 할 수 있다.

결론적으로『역대법보기』에서 주장하는 의도는 신회의 주장처럼,
혜능에게 전래된 달마의 가사가 측천무후에 의해 內道場에서 공양한
뒤, 보당종의 조사인 智詵에게 전달되었고, 이어서 處寂－無相－無
住에게 전해졌다고 한다.

따라서 달마의 가사는 결국 無住에게 있으며, 무주선사야말로 달
마의 정법을 상승한 정통 인물이라고 주장하는 이색적인 법통설을
증명하기 위해 편찬된 전등사서가『역대법보기』이다.

『역대법보기』는 신회의 전의설을 바탕으로 자파의 입장을 주장하
기 위해 신회를 높이 평가하고 있으며, 또 신회의 無念說과 돈오사상
등의 선법을 많이 수용하고 있다. 그러나 이것 역시 어디까지나 보당
종의 전등 법통이 정통이라는 사실을 주장하기 위한 기초 작업으로
볼 수 있다. 보당종의 저의는 신회가 주장한 전의설의 입장을 계승하

---

33 鄭性本,『중국선종의 성립사 연구』, 663쪽 이하「淨衆宗과 保唐宗」참조.

면서 한 단계 더 나아가 자파의 정통성을 확고히 마련하기 위한 작업이다.

이러한 사실은 『역대법보기』 신회의 활대 종론을 서술하고 있는 다음과 같은 일단에서 살펴볼 수 있다.

> (신회는) 開元中 활대사에서 천하의 학도자들을 위해 남종의 종지를 楷定하였다. 그때 신회화상이 말했다. "다시 한 사람이 있어 그 종지를 설할 것이다. 나는 결코 감히 그 종지를 설하지는 않겠다."라고. 이것은 신회화상이 傳信의 가사를 얻지 못했기 때문이다.
>
> (『대정장』 51권, 185쪽中)

이 일단은 앞에서 언급한 『보리달마남종정시비론』에서 신회가 주장한 내용을 근거로 하여 자파의 입장에 맞도록 주장하고 있는 것이다.[34]

『역대법보기』에는 신회로 하여금 "다시 한 사람이 있어 그 종지를 설할 것이다. 나는 결코 감히 설하지 않겠다."라고 말하게 한 뒤, "신회화상은 傳信의 가사를 얻지 못했기 때문에 설하지 않는다고 말하고 있다."라고 설명을 붙인 것은 보당종의 입장에서 변칙적인 異色의 傳衣 상승과 자파의 정통성을 주장하기 위한 서론이라고 할 수 있다.

---

[34] 『南宗定是非論』의 다음과 같은 신회의 주장을 이용한 것이다.
"神會今設無遮大會, 兼莊嚴道場, 不爲功德, 爲天下學道者定宗旨, 爲天下學道者辨是非."(『神會和尚遺集』, 267쪽) 및 "又見會和上, 在獅子座上 說菩提達摩南宗一門, 天下更無人解. 若有解者, 我終不說. 今日說者, 爲天下學道者, 辨其是非, 爲天下學道者定其宗旨."(앞의 책, 263쪽)

그것은 『역대법보기』의 전신가사를 둘러싼 신회와 숭원법사와의
종론을 응용하여 문답의 내용을 바꾸어서 다음과 같이 주장하고 있다.

또 숭원법사가 질문했다. "선사여 上代의 가사는 전하고 있습니까?"
신회화상은 말했다. "전하고 있소. 만약 전하지 않을 때는 법은 단절
되고 말 것이오."
법사가 또 다시 질문했다. "선사는 그 가사를 얻었습니까?"
신회화상이 말했다. "신회의 품에 있지 않소."
법사가 또 다시 질문했다. "그러면 누가 이 가사를 얻었습니까?"
신회화상이 대답했다. "어떤 사람이 가지고 있소. 이 후에 자연히
알게 될 것이오. 이 사람이 만약 법을 설할 때는 정법이 유행하고 邪法
은 저절로 멸망할 것이오. 불법의 大事를 생각하여 지금은 몸을 감추어
아직 활약하지 않고 있는 것이오."

(『대정장』 51권, 185쪽下)

이 일단의 문답 역시 『남종정시비론』에 신회와 숭원법사가 다음과
같이 대화한 것을 응용한 것임을 알 수 있다.

원법사가 질문했다. "혜능선사 이후에 가사를 전한 사람이 있습니까?"
신회화상, "있지요."
또 물었다. "그 전수자는 누구입니까?"
신회화상이 대답했다. "이후에 자연히 알게 될 것이오."[35]

---

[35] 『神會和尙遺集』, 286쪽

여기에는 신회 자신이 육조혜능 이후에 그 가사의 전수자인 사실을 간접적으로 제시하는 일단인데, 『역대법보기』에서는 이 점을 역이용하여 보당종의 무주선사가 혜능으로부터 전래된 가사를 소지한 인물이란 점을 주장하기 위한 기초 작업을 신회의 입을 빌려서 주장하고 있다.

지난날 종론의 무대를 빌려서 신회와 원법사에게 전의의 행방을 對論시켜, 신회 스스로가 그 가사의 소재를 간접적으로 말하게 하고 있다. 『역대법보기』는 신회의 입을 통해서 "어떤 사람이 그 가사를 가지고 있다."라고 두 번씩이나 강조해도 그가 누구인지 밝히지 않지만, 두말할 것도 없이 무주를 가리키는 것임엔 의심의 여지가 없다.

특히 불법의 大事를 생각해서 지금은 몸을 감추고 활약하지 않는다는 말은 이후에 보당종 무주선사의 출현을 예언하고 있다. 이것은 신회의 주장을 응용한 것인데, 오조홍인의 불법과 가사를 얻고 16년간 은거한 뒤에 출현하는 육조혜능의 행장과 너무나도 비슷한 이야기로 엮어내고 있다.[36]

또 『역대법보기』에는 달마로부터 전래된 가사가 육조혜능한테서 구르고 굴러 보당종의 무주선사에게까지 전래된 사실을 주장하기 위해서 신회의 활대 종론을 응용하고 있으며, 더군다나 신회의 입을 통해서 자기에게는 그 가사가 없다고 말하게 하고, 혜능 이후 가사의 행방에 대해서는 다음과 같이 기록하고 있다.

---

36 홍인의 불법을 계승한 혜능의 隱居 이야기는 王維의 『六祖能禪師碑銘』(『全唐文』 327 권)에는 16년으로 하고 있으나 『역대법보기』에서는 17년이라고 주장함.

신회화상이 말했다.

"劍南의 智詵선사는 바로 법사이면서 了義敎를 설하지 않는다. 지선
선사의 제자 唐禪師(處寂) 역시 了義敎를 설하지 않는다. 당선사의 제
자 가운데 梓州의 趙는 법사이고, 陵州의 王은 율사이며, 巴西의 表는
법사이다. 益州의 金은 선사이지만 역시 요의교를 설하지 않는다. 비록
요의교를 설하지 않지만 불법은 단지 그곳에 있다.

郎中의 馬雄이 使者로 조계에 도착하여 혜능대사의 탑을 참례하고,
탑을 지키는 노승에게 질문했다. '위로부터 전해온 가사는 어디에 있습
니까?' 노승이 말했다. 혜능화상이 계실 때 玄楷師, 智海師가 혜능화상
에게 질문했었지요. '承上의 가사는 누구에게 전하였습니까? 불법은
누구에게 부촉하였습니까?'라고. 이때 혜능화상이 '나의 가사는 여자가
가지고 갔다. 나의 법은 내가 죽고 난 20년 뒤에 종지를 수립하는 자가
바로 나의 법을 얻은 사람이다.'라고 대답했다."

(「대정장」 51권, 185쪽下)

이 일단 역시 보당종의 존재와 정법상승의 입장을 신회의 증언을
통해서 주장하고자 한 것이다. 즉 오조홍인의 법을 계승한 지선의 제
자 당선사의 문하에 趙法師, 王律師, 表法師, 그리고 신라 출신의 金
(無相)禪師 등의 법계를 언급하고 있는 것은 보당종의 존재와 정통법
계를 주장하기 위한 것이다. 또한 김선사 무상에 대하여 '비록 요의
교를 설하지 않지만 불법은 모두 그에게 있다'고 말하게 한 것은 무
상의 처소에 달마로부터 전래된 가사가 있다는 사실을 확인시키기
위한 전주곡임을 알 수 있다.

그것은 무주가 무상의 법을 계승한 사실을 주장하는 『역대법보기』
의 입장에서 볼 때, 지난날 신회 생존 당시 정법의 信物인 가사가 무

상의 처소에 있었지만, 지금은 무상의 법을 전수받은 무주의 처소에 있다는 사실을 미리 예상하기 위한 것이다.

신회는 스승 혜능에게서 전래된 달마 가사의 행방에 대하여 혜능의 제자 玄楷와 智海가 직접 혜능에게 질문했다는 증언을 끌어와 혜능이 "나의 가사는 여자가 가지고 갔다."라고 말한 사실을 밝히고 있다. 혜능은 "내가 죽고 난 20년 뒤에 종지를 수립하는 자가 나의 법을 얻은 사람이다."라고 말한 사실을 술회하도록 하고 있다.

이렇게 達摩所傳의 가사를 둘러싼 드라마틱한 이야기는 『역대법보기』 혜능장에도 보이는데, 혜능은 그 가사 때문에 몇 번이고 身命을 상실할 뻔했다고 전한다. 이것은 혜능의 경우뿐만 아니라 사조도신이 소지하고 있을 때 3번, 오조홍인이 소지하고 있을 때 3번, 그리고 내가(혜능) 소지하고 있을 때 6번이나 도둑맞을 위기를 당했다고 자술하고 있다.[37]

이러한 가사 도난 사건에 대한 이야기는 일찍이 石井本 『신회어록』의 혜능전과 『남종정시비론』 등에 기록된 것을 응용하였는데, 『역대법보기』의 의도는 지난날 신회의 주장과는 전혀 다른 곳에 있는 것이다.[38]

석정본 『신회어록』 혜능장에는 '내가 입적한 40년 후에'라는 혜능의 40년 懸記(예언)를 전하는데, 『역대법보기』에서는 '20년 후'로 고쳐서 주장하고 있다.

『신회어록』에서 40년 후라고 주장하고 있는 혜능의 懸記는 신회

---

37 『역대법보기』 혜능장(『大正藏』 51권, 182쪽下).
38 石井本, 『神會語錄』의 육조혜능전.
   胡適, 『神會和尙遺集』, 292쪽 참조.

자신이 제7조임을 강조하기 위한 것이고, 『역대법보기』는 이러한 신회의 주장을 교묘하게 이용하고 있다.[39]

『역대법보기』에 "신회화상은 信袈裟의 전수를 받지 못했기 때문이다"라고 말하면서 혜능이 "나의 가사는 여자가 가지고 갔다"라는 말을 신회의 입을 통해서 밝히는 것은 보당종에서 주장하고 있는 변칙적인 전의설과 자파의 정통성을 주장하기 위한 준비 작업인 것이다. 혜능의 입을 통해 "나의 가사는 여자가 가지고 갔다."라고 두 번이나 말하게 하는 여자는 측천무후를 가리킨다.

『역대법보기』에 혜능의 이 말을 실마리로 하여 측천무후에 의해 혜능에게 전래된 그 가사가 지선에게 전하게 된 가사의 행방을 다음과 같이 기록하고 있다.

뒤에 大周가 세워져 則天武后가 즉위하자 불법을 敬重하였다. 長壽元年(692년)에 천하의 諸州에 勅을 내려 大雲寺를 설치토록 했다. 2월 20일 勅使 天冠郎中 張昌期는 韶州 曹溪에 가서 혜능대사의 入內를 청하였다. 그러나 혜능대사는 病을 핑계로 응하지 않았다. 측천무후는 뒤에 萬歲通天 元年(696)에 다시 칙사를 보내어 두 번째 혜능대사의 入內를 간청하면서, "혜능대사가 만약 응하지 않을 경우 上代의 달마대사가 전한 信袈裟를 간청하도록 하라. 짐은 그 가사를 內道場에서 공양하고자 한다."라고 전하게 했다. 혜능대사는 그 간청에 따라 곧 달마대

---

39 혜능의 40년 懸記와 20년 현기에 대해서는 정성본, 『중국선종의 성립사연구』, 680쪽 참조.
　　『역대법보기』의 20년 현기는 뒤에 돈황본 『육조단경』을 비롯하여 종밀의 『圓覺經大疏鈔』 제3의 下(『卍續藏經』 14권, 277쪽b), 『圓覺經略疏鈔』 제4권(『卍續藏經』 15권, 131쪽b), 『禪門師資承襲圖』 등에 계승되고 있다.

사가 전한 가사를 칙사에게 건네주었다. 칙사는 가사를 받아서 돌아갔으며, 측천무후는 그 가사를 전해 받아 온 것을 보고 크게 기뻐하며 內道場에서 공양하였다.

(『대정장』 51권, 184쪽上)

일찍이 신회가 북종의 법통설을 공격하기 위해 창안한 달마의 가사는 이렇게 하여 육조혜능의 품에서 벗어나 측천무후의 간청으로 內道場에서 공양하게 되었다.

『역대법보기』는 앞에서 혜능이 '나의 가사는 여자가 가지고 갔다'라고 하는 말에 대한 전후 사정과 그 경위를 서술하고 있는데, 실제로 그 이면에는 측천무후에 의한 傳衣 相承의 갱신을 위해 보당종에서 허구로 만들어낸 이야기임엔 두말할 여지가 없다.

결국 신회가 혜능에게 있다고 주장한 달마의 가사가 이러한 우여곡절 끝에 무주선사의 처소에 있다는 사실을 주장하기 위해 보당종에서 고안한 것이다.

『역대법보기』에는 前文에 이어서 측천무후가 혜능으로부터 간청해 받은 달마의 가사를 萬歲通天 2년(697년) 7월에 智詵을 초청하여 內道場에서 공양하고, 久視年(700)에는 북종의 神秀, 玄賾, 玄約, 老安禪師를 초청하여 공양하였다고 한다.

그때 서국 삼장인 바라문의 뛰어난 타심통에도 관할 수 없었던 지선의 법력과 그로 인한 삼장의 귀의, 측천무후가 지선과의 욕망에 대한 문답으로 言下에 깨닫게 된 인연 등을 전하고, 지선에게 달마소전의 가사를 수여하는 일단을 다음과 같이 기록하고 있다.

또 삼장이 지선에게 귀의하는 것을 보고 측천무후는 경중하는 마음이 더했다.

지선선사는 드디어 上奏하여 고향으로 돌아갈 것을 간청하였다. 측천무후는 칙으로 새로 번역한 『화엄경』 일부, 미륵의 繡像 및 幡花 등을 하사하고 달마조사의 信袈裟를 가지고 가도록 하였다. 측천무후가 말했다. "혜능선사는 오지 않았소. 이 上代의 가사도 또한 화상에게 올립니다. 고향에 가지고 돌아가서 오랫동안 공양토록 하시오."

(『대정장』 51권, 184쪽上)

이어서 측천무후는 景龍 元年(707년) 11월에 內侍 薛簡을 조계혜능의 처소로 파견하여 칙명으로 말하기를 "上代 달마소전의 信袈裟는 지선선사에게 가지고 가서 공양하도록 하였소. 지금 특별히 摩納 가사 一領과 비단 5백 필을 일용품으로 충당하고 공양합니다."라고 전하게 하였다고 한다.

달마의 가사가 혜능의 품에서 측천무후에 의해 지선에게 전달된 경위를 진실인 것처럼 기술하고 있다. 이것은 『역대법보기』 전문에 이어서 지선에게 전한 가사가 長安 2년(702)에 지선이 제자인 處寂에게 付法의 증거로 수여하였다고 주장하고 있다. 또 開元 24년(736)에는 處寂이 無相에게 수여하였고, 寶應 元年(762)에는 無相이 無住선사에게 수여하였다고 주장하는 것은 달마의 가사가 무주선사의 처소에 있다는 사실을 강조하기 위한 것임을 알 수 있다.[40]

일찍이 북종의 법통설을 공격하고 남종의 정법 상승을 주장하기 위해 신회가 창안한 전의설이 이제 무주선사의 보당종에서 신회의

---

[40] 『歷代法寶記』 智詵章과 處寂章, 無相章 등(『大正藏』 51권, 184쪽中下~185쪽上).

주장을 교묘하게 응용하여 사천 보당종의 정법 상승을 주장하는 증거물로 이용되고 있음을 알 수 있다.

4. 『曹溪大師傳』의 傳衣說

『조계대사전』은 『대일본속장경』에 『조계대사별전』 1권이라는 제목으로 수록되어 있는 자료로서 最澄(767~822)이 唐에서 將來한 六祖慧能大師(638~713)의 전기집이다. 이 자료의 본래 題名은 다음과 같다.

「唐韶州曹溪寶林山國寧寺六祖慧能大師傳法宗旨, 幷高宗大帝 勅書兼賜物改寺額, 及大師印可門人, 幷滅度時六種瑞相, 及智藥三藏懸記等傳.」[41]

제목에서 자료의 내용을 대략 파악할 수 있듯이, 혜능이 황매산 오조홍인선사를 찾아뵙고 8개월간 방앗간에서 고행하고, 佛性問答으로 홍인의 인가를 받고 그 인가증명으로 達摩所傳의 가사를 받고 남쪽 韶州 曹溪 寶林山 國寧寺의 유래와 『열반경』의 大家인 印宗법사와의 만남으로 삭발 수계하고 교화하게 된 혜능의 생애를 기록한 자료이다.

사실 이 자료도 『신회어록』, 『역대법보기』 등을 참조하여 육조혜능의 구법과 교화, 그리고 당나라 왕실과의 관계 등으로 傳承된 혜능의 전기를 체계적으로 정리한 책인데, 이어서 출현하는 『육조단경』

---

41 『曹溪大師傳』의 서지학적인 연구는 『慧能硏究』 제1장 「曹溪大師傳の硏究」 참조.

의 母本이 되고 있다.

앞에서 살펴본 것처럼 『역대법보기』는 신회의 주장을 교묘히 응용하여 사천 보당종 무주선사의 정통법계를 주장하기 위해 혜능에게 전래된 달마소전의 가사가 측천무후에 의해 智詵에게 전달되어 處寂－無相－無住로 전래되었다고 억지 주장을 하고 있다. 이에 반해 『조계대사전』의 전의설은 혜능 신회의 주장을 자연스럽게 계승하여 홍인으로부터 불성문답으로 인가받은 혜능이 뒤에 인종법사에게도 가사를 보여주면서 확인시키고 있다.

『조계대사전』에서 혜능이 처음 東山을 찾아가 오조홍인을 참문하고 그의 인가를 받게 된 이야기를 살펴보자.

홍인대사가 물었다. "그대는 무슨 물건을 구하려고 왔는가?"

혜능이 대답했다. "저는 오직 부처가 되려고 할 뿐입니다."

홍인대사가 물었다. "그대는 어디 사람인가?"

혜능이 대답했다. "嶺南 新州 사람입니다."

홍인대사가 말했다. "그대는 영남 新州人으로서 어찌 감히 부처가 되겠다고 하는고?"

혜능이 말했다. "영남 신주인의 불성과 화상의 불성이 어찌 차별이 있겠습니까?"

홍인대사는 다시 묻지 않았다.[42]

이 이야기는 뒤에 돈황본 『육조단경』에 약간의 수정을 하여 드라

---

42 駒澤大學禪宗史硏究會 編, 『慧能硏究』(東京, 大修館, 1978년), 33쪽.

마틱하게 잘 엮어졌다. 홍인대사는 혜능의 '불성은 무차별'이라는 한 마디에 감탄하고, 주위에 많은 사람들이 있어 일단 후원으로 보내어 대중과 함께 일하도록 한 뒤 8개월간 방앗간에서 방아를 찧는 노동을 하게 한다.

그러던 어느 날, 홍인대사는 혜능이 일하고 있는 방앗간에 나아가 다시 불성에 대한 문답으로 혜능의 경지를 재확인하고 인가하여 다음과 같이 전법하는 이야기를 전하고 있다.

그때 홍인의 문도들은 혜능과 홍인대사가 불성의 의미를 논의하는 것을 보고 있었다. 홍인대사는 문도들이 이해하지 못하는 것을 알고 문도들을 해산시켰다. 홍인대사는 혜능에게 말했다. "석가여래는 열반에 임하여 甚深한 반야바라밀의 가르침을 마하가섭에게 부촉했다. 가섭은 아난에게, 아난은 商那和修에게, 상나화수는 優波掬多에게 전했다. 그 뒤에도 차례로 전하여져 西國 28대의 조사를 거쳐 달마다라대사에게 이르렀다. 달마다라는 중국의 初祖가 되어 혜가에게 부촉했다. 혜가는 승찬에게, 승찬은 쌍봉산 도신에게 부촉했다. 도신은 그것을 나에게 부촉했다. 나는 이제 입적하려고 한다. 법을 그대에게 부촉하노니 그대는 단절되지 않도록 잘 호지하라!" 혜능은 "저는 남방 출신이기에 불성을 전수할 수가 없습니다. 이곳에는 전수자로서 자격을 갖춘 훌륭한 제자들이 많습니다."라고 말했다.

그러자 홍인은 "여기에 龍象과 같은 문도들이 많지만 나는 그들의 深淺을 잘 알고 있다. 모두 토끼와 말에 지나지 않는 존재이다. 불법은 오직 象王에게만 전수하고 부촉하는 것이다." 홍인대사는 거기서 전해 온 가사를 혜능에게 주었다. 혜능대사는 가사를 머리 숙여 받았다. 혜능은 홍인대사에게 질문했다. "法은 문자로 나타내지 않으며 以心傳心

과 법으로써 전합니다. 이 가사를 전하여 무엇 하겠습니까?"

홍인대사는 말했다. "가사는 法의 信標이며, 법은 가사의 근본[宗]이다. 위로부터 相傳함은 결코 다른 물건을 전한 것이 아니다. 가사가 있는 곳에 법을 전한 것이 되며, 법이 있기에 가사를 전하는 것이다. 가사는 西國의 師子존자가 불법이 단절되지 않도록 하기 위해 전한 것이다. 법은 석가여래의 심심한 반야의 지혜이며, 반야의 지혜가 공적하여 머무름이 없는 것을 알면 그것이 곧 법신을 깨닫는 것이며, 불성이 공적하여 머무름이 없음을 徹見하면 그것이 곧 참된 해탈이다. 그대는 가사를 가지고 출발하라!" 이렇게 하여 혜능은 가사를 수지하고 홍인의 명령에 위배됨이 없었다.[43]

혜능이 홍인을 친견하고 불성문답으로 인가 받고 그 傳法의 증거로 가사를 전해 받게 된 인연을 기록하고 있다. 『조계대사전』에, 이어서 홍인이 혜능에게 전수한 이 가사는 中天竺의 옷감[布]으로 범어로는 婆羅那이고, 唐에서는 최고로 좋은 옷감[第一布]이며, 木綿으로 만든 것으로서 당시 사람들은 이러한 사실을 잘 모르고 絹織으로 만든 것으로 착각하고 있다고 주의 주고 있다. 이러한 주장은 그대로 『보림전』과 『義楚六帖』 제22권 등에 계승하고 있다.[44]

『조계대사전』에는 홍인이 혜능에게 법과 가사를 부촉한 뒤에 혜능을 九江驛에서 전송하고 돌아와 대중을 모두 해산하면서 "여기에는 불법이 없다. 불법은 이미 남쪽으로 갔다. 나는 지금 법을 설하지 않

---

43 『혜능연구』, 34쪽.

44 義楚(902~975)의 『義楚六帖』 제22권 「布名屈眗」 항목에 다음과 같이 注記하고 있다. "寶林傳云, 唐言第一布, 紡木綿華心, 爲之卽達摩所傳之衣七條也. 碧裏 自師子尊者傳與." 註14) 참조.

겠지만 앞으로 자연히 알게 될 것이다."라고 하고서는 3일 후 홍인대
사는 문인들에게 "위대한 불법은 이미 실행되었다. 나는 마땅히 가리
라!"라고 말하고 입적하였다고 전한다.[45]

　사실 『조계대사전』은 혜능의 생애와 전기를 기술한 책이지만, 마
치 홍인의 존재가 혜능에게 법과 가사를 전해주기 위해 존재하는 인
물로 착각할 정도이다. 혜능에게 법과 가사를 전하고 나에게는 불법
이 없다고 하는 이야기는 너무나도 불법을 形骸化, 名相化하는 모습
이며, 오히려 불법의 본질을 모르는 오조홍인의 존재와 조사로서의
나쁜 이미지로 표현되는 문제점을 드러내고 있다.

　물론 『조계대사전』의 의도는 혜능이 홍인과의 불성문답으로 깨
달아 홍인의 인가를 받고 그 인가증명으로 信物의 가사를 전해 받게
된 일련의 사연을 강조하기 위한 것이지만, 가사로서 불법의 소재를
판단한다는 것은 너무나 지나친 억측이 아닐 수 없다.

　그리고 『조계대사전』에는 이어서 『육조단경』의 이야기처럼, 홍인
의 제자로서 四品 장군 출신인 慧明이 가사와 발우〔衣鉢〕를 찾기 위해
大庾嶺까지 혜능을 쫓아가서 혜능의 가르침을 받고 깨닫게 된 이야기
를 비롯하여, 혜능이 남쪽에 돌아와 조계 등지에서 은거하고 2년간
사냥꾼들 사이에서 생활한 이야기 등을 전하고 있다.

　그러던 어느 날 儀鳳 元年(676년) 혜능의 나이 39세에 廣州 制旨寺
에서 印宗법사가 『열반경』 강의하는 것을 듣고 문인들이 바람에 나
부끼는 깃발을 보고 깃발이 움직이는가 바람이 움직이는가 하는 「風
幡의 論議」에 끼어들어 혜능이 큰 소리로 "깃발이 움직이는 것도 아

---

45 『慧能研究』, 36쪽.

니요, 움직이는 것은 그대들의 마음일 뿐이다!"라고 고함쳤다.[46]

인종은 이러한 소문을 듣고 이튿날 강의 후에 대중에게 질문했다. "어젯밤 논의에서 마지막에 말한 사람은 누구인가? 이 사람은 틀림없이 훌륭한 지도자 밑에서 수학한 사람임에 틀림없을 것이다." 그때 누군가가 "新州 출신의 盧行者입니다."라고 말하자 인종법사는 노행자를 자기 방으로 불러서, 자초지종 사유를 듣게 된 이야기를 다음과 같이 전하고 있다.

혜능은 인종법사의 방으로 들어갔다.

인종 "지금까지 누구의 가르침을 받았는가?"라고 질문했다.

혜능 "嶺北의 蘄州 東山 홍인대사의 가르침을 받았습니다."

인종 "홍인대사가 임종할 때에 불법은 남쪽에 있다고 말씀하였는데 그대(賢者)가 아닌가?"

혜능 "그렇습니다."

인종 "그렇다면 전법의 증명인 가사를 가지고 있을 텐데, 미안하지만 좀 보여줄 수 있겠소?"

인종은 혜능이 보여준 가사를 받아 정중하게 머리에 이고 마음으로 크게 기뻐하면서 찬탄했다. "남방에 이와 같은 無上의 法寶가 있을 줄이야!"

---

[46] 혜능과 인종법사와의 相面 및 風幡의 논의문제는 王維의 『六祖能禪師碑銘』(『全唐文』 327권)에 보이며, 法才의 『光孝寺瘞髮塔記』(『全唐文 912권), 그리고 『歷代法寶記』(『大正藏』 51권, 183쪽下)에 자세히 전하고 있다. 『曹溪大師傳』은 『歷代法寶記』에 의존하고 있다. 그리고 종밀의 『圓覺經大疏鈔』 권3의 下(『卍續藏經』 14권, 277쪽a), 『圓覺經略疏鈔』 제4권(『卍續藏經』 15권, 131쪽b), 『祖堂集』 제2권 혜능장(1~91) 등에 전함.

…(略)…

인종은 혜능의 설법을 듣고 곧장 일어나 합장하고 경건한 마음으로 인사하며 스승으로 모시고자 했다. 그 다음날 강의할 때 대중에게 말했다. "인종의 몸은 비록 凡夫이지만 이 얼마나 행복한지 모른다. 이 법석에서 法身菩薩을 만나게 될 줄이야! 인종이 대중에게 『열반경』을 설하는 것은 기와조각에 지나지 않는다. 지난밤에 노행자한테서 듣게 된 말씀은 金玉과 같이 훌륭한 가르침이었다. 여러분들은 믿겠는가? 여기 賢者인 노행자는 東山의 弘忍대사의 법을 전해 받은 분이다. 여러분들이 믿지 못하겠으면, 노행자에게 부탁하여 전법의 가사를 여러분들에게 보여 주도록 하리라."

대중은 혜능이 보여준 가사를 보고, 모두 함께 정례하며 깊이 믿게 되었다.[47]

노행자 혜능이 16년간의 은거생활을 마치고 印宗법사를 만나 중생교화에 出世하는 일단의 이야기이다. 노행자가 오조홍인의 법을 전해 받은 육조혜능임을 증명하는 信物로서 가사가 제시되고 있음을 알 수 있다.

또한 혜능의 존재가 행자의 신분임에도 불구하고 인종법사는 법신보살로 받들고, 일어나 합장 예배 올리며 스승으로 모시는 점도 육조혜능의 존재를 無上의 法寶로 존경하는 모습이며, 뒤에 『육조단경』을 '법보단경'이라고 하는 점이나 혜능의 존재를 '生佛,' '肉身菩薩' 등으로 칭하며 성스러운 존재로 부상시키고 있는데, 모두 다 이러한 점을 강조한 것이라고 할 수 있다.

---

47 『慧能研究』, 39쪽 이하 참조.

5. 맺는말

　이상 신회가 북종선의 법통설이 비정통임을 강조하고, 북종 공격의 무기로 삼은 것은 달마가 혜가에게 전법의 증명으로 전했다는 전의설이다. 이는 육조혜능이 오조홍인의 정법을 계승한 근거 자료로서 정착하게 되었다.

　사실 혜능이 소지하고 있다는 달마의 가사는 신회가 북종 공격을 하기 위한 환상의 가사였음에도 불구하고 신회의 주장을 교묘하게 이용한 무주계의 보당종은 『역대법보기』를 편찬하여 측천무후가 혜능의 가사를 內道場에서 공양한 뒤 지선에게 수여했다고 억지 주장을 하고 있다. 무주선사가 달마의 가사를 소지하고 있다고 하면서 보당종이 달마계 선종의 정통성임을 주장하고 있다.

　『조계대사전』은 『신회어록』과 『역대법보기』 등 이전의 자료를 활용하여 혜능의 생애와 전기집을 종합적으로 편찬하면서 신회가 주장한 達摩所傳의 가사를 활용하여 오조홍인과의 만남과 불성문답을 통한 인가와 전법의 증명으로 가사를 수여하여 남쪽에서 16년간의 은거를 마친 뒤, 『열반경』의 대가인 인종법사와의 불가사의한 인연으로 출세하면서 달마의 가사를 제시하여 육조혜능임을 증명하도록 하는 드라마틱한 이야기를 엮고 있다.

　『조계대사전』을 계승한 돈황본 『육조단경』에서는 신회가 주장한 전의설의 한계를 자각하고 새롭게 「전의부법송」을 고안해 내고 있다. 소위 말하는 전법게인데, 육조혜능 이후에 가사를 전하지 않으면서 돌출하는 문제점을 전법게로써 해결하는 새로운 인가증명이 주장되고 있다. 돈황본 『육조단경』 이후에 전개되는 이러한 인가증명은 다음 기회의 연구과제로 하고자 한다.

<h1 style="text-align:center">7장
傳法偈의 성립과 발전</h1>

1. 서언 —문제의 제기—

필자는 일찍이 「선종의 인가증명연구」에서 荷澤神會(684~758)가 남종선에서 주장한 傳衣說의 성립과 발전에 대하여 발표한 바가 있다.[1]

본 논문에서는 돈황본 『육조단경』에서 새롭게 주장하고 있는 傳衣付法頌과 더불어 선종의 傳法偈와 『보림전』에서 서천 28조와 동토 6대조사에까지 확대 발전하고 있는 문제점 등을 중심으로 고찰하고자 한다.

전법게란 선불교에서 주장하는 以心傳心 敎外別傳의 선법이, 석가모니불이 마하가섭에게 부촉하고 서천 28조와 동토 6조 및 南嶽懷讓(677~744)과 馬祖道一(709~788)에 이르기까지 스승이 제자에게

---

[1] 정성본, 「선종의 인가증명연구(1)」(『불교학보』 제36집, 1999년, 동국대학교 불교문화연구원).

법을 전하면서 인가증명으로 전한 전법의 사실을 증명하는 게송을 말한다.

스승이 제자에게 불법을 전한 사실의 인가증명인 전법게도 당대 남종선에서 주장한 傳衣說과 마찬가지로 역사적인 사실이 아니라 시대적인 요청에 의한 주장이었다.

일찍이 전법게의 성립문제를 연구한 水野弘元氏의 지적처럼, 선종의 전법게가 과거 7불에서 서천 28조, 동토 6조와 마조도일까지 전부 전하고 있는 자료로는 『조당집』(952년)과 道原이 편집한 『경덕전등록』(1004년)이라고 할 수 있다.

그러나 그 이전에 성립된 돈황본 『육조단경』(790년경)에는, 달마에서 혜능에 이르는 동토 6조의 전의부법송이 최초로 등장하고 있으며, 이것을 계승한 『보림전』(801년)에도 서천 28조와 동토 6조 및 남악회양과 마조도일의 전법게가 첨가되었음을 확인할 수 있다.[2]

이하 본 논문에서는 돈황본 『육조단경』과 『보림전』, 『조당집』 등의 선종사서를 중심으로 전법게의 성립과 그 역사적인 배경을 고찰해 보고, 중국 선종의 전등 법통설과 함께 시대적인 요청으로 주장된 인가증명의 의미를 고찰해보기로 한다.

---

2 水野弘元, 「傳法偈の成立について」(日本, 曹洞宗宗學研究所, 『宗學研究』 제2호, 1960년 1월).
  전법게에 대한 연구는 石井修道, 「傳法偈の成立の背景に關する研究」(『宗學研究』 제22호, 1980년); 石井修道, 「傳法偈」(田中良昭 編, 『敦煌佛典と禪』, 日本, 大東出版社, 1980년 11월) 등이 있다.

2. 돈황본 『육조단경』의 傳衣付法頌

　돈황본 『육조단경』은 육조혜능이 韶州 大梵寺에서 대중들에게 無相戒를 수계하고 남종 돈교의 禪法을 설한 내용을 기록한 자료로서 전승되고 있는데, 육조혜능 이후의 전법은 傳衣를 대신하여 『壇經』을 전하도록 하는 주장도 다음과 같이 보인다.

　대사가 조계산에 머물며 韶州와 廣州를 중심으로 40여 년간 교화하였다. 그의 門人은 승속을 합하여 4, 5천 명이나 되며 그 수를 다 셀 수가 없다. 그의 종지는 『단경』을 전수하여 근거로 하고 있다. 만약 『단경』을 얻지 못한 사람은 그의 법을 품수하지 못한 것이다. 언제, 어디서, 누가, 이 셋을 증명하여 서로 서로 부촉하고 전수하는 것이다. 『단경』을 품승(傳授)받지 못한 사람은 남종의 제자가 아니다.
　(大師住曹溪山 韶廣二州, 行化四十餘年. 若論門人, 僧之與俗, 約有三五千人, 說不可盡. 若論宗旨, 傳授壇經, 以此爲依約. 若不得壇經, 卽無稟受. 須知去處, 年月日, 姓名, 遞相付囑. 無壇經稟承. 非南宗弟子也.)[3]

　돈황본 『육조단경』에서는 남종의 종지인 『단경』을 전수하는 것만이 남종의 종지를 계승하는 전법상승의 조건으로 제시하고 있으며 인가증명의 객관적인 증거자료인 物證으로 정통성을 강조하고 있음을 알 수 있다.
　그리고 남종의 종지를 계승한 스승과 제자간의 『단경』 전수도 언

3　駒澤大學禪宗史硏究會 編, 『慧能硏究』(日本, 大修館書店, 1978년), 332쪽.

제 어디서 누구에게 전수받은 것인지를 분명히 밝히도록 하는 점은
선종의 전법과 인가증명의 본질을 『육조단경』이 특별히 강조하고 있
음을 알 수 있다.

이것은 아마도 신회가 전의설을 주장하면서 북종의 전법상승을 부
정하는 의미로 달마의 가사 이외에 다른 물건을 가지고 전수와 전법
을 주장하는 것은 잘못된 것이라는 입장을 받아들여 남종 종지의 정
통성을 강조하기 위한 주장임을 알 수 있다.[4]

사실 돈황본 『육조단경』(49단)에는 혜능이 십대제자들에게 전법
을 마치고 一卷의 『단경』을 서로서로 전수하게 하도록 다음과 같이
지시하고 있다.

대사가 십대 제자에게 말했다. 이제부터 불법을 전하고 불법을 교수
하기 위해서는 한 권의 『단경』을 전수하여 나(남종)의 종지를 잃어버리
지 않도록 하라! 『단경』을 품수하지 않은 사람은 남종의 종지를 계승한
것이 아니다. 지금 그대들이 받은 『단경』을 차례차례 대대로 유행토록
하라. 『단경』을 얻은 사람은 내가 직접 남종의 종지를 전수하는 것과
같다.

(大師言, 十弟子 已後傳法 遞相敎授, 一卷壇經, 不失本宗. 不稟受壇經,
非我宗旨. 如今得了, 遞代流行, 得遇壇經者, 如見吾親授)[5]

<hr>

4 신회의 『菩提達摩南宗定是非論』에 다음과 같이 주장하고 있다. "經今六代, 內傳法契,
以印證心. 外傳袈裟, 以定宗旨. 從上相傳, ──皆與 達摩袈裟爲信. 其袈裟今見在韶州,
更不與人. 餘物相傳者, 卽是謬言."
　　胡適, 『神會和尙遺集』(臺灣, 胡適紀念館, 民國 57년), 281쪽.
5 정성본 역주, 『돈황본 육조단경』(서울, 한국선문화연구원, 2003년 5월), 265쪽 이하.

이 일단은 마치 경전의 유통본과 같은데, 여기서 혜능은 자기가 설한 『단경』을 자신의 불법인 남종의 종지를 체득한 十代弟子에게 인가증명으로 전수하고 있다.

그리고 이후로도 남종의 종지를 체득한 제자에게는 전법의 사실을 증명하는 인가증명으로 이 『단경』을 대대로 전수하라고 십대제자들에게 부촉하고 있다.

돈황본 『육조단경』(58단)에는 혜능 이후에 남종의 종지를 전한 인가증명으로 『단경』의 품승을 다음과 같이 전하고 있다.

> 이 『단경』은 法海상좌가 편집한 것이다. 법해상좌가 입적하면서 同學인 道際에게 부촉하였고, 道際가 입적하면서 문인인 悟眞에게 부촉하였다. 悟眞화상은 영남 조계산 法興寺에 계시면서 현재 남종의 불법을 전수하고 있다.
>
> (此壇經, 法海上座集. 上座無常, 付同學道際. 道際無常. 付門人悟眞. 悟眞在嶺南曹溪山法興寺, 現今傳授此法)[6]

여기에는 돈황본 『육조단경』에서 주장하는 혜능의 십대제자 가운데 한 사람으로 『단경』을 편집한 法海와 同學 및 스승과 제자 간의 인가증명으로 『단경』을 대대로 전수한 사실을 기록하고 있다.

돈황본 『육조단경』(49단)에 혜능이 인가증명으로 십대제자에게 전수하면서 (58단)에는 혜능의 손손제자의 시대까지 대대로 『단경』의 전수와 품승이 이루어진 역사적 기록이 언급되고 있다는 사실은 작

---

6 정성본 역주, 『돈황본 육조단경』, 303쪽.

자의 의도에 의한 주장과 『단경』의 성립문제를 재고해 볼 수 있는 문제점으로 돌출되고 있다.

그리고 혜능 이후 『단경』의 전수를 전하는 기록으로 大乘寺本, 興聖寺本, 眞福寺本 『육조단경』에도, 慧能－法海－志道－彼岸－悟眞－圓會로 이어지는 5대에 걸친 『단경』의 전수와 품승자의 계보를 밝히고 있다.[7]

이상의 『단경』에 기록된 혜능의 종지를 계승하고 인가증명으로 『단경』을 품승한 전수자들에 대해서는 자세히 알 수가 없으나, 돈황본 『육조단경』에서 분명히 주장하고 있는 점은 혜능의 입을 통해서 『단경』이 남종의 종지를 전하고 있다는 사실과 『단경』을 품승하는 것이 혜능의 불법을 전수하는 인가증명이라는 점이다.

이것은 신회가 주장한 傳衣說과 혹은 북종선에서 주장한 『능가경』의 傳持說과 같이, 『단경』을 가지고 남종의 종지를 전수하는 사자상승의 전법사실의 증거물로서 일종의 인가증명으로 주장하고 있음을 알 수 있다. 앞의 인용문에서 밝힌 바와 같이, 혜능이 "『단경』을 얻은 자는 내가 친히 교시를 내리는 것과 같다."고 하고, 또 "『단경』을 얻은 사람은 반드시 見性할 것이다."라며, 『단경』의 품승과 남종의 종지인 頓悟見性을 강조하고 있는 점에서도 분명히 밝히고 있다.

이러한 『단경』의 전수와 품승에 대한 비판은 韋處厚의 『大義禪師碑銘』에 "『단경』으로써 종지를 전하는 근거로 삼고, 정통과 비정통을 구분하는 기준으로 삼고 있다(竟成壇經傳宗, 優劣詳矣)."라고 비판하고 있다.[8]

---

7 정성본 역주, 『돈황본 육조단경』, 303쪽.
　정성본, 『중국선종의 성립사연구』(서울, 민족사, 1991년 3월), 595쪽 이하 참조.

그런데 돈황본『육조단경』(51단)에는『단경』의 전수와는 달리 傳
衣付法頌을 다음과 같이 전하고 있다.

法海上座가 大師 앞으로 나아가 말씀드렸다.
"大師께서 돌아가신 뒤에 가사〔衣〕와 法은 누구에게 부촉해야 옳겠
습니까?"
大師께서 말씀하셨다.
"法은 이미 부촉했다. (누구에게 부촉했는지를) 너희들은 묻지 마라.
내가 입적한 20여 년 뒤에 삿된 法이 요란스럽게 일어나 우리 南宗의
宗旨를 혹란시킬 것이다. 그때 어떤 사람이 출현하여 身命을 아끼지
않고, 佛法의 옳고 그름을 확정하여 宗旨를 수립하게 될 것이다. 그것
〔宗旨〕이야말로 나의 正法인 것이다.
가사〔衣〕는 전하지 않는다. 너희가 믿지 않는다면 先代 五祖의 傳衣
付法頌을 誦出해 주겠노라. 第一祖 達摩대사가 읊은 게송의 의미에 의
거하면 가사는 전하지 말아야 할 것이다.
자! 내가 너희들을 위해서 게송을 읊으니 잘 듣도록 하라. 그 게송은
다음과 같다."

第一祖 達摩和尙이 게송으로 읊었다.

내가 본래 唐國에 온 것은
가르침을 전하여 미혹한 중생을 구제함이니,

<hr>

8『全唐文』715권.
　정성본,『중국선종의 성립사 연구』, 594쪽 참조.

한 송이의 꽃이 五葉으로 열리면
결과는 자연히 이루어지리라.
(吾本來唐國, 傳教救迷情, 一花開五葉, 結果自然成)

第二祖 慧可和尙이 게송으로 읊었다.

본래 인연이 땅〔地〕에 있기에
땅에서 종자와 꽃이 자란다.
본래 땅이 없다면
꽃이 어디서 필 수가 있겠는가?
(本來緣有地, 從地種花生, 當來元無地, 花從何處生)

第三祖 僧璨和尙이 게송으로 읊었다.

꽃과 종자는 비록 땅이 있기 때문이지만
땅위에 종자와 꽃이 生成한다.
꽃의 종자에 生性이 없다면,
땅에 있다고 해도 꽃은 자랄 수 없다.
(花種須因地, 地上種花生, 花種無生性, 於地亦無生)

第四祖 道信和尙이 게송으로 읊었다.

꽃의 종자에 生性이 있으면
땅으로 囚하여 종자와 꽃이 생성한다.
처음부터 인연의 和合이 없으면
一切의 모두는 生成할 수 없다.

(花種有生性, 因地種花生, 先緣不和合, 一切盡無生)

第五祖 弘忍和尙이 게송으로 읊었다.

有情이 와서 種子를 뿌리면
無情의 땅에도 꽃은 자란다.
情도 없고 종자도 없다면
心地에는 아무것도 자랄 수 없다.
(有情來下種, 無情花卽生, 無情又無情, 心地亦無生)

제六祖 慧能和尙이 게송으로 읊었다.

心地는 情과 종자를 포함하고
法雨가 내리면 즉시 꽃은 핀다.
스스로 꽃과 情과 종자를 깨달으면
깨달음〔菩提〕의 열매는 자연히 이루어진다.
(心地含情種, 法雨卽花生, 自悟花情種, 菩提果自成)[9]

　혜능이 이미 불법을 부촉했다면서 자신의 입멸 20년 후, 달마로부터 전래한 선법에 대하여 북종과 남종의 선승들이 정법의 宗論에 대하여 시비를 확정하고 남종의 종지를 수립함에 身命을 아끼지 않은 사람이 자신의 불법을 계승한 사람이라고 예언했다.
　이 문제는 필자가 이미 논문으로 밝힌 바와 같이 혜능의 입적(713년) 20년 후는 唐 현종의 開元 20년(732년) 하택신회가 북종선을 공

---

[9] 정성본 역주, 『돈황본 육조단경』(51단) 참조.

격하며 남종의 종지를 수립한 「滑臺의 宗論」을 가리킨다.[10]

　그리고 혜능이 스스로 달마로부터 인가증명으로 전래된 가사를 이제부터 전수하지 않는다고 단언하면서 그 이유를 초조달마의 傳衣付法頌에 의거한 것이라고 밝히고 있다.

　　　내가 본래 唐國에 온 것은
　　　가르침을 전하여 미혹한 중생을 구제함이니
　　　한 송이의 꽃이 五葉으로 열리면
　　　결과는 자연히 이루어지리라.

　사실 초조달마의 전의부법송은 예언적인 게송이라 할 수 있다. 즉 혜능은 "한 송이 꽃이 五葉으로 열리면 결과는 자연히 이루어지리라." 라는 게송에 의거하여 가사를 전하지 않는다는 주장을 하고 있다.

　그런데 달마의 게송을 살펴보면 북위시대에 중국에 온 달마가 '唐國'이라고 말하고 있는 점은 『육조단경』의 작자가 시대적인 인식에 주의하지 못한 점을 여실히 드러내고 있는 것이다.

　『육조단경』의 여러 異本 가운데 달마의 전법게에서 '唐國'이란 표현은 돈황본뿐이며, 이후에 『단경』을 재편집한 사람들은 이러한 시대적인 모순을 눈치채고 唐國을 東土라든가 玆土라는 말로 바꾸었다.

　그리고 혜능이 스스로 誦出하는 달마 이후 五代祖師들의 전의부법송은 단순히 자기 자신이 창작한 것이 아니라 달마 및 先代 조사들로부터 전래된 것이라는 사실을 강조하면서 확신시키려 하고 있다.

---

10 정성본, 『중국선종의 성립사연구』, 604쪽 참조. 『신회어록』 육조혜능전에는 40년 현기로 주장하고 있다.

사실 선종에서 전법의 인가증명으로 전래되었다고 하는 달마의 가사는 하택신회의 남종독립운동에서 비롯되었는데, 이 돈황본『육조단경』의 작자는 이러한 신회의 전의설을 가지고 혜능을 선종의 제6대 조사로 확정함과 동시에 그의 설법집으로『육조단경』을 만들었다.

그러나 돈황본『육조단경』의 작자는 신회가 혜능을 선종의 제6대 조사로 확정하기 위해 임시방편으로 주장한 전의설의 문제점과 한계성을 느꼈기 때문에 전의설에 대신할 수 있는 인가증명으로 새롭게「전의부법송」을 시대적인 요청으로 고안한 것이라고 할 수 있다.[11]

돈황본『육조단경』의 특징 하나가 신회의 전의설에 대신하는 傳衣付法頌을 창안해 낸 점이라고 하겠다.

그리고 달마의 전법게에서 '五葉'이라는 비유는 전법게의 주제인 육조혜능의 전법 사실을 꽃잎에 맞추어서 표현한 것인데, 초조달마 이래로 육조혜능에 이르는 역대 조사의 숫자를 의미하는 말이다.

즉 육조혜능의 시대에 선종이 개화되고 본격적으로 번창하게 될 것이라는 예언적인 게송이다.[12]

달마대사 전법게 轉句에 '一花開五葉'이라는 표현은, 달마 이후로 선법이 慧可―僧璨―道信―弘忍―慧能의 五代에 이르기까지 傳衣付法의 상승과 달마로부터 비롯되는 중국 선종이 육조혜능의 시대에 이르러 꽃송이가 활짝 피듯이, 가장 번창하게 될 것이라는 의미를 포함한 예언적인 게송이라고 할 수 있다.

이렇게 볼 때 사실 돈황본『육조단경』에 전하는 달마의 전법게는

---

[11] 전의설에 대한 문제점은 정성본,「선종의 인가증명 연구 1」(동국대학교 불교문화연구원,『불교학보』제36집, 1999년) 참조.

[12] 정성본,『중국선종의 성립사 연구』, 609쪽 참조.

'一花開五葉, 結果自然成'이라는 二句에 중국 선종 전체의 向方을 제시하는 의도가 집약되어 있는 의미심장한 인가증명이라고 할 수 있다.

또 돈황본 S.2144호 사본에도 다음과 같은 일절이 보인다.

혜능대사가 여러 장로들에게 말했다. (달마로부터 전해 온 인가증명의) 가사〔信衣〕는 나에게 있지만 이제 전하지 않는다. 그래서 달마대사가 말했다. "하나의 꽃에 꽃잎이 다섯 개가 피면 결과는 자연히 이루어지리라."라고. 이것은 혜가대사로부터 나에게 이르기까지 다섯 사람인 것이다.(慧能大師 告諸長老, 信衣到吾處, 不傳也. 所以達摩道, 一花開五葉, 結果自然成, 從可大師至吾, 恰五人也.)

이 자료도 돈황본 『육조단경』에 의거하여 요약한 것이라고 할 수 있다. 혜능이 달마의 전법게에 의거하여 달마로부터 전래된 인가증명의 가사를 더 이상 후대에 전하지 않는다는 주장을 분명히 밝혀주고 있다.[13]

당대의 시인 王維가 지은 『六祖能禪師碑銘』에도 '世界一花 祖宗六葉'(『全唐文』 327권)이라고 기록되었는데, 중국 선종 자료에 五葉 혹은 六葉이라는 표현은 달마 이래로 전래된 중국 선종의 전등 법통설과 법계 상승을 대변한다고 볼 수 있다.[14]

---

13 돈황본 S.2144호 사본의 내용은 돈황본 『육조단경』과 『보림전』 등에서 뽑아 모은 雜錄인데 僧伽難提로부터 혜능에 이르는 역대 조사의 傳法偈를 기록하고 있다. 정성본, 『중국선종의 성립사연구』, 608쪽 참조.
14 정성본, 『중국선종의 성립사연구』, 608쪽 이하 참조.

  그리고 또 한 가지 중요한 점은 돈황본『육조단경』에는 초조달마 대사로부터 육조혜능에 이르기까지 六代祖師의 전법게가 모두 실려 있지만, 후대에 재편된『육조단경』에는 달마와 혜능의 전법게만 기록하고, 2조 혜가에서 5조 홍인에 이르는 전법게는 모두 생략되어 있다.[15]

  『육조단경』의 성립과 내용 구성에서 볼 때 돈황본『단경』이 최초에 성립된 원형 그대로를 소박하게 전해주는 필사본으로 간주할 수 있다. 그런데 이후에 새롭게 편집한『단경』은 唐土를 玆土나 東土라는 말로 바꾸는 등 시대에 맞는 언어로 수정하거나 내용상에 큰 의미가 없다고 생각하는 2조 혜가에서 5조 홍인의 전법게 및 첨가된 혜능의 두 게송을 없애고 요약하는 등 세심한 주의를 쏟아가며 재편하고 있다.

  돈황본『육조단경』(51단)에 전하는 초조달마에서 육조혜능에 이르는 傳法偈의 내용은 동토 육대조사의 전법게에서 제시하는 心地, 土, 種子, 有情, 無情, 性花, 열매〔結實〕, 비〔法雨〕, 菩提〔깨달음〕 등이라고 할 수 있다. 사실 이상의 전법게는 이와 같은 자연세계의 실상을 대변하는 말〔주제〕을 응용하여『육조단경』의 작자가 만든 작품이다.

  예를 들면 二祖慧可의 전법게에 "본래 땅이 있으니 종자에서 꽃이 피는 것이다. 만약 땅이 없다면 그 꽃은 필 수 없는 것이다."라고 읊은 혜가를 인도에서 전래한 달마의 불법을 받아들일 수 있는 능력을 갖춘 인물로서 평가하고 있다.

---

15 駒澤大學禪宗史研究會 編著,『慧能研究』(일본, 大修館書店, 1978년 3월), 378쪽 참조.

또한 육조혜능의 전법게 "心地에 情種을 머금어 法雨에 곧 꽃을 피운다. 스스로 꽃의 情種을 깨달으니 菩提의 결과는 자연히 이루어진다."라는 노래는 心地와 種子, 法雨라고 하는 모든 조건이 구비되었기에 깨달음의 꽃과 열매가 저절로 맺을 수 있게 된다는 것을 의미한다.

魏나라 시대 중국에 온 달마대사의 전법게에 唐土라는 말이 나오는 것은 『육조단경』이 당나라시대에 만들어졌다는 사실을 그대로 드러내고 있다.

2조 혜가의 전법게에 "땅이 있어 종자가 싹이 나고 꽃이 핀다. 만약 땅이 없다면 꽃은 필 수가 없을 것이다."라고 읊은 것은 다행히 훌륭한 東土의 땅이 있어서 달마가 전한 불법의 종자가 꽃피울 수 있게 된 사실을 간접적으로 주장하고 있다. 즉 2조 혜가는 달마의 가르침을 받아들이고 깨달음의 꽃을 피울 능력이 있었기 때문에 인도에서 전한 부처의 혜명〔佛慧命〕을 계승할 수 있다는 사실을 읊고 있다.

그리고 4조 도신의 게송에 불법을 전해 받을 사람인 종자도 生性의 능력이 있고, 좋은 토지가 있어 꽃이 피는 것은 당연하지만, 비나 이슬 등의 인연이 화합하지 않으면 꽃은 필 수가 없다. 그러나 지금은 모든 인연이 화합하였다고 읊고 있다.

5조의 전법게는 有情(달마조사)이 와서 종자(능력있는 전법자)를 생성시키면, 無情의 꽃이 피고 정법의 꽃이 번창하리라. 만약 有情도 種子도 없다면 좋은 땅이 있을지라도 꽃은 필 수가 없을 것인데, 지금은 이 모든 조건이 구비되었다는 사실을 밝히고 있다.

6조의 전법게는 토지〔東土〕有情〔조사〕, 種子〔능력있는 受敎者〕, 法雨라고 하는 모든 인연과 환경 조건이 구비되어 菩提의 꽃과 열매〔花果〕가 자연스럽게 결실을 맺게 되었다는 사실을 읊었다.

혜능의 전법게는 사실 달마의 예언적인 전법게에 응답하는 결론적인 것이라고 할 수 있다. 달마의 전법게가 혜능의 출현과 傳衣의 가사를 더 이상 전하지 않도록 하는 예언적인 내용에 초점을 맞춘 것처럼, 신회의 주장에서 비롯된 전의설의 한계성을 해결시켜 주기 위한 강구책으로 창안된 것이라고 할 수 있다.

이상 돈황본 『육조단경』에 전하고 있는 전법게는 사실 독자적인 인가증명이라고는 할 수 없다. 그래서 돈황본 『육조단경』에서는 전의부법송이라고 밝히고 있는데, 사실 돈황본 『육조단경』의 傳衣付法頌은 신회가 북종의 전법상승이 정통이 아니라는 사실을 강조하기 위해서 "한 시대에 한 사람에게만 정법과 가사를 전한다"라고 주장한 전의상승의 문제점과 한계점을 극복하기 위한 해결책으로 제시된 것이다.

돈황본 『육조단경』은 달마와 혜능의 전의부법송만 있으면 이러한 전의문제의 한계성과 봉착은 해결할 수 있으며, 달마의 예언적인 게송으로 그 의미와 내용은 충분히 전달될 수 있다.

따라서 이조혜가에서 오조홍인의 전의부법송은 부수적인 것이라고 할 수 있으며, 초조달마와 육조혜능을 연결하는 실낱같은 역할을 하는 것이라 할 수 있다.

돈황본 『육조단경』에는 다음과 같이 혜능이 두 게송을 더 읊었다고 전한다.

慧能大師께서 말씀하셨다.

너희들은 내가 지은 二首의 게송을 듣고, 達摩和尙 게송의 진의를 파악하도록 하라.

너희들 어리석은 사람〔迷人〕도 이 게송과 같이 수행하면, 반드시 본

성을 깨닫게〔見性〕될 것이다.(能大師言, 汝等聽吾作二頌, 取達摩和尙頌意. 汝迷人依此頌修行, 必當見性)

첫 번째 게송으로 말씀하시길,

心地에 삿된 꽃이 피니
다섯 잎의 꽃잎이 뿌리를 따라서 피네.
다 함께 無明의 業을 지어
業의 바람에 휘날리고 있을 뿐.
(心地邪花放, 五葉逐根隨, 共造無明業, 見被業風吹)

두 번째 게송으로 말씀하시길,

心地에 올바른 꽃이 피고
다섯 잎의 꽃잎이 뿌리를 따라서 피네.
다 함께 般若의 지혜를 닦아
반드시 부처의 깨달음 이루리라.
(心地正花放, 五葉逐根隨, 共修般若慧, 當來佛菩提)[16]

첫 번째 게송은 북종 신수계통의 전법이 正法이 아니라 邪法이라는 사실을 강조하기 위한 것이고, 두 번째 게송은 남종의 혜능이 정법을 상승한 사실을 읊은 것이다.
혜능이 설한 이 두 게송은 분명히 남종과 북종의 전법 사실을 정법

---

16 정성본 역주, 『돈황본 육조단경』(서울, 한국선문화연구원, 2003년 5월).

과 사법으로 구분하고자 한 것으로 남북 양종의 전법을 의식하면서
6대 전의부법송과 함께 만든 것임을 알 수 있다.

혜능의 남종이, 좋은 토지와 훌륭한 有情〔祖師〕, 좋은 種子〔弟子〕
등을 구비하고 있고, 또한 함께 『금강경』에 의한 반야의 지혜를 닦
음으로써 정법을 깨닫게 된다는 사실을 강조하고 있다.

이상으로 동토 6대 조사의 전법게가 돈황본 『육조단경』에 처음으
로 등장된 사실을 살펴보았다. 여기에는 가사를 전하면서 인가증명
으로 게송을 첨가하여 전법게를 읊으면서 선법을 전하는 구체적인
내용은 일체 언급하지 않고 오직 달마조사가 正法을 전한 것과, 그
정법이 육조혜능에게 전래되었다는 사실만을 강조하고 있다.

또한 달마의 전법게는 예언적인 내용을 포함하고 있는 형식으로
혜능이 가사를 전하지 않게 된 사실의 해답을 전제로 하고 있는 점이
의미 있는 전법게를 창안하게 한 것이 아닐까?

3. 『寶林傳』의 전법게

돈황본 『육조단경』에 전하는 傳衣付法頌〔전법게〕은 초조달마에서
육조혜능까지 東土 육대조사의 전법게를 읊고 있지만, 서천 28조,
동토 육대조사의 본격적인 선종 전등설과 함께 선종의 전법게가 최
초로 주장된 것은 『보림전』(801년 성립)이다.

선종에서 주장하는 사자상승의 전등 법통설과 함께 그 인가증명으
로 전하는 전법게는 돈황본 『육조단경』에서 시작되었지만, 智炬(慧炬
라고도 함)가 편집한 『보림전』에서는 더욱 발전하여 석가모니불과 서
천 28조, 동토 6대조사와 南嶽懷讓(677~744), 馬祖道一(709~788)까

지 체계 있게 전하고 있다.

사실 조사선의 서천 28조, 동토 6대조사의 전등 법통설과 전법게를 완전히 주장한 자료는 『보림전』 10권이라고 할 수 있는데, 현재 7권만 전하고 있어 그 전부를 확인할 수는 없다.[17]

『보림전』은 한때 조사선의 전등 법통설을 완성한 자료이기에 선종에서 중요시되었고, 대장경에 편입되기도 하였다. 그러나 천태종과 일부 사람들로부터 선종에서 법통설을 엉터리로 주장한 책이라고 비난하였으며, 『육조단경』과 함께 소각하고 파기시켜야 할 책으로 지목되어 후대에 전래되기 어렵게 된 책이 되었다.[18]

『보림전』의 서지학적인 고찰은 필자의 다른 연구 성과에 미루고,[19] 송나라 惟白이 崇年 2년(1103년)에 편집한 『大藏經綱目指要錄』 제8권에는 조사의 전법게에 대한 기록을 다음과 같이 전하고 있다.

大唐의 貞元中(785~804)에 金陵의 사문 慧炬는 이 조사의 게송(전법게)을 가지고 조계로 가서 서천의 勝持삼장과 함께 같이 參校하였다. 아울러 唐初에서부터 지금까지 전법 종사들의 機緣을 함께 모아 『寶林

---

17 常盤大定, 『寶林傳硏究』(일본, 『東方學報』 제4책, 昭和 18년).
    정성본, 『중국선종의 성립사연구』, 756쪽 및 田中良昭著, 『寶林傳譯注』(일본, 內山書店, 2003년 3월)의 해제 참조.
18 『보림전』이 대장경으로 편입된 것은 金版大藏經(1149~1173년경)과 金版대장경을 개편한 元나라 弘法寺大藏經(1285년경)이다. 惟白선사는 1104년에 대장경을 열람하고 『大藏經綱目指要錄』을 찬술하여 『보림전』에 대하여 언급한 점을 보면 이미 대장경에 편입된 사실을 알 수가 있다. 그러나 『석문정통』 제8권(『권속장경』 2乙, 451쪽b下)에 의하면, 遼나라 道宗 황제(1055~1100)는 다시 경전과 어록 등 불교 자료의 정본을 확정하면서 『육조단경』과 『보림전』을 태워 버렸다. 자세한 점은 앞의 주를 참조.
19 정성본, 『중국선종의 성립사연구』, 756쪽 이하 참조.

傳』을 편집하였다.[20]

惟白은 또 "『보림전』 10권은 서천의 승지삼장과 금릉의 사문 혜거
와 같이 소주 조계 보림산에서 편집한 것"이라고도 기록하고 있다.[21]
또 睦菴善卿의 『祖庭事苑』(1100년경에 성립) 제8권 祖偈飜譯 항목
에는 智炬(慧炬)가 전등계보와 전법게를 수집하여 『보림전』을 편집
한 사정을 다음과 같이 자세히 전한다.

禹門 太守 揚衒之의 『名系記略』에 의하면 東魏의 興和年(539~542)
中에 고승 雲(曇)啓라는 사람이 서역에 가서 불법을 구하고 龜茲에 이
르러 천축의 삼장인 那連耶舍를 만났다.

나연야사 삼장은 불법을 東夏에 전파하고 싶어 했지만, 담계가 동하
에는 불법이 진흥되지 않고 있으니 여기에 잠시 머물도록 간청하였다.
이에 담계는 조사 전법게의 梵文을 받아서 한문으로 번역하였다.

다음 담계는 인도로 갔고, 나연야사는 한문으로 번역한 전법게를 가
지고 西魏에 이르렀지만, 전쟁의 난리 때문에 高齊로 들어갔다. 齊나라
의 文宣帝는 그를 석굴사에 거주하도록 하였고, 高齊가 東魏로부터 나
라를 禪讓받았지만 전쟁의 난리 때문에 梵文의 전법게를 다시 번역할
여유가 없었다. 어쩔 수 없이 龜茲에서 번역한 조사의 전법게를 居士
萬天懿에게 건네주었다.

만천의는 일찍이 서역 삼장 吉迦夜와 昭玄寺의 曇曜가 함께 번역한
『付法藏因緣傳』에 佛祖의 전법게가 빠져 있다는 사실을 듣고 그가 새

---

20 『大正新修大藏經』의 『昭和法寶總目錄』 제2권, 770쪽中.
21 위의 책 제2권, 768쪽中.

로 얻은 조사의 전법게를 베껴서 魏나라에 進呈했다.

梁나라의 簡文帝(550년~551년 재위)는 위나라에 조사의 전법게 진본이 있다는 소식을 듣고 劉玄運이라는 사신을 보내어 조사의 전법게를 建康으로 가져오게 하였다.

唐나라 貞元中(정원 17년, 801년)에 金陵의 사문 慧炬가 서천축의 勝持三藏과 함께『보림전』에 편입했다. 조사의 전법게 이외에 讖偈(예언 게송)도 曇啓가 번역한 것이라고 한다.[22]

즉 서천 28조의 전법게는 원래 梵本으로 나연야사가 소지하였는데, 인도의 구법승인 담계라는 스님이 구자에서 한문으로 번역한 것이고, 이후에 나연야사는 만천의라는 거사에게 건네주었다.

그리고 당나라 정원 17년(801) 금릉의 사문 혜거가 서천축의 사문 승지삼장과 함께『보림전』을 편집하면서 편입하게 되었다는 사실을 전하고 있다.

이러한 주장은 서천 28조의 전법게가『보림전』을 편집할 때에 중국에서 만들어진 것이 아니라는 사실을 간접적으로 증명하기 위한 것임을 알 수 있다.[23]

또한 이러한 기록을 통해서 전법게와 讖偈가『보림전』에서 처음 시작되었다는 점을 확인할 수 있는데, 이 모두가『보림전』편집자인 혜거의 작품이라고 할 수 있다.

여기서『보림전』에 수록된 전법게를 정리해보면,『보림전』에는 서천 28조, 동토 6조와 南嶽懷讓, 馬祖道一선사의 전법게까지 수록

---

22 『祖庭事苑』제8권(『卍속장경』 113권, 113쪽bc).
23 정성본, 『중국선종의 성립사연구』, 764쪽 참조.

하였다는 사실을 『조당집』과 『조정사원』의 識偈 등의 자료를 통해서 알 수가 있는데, 현재 산실된 7권, 9권, 10권에 수록된 27조 般若多羅존자와 道信, 弘忍, 慧能, 南嶽, 馬祖의 전법게는 『조당집』에 의거하여 보완하기로 한다.

석가모니불이 가섭존자에게 전한 게송

법은 본래 無法[空]을 법으로 하며, 無法[空]의 법 역시 법이다.
지금 무법의 법을 부촉하노니, 법과 법이 어찌 고정된 법이 되리오.
(法本法無法 無法法亦法 今付無法時 法法何曾法)

1. 大迦葉존자

법과 법은 본래 법이니, 無法[空]은 법 아닌 것이 없도다.
어찌 한 법 가운데 법이 있고, 有法과 不法이 있으랴.
(法法本來法 無法無非法 何於一法中 有法有不法)

2. 阿難존자

본래 有法을 부촉하나니, 부촉해 마치니 無法[空]이라고 하네.
각각 스스로 깨달았으니, 깨달은 뒤는 無法도 없다.
(本來付有法 付了言無法 各各自須寤 寤了無無法)

3. 商那和修존자

법도 아니요 마음도 아니요, 마음도 아니니 역시 법도 아니다.
이 心法을 설할 때에, 이 법은 心法이 아니다.
(非法亦非心 非心亦非法 說是心法時 是法非心法)

4. 優婆麴多존자

마음은 스스로 본래의 마음이니, 본래의 마음은 有法이 아니다.

有法이 있으니 본래의 마음이 있고, 마음이 아니니 본래 법도 아니다.

(心自本來心 本心非有法 有法有本心 非心非本法)

5. 提多迦존자

본 법의 마음을 통달하면, 법도 없고 법 아님도 없다.

깨닫고 난 뒤는 깨닫기 이전과 같으니, 망심이 없으면 의식의 대상

〔法〕도 없다.

(通達本法心 無法無非法 悟了同未悟 無心亦無法)

6. 彌遮迦존자

망심이 없으면 얻을 것도 없는데, 이름 없는 것을 얻었다고 설하네.

만약 마음이 非法임을 깨달으면, 비로소 마음과 心法을 알리라.

(無心無可得 說得不名得 若了心非法 始解心心法)

7. 婆須密존자

마음은 허공세계와 같으니, 텅 빈 허공과 같은 법을 제시하노라.

허공을 증득할 때, 옳은 법도 없고, 그른 법도 없으리.

(心同虛空界 示同虛空法 証得虛空時 無是無非法)

8. 佛陀難提존자

허공은 안팎〔內外〕이 있고, 心法 또한 이와 같다.

허공의 본질을 요달하면, 진여의 이치를 통달하리.

(虛空有內外 心法亦如此 若了虛空故 是達眞如理)

9. 伏馱密多존자

진리는 본래 이름이 없지만, 이름에 의거하여 진리를 나타낸다.

진실한 법을 수지한다면, 참도 아니요 거짓도 아니다.

(眞理本無名　因名顯眞理　受得眞實法　非眞亦非僞)

10. 脇존자

참된 본체는 자연이 진실하니, 진실로 인하여 진리가 있다고 설한다.

진실로 참된 법을 깨달아 체득하면, 진행도 없고 그침도 없다.

(眞体自然眞　因眞說有理　領得眞眞法　無行亦無止)

11. 富那耶奢존자

미혹과 깨달음은 숨음과 드러남이니, 밝음과 어둠이 서로 떠나지 않는다.

이제 숨음과 드러나는 법을 부촉하노니, 하나도 아니요 둘도 아니다.

(迷悟如隱顯　明暗不相離　今付隱顯法　非一亦非二)

12. 馬鳴존자

숨거나 드러남이 본래 법 아니요, 밝고 어둠은 본래 둘이 아니다.

이제 깨달은 법을 부촉하나니, 취할 것도 아니요 버릴 것도 아니다.

(隱顯卽本法　明暗元無二　今付悟了法　非取亦非棄)

13. 毗羅존자

숨거나 드러남이 아닌 법, 이것을 참된 실제라고 설한다.

숨거나 드러남의 법을 깨달으면, 어리석음도 아니요 지혜도 아니다.

(非隱非顯法　說是眞實際　悟此隱顯法　非愚亦非智)

14. 龍樹존자

숨거나 드러난 법을 밝히기 위해, 방편으로 해탈의 이치를 설한다.

법에 대하여 마음으로 증득함이 없으면, 성냄도 없고 기쁨도 없다.

(爲明隱顯法　方說解脫理　於法心不証　無瞋亦無喜)

15. 迦那提婆존자

본래 남에게 법을 전하는 것은 해탈의 이치를 설하기 위한 것,

법에는 진실로 증득함이 없으니, 마침도 시작도 없다.

(本對傳法人　爲說解脫理　於法實無証　無終復無始)

16. 羅睺羅존자

법은 진실로 증득할 수 없으니, 취할 수도 없고 버릴 수도 없도다.

법은 있고 없는 有無의 모양이 아니니, 안과 밖의 차별이 있을 수가 있는가.

(於法實無證　不取亦不離　法非有無相　內外云何起)

17. 僧伽難提존자

심지에는 본래 번뇌가 일어남이 없으니, 종자는 인연 따라 생긴다.

인연과 종자가 서로 방해하지 않으면 꽃과 열매도 또한 그러하리라.

(心地本無生　因種從緣起　緣種不相妨　花果亦復爾)

18. 伽耶舍多존자

종자가 있고 심지가 있으니 인연이 싹을 나게 하도다.

인연 따라 서로 장애하지 않으니, 마땅히 生함은 不生의 生이다.

(有種有心地　因緣能發萌　於緣不能礙　當生生不生)

19. 鳩摩羅多존자

본성에는 본래 번뇌가 없거늘 법을 구하는 사람을 위해서 그렇게 설한다.

법은 이미 얻을 것이 없거늘, 어찌 결정과 결정하지 못함을 걱정하리오.

(性上本無生　爲對求人說　於法旣無得　何懷決不決)

20. 闍夜多존자

말끝에 무생〔空〕의 법에 계합하면, 법계의 본성과 같게 된다.

만약 능히 이와 같이 이해하면, 현상과 이치의 경계를 통달하리라.

(言下合無生　同於法界性　若能如是解　通達事理竟)

21. 婆修盤頭존자

물거품과 허깨비도 모두 걸림이 없으니, 어찌 깨달아 요달하지 못하는가.

법이 그 가운데 있는 줄 알면, 지금도 아니요 옛도 아니다.

(泡幻同無礙　如何不了悟　達法在其中　非今亦非古)

22. 摩拏羅존자

마음은 수많은 경계를 따라 전환하지만, 전환하는 그곳마다 자취가 없다.

마음의 흐름에 따라 본성을 자각하고 있기에, 기쁨도 없고, 슬픔도 없다.

(心逐万境轉　轉處實能幽　隨流認得性　無喜復無憂)

23. 鶴勒那존자

마음의 본성을 자각할 때, 불가사의라고 말할 수 있다.

분명하게 얻을 것도 없고, 얻을 때는 안다고 말할 수가 없다.

(認得心性時　可說不思議　了了無可得　得時不說知)

24. 獅子존자

진실로 지견을 설할 때, 知見이 모두 마음이다.

이 마음이 곧 지견이요, 지견이 곧 지금 그대로다.

(正說知見時　知見俱是心　當心卽知見　知見卽于今)

25. 婆舍斯多존자

성인이 지견을 설하니, 경계를 당함에 그름과 옳음이 없다.

내가 이제 참된 성품을 깨달으니, 도도 없고 또한 이치도 없다.

(聖人說知見　當境無非是　我今悟眞性　無道亦無理)

26. 不如密多존자

참된 본성이 심지에 숨었으니, 머리도 없고 꼬리도 없다.

인연에 따라서 중생을 교화하니, 방편으로 지혜라고 한다.

(眞性心地藏　無頭亦無尾　應緣而化物　方便呼爲智)

27. 般若多羅존자 (『보림전』은 缺. 『조당집』에 의거함)

심지에 여러 종자가 생기니, 사물에 기인하고 이치에 따른다.

깨달음을 이루면 보리도 원만하니, 꽃이 필 때 세계가 일어난다.

(心地生諸種　因事復生理　果滿菩提圓　花開世界起)

28. 菩提達摩화상

내가 본래 이 땅에 온 것은 법을 전하고 미혹한 중생을 구제함이니,

한 꽃에 다섯 잎이 피니, 열매는 자연히 이루어지리라.

(吾本來玆土 傳敎救迷情 一花開五葉 結菓自然成)

29. 慧可대사

본래 인연이 있는 땅에, 땅으로 인하여 종자와 꽃이 핀다.

본래 종자가 없으면, 꽃도 역시 피지 못한다.

(本來緣有地 因地種花生 本來無有種 花亦不能生)

30. 僧璨대사

꽃과 종자가 땅에 인연하는 것이 아니다. 땅과 종자에서 꽃이 피는 것.

만약 씨를 뿌리는 사람이 없으면 꽃과 땅도 모두 성장할 수가 없다.

(花種非因地 從地種花生 若無人下種 花地盡無生)

31. 道信대사 (『보림전』은 缺.『조당집』에 의거함)

꽃과 종자는 나는 성품이 있으니, 땅으로 인하여 꽃의 성품이 나니

큰 인연이 이 본성에 계합되면, 생성은 不生의 생성이다.

(花種有生性 因地花性生 大緣與性合 當生不生生)

32. 弘忍대사 (『보림전』은 缺.『조당집』에 의거함)

유정이 와서 씨를 뿌리니, 인연의 땅에 결과가 저절로 생긴다.

무정은 이미 종자가 없으니, 성품도 없고 無生이다.

(有情來下種 因地果還生 無生既無種 無性亦無生)

33. 慧能대사 (『보림전』은 缺. 『조당집』에 의거함)

심지에 모든 종자를 포용하여 단비에 모든 싹이 생긴다.

꽃의 情을 단번에 깨달으면, 깨달음의 결과는 자연히 맺으리.

(心地含諸種 普雨悉皆生 頓悟花情己 菩提果自成)

34. 南嶽懷讓선사 (『보림전』은 缺. 『조당집』에 의거함)

심지에 여러 종자를 포용하였으니, 단비를 만나면 모두 싹이 난다.

삼매의 꽃은 형상이 없거늘, 어찌 파괴와 이루어짐이 있으랴!

(心地含諸種 遇澤悉皆萌 三昧花無相 何壞復何成)

35. 馬祖道一선사 (『보림전』은 缺. 『조당집』에 의거함)

심지는 때에 따라 설하니, 깨달음도 또한 그러할 뿐이다.

현상과 이치에 함께 걸림이 없으면, 生이 곧 不生이다.

(心地隨時說 菩提亦只寧 事理俱無㝵 當生則不生)

　　『보림전』에는 서천 28조, 동토 6대 조사의 전법게와 남악회양과 마조도일의 전법게와 더불어 남악회양과 마조도일선사의 출현에 대한 예언을 讖偈로 전하고 있다. 현재 전하는『보림전』은 남악회양과 마조도일의 전법게와 참게의 부분이 결여되어 확인할 수 없지만, 『보림전』을 계승한 『조당집』과 『조정사원』 제8권에 인용하고 있다.[24]

　　여기서 전법게와 연결된『보림전』의 참게를『조당집』에 인용된 자료를 통해서 살펴보자.

---

24 『조정사원』 제8권 「註祖師讖」(『卍속장경』 113책, 113d)에 싣고 있다.

『조당집』제2권 달마전에 20송의 讖偈(예언)가 전해지는데, 그 가운데 처음 4개의 게송은 달마의 스승인 반야다라존자가 읊은 것이고, 다음 13개의 게송은『조정사원』제8권에 전하는 것을 보면 那連耶舍의 예언으로 간주되고 있다. 그리고 18, 19 두 게송은 誌公(寶誌)화상의 예언이며, 마지막 한 게송은 달마대사의 예언으로 간주되고 있다.[25]

『조당집』제2권 달마대사전에 달마대사가 인도에서 제27조 반야다라존자로부터 법을 이어 받을 때 반야다라존자는 다음과 같이 말했다.

　그대가 지금 나에게 법을 이어 받았으나 멀리 가서 교화하지 마라. 그대는 내가 입적한 뒤 67년이 되면 반드시 震旦(중국)에 가서 크게 法藥을 베풀도록 하라. 그대는 빨리 가지 마라. 마땅히 재난이 일어나서 곧 쇠퇴하게 될 것이다.[26]

반야다라존자는 달마대사에게 4개의 讖偈(예언)를 일러 주었다. 첫 번째는 달마대사가 중국에 건너가게 될 것을 예언하였고, 두 번째는 北周 武帝의 폐불사건, 세 번째는 당나라 高祖시대에 法琳(572~640)이 호법활동을 펼칠 것을 예언하였고, 마지막 네 번째 게송은 남악회양과 마조도일의 출현에 대한 예언이다.

　마지막 남악회양과 마조도일의 출현에 대한 예언은『보림전』의 성

---

25 『조당집』제2권 달마전(1~63) 반야다라의 참게는 契嵩의『傳法正宗記』제5권(『대정장』51권, 739쪽下~740쪽上) 및 註24)의 자료 등에 인용되고 있다.
26 『조당집』제2권 달마대사전(1~63).

립과 밀착된 것이기 때문에 『조당집』 자료를 인용해 본다.

震旦雖闊無別路　진단이 넓다고 하지만 다른 길은 없다.

　　　　　　　　(진단이란 당나라를 말한다. 별다른 길이 없다는 것
　　　　　　　　은 오직 一心의 법이 있을 뿐이란 의미이니, 회양대
　　　　　　　　사의 교화법이 이와 같다.)

要假姪孫脚下行　반드시 질손의 다리〔脚下〕를 빌려서 실행한다.

　　　　　　　　(질손이란 요즘 법을 전하는 제자이다.)

金鷄解銜一顆米　금닭이 한 톨의 쌀알을 물 줄 알아서,

　　　　　　　　(金鷄란 金州이다. 회양은 바로 금주 사람이다. 한
　　　　　　　　톨의 쌀알은 道一선사를 의미하니, 강서의 마조는 道
　　　　　　　　一이라고 이름한다.)

供養十方羅漢僧　시방의 나한승에게 공양하리라.

　　　　　　　　(회양선사는 법을 道一에게 부촉한다. 때문에 공양이
　　　　　　　　라고 말한다. 시방이라고 함은 마조화상이 바로 漢州
　　　　　　　　十方縣의 나한사에서 출가한 사람이기 때문이다.)[27]

　일반적으로 『보림전』의 작자를 마조 문하의 인물로 간주하는 것은
이러한 반야다라존자의 예언이 있기 때문이라고 할 수 있다. 특히 반
야다라존자의 참게와 전법게가 한결같이 남악회양과 마조도일을 최
후의 인물로 하고 있는 점도 일치하고 있다.[28]

　그리고 『조당집』 제2권 달마대사전에는 달마대사와 同學의 兄으

<hr>

27 『조당집』 제2권 달마대사전(1～65).
28 정성본, 『중국선종의 성립사연구』, 765쪽 참조.

로 佛馱先이라는 사람이 있는데, 불대선이 일찍이 불타발타라 삼장에게서 수학할 때 同學으로 那連耶舍가 있었다고 한다. 나연야사가 東魏의 수도인 鄴都에 와서 거사 萬天懿와 함께 『尊勝經』 1권을 번역하면서 13首의 참게를 만천의에게 건네주었다고 한다. 이 점은 앞에서 인용한 『조정사원』에도 언급하고 있다.[29]

　나연야사가 전한 13수의 참게는 중국 선종 선승들의 출현에 관한 내용인데, 제5게송은 2조 혜가, 제6게송은 3조 승찬, 제7게송은 4조 도신 및 牛頭法融, 제8게송은 5조 홍인, 제9게송은 6조 혜능, 제10게송은 남악회양과 그의 법을 계승한 6명의 선승, 제11게송은 마조도일선사, 제12게송은 북종의 神秀선사와 그의 同學, 제13게송은 荷澤神會, 제14게송은 印宗법사와 祥峇 등 33명, 제15게송은 老安(慧安국사), 제16게송은 南陽慧忠國師, 제17게송은 石頭希遷선사의 출현에 대한 예언이다.

　『조당집』에 나연야사가 13수의 참게를 만천의에게 건네준 뒤에 다음과 같이 말하고 있다.

　지금 이 나라는 내가 죽은 뒤 280년 후에 대국왕이 삼보를 극진히 공경하리라. 이때 여러 성현들이 세상에 출현하여 미혹한 중생을 교화함에 그 숫자가 약 천백억이 될 것이다. 그리고 뒤에 법을 얻은 이는 자못 한 스승으로 인하여 크게 이익을 일으키고 감로의 법문을 열게 되리라. 그 첫 번째가 되는 사람이 보리달마이다.[30]

---

[29] 註24) 참조. 이러한 주장은 『속고승전』 제2권, "隋西京大興善寺北天竺沙門那連耶舍傳, 萬天懿."(『대정장』 50권, 432쪽上)에 전하는 자료를 응용한 것이라고 할 수 있다.
[30] 『조당집』 제2권 달마대사전(1~70).

이상 반야다라와 나연야사의 예언에서 전하는 선승들의 출현을 살펴볼 때 마조도일(709~788)과 석두희천(700~790)을 최후로 하고 있는 점이다. 이렇게 볼 때 이 참게는『조당집』(952년 성립)의 시대에 만들어진 것이 아니고 전부『보림전』(801년 성립)에 있던 것임을 알 수 있다. 앞에서 언급한 것처럼,『조정사원』제8권에 기록한 자료는『보림전』에서 인용한 것임을 증명하고 있다.

즉『보림전』은 돈황본『육조단경』에서 처음 주장한 동토 6대 조사의 전의부법송 주장을 계승하여, 석가모니불의 불법이 마하가섭에게 전해지고 서천 28조와 동토 6대 조사와 남악회양, 마조도일선사에게로 정법이 상승한 전등 법통설을 한층 더 강화하기 위하여 전법게라는 인가증명으로 확증시키고 있는 것이다.

그리고 이러한 마조도일 계통의 조사선과 중국 선종의 전등 법통설을 더욱 확고히 주장하기 위한 방편으로 반야다라존자와 나연야사의 예언적인 참게를 활용하고 있음을 알 수 있다.

4. 傳法偈의 인용

돈황본『육조단경』의 전의부법송과『보림전』의 전법게는 선종의 선승들에게 어떠한 영향을 주었을까? 당대의 선승들은 서천 28조 동토 6대 조사들의 전법게를 어떻게 이해하고 수용하였을까?

이러한 문제점은 당대 선승들의 설법이나 어록을 통해서 살펴볼 수 있으며, 특히 어떤 조사의 전법게가 주목을 받았고 인용되었는지도 아울러 엿볼 수가 있다.

앞에서 인용한 돈황에서 출토된 선종자료 가운데 S.2144號本은 아

마도 돈황본『육조단경』과『보림전』을 압축하여 발췌한 雜錄이라고
할 수 있는데, 서천 제17조 僧伽難提에서부터 동토 6조인 혜능대사
에 이르기까지 전등조사의 전법게를 옮겨 쓴 뒤에 다음과 같이 기록
하고 있다.

> 혜능대사가 여러 장로들에게 말했다. "법을 전한 신표인 가사가 나
> 에게 전해졌지만, 나는 그 가사를 전하지 않는다. 그 이유는 달마대사
> 가 전법게로 읊은 것처럼, 한송이 꽃이 피어 다섯 잎으로 열리면 경과
> 는 자연히 이루어지리라. 혜가선사로부터 나한테 이르기까지 모두 다
> 섯 사람이다."

이 일절은 달마의 전법게가 가사를 전하는 인가증명을 대신하고 있
다는 사실의 증거로 제시하고 있다. 여기서는 돈황본『육조단경』과
『보림전』에서 주장한 서천의 조사 전법게가 부분적이지만 인용되어
필사로 전하고 있다는 사실도 증명하고 있다.

그리고 돈황본『육조단경』에서 주장하는 혜능 심게의 轉句 '佛性常
淸淨'이『보림전』이후의 선종 자료에는 '本來無一物'로 바뀌고 있다.
이러한 사실도 황벽의『완릉록』과『동산록』에 나타나고 있는데 그것
은 이미『보림전』에서 수정된 내용을 인용한 것이라고 볼 수 있다.[31]

『조당집』제2권 홍인화상전과 제18권 앙상화상전에는 홍인문하에
서 신수와 혜능이 심게를 지어 홍인대사에게 바치는 구법 이야기를
싣고 있는데, 다같이 혜능의 심게가 '本來無一物'로 고쳐져 있다.[32]

---

31 황벽의『완릉록』(『대정장』48권, 385쪽中), 『동산록』(『대정장』47권, 524쪽中).
32 정성본, 『중국선종의 성립사 연구』, 572쪽 이하 참조.

선종 전법게의 인용은 마조의 제자 大珠慧海의 어록인 『돈오요문』
부터 시작되어 황벽의 『전심법요』, 『임제록』, 『종경록』 등에 많이
언급되었으며, 당대 조사선 불교는 『보림전』에서부터 새롭게 출발
하고 있다고 할 수 있다.

　『전등록』 제6권 대주혜해전에는 마조도일선사의 전법게 가운데
"당연한 生은 곧 不生이다(當生卽不生)"라는 一句를 인용하고 있고,
또 『전등록』 제28권 혜해의 설법 가운데는 서천 제6조 미차가존자의
전법게 "만약 마음이 非法임을 깨달으면, 비로소 마음과 心法을 알리
라(若了心非心, 始解心心法)."라는 二句를 인용하고 있다.[33]

　황벽의 『전심법요』에는 서천 제23조 학륵나존자의 전법게 "마음의
본성을 자각할 때, 불가사의라고 말할 수 있다. 분명하게 얻을 것도
없고, 얻을 때는 안다고 말할 수가 없다(認得心性時 可說不思議 了了無
可得 得時不說知)."를 인용하였고, 또 석가불의 "법은 본래 無法〔空〕을
법으로 하며, 無法〔空〕의 법 역시 법이다. 지금 무법의 법을 부촉하
나니, 법과 법이 어찌 고정된 법이 되리요(法本法無法 無法法亦法 今付
無法時 法法何曾法)."라는 전법게도 인용하고 있다.[34]

　황벽의 『완릉록』에 서천 제23조 학륵나존자의 전법게 二句와 석
가불의 전법게 뒷부분 二句를 인용하여 설하고 있는데,[35] 無法의 법
이란 무엇인가?

　『소품반야경』 제4권에 부처님이 말했다. "반야는 번뇌 망념에 오

---

33 『전등록』 제6권 대주혜해전(『대정장』 51권, 247쪽下) 및 『전등록』 제28권(『대정장』
　 51권, 444쪽中), 『돈오요문』 하권에도 전한다.
34 『전심법요』(『대정장』 48권, 383쪽上~下).
35 『완릉록』(『대정장』 48권, 384쪽中~385쪽中).

염됨이 없다. 왜냐하면 반야는 無法이기 때문에 오염이 없다고 하는 것이다(佛言, 般若 無汚染. 何以故, 般若以無法故, 名爲無汚染)."라고 설한다.

『대품반야경』 22권에 "제법은 인연의 화합으로 존재하는 것이기 때문에 법 가운데 자성이 없다〔無自性〕. 만약 자성이 없다고 한다면 이것은 無法이라고 한다."라고 설한 것처럼, 無法은 無生과 같은 의미로 인연의 결합이 이루어지기 이전의 본래 한 물건도 없는 空의 세계를 말한다.[36]

그래서 석가세존이 마하가섭존자에게 불법을 부촉하면서 대승불교의 근본정신이며 불법의 대의라고 할 수 있는 無法의 法을 부촉하는 전법게를 전하고 있다. 따라서 無法의 법을 부촉하였기 때문에 일체의 경계나 만법에 걸림없이 무애자재한 반야의 지혜를 구족한 가섭존자의 안목을 인가한 것이라고 할 수 있다.

황벽의 『완릉록』에는 제4조 우바국다의 전법게 제4구 '無法無本心'과 제6조 미차가존자의 전법게 '始解心心法'을 종합하여 하나의 게송으로 간주하고 있고, 제8조 불타난제가 복타밀다에게 주는 8구 一偈 가운데 "마음 밖에서 모양 있는 부처를 구한다면 그대의 본래 면목과는 같지 않으리(外求有相佛, 與汝不相似)."라는 二句 및 제26조 불여밀다의 전법게 "참된 본성이 심지에 숨었으니, 머리도 없고 꼬

---

36 『소품반야경』 제4권 歎淨品(『대정장』 8권, 552쪽下).
　　『대품반야경』 22권 도수품(『대정장』 8권, 378쪽上).
　　『대지도론』 32권(『대정장』 25권, 296쪽上).
　　『금강경』에서 설하는 無有定法이나 無有實法과 같은 입장이다. 용수의 『中論』에서는 'abhava'라고 하는데, 법(사물)이 존재하지 않는 것이다. 『대반열반경』 26권에도 空是無法(『대정장』 12권, 521쪽中)이라고 설한다.

리도 없다. 인연 따라서 중생을 교화하니, 방편으로 지혜라고 한다 (眞性心地藏　無頭亦無尾　應緣而化物　方便呼爲智)."라는 게송의 인용이 보인다.[37]

『임제어록』에도 황벽의 『완릉록』에 인용한 제8조 불타난제의 전법게 "外求有相佛　與汝不相似"라는 二句와 제15조 가나제바존자가 라후라다존자에게 설한 "도를 깨달아 근본 이치를 통달하지 못하면 몸을 바꾸어 신도의 보시를 갚아야 한다. 장자의 나이 81살에는 이 나무에 버섯이 자라지 않으리(入道不通理　復身還信施, 長子八十一, 其樹不生耳)."라는 게송도 『보림전』 제3권에서 인용하고 있다.[38]

즉 가나제바존자가 인도를 방문했을 때 79세의 장자와 두 아들을 만났는데, 그 장자의 정원 고목나무에서 맛있는 버섯이 생겨 부자가 이 버섯을 따 먹을 수가 있었다. 존자는 이 게송을 설하여 저 부자가 일찍이 성의를 다해 한 비구를 공양하였는데, 그 비구가 참된 불법을 깨닫지 못한 과보로 나무 버섯이 되어 장자의 공양을 받은 시은의 빚을 갚았다는 고사이다. 장자가 81살이 될 때까지 버섯으로 갚았다. 바로 그 장자의 둘째 아들이 뒤에 존자의 제자가 된 라후라다존자이다.

그리고 『임제어록』에는 『보림전』 제5권 제22조 마나라존자의 전법게를 다음과 같이 인용하여 설법하고 있다.

여러분! 대장부가 도대체 무엇을 의심할 것이 있는가? 나의 눈앞에

서 지혜작용을 하고 있는 사람은 누구인가? 이 사람을 파악하여 지혜를 활용하고 이름을 붙이지 말라. 이것을 불법의 玄旨라고 하는 것이다. 참으로 이렇게 진실로 볼 수가 있으면 의심할 것은 하나도 없다. 라고 옛 사람은 다음과 같이 읊고 있다.

心隨万境轉　마음은 여러 가지 경계에 따라서 바뀌고 있지만,
轉處實能幽　마음이 바뀌는 그곳에 진실로 자취 흔적을 남기지
　　　　　　　않는다.
隨流認得性　마음이 경계를 따라서 바뀌는 그대로 본성을 깨달으면,
無喜復無憂　기쁨도 없고 슬픔도 없다.[39]

마나라존자의 전법게는 『선문염송』 제3권, 『원오심요』 상권과 『대혜서』, 『대혜어록』 제20권 등에 많이 인용되었는데, "곳에 따라 주인이 된다면 자신이 있는 그곳이 바로 깨달음의 세계가 된다(隨處作主立處皆眞)."라는 임제의 법문과 같은 조사선의 선사상이다.[40]

『전등록』 제9권 위산영우전에 위산영우선사가 일찍이 백장회해선사의 문하에서 수행할 때, 백장선사로부터 화로의 불씨를 찾으라는 지시를 받고 깨달음을 체득한 인연을 전하고 있다. 위산의 깨달음에 스승 백장선사가 인가하면서 제5조 제다가존자의 전법게 "깨닫고 나면 깨닫기 이전과 같고, 무심해야 無法〔空〕을 체득한다(悟了同未悟,

---

39 『임제어록』(『대정장』 47권, 500쪽下). 정성본 역주, 『임제어록』, 198쪽 참조.
40 『원오심요』 상권. 『대혜어록』 20권(『대정장』 47권, 896쪽中). 『대혜서』 증시랑 第4
　書 등.

無心得無法)."는 구절을 당부하고 있는 점도 주목된다.[41]

제다가존자의 전법게는 『종경록』 제98권, 『대혜보설』 제2권에도 인용하는데,[42] 깨달음의 경지는 도리어 깨닫기 이전의 경계와 똑같다는 의미이다. 그러나 깨닫기 이전에는 경계에 집착하고 현혹되었지만, 깨닫고 난 뒤에는 일체 경계를 마음대로 활용할 수가 있는 것이다. 임제의 설법에도 일체 경계를 마음대로 활용할 수 있는 능력을 갖춘 사람〔乘境底人〕이 無位眞人이며 의존함이 없는 도인〔無依道人〕이라고 했다.

선에서는 '大悟는 도리어 미혹함과 같다(大悟却迷)'라고 주장한다.[43]

여기서 말하는 大悟는 大小의 상대적인 大가 아니라 일체를 포용하여 남음이 없다는 절대적인 의미로써, 깨달았지만 그 깨달음의 경지에 머물지 않고 깨달음의 경지까지 초월한 입장을 말한다. 말하자면 중생의 迷妄을 해탈하는 것이 깨달음이며, 또 더욱이 그 悟處를 초월한 것이 大悟이다. 『금강경』에서 설하는 일체의 시간과 공간과 심의식에 머무름이 없는 無住의 경지이다.

본래 크게 깨닫게 되면 미혹이 없지만 중생의 미혹함을 구하기 위해 중생계와 같이하여 미혹함을 나투는 것이다. 사실 미혹함과 깨달음〔迷悟〕은 일심의 작용이기 때문에 하나〔一體〕이고 一如의 입장이며, 미혹함〔却迷〕 이외에 또 달리 깨달음〔大悟〕이란 없는 것이다.

과학자들이 물(水, H_2O)을 분석하여 물의 속성이 수소 2와 산소 1의

---

41 『전등록』 제9권 위산장(『대정장』 51권, 264쪽中).
42 『종경록』 98권(『대정장』 48권, 944쪽中). 『대혜보설』 제2권(『대정장』 47권, 819쪽上) 등.
43 『傳燈錄』 제17권 華嚴休靜章에 다음과 같은 문답이 있다. "問 大悟底人 爲什麼却迷. 師曰, 破鏡不重照, 落華難上枝."(『대정장』 51권, 338쪽上)

결합이라는 사실을 철저한 실험을 통해 알았다고 해서 물의 맛이 변하는 것은 아니다. 이와 마찬가지로 인간이 일상생활을 영위함에 있어 필요한 것은 물이 물인 사실이며 물과 자기와의 관계, 그리고 그 물을 자기의 삶으로 가꾸는 생활의 지혜와 방법일 뿐이지 그 외에는 아무런 의미도 없으며 또한 그 사실을 새롭게 하는 어떤 것도 없다. 단지 물에 대한 본질을 확실히 알았다는 그 사실과 지혜를 체득한 일 이외에는 바뀌고 변한 것이란 아무것도 없다.

제다가존자가 읊은 전법게에 "깨닫고 보면 깨닫기 이전과 다름없다."라는 말도 이와 같은 의미이고, 『벽암록』 26칙 백장의 獨坐大雄峰에서도 이 말을 인용하고 있는데, 깨닫고 난 뒤라고 해서 별달리 기특한 일이 있는 것은 아니다. 단지 매일 매일 백장산에서 좌선 수행하는 일상생활을 하고 있을 뿐이라고 말하고 있다.

『조당집』 제14권에 大珠慧海는 "뱀이 용으로 변할 때 그 비늘을 바꾸지 않고, 중생이 마음을 돌려 부처가 될 때 그 얼굴을 고치지 않는다."라고 설하고 있다.[44]

사실 깨달음의 극치는 그 깨달음을 초월했을 때 무심의 경지에서 任運 자재하고, 중생심으로 작위성과 조작심이 없는 無作의 세계가 전개된다. 그러므로 그 외형적인 모양은 깨달음이라든가 佛道라든가 하는 고정관념이나 편견 개념화된 의식이 전연 없으며, 未悟의 상태나 혹은 불도를 지향하기 이전의 모습과 변함이 없다고 하는 것이다.

이러한 깨달음 전후의 소식을 蘇東坡는 다음과 같이 노래하고 있다.

---

44 정성본 역해, 『벽암록』(한국선문화연구원, 2006년 5월), 165쪽.
　『조당집』 14권 대주화상전. 대주화상의 말은 『史記』 外叔世家에서 말한 "蛇化爲龍, 不變其文"을 인용한 것이다.

廬山煙雨浙江潮　　여산의 안개〔煙雨〕, 절강의 조수,

未到千般恨不消　　그곳을 구경하지 못하면 후회할 걸세.

到得還來無別事　　구경하고 돌아와도 특별한 일은 없어라 .

廬山煙雨浙江潮　　역시 여산은 안개〔烟雨〕, 절강은 조수의 모습

　　　　　　　　　그대로일 뿐.[45]

　소동파(1036~1101)가 여산의 東林 常總선사에게 나아가 철저히 참선하여 깨닫고 지은 詩라고 한다. 황벽의 설법에 "산은 그대로 山이고, 물은 본래 그대로 물일 뿐이다." 버드나무〔柳〕는 본래 푸르고〔綠〕 꽃은 붉은 색깔을 본질로 하고 있듯이, 대자연의 일체 모든 존재는 각자 본래 자연 그대로의 모습을 여실하고 如如하게 유지하고 있을 뿐 별달리 변화가 있는 것이 아니다.[46]

　깨달음의 체험을 통하여 얻은 지혜는, 일체 만법의 참된 그대로의 본래 모습을 如實知見할 뿐이다. 그래서 선에서 깨달음이란, 깨닫기 이전과 사람은 다름이 없지만, 옛날에 살던 방식과는 다른 반야의 지혜로 일체 만법을 자기의 살림살이로 자유롭게 활용할 수 있는 능력을 구족하는 것이라고 말한다.

　임제가 말했듯이, "곳에 따라 주인이 되어(隨處作主 立處皆眞) 일체의 모든 경계를 자유롭게 활용할 수 있는 사람(乘境底人)"이 되는 것이다.[47]

---

45 『鈴木大拙全集』 제12권(日本, 岩波書店, 昭和 43년), 270쪽 참조.

46 황벽『완릉록』에 "山是山, 水是水, 僧是僧, 俗是俗."(『대정장』 48권, 385쪽下)이라고 설함.

47 정성본 역주, 『임제어록』, 117쪽, 150쪽 등 참조.

　깨닫기 이전은 만법의 부림을 당하는 것이고 깨닫고 난 뒤는 만법을 자유롭게 사용하는 지혜를 구족하기 때문이다.

　그리고 운문화상이 『운문어록』 中권에 석가불이 가섭존자에게 준 게송 '法法本來法'이라는 구절을 인용하여 다음과 같이 설법하고 있다.

　'법이란 법은 본래 법이다'라는 조사의 게송을 제시하고 다음과 같이 설법했다.

　"行住坐臥도 본래 법이 아니며, 그 어느 곳도 본래 법이 아니다. 만약 그렇다면 山河大地와 그대가 아침저녁으로 옷 입고, 밥 먹는데 무슨 허물이 있겠는가?"

　다시 "법은 본래 법이 없는 법이다(法本法無法)"라고 한 말을 들려주시고 주장자를 세우면서 말했다. "본래 법이 없는 것이 아니다(不是本無法)"라고.

(『대정장』 47권, 555쪽中)

　법이라는 또 다른 어떤 것이 있다는 고정된 생각을 가지고 있으면 만법에 걸리고, 법이 없다고 말하면 불법을 설할 이유가 없는 것이다. 법이 본래 없는 無法[空]의 법을 깨달아야 법에도 걸림이 없고, 만법에 무심의 경지가 되어야 본래 어떤 법이 없다는 사실을 알 수가 있다.

　그것이 법이란 법은 본래 그대로의 법인 것이다. 如如, 如法, 如是는 본래의 自然法爾를 말하며, 그러한 법을 깨달아야 반야의 지혜로 자신도 일체 만법과 경계에 걸림이 없이 여법하게 무애자재한 경지에서 여여하게 살 수가 있다.

5. 『祖堂集』의 과거 七佛 전법게

『보림전』에는 서천 28조, 동토 6조와 남악회양, 마조도일로 전하는 선종 전등설과 함께 조사의 전법게도 주장하는데, 이『보림전』의 주장을 그대로 계승한『조당집』(952년)에는 한 걸음 더욱 발전시켜서 과거 7불의 전법게를 첨가하고 있다.

선종의 법통설에서 과거 7불을 최초로 언급한 돈황본『육조단경』에서는 선종의 전등 법통설이 "처음 7불로부터 전수하였으니, 석가모니불이 7번째이다."라고 기록하고 있을 뿐, 과거 7불의 이름과 전법게에 대해서는 언급한 일이 없다.[48]

『보림전』에 과거 7불의 전등설과 전법게에 대한 언급이 있었는지는 이 부분이 결여되어 확인할 수가 없지만, 契嵩의『傳法正宗記』제1권 "『보림전』에는 7불에 대한 열거가 없었다(然寶林傳 其端不列七佛)."라는 구절을 기록하고 있는 점으로 볼 때『보림전』에는 과거 7불의 전등 법통설과 전법게가 없었음이 확실하다.

계숭의『전법정종기』에 의하면 과거 7불의 전법게도 서천 28조의 전법게나 참게와 같이 나연야사 등에 의해 번역된 것이라면 智炬(慧炬)는 이 과거 7불의 전법게만『보림전』에 수록하지 않게 된 것이 된다.[49]

현존하는 선종자료 가운데 과거7불의 전법게를 전하는 최초의 자료는『조당집』(952년 작)인데,『조당집』을 계승한『전등록』(1004년) 제1권과,『종경록』제97권,『禪門諸祖師偈頌』,『祖庭事苑』제8권 등이 있다. 여기서는 가장 오래된 자료인『조당집』의 과거 7불 전법게

---

48 정성본 역주,『돈황본 육조단경』, 285쪽 참조.
49 『전법정종기』제1권(『대정장』 51권, 718쪽下).

를 중심으로 살펴보기로 하자.[50]

第一, 毘婆尸佛

無相 가운데 몸이 태어남이 마치 요술에서 갖가지가 나는 듯하다.

幻人의 心識이 본래 공한 것, 죄와 복도 모두 공하여 머물 곳이 없다.

(身從無相中受生 喩如幻出諸形像 幻人心識本來空 罪福皆空無所住)

第二, 尸棄佛

모든 선법을 짓는 것도 본래 허깨비, 모든 악한 업을 짓는 것도 역시 허깨비,

몸은 거품과 같고, 마음은 바람과 같으니, 허깨비가 출현함에 근거도 없고 실성도 없다.

(起諸善法本是幻 造諸惡業亦是幻 身如聚沫心如風 幻出無根無實性)

第三, 毘舍浮佛

四大를 빌려서 몸이라 하고, 마음은 無生〔空〕이나 경계로 인하여 있는 것.

앞 경계가 없으면 망심 또한 없으니, 죄와 복이 허깨비 같이 일어나고 없어진다.

(假借四大以爲身 心本無生因境有 前境若無心亦無 罪福如幻起亦滅)

---

50 『조당집』 제1권, 『전등록』 제1권(『대정장』 51권, 204쪽下), 『종경록』 제97권(『대정장』 48권, 937쪽下). 『禪門諸祖師偈頌』(『卍속장경』 116권, 455b), 『조정사원』 제8권 七佛條(『卍속장경』 113권, 113ab) 등에 전하고 있다.

第四, 拘留孫佛

몸을 실답지 않게 본다면 부처를 깨닫는 것, 마음이 허깨비 같음을
요달하면 부처를 요달하리. 몸과 마음의 본성이 본래 공함을 체득하면
이 사람은 부처와 무엇이 다르랴!

(見身無實是見佛 了心如幻是了佛 了得身心本性空 斯人與佛何殊別)

第五, 拘那含牟尼佛

부처란 몸을 보지 않고 부처를 안다. 만일 진실로 아는 것이 있으면
달리 부처가 없다.

지혜 있는 사람은 죄의 본성이 공함을 알고, 태연하게 생사윤회를
두려워하지 않네.

(佛不見身知是佛 若實有知別無佛 智者能知罪性空 坦然不懼於生死.)

第六, 迦葉佛

일체 중생의 성품은 청정하여, 본래부터 번뇌 망념이 일어나고 소멸
함이 없네.

이 몸과 마음 환화로 생긴 것, 환화 가운데는 죄와 복도 없다.

(一切衆生性淸淨 從本無生無可滅 卽此身心是幻生 幻化之中無罪福)

第七, 釋迦牟尼佛

환화는 원인도 없고 번뇌가 없으니〔空〕, 모든 법을 자연 그대로 이와
같이 본다.

일체의 모든 법 환화 아닌 것 없으니, 환화는 번뇌도 없고 두려움도
없다.

(幻化無因亦無生 皆則自然見如是 諸法無非自化生 幻化無生無所畏)

『보림전』에 전하는 서천 28조 동토 6조의 전법게가 5言 4句로 구성되어 있는데 반해 과거 7불의 전법게는 7言 4句로 구성되어 있어 게송의 형식은 다르다.

과거 7불 전법게의 사상을 살펴보면 처음 비바시불의 게송에 無相, 本來空, 無所住라는 대승불교 반야사상의 언어를 사용하고 있고, 시기불의 게송에는 無實性, 비사부불의 게송에는 境無心無, 罪福如幻이라는 말이 보인다.

또 구류손불의 게송에는 身心本性空, 구나함모니불의 게송에는 罪性空, 坦然不懼於生死, 가섭불의 게송에는 無生無可滅, 석가모니불의 게송에는 幻化無因亦無生 등의 언어를 사용하고 있다.

말하자면 空 사상에 기초를 둔 대승불교의 반야 지혜를 체득하도록 설한 가르침의 게송임을 알 수 있다. 이러한 과거 7불의 게송은 서천 28조의 전법게에서 설한 선사상과 똑같은 대승불교의 반야사상을 토대로 하고 있다.

그렇다면 『조당집』 편찬자는 과거 七佛의 전법게를 어디서 가지고 온 것일까? 아니면 편찬자들이 직접 지은 것일까?라는 문제가 남는다.

서천 28조의 전법게와 과거 7불의 전법게가 동일인의 작품이 아니라 할지라도 모두 선종 전등 법통설에 맞추어 인가증명의 성격을 가지고 만든 공통점이 있다.

과거 7불과 서천 28조의 전법게가 동일인의 작품이 아니라는 사실은 이 두 종류의 전법게가 기록된 문헌이 처음 등장한 『보림전』과 『조당집』의 출현 시대가 서로 다른 점으로도 확인할 수가 있다.

또한 석가모니불의 게송이 『조당집』의 7불 전법게송과 『보림전』의 서천 28조 게송과는 서로 중복되고 있음에도 불구하고 『조당집』에는 석가모니불의 게송이 7言과 5言, 두 개의 게송이 전하고 있다는 사실이

다. 7言과 5言이 동일인의 작품이라면 석가모니불의 전법게를 두 개의
게송으로 중복하여 수록한다는 것은 있을 수가 없기 때문이다.

그래서 『조당집』의 문제점을 파악한 『전등록』의 편집자는 이러한
불합리성을 제거하기 위해서 석가모니불의 과거칠불 게송(七言)을
생략하고 있다. 또한 『조당집』과 『전등록』에서도 과거 7불의 게송을
전법게라 하지 않고, 단지 '偈曰'이라고 하며, 과거 7불이 각자 게송
으로 불법의 정신을 설한 것이라는 의미로 기록하고 있다.

따라서 과거 7불의 게송은 엄밀하게 말하면 전법게라기 보다는 과
거 七佛의 가르침과 불교의 근본 법문[敎法]과 사상을 읊은 것이라고
해야 할 것이다. 이러한 입장에서 석가모니불의 게송이 두 개가 있다
고 할지라도 서로 모순되지 않는다고 할 수 있다.[51]

참고로 불교의 경전 가운데 과거 7불에 대하여 언급한 『장아함경』
제1권과 「大本經」(『대정장』 1권, 1쪽)이 있다. Pali어 경전으로 Maha-
padana-suttanta가 이에 상당한 경전으로 알려지고 있다. 다른 이름으
로 번역된 경전은 『七佛經本』(『대정장』 1권, 150쪽)과 『七佛父母姓字
經』(『대정장』 1권, 159쪽) 등이 있다. 그리고 『증일아함경』 제45권(『대
정장』 1권, 790쪽)에도 언급하고 있다.

특히 선종에서는 七佛通戒偈로 '諸惡莫作, 諸善奉行, 自淨其意,
是諸佛敎'라는 게송도 많이 인용하고 있다. 원래 『법구경』 183게송
으로도 전하는데, 『증일아함경』 제44권에는 다음과 같이 전한다.

    一切惡莫作   일체의 나쁜 악업을 짓지 말고,

---

51 水野弘元, 「傳法偈の成立について」(日本, 曹洞宗宗學研究所, 『宗學研究』 제2호, 1960
   년 1월).

當奉行其善　　마땅히 선행을 받들어 행하라.
自淨其志意　　스스로 자신의 의지를 청정하게 하는 것,
是則諸佛敎　　이것이 모든 부처의 가르침이다.

(『대정장』 제2권, 787쪽中)

『증일아함경』에 과거세의 부처인 迦葉佛이 설했다는 주장에서부터 과거 6불과 석가모니불을 포함하여 '七佛通戒偈'라고 불리게 되었다고 한다.

이 게송은 모든 부처가 한결같이 설하는 불교의 근본 가르침으로 대승과 소승의 경전에 공통으로 널리 사용하고 있다. 대승경전에는 『열반경』 제14권, 『대지도론』 제18권 등에 전하고 있다.[52]

특히 선종의 어록에서는 이러한 대승 경론의 가르침에 의거하여 인용하는데, 『조당집』 제3권 道欽傳에는 도흠선사와 白樂天과의 유명한 대화를 전하고 있다.[53]

사실 경전이나 선종의 전등 법통설을 주장하는 문헌에 과거 7불을 등장시키고 있는 것은 경전이나 전등 법통설의 권위와 내용에 대한 확신을 심어주기 위한 방편적인 것이며, 종교의 역사와 법통설이 지난 먼 과거로부터 현재까지 역력하게 전승된 보편적인 진리의 가르침이라는 사실을 역사적인 전통으로 입증시키기 위한 것이다.

---

52 『열반경』 제14권(『대정장』 12권, 693쪽下). 『대지도론』 제18권(『대정장』 25권, 192쪽中).

53 『조당집』 제3권 경산도흠전(1~106). 李華의 「潤州鶴林寺故徑山大師碑銘」(『全唐文』 320권)에 四祖道信의 말로서 "七佛敎戒, 諸三昧門, 語有差別, 義無差別, 群生根器, 各各不同, 有最上乘, 攝而歸一"이라고 전한다.

6. 맺는 말

이상 돈황본 『육조단경』에서 처음 주장한 동토 6대 조사의 전의부법송이 『보림전』에는 서천 28조의 전법게로 발전된 역사적인 사실을 고찰해 봤다.

『보림전』을 계승한 『조당집』에는 과거 7불과 서천 28조, 동토 6조와 남악회양, 마조도일선사에 이르는 전등 조사들의 이름과 법통설을 주장함과 동시에 전법게를 모두 수록하고 있다.

선종의 전법게는 스승이 제자의 깨달음을 인정하고, 인가증명서로 부여한 성격을 가지고 있는데 불법이 스승과 제자간의 구법으로 확실하게 전승된 사실의 역사인 전등 법통설을 뒷받침 해주는 객관적인 증거자료의 의미를 가지고 주장한 것이다.

특히 돈황본 『육조단경』에서 주장한 서천법통설과 전의부법설의 입장을 탈피하고 『보림전』에서 주장한 서천 28조 전등 법통설과 전법게는 중국 선종의 새로운 선법의 역사를 확정시키고 있다.

『조당집』과 이후에 발전된 『전등록』 등의 선종 역사서가 모두 『보림전』의 전등 법통설과 전법게를 그대로 인용하고 있는 것은 이러한 사실을 뒷받침 해주고 있는 것이다.

역사적인 기록을 중요시하는 중국불교의 입장에서 볼 때 지극히 당연한 일이겠지만, 석가모니 부처님으로부터 시작된 불법의 역사와 佛慧命이 상승된 전법의 사실을 분명히 밝히고자 한 선법의 전래사인 것이다.

禪宗史 연구 방법론 序說

1. 서언

　지금까지 한국불교는 선의 실천을 중시하기 때문에 불교나 선을 학문적으로 연구하는 일에 대해 그다지 좋은 이미지를 가지고 있지 않다고 본다. 따라서 한국불교는 실천불교의 입장으로, 불교나 선의 학문적인 연구와 관심은 지극히 최근의 일이라고 할 수 있다.

　근래에는 또한 불교학을 전문으로 하는 학자들의 숫자가 날로 증가되고 불교의 학문적인 이해와 연구에 관심을 갖는 불교인들이 많아지고 있는 좋은 현상이 두드러지게 나타나고 있으나 불교학을 전문으로 하는 학자의 숫자는 아직도 상당히 부족한 형편이라 하겠다. 여기서 말하고자 하는 선과 선종사, 선사상 등 선불교를 연구하는 전문학자는 절대적으로 부족한 실정이다. 그것은 한국불교계에 제대로 정리된 선종사나 선사상사, 그리고 선불교의 사상을 전체적으로 규명한 제대로 된 '禪學槪論'이 한 권 없다는 사실로도 알 수 있다.

지금까지 한국불교에서 선종사의 교재로 널리 이용되고 있는 김동화 박사의『禪宗思想史』(1974년, 태극출판사)가 유일한 연구 성과라고 할 수 있다. 김박사의『선종사상사』가 출판된 지도 많은 세월이 흘렀다.

그동안 한국불교에서 선의 역사를 이해하려는 사람들의 지침서로서 널리 애용된 勞作이었으나, 이 책이 출판된 이후로 그동안 세계 각국의 여러 학자들에 의한 선종사 연구는 실로 많은 발전이 있었다.

예를 들면 금세기 초 중국 甘肅省 사막의 도시 敦煌에서 발견되기 시작한 돈황출토본 선종관계 자료도 이제 거의 정리되어 학계에 알려지고 있으며, 이러한 새로운 자료에 의해 그동안 전연 알 수 없었던 초기 선종의 역사도 분명하게 밝혀지게 되었다. 또한 이러한 새로운 돈황자료의 연구성과에 의해 선종사의 새로운 연구 방법과 연구 방향의 시각이 요구되고 있는 것도 사실이다.

즉 지금까지는 선종사를 이해하는 기본 자료로 송대에 편집된『景德傳燈錄』(1004년 성립)의 기록을 중심으로 선불교의 역사 내지 선종의 역사를 아무런 의심없이 역사적인 사실로서 이해하였다.

즉,『전등록』이 어떤 자료에 의거하여 과거 7불이나 석가모니불, 그리고 서천 28조, 동토 6조 및 선종 조사들의 전기와 기연을 정리하고 있는지에 대해선 아무런 의심없이 그대로 받아들이고 있었다.

또 한편으로 이처럼 단순히 전승된 선종의 역사를 이해하고 실천하는 수행자의 입장에선 선종사의 새로운 연구 방법이나 선의 학문적인 연구는 쓸데없는 천착이라고 말할지 모른다.

그러나 이것은 어디까지나 신앙적으로 계승되고 전승된 역사로서의 선종사인 것이지 엄격히 말해 역사적인 사실로서의 선종의 역사

그대로라고는 할 수 없다. 더욱이 오늘날은 오늘날의 선종사 연구의 과제가 있으며, 전승의 역사가 아닌 그러한 전승의 역사를 만들어낸 사람들의 신념과 역사적인 사실을 규명하는 학문적인 연구가 요구되고 있기 때문이다.

오늘날 선종사의 연구는 이러한 시대적인 과제이기도 하며 또한 올바르고 양심적이며 사실적인 선종사의 연구가 요구되고 있기 때문이다. 말하자면 선의 역사를 객관적인 입장에서 올바르게 이해하여 언제 누구에 의해 어떤 선과 선사상이 형성되어 발전되었는지를 정확히 파악할 수 있는 선종사의 사상사적인 체계와 정립이 되어야 하는 것이다.

정확하고 객관적인 연구를 토대로 한 올바른 선의 역사를 제대로 파악하지 못하고 단지 전승된 이야기 그대로 선의 역사와 선의 실천만을 고집한다면 그것은 결국 우리 불교인들이 선사상의 근원인 뿌리와 선의 본질을 제대로 파악하지 않고서 선을 실천하는 사상 없는 수행자가 되고 말 우려가 있는 것이다.

즉 다시 말하면 선의 역사를 배우고 선의 사상을 알아야 할 필요성은 선을 수행하는 사람이 각자 확고한 신념으로 선을 실천할 수 있는 선의 역사와 사상을 스스로 확립하는 것이며, 이러한 역사와 선사상을 몸으로 익히고 단련하여 체득할 수 있는 실천의 근거를 마련하는 것에 있다고 하겠다.

살아 있는 사상의 역사적인 고찰은 항상 지금 새로운 사실과 더불어 옛 전통을 총괄하고 있는 것이기 때문이며, 그리고 지금 우리들이 그러한 선종사의 역사적인 연장선상에서 살고 있다는 현실적인 사실을 잊어서도 안 되는 것이다.

2. 선종사의 새로운 자료

한국불교는 예부터 지금까지 北宋시대의 道原이 편집한 『전등록』
(1004년 성립) 30권에 의거하여 불교 및 선의 역사와 선사상을 이해해
왔다. 『전등록』은 선종의 입장에서 과거 7불에서 시작하여 서천 28
조, 동토 6조 및 6조 문하의 남악계와 청원계로 나누어 법안종의 3세
까지의 부처와 조사, 선승 1천 7백 1명의 이름이 등장하고 있으며,
부처와 조사, 선승들의 전등법계를 중심으로 전기와 선문답의 기연
을 총정리한 선종의 종합적인 역사책이다.

그런데 이러한 선종의 역사는 사실 북송시대에 정리된 것이다. 또
한 『전등록』의 편자는 그 어떤 자료에 의거하였지만 그 자료에 대해
서 지금까지 그다지 잘 알려지지도 않았고 알려고도 힘쓰지 않았다.

안타까운 사실은 『전등록』보다도 약 50년이나 먼저 편집된 세계
유일한 보물인 『祖堂集』(952년 성립) 20권이 고려대장경의 일부로서
판각되어 해인사의 장경각에 보관되어 전래되고 있으며, 또한 道義,
無染, 梵日, 順之 등 다수의 신라 선승들의 전기와 사상을 전하는 자
료가 수록되어 있음에도 불구하고 고려·조선시대 및 지금까지도 이
자료에 주목한 사람이 한 사람도 없었다고 하는 사실이다.

물론 『전등록』이 널리 유포되었기 때문이라고 말할 수 있겠지만
『조당집』을 읽고 인용하고 또 연구한 흔적을 괴문인지 모르지만 지
금까지 본 적도 들은 적도 없다. 『조당집』 20권이 『전등록』과 다른
선종의 귀중한 자료로 세계의 학자들이 주목하기 시작한 것은 일본
학자 야나기다 세이잔(柳田聖山)씨의 다년간에 걸친 연구성과에 의한
것이다.

『조당집』의 연구와 더불어 중국과 일본에서 새롭게 발견된 초기 선종사의 귀중한 자료로『보림전』10권(801년 성립, 현재 1~6권·8권이 발견됨)이 있으며, 돈황에서 발견된 중요한 자료로서 혜능의 전기와 사상을 종합한『六祖壇經』(790년경 作)이 있고, 일본에 전래된『曹溪大師傳』(781년)이 있다.

또 四川 保唐宗의 역사와 신라 출신 無相선사와 無住선사의 선사상을 정리한『歷代法寶記』(774년)가 있으며, 荷澤神會가 제기한 남북 양종의 정통과 선사상에 대하여 논쟁한 滑臺 宗論의 기록인『菩提達摩南宗定是非論』(732년) 및 남종의 선종 법통설을 기록한『神會語錄』은 남종선의 성립을 연구하는 근본 자료이다.

그리고 선종의 전등 사서로서 최초의 자료인 북종계의 선종사서『傳法寶紀』(712년경)와『楞伽師資記』(712년경) 등이 있다. 이러한 자료는 지금까지 전연 알려지지 않은 새로운 자료로서 달마로부터 비롯되는 중국 선종이 어떻게 형성되었는지 선종 전등설의 성립과 선사상의 발전을 규명할 수 있는 귀중한 문헌이다.

사실 일본 등 외국의 학자들은 금세기 초 돈황자료의 발견과 더불어 이러한 새로운 자료를 가지고 선종사의 연구에 착수하여 서지학적 연구에 의한 자료의 비판과 정리를 함으로써 지금까지 거의 베일에 감싸여져 있던 초기 선종의 역사적인 사실을 하나하나 밝혀왔다.

그러나 아직 한국불교에선 이러한 새로운 돈황 자료를 활용한 본격적인 선종사의 연구로 괄목할 만한 성과의 연구는 나오지 않고 있다. 이제부터 이 분야에 많은 사람들이 참여하여 체계 있는 연구가 있기를 기대한다.

3. 禪宗史書의 성격과 연구 시각

선종사 연구는 단순한 선의 역사만을 연구하는 학문이 아니다. 선의 역사를 연구하기 위해서는 먼저 선종사의 문헌인 역사서의 종류와 각 자료의 성립연대를 비롯하여 작자 및 편자와 자료의 성격 등을 객관적인 입장에서 정확히 파악해야 한다. 이러한 작업을 문헌 자료 정리의 한 분야로서 '서지학'이라고 하는데, 말하자면 본격적인 선종사와 선학을 연구하는 기초학문이며, 아스팔트 공사와 같은 작업이라고 하겠다.

선종 관계의 문헌 자료를 정리하는 서지학의 정확한 연구가 선행되지 않고선 어느 한 시대에 살다간 어느 한 인물의 역사적인 생애는 물론 선사상과 선사상적인 문제 등을 정확하고 올바르게 파악할 수가 없으며, 양심적이고 학문적인 선종사의 연구로 나아갈 수가 없다.

특히 선종의 傳燈史書의 경우는 특수한 종교적인 입장에서 만들어진 것이기에 이 자료가 어떤 계통의 선법을 계승한 선승이나 사람에 의해서, 어떠한 역사적인 입장을 주장하기 위한 의도에서 만들어졌는지를 정확히 파악해야 자료의 응용에 착오가 생기지 않는다.

선종의 문헌을 취급할 때 가장 주의해야 할 점이 여기에 있다. 그것은 전등사서가 모두 특수한 입장에서 만들어진 문헌이기 때문이다. 앞에서도 언급한 것처럼 선종사서는 단순한 역사적인 기록이 아니라 후대에 자파 중심의 법통과 선법의 전승 등, 信心과 信念이 결부된 시대적인 요청으로 만들어진 이야기 등, 傳承의 사실을 기록하고 있기 때문이다.

이러한 사실은 거의 모든 종교관계의 문헌 성립에서도 공통적인 현상이라고 할 수 있다. 이처럼 선종 자파의 전등 법통설이 정통이라는 입장을 천명하기 위한 신념과 시대적인 요청으로 만들어진 전설이나 전승의 기록을 그대로 역사적인 사실로 확신하고 선종의 역사를 이해하고 학문적인 연구방법으로 전개해서는 안 된다.

그렇기 때문에 선종의 역사적인 사실 그대로를 객관적이고 정확한 문헌 비판을 통해 그 자료가 만들어진 역사적인 시점에서 재고하여 파악하고, 비판적이고 객관적인 입장에서 학문적인 연구방법으로 전개해야 한다.

예를 들면 보리달마의 전기 중에서, 달마가 처음 중국에 와서 佛法天子인 梁의 武帝와 만나 武帝의 造像·造塔·衆僧의 공양 등 護佛 사업에 대해 '無功德'이라고 말했다는 유명한 이야기는 선종의 모든 자료에서 한결같이 전하고 있다. 문제는 이러한 주장이 중국의 역사서에는 일체 언급하지 않고 오직 선종관계 자료에만 기록되어 있다는 사실이다.

즉 역사적인 자료에 없는 이야기가 선종사의 자료에 등장하고 있으며, 또한 이 이야기가 중국선종의 초조인 보리달마의 생애나 선사상의 입장을 제시하는 중요한 내용이라는 점이다.

사실 이러한 주장은 선종의 역사에서 달마와 양무제와의 만남을 만들어서 양무제의 수많은 불사에 대한 업적을 불법사상의 정신으로 비난하는 것은 당 황실과 결탁된 북종 선승들의 관계를 의도적으로 비판한 것이라고 할 수 있다. 말하자면 신회의 남종선에서 북종선을 간접적으로 공격하면서 주장한 내용으로, 남종선의 입장에서 시대적인 요청으로 주장하게 된 것이다.

만약 이 이야기의 정확한 역사적인 근거자료나 자료 성립에 대한 객관적인 비판 없이 이러한 주장을 역사적인 사실로 인정하고 선종사를 전개한다고 하면 어떻게 될까?

실제로 양무제의 역사를 연구한 역사학자들은 어떤 반응을 일으킬까? 양무제의 전기를 선종의 자료에 의거하여 다시 재고해야 할까?

사실 학문적인 안목을 가진 학자가 볼 때 허구적인 자료로써 역사를 왜곡시키고 있다고 할지도 모른다. 이처럼 문헌의 올바른 자료 비판을 통해 역사적인 자료와 전승적인 자료를 잘 구분하여 어떤 자료라도 정확하고 적합하게 잘 응용할 수 있어야 똑같은 시간과 노력을 쏟은 공로가 수포로 돌아가지 않게 되는 것이다.

한편 최근의 역사학자들은 정확한 문헌 비판과 고증으로 달마의 생몰연대까지 의문을 가지고 달마와 양무제와의 만남과 '무공덕'이란 이야기를 전부 부정하고 뒤에 만들어낸 허구라고 주장하고 있다. 즉 생몰연대의 고증으로 무리가 있기 때문인데, 이러한 비판과 부정은 나아가 달마의 전기 거의 모두를 허구라고 하며 달마의 존재 그 사실까지 의문시하는 경향이 있다.

자료의 문헌 비판은 어디까지나 바람직한 것이지만 자료의 사실성에 대한 객관적이고 양심적인 비판의 한계를 넘어서 인격 비판이나 가치 비판으로 비약되어서는 안 된다. 또한 이렇게 허구화된 자료이기 때문에 무의미하며 가치없는 것으로 취급한다면 이것은 학문적인 입장에서 역사학의 영역을 벗어난 행위이다.

한편, 종교심과 신앙심만으로 전통적인 선종사의 입장에서 이러한 실증사학자들의 비판과 비난에 대항하여 지금까지 전통적으로 전승된 선종사의 모든 자료를 모두 역사적인 사실로 강하게 주장하며 護教學으로 치닫는 안목없는 盲信者가 되어서도 안 된다.

먼저 달마와 양무제와의 문답이 수록된 선종 관계의 모든 자료를 성립 연대별로 체계 있게 검토하고 분석하여 이 이야기가 최초로 등장된 문헌을 중심으로 이러한 주장을 만들어낸 사람과 그가 소속된 종파 혹은 그의 전기 등을 다각적으로 조사하여 이러한 이야기를 등장시켜야 할 시대적인 사정을 잘 파악해야 한다.

그리고 누가, 왜, 이러한 이야기를 달마와 양무제와의 문답으로 가탁시키고 있는지 그 이야기의 의미와 가탁자의 의도를 먼저 깊이 관찰하고 음미해야 한다.

선종의 전등을 기록한 역사서는 소위 正史나 野史의 기록을 토대로 연구하는 역사가들이 말하는 역사적인 자료로서의 사실은 아니다. 그러나 이러한 주장을 역사적인 사실로 만들어 기록한 당시의 사람들은 반드시 이 이야기를 설화나 허구로 생각한 것이 아니라, 어디까지나 선종 전등 역사를 기록한 전법의 사실이라는 철저한 신념을 가지고 있었다.

또한 이러한 전등설을 기록으로 만들어 주장한 전등 사서라는 역사 자료의 출현 그 자체는 무엇보다도 분명하고 확실한 역사적인 사실이다. 선종의 전등설이 실제로 누구에 의해서 어떠한 의도로 만들어진 것인지, 그러한 문제와는 전혀 관계없이 분명하게 그 시대에 선종관계의 인물에 의해 시대적인 요청에 부응하면서 역사적인 사실로서 주장한 자료로 기록되어 출현하게 되었다는 역사적인 사실을 간과해서는 안 된다는 점이다.

또한 적어도 이러한 이야기가 출현된 이후 이를 사실로 하여 전승된 선종사의 역사적인 전개를 무시할 수도 없는 것이다.

예를 들면 문학작품에서 전개하고 있는 작자의 허구화된 이야기를 무의미한 것으로 판단하고 가치없다고 비평하는 평론가는 없다. 무한의 허구야말로 문학작품의 생명이다. 선종 자료를 문학작품에 비교하여 동일시 할 수는 없지만, 선종의 사람들이 만들어낸 이러한 이야기, 즉 전승의 자료 가운데에는 각기 당시 선종의 역사를 엮고 있는 어떤 사실의 의미와 진실이 함축되어 있기에, 사실 가장 생생한 선종의 역사는 이러한 전승의 자료에서 찾아내지 않으면 안 된다.

다시 말하면, 이러한 전승의 자료가 등장된 선 문헌을 분석하여 그러한 이야기를 만들어 주장해야 했던 당시의 시대적인 배경과 요청을 파악하여 허구의 베일을 입힌 사람들의 심정을 탐구할 때에 새로운 선종의 역사가 이루어지는 것이다.

이것은 어디까지나 본래의 역사적인 사실과는 다른 새로운 차원의 역사를 읽어볼 수 있는 것이다. 이러한 선종사의 연구방법은 단순한 선종사에만 적용되는 것이 아니라 거의 모든 불교의 역사적인 자료 내지 모든 종교사의 연구방법에 적용되는 것이라고 할 수가 있다.

이러한 선종사의 비판적인 방법을 응용하기 위해서는, 앞에서 언급한 것처럼 먼저 선 문헌의 객관적이고 정확한 자료비판으로 서지학적 연구가 선행되어야 한다. 선종 각파의 입장, 종파와 종지(선사상), 전등 법통설의 주장에 대하여 철저한 자료의 비판과 서지학적 고증이 새로운 선종사 연구 방법으로 요구된다.

선종 자료의 출현과 성립 연대, 자료의 성질, 만든 의도 등을 철저하게 비판하지 않고 무분별한 자료 활용은, 오늘날의 학문적인 입장에서 볼 때 연구 업적이 아무리 많다고 할지라도 선종사 및 선학의 학문적인 연구나 발전에 아무런 의미와 성과가 없을 것이다. 뿐만 아니라 자칫 선종사나 선학을 연구하려는 초보자들에게 악영향을 끼칠 우려가 많다는 사실을 명심해야 한다.

그러므로 선종사나 사상사를 연구하는 학자들은 가장 신뢰할 수 있고 안목있는 학자의 훌륭한 연구서와 논문 등 좋은 자료를 수집하여 통찰력을 배우고 익혀 나가야 한다. 더욱이 정보 과잉의 오늘날은 정보의 선택도 상당히 중요한 일이며 자신의 학문과 안목을 키우는 일에서 볼 때, 성패의 방향을 판가름하고 있다는 사실도 주의할 필요가 있다.

불교 경전이나 선어록, 전등록 등 선의 역사서는 자연과학이나 역사적인 기록과는 본래 다른 성격을 지니고 성립되었다. 거의 모든 불교관계 자료들이 문학적인 성격을 띠고 성립되었으며, 단순히 역사적인 사실만을 객관적으로 기술하는 것을 목적으로 하여 기록하고 있는 것이 아니다.

불교 경전과 어록에는 허구적인 이야기나 비유, 설화도 많이 포함되고 있는 것처럼 사실 문학성이 풍부한 종교적인 신념과 전승의 사실을 기록하고 있는 자료가 많다. 앞에서 이야기한 달마와 양무제와의 이야기는 그 한 예에 지나지 않는다.

『육조단경』에서 혜능과 신수와의 心偈(깨달음의 노래)로 6조의 지위를 얻게 되었다는 이야기를 비롯하여 『전등록』에 실린 선승들의 깨달음과 전법의 기연들이 사실과 문학적인 허구의 갈림길에서 만나서 아슬아슬하게 전개되고 있는 곳에 실로 묘미가 있는 것이다.

이러한 선종사서의 기록을 전부 그대로 역사적인 사실로 단정해서는 안 된다는 사실이며, 또한 허구로 평가하여 무의미한 것으로 비난하거나 배척해서도 안 된다는 점이다.

또 한 가지 주의할 것은 후대에 어떤 사람이 자기의 이름을 밝히지 않고 달마의 이름으로 가탁하여 만든 『達磨論』이나 『육조단경』처럼 허구화된 이야기로 가탁되어 만들어진 자료를 가치 없고 무의미한 것이라고 소홀히 해서는 안 된다.

선 문헌에 등장하는 어떠한 이야기나 허구화된 역사적인 자료라도 철저히 분석하여, 그 자료의 작자와 출현하게 된 까닭 이유 등을 추구

하고 연구해야 한다. 그것은 隋唐代에 많이 만들어진『佛說法句經』,
『金剛三昧經』,『禪門經』,『圓覺經』,『首楞嚴經』 등 僞經이 출현하
게 된 경우도 마찬가지이다. 위경은 당시 불교인들, 내지 민중의 종
교적인 요구로서 시대적인 요청에 부응하여 부처님의 권위를 빌려 출
현시킨 사람이 만든 경전이다.

　말하자면 위경은 인간이 당시의 민중들이 바라는 종교적인 요구와
요청에 부응하기 위해 어떤 사람(불교인)이 자기의 안목으로 제시한
불법의 가르침을 부처님의 말씀이라는 경전의 권위와 입을 빌려서
만들어낸 경전이다. 이것은 당시 보통 사람의 말을 믿어 주지 않기
때문에 억지로라도 부처님의 권위를 빌리지 않고선 주장할 수 없는
시대, 혹은 그러한 권위주의 사회의 부산물이라고 할 수 있다.

　『육조단경』과『보림전』도 경전의 형식을 취하고 있으므로 주의할
필요가 있다.『보림전』이후의 조사선에서 '선종어록'이 출현하자 이
러한 위경의 생산이 중단되고 있는데, 그것은 인간 위경의 풍조와 인
간이 자신이 체득한 불법의 지혜와 선을 전개할 수 있는 시절인연이
도래된 역사적인 사실을 의미하는 것이다.

4. 書誌學的 연구의 방법

　중국에서 완성된 선불교의 문헌은 대개 한자나 한문으로 기록된
자료가 많다. 그 중 돈황에서 발견된 자료에는 티베트어로 번역된 것
도 있다. 그러나 그것은 지극히 단편적인 자료이며 또한 대개 중국의
한자나 한문으로 기록된 자료를 번역한 것이기에 여기선 논외로 접
어둔다.

선관계 자료를 서지학적으로 연구할 경우, 먼저 연구할 자료의 종류와 異本 등을 여러 종류의 고서목록들을 이용하여 연대별로 하나씩 카드에 목록을 작성한다. 요즘은 일본 고마자와(駒澤) 대학에서 만든 『禪籍目錄』에 거의 모든 선적이 잘 정리되어 있어 자료를 찾기에 무척 편리하다. 돈황본 자료는 『敦煌遺書總目索引』(1961, 1983년, 中華書局) 등을 이용하여 선관계 자료를 수집하면 편리하다.

그리고 그 자료가 목판본인지 필사본인지, 현존 최고본은 어떤 것인지, 자료의 종류와 간행 연대를 빠짐없이 연대순으로 정리한다. 이러한 자료의 분류는 카드를 이용하는 것이 가장 능률적이다.

그리고 작자와 성립연대, 자료의 성격과 내용을 정확하게 파악해야 한다. 먼저 작자 문제인데, 자료의 서문이나 발문 등에 작자의 이름이 있는 작품이라면 별다른 문제가 없이 기록을 근거로 연구에 착수할 수 있으나, 만약 자료의 성립과 작자와의 사이에 연대상의 무리가 있거나 후대에 어떤 사람이 어떤 조사의 작품으로 가탁한 자료라면 자료의 전부를 분석하고 또한 사상사적인 연대의 고증으로 파고들어가서 분석해야 한다.

예를 들면 돈황본 『육조단경』은 혜능의 설법집으로 弘法제자 法海가 집록한 것으로 기록되어 있으나 법해라는 인물에 대해선 전연 알 수도 없으며, 선사상의 내용으로 볼 때 혜능 당시의 선사상으로 볼 수 없는 것이다.

즉 혜능의 제자 신회의 선사상보다도 훨씬 발전된 선사상을 설하고 있으며, 또 내용 거의 모두가 신회의 어록에 의거하고 있는 점 등에서 이 자료는 혜능의 친설이 아닌 것으로 연구되고 있으나 아직 작자 문제가 여전히 연구과제로 남아 있다.

필자도 이 문제에 많은 관심을 가지고 「육조단경의 성립과 제문제」

라는 논문으로 발표한 바가 있다. 이런 경우 단경의 전 내용을 철저히 분석하여 혜능 설법의 근거와 후대의 인용 등을 파악하고, 선사상적인 전후관계 등을 자세히 조사하여 먼저 성립연대를 추정한다.

『단경』의 경우 신회의 어록에 실린 『육조혜능전』과 『歷代法寶記』(774년), 『曹溪大師傳』(781)의 자료를 인용하고 있는 것으로 볼 때 이전에 성립된 것으로 볼 수 없다. 또한 『단경』의 자료를 최초로 인용하고 있는 자료가 『보림전』(801)이기 때문에 『단경』의 성립연대를 『보림전』과 『조계대사전』의 중간인 790년 전후로 추정하고 있는 것이다.

사실 이러한 『단경』의 성립 문제는 많은 사람들의 연구로 문헌의 인용이나 선사상적으로 의심할 여지가 없어 오늘날의 학계에선 거의 정설로 되었다. 이렇게 볼 때 사실 『단경』을 혜능의 육성 설법으로 본다는 것은 연대적으로 무리가 있다.

문제는 『단경』의 작자인데, 법해는 가탁의 인물이다. 필자는 신회 계통의 어떤 인물이 만든 혜능의 구법 이야기 및 설법집의 형태로 엮은 문학작품의 하나로 간주하고 있다.

그것은 『단경』의 등장인물을 분석해 볼 때 실존 인물은 홍인－혜능－신회로 이어지는 전등 법통설을 강조하고 있기 때문이다. 즉 『단경』에 혜능이 입멸에 즈음하여 제자에게 설한 소위 20년 懸記(예언)는 혜능의 후계자로서 정법이 신회에게 전한 사실을 밝히고 있는 일단이다.(이에 대한 자세한 점은 필자의 육조단경 연구 성과를 참조 바람)

이렇게 다각적인 분석과 검토로 자료의 성립 연대와 작자 문제를 파악한 뒤 그 자료의 전체적인 구성과 내용, 형식, 중심사상, 그리고 후대의 자료에 인용된 내용 등을 조사하고 선종의 역사에 끼친 영향 등을 연구하여 자료의 출현 의미와 성립적 가치 등을 연구해 나가는 것이다.

앞에서도 언급한 것처럼 선 문헌의 성립 연대나 작자 문제 등 서지학적 연구는 어디까지나 선종의 역사와 선사상을 밝히기 위한 기초 작업이기에 서지학적 연구가 올바르지 못하면 선종사의 연대는 물론 사상사의 이해도 체계 있게 정립할 수 없다.

따라서 선 문헌을 학문적으로 연구하려면 먼저 철저하게 자료의 주석적인 연구부터 시작해야 한다. 그것은 자료의 내용을 분석하고 출처를 밝히며 인용하고 있는 자료나 경전의 내용 및, 인용 횟수 등을 철저하게 분석함으로써 작자의 사상형성의 근거를 파악하고 어떤 경전과 논서의 자료, 어떤 사람의 영향을 많이 받고 있는지도 읽어 볼 수 있기 때문이다.

중국 고대 문헌의 자료적 성질을 보면 대개 중국인은 여러 가지 기록을 작성할 때 古人이 주장한 말이나 定型句를 거의 그대로 인용하고 있다. 또한 사상뿐만이 아니라 당시의 역사의식, 언어, 예술 등의 문화적인 측면이나 行化를 통한 사회적인 측면 등 다각적인 입장에서 고찰할 필요가 있다.

그리고 이후의 자료에 인용된 것을 조사하여 그 사람이 남긴 선사상과 인류의 유산으로 후대에 남긴 그의 정신을 구명할 수 있는 것이다.

5. 인물과 선사상의 고찰

어떤 선사의 전기나 선사상을 연구할 경우는 먼저 그 사람에 대한 전기자료와 저술(語錄, 注釋書, 序文, 詩, 偈頌, 論文 등) 등을 전부 수집하여 자료를 성립연대순으로 비교 검토하고 내용의 출입과 차이 등을 하나하나 세밀하게 분석하여 먼저 자료에 입각한 그 사람의 일생에 대한 연표를 작성한다.

그리고 시대에 따라 새로운 사실의 기록이 첨가되어 있는지, 자료 간에 어떤 차이가 있는지, 우선 자료의 비판과 철저한 분석으로 연표에 맞추어 출생연대, 출신지, 출가, 사자관계, 교육, 수행, 開堂, 行化, 입적과 그 이후의 추모관계, 사회적인 기반으로서의 귀의자, 법을 이은 뛰어난 제자 등 특징 있는 행적을 중심으로 자료를 분류하여 자세하게 분석한다.

단순한 행적을 기록하는 것이 아니라 먼저 그가 살았던 시대와 사회적인 배경, 지리적인 풍토 등을 아울러 조명하면서 전개해야 한다. 특히 시대적인 배경은 한 인물의 인격형성과 사상형성에 지대한 영향을 미치고 있는 것이기에 각 항목에 맞추어 조명하면서 살펴보아야 한다.

특히 스승과 교육, 수행은 한 인물의 사상형성에 절대적인 영향을 끼치고 있으므로, 누구로부터 어떤 교육을 받았으며 어떤 서적을 수행의 지침으로 하여 자각적인 체험을 얻게 되었는지 자세하게 검토해야 한다.

인간은 원래 본 대로 배운 대로 풀어먹고 살아가는 존재이기에 한 인생의 인격과 사상 형성에는 올바른 스승의 지도와 교육이 절대적으로 좌우된다. 이산 혜연선사가 "날 적마다 좋은 국토 밝은 스승을 만나오며……"라고 발원하고 있는 것은 이것을 의미한다.

그리고 그가 어떤 인연으로 어디에서 開堂 설법하여 행화를 전개하였는지, 개성있고 특징있는 사상의 행화를 날카롭게 분석하여 찾아내고 그 의미를 부여하는 작업이 연구자가 탐구하고 분석·비판해야 할 일이기도 하다.

또 그의 제자들은 그 사람의 사상과 행화의 분신이라고 할 수 있으므로 그에 대한 고찰은 중요한 의미가 있다. 많은 제자를 배출했다고 해서 반드시 훌륭한 인물이라고 단정할 수는 없지만, 뛰어난 교육자와 훌륭한 스승 밑에 많은 사람이 모이기 마련이다.

붓다의 십대제자나 홍인, 혜능, 마조의 십대제자를 주장하고 있는 것은 스승의 원만한 인격과 덕상을 나타내고 있는 것이다.

중국불교에서 현수법장의 『화엄오교장』에서 언급하고 있는 것처럼, 十이라는 숫자는 완전무결함과 원만함을 나타내며, 8과 9는 缺數, 11과 12는 增數로 표현하고 있다.

스승의 훌륭한 인격과 사상이 분신인 제자들에 의해서 무한하게 전개된다는 사실이다. 이러한 제자들의 고찰로서 그 사람의 인격과 사상이 후대에 어떻게 영향을 미치고 있는지를 파악할 수 있으며, 선종의 역사에서 그의 입장과 위치를 어떻게 확정할 수 있는지를 가늠할 수 있다.

예를 들면 내용적으로 불타관, 역사관, 수행관, 경전관, 교육관, 사회관, 경제관, 중생구제관 등의 실천을 분류하여 접근할 수가 있다.

그리고 선사상 연구의 접근 방법의 하나로 그의 어록이나 시 등의 작품을 철저하게 주석하여 특징있는 항목이나 사상을 대변하는 개성있는 용어(언어) 등을 사용 빈도 수에 따라 카드로 정리하여 분류한다.

『임제어록』의 경우, '無位眞人, 無依眞人, 隨處作主, 立處皆眞'이라는 개성 있는 언어를 만들어 표현함으로써 임제는 독자적인 선사상을 전개하고 있다. 이러한 그의 주장에 대해 불법사상의 근원과 근본정신을 파악하여 분석해보면 전체적으로 그의 선사상을 사람[人]

의 사상이라고 할 수 있다.

일본의 학자 야나기다 세이잔(柳田聖山)이 분석하여 주장한 것처럼, 『임제록』의 전체를 철저하게 분석해보면 글자 수가 총 14,534자, 문자의 종류는 1,336가지, 평균 한 글자의 사용 빈도는 약11회로 분석하고 있다.

문자의 빈도수는 不이 309, 師가 299, 是가 285, 云이 217, 無가 201, 人이 196, 一이 186, 如가 182, 便이 167, 有가 160, 道가 155, 法이 141, 爾가 140, 得이 134, 佛이 128, 來가 126…… 등 전체의 언어를 분석하여 정리하고 있다.

의미가 없는 부정사와 지시대명사를 제외하고 사상적인 입장을 제시한 언어에서 볼 때, 사람을 가리키는 人字가 가장 많이 사용되고 있다는 사실로써 임제의 중심사상이 사람[人]의 사상이라고 파악할 수가 있으며, 이는 無位眞人, 無依道人, 無事人, 乘境底人이라는 말로 강조하는 임제의 人의 사상과 정신에 부합되고 있다.

또, 임제가 人을 강조하고 있는 것처럼 어느 선사의 사상을 탐구할 때, 어떤 개성있는 말을 집중적으로 철학적으로 분석하여 그 선사의 사유와 사상의 궤적을 찾아보는 연구도 시도해야 한다.

즉, 사람 人字는 어떻게 만들어졌는가? 의미는? 무엇을 상징하는가? 역사적인 입장에서, 지리와 풍토적인 입장에서 다각적으로 나타내고 있는 의미와 상징을 분석하며 조명해보는 작업이다. 하늘[天]과 동물, 식물 등 자연과의 관계, 우주의 대자연[地] 속에서의 인간의 본질, 인간과 인간과의 관계 등을 파악하여 임제가 주장한 사람[人]에 대한 선사상의 본질을 입체적으로 규명할 수가 있다.

또한 불교 내부의 입장에서 규명하는 것보다 좀더 시야를 넓게 하여, 중국의 고대사상과의 접목도 시도하여 중국 사상사의 입장에서 임제와 그의 선사상의 위치를 밝히고 천명하는 연구가 되도록 해야 할 것이다. 학문은 넓고 깊게 추구해야 가치있는 연구성과를 이룰 수가 있다.

그리고 또 한 가지는 한 선사의 생애를 통하여 그분이 시절인연으로 一大事의 삶을 살다 간 선 생활을 연구하는 작업도 아울러 병행되어야 한다. 이것은 선원 생활의 문화사적 인류학적 연구 성과가 되며, 또한 그분이 남긴 유물이나 필적, 그림 등은 바로 선의 예술품이 되는 것이다.

선의 문화와 예술적인 측면은 다른 기회에 고찰하기로 하고, 여기에서 선 생활에 대해 잠깐 언급해 보자. 선승의 생활은 선원이라는 특수한 수도도량에서 영위되고 있는 거기에서의 일상생활, 즉 식사하고 차 마시고, 생산 노동에 참여하는 일상의 매사가 그대로 수행의 하나로 전개되었으며 좌선수행과 똑같은 의미가 부여되었다.

이것은 당대의 유명한 백장회해에 의해 제정된 禪院의 淸規에 普請(전 대중이 평등하게 생산 노동에 참여함)의 법을 규정하였다. 사실 출가승이 이러한 생산노동에 참여하는 것은 전통적인 불교의 계율에 위배되는 것인데, 선종에서는 그러한 계율 조목을 초월하여 땅을 파고 나무를 베는 생산노동에 전원이 일상생활의 하나로 전개하고 있다는 사실을 주목해야 한다.

이러한 선원의 수도생활을 문화 인류학적인 입장에서 접근하여 연구하는 방법도 시도해야 할 연구과제이다.

6. 선종사 연구에의 각서

(1) 문제의식

선종사를 비롯하여 어떤 인물의 전기나 사상을 연구하기에 앞서 반드시 내가 이것을 왜 연구해야 하는가 하는 문제의식을 가져야 한다. 이것은 결국 자기의 학문에 대한 관심을 말하는데, 문제의식 없이 접근하는 논문이나 연구는 논지가 분명치 않으며 무미건조한 작품으로 시간낭비에 지나지 않는다. 똑같은 시간과 노력을 투자하는 작업이라면 철저히 자기의 생명을 불태우는 정열을 아끼지 말아야 할 것이다.

즉 어느 자료나 어떤 인물을 통해 그가 어떤 삶을 살다 갔는가, 그의 사상은 무엇인가라고 하는 문제점을 가져야 한다. 즉 연구의 의미와 목적이 철저해야 한다. 그리고 이것은 어떤 의미로 볼 때, 연구를 통해 자기 자신이 자기의 능력과 노력의 한계에 도전하는 것이라고도 할 수 있다.

(2) 자료 수집과 카드 작성

앞에서도 언급한 것처럼 자료 수집은 완벽해야 한다. 어떤 귀중한 자료가 있는지도 모르고 자기 주위에 손쉽게 구한 자료로 연구에 착수한다면 거의 헛된 수고가 될 수도 있다. 그래서 논문은 앉아서 머리로 쓰는 것이 아니라 두 발로 뛰어 다니면서 몸으로 써야 한다고 말한다.

귀중한 자료나 꼭 참조해야 할 연구논문이나 성과를 참조하지 않는다면, 설사 애써 연구한 자기의 학설이라고 할지라도 이미 다른 사람이 연구해서 발표된 사실이 있다면 쓸데없는 노력이 되고 만다. 그래서 자기의 연구에 대해 철저히 넓게 국제적으로 자료 수집을 하여 발표된 연구성과를 전부 소화한 뒤에, 지금까지의 연구성과보다 한 차원이 높은 자기의 견해와 주장을 연구 발표해야 한다.

자료의 정리는 문헌목록(원본, 연구논문, 서적 등)을 각각 내용별로 분류, 카드화하여 이용하는 것이 편리하다. 카드의 분류는 가나다 순으로, 아니면 각자의 적성에 맞는 분류를 스스로 개발하여 편리하게 사용하도록 한다. 예를 들면 인명별, 시대별, 사건별, 사상별, 단어·용어·내용별 등으로 다양하게 분류하여 정리할 수 있다. 이것은 어디까지나 사용하는 사람이 쉽고 편리하게 이용할 수 있도록 궁리해야 한다.

(3) 목차 설정

자료 검토와 분석으로 문헌 내용을 완전히 파악하여 어떤 취지와 결론을 끌어내는 논문을 작성할 것인지를 판단한 뒤, 이제 본격적으로 논문의 목차를 설정해본다. 쓰고자 하는 논문의 목차를 설정하면 사실 논문은 반 이상 된 것이나 다름없다.

목차 설정의 요령은, 먼저 서론에 내가 왜 이러한 연구를 시도하고 있는지 문제 제기를 하여, 논문의 작성 의미와 목적성과 연구방향 등을 밝힌다. 그리고 먼저 이 문제가 지니고 있는 역사적인 시간과 공간을 통한 사회적인 배경, 당시의 인물과 그를 중심으로 한 중요한 사건, 사회적인 문제점 등을 접목시켜 독자들로 하여금 자기가 연구하고 있는 역사적인 현장으로 끌어들일 수 있는 안내판 같은 대목을 목차로 제시한다.

따라서 어떤 인물을 선종사의 입장에서 연구할 때, 그가 살았던 시대상황을 독자들에게 이해시킬 수 있는 제목을 선택하여 당시의 중요한 사건과 그와 직·간접적으로 관련된 여러 인물들을 역사적인 관점에서 입체적으로 전개하는 것이 바람직하다.

첫째는 어떤 선사의 생애와 사상에 대한 연구의 경우, 먼저 시대적인 배경, 생애, 특징있는 행적, 업적에 관련된 사건들을 목차로 뽑아내어 전개한다.

두 번째는 그분의 어록이나 저술 등을 소개하는 서지학적인 연구를 자료나 내용별, 성립의 시대순으로 체계있게 소개할 수 있는 목차를 만든다.

세 번째는 생애와 저술, 어록 등의 내용을 자세한 고찰을 통해 개성있고 독창적인 주장·사상·업적 등을 내용별, 혹은 시대별로 정리하여 되도록 각각 특징있는 단어나 구절을 제목으로 제시하여 정리한다. 또한 그 선사의 독창적인 사상에 대하여 자기의 연구를 분명히 밝히기 위해서는 전체적인 목차를 자기가 연구하여 얻어낸 결론(주장)에 집중적으로 뒷받침 될 수 있도록 연결시키는 문제해결의 한 부분으로 하나씩 증명할 수 있도록 궁리해서 목차를 설정한다. 그러기 위해선 좋은 논문을 많이 읽고 그 논문의 목차설정 등을 분석해보는 노력도 게을리하지 말아야 할 것이다.

(4) 연표 작성

연표 작성에 대해서도 이미 앞에서 언급한 바가 있는데, 대개 어떤 인물을 중심으로 혹은 선종의 역사를 중심으로 작성하는 방법이 있다. 연표 작성은 자료 수집과 내용 검토 연구과정 등에서 수시로 관계되는 사건이나 행적 등을 카드로 작성하는 버릇을 길러야 한다. 카드를 사용하지 않으면 연대순에 의한 정리와 분류가 상당히 불편하니 따로 연표카드를 만들어 항상 지니고 다니는 것도 바람직하다.

연표의 작성에는 반드시 정확한 연대(생몰연대와 월, 일, 時까지)와 자료의 출처를 분명하게 기록해야 한다. 연표의 기록에는 인물의 경우, 생애에 걸친 행적, 업적, 사건, 저술의 작성연대, 개당, 법회시기 등 연대를 알 수 있는 것은 전부 정리하는 것이 좋다. 이것은 정확한 생애를 연구하는데 상당히 도움이 된다.

그리고 그와 더불어 그 당시를 전후한 정치·사회적인 관계의 사건도 아울러 기록하는 방법과, 또한 세계의 역사, 사상사, 인물 등을 대조하는 것도 좋은 방법이다.

7. 맺는 말

청탁받은 지면은 벌써 초과되었지만 끝맺는 말은 있어야 개운한 법이기에 여기에 필자의 소신을 적어 두고자 한다.

먼저 학문이나 예술 등 어느 한 분야를 전문으로 하는 사람은 자기의 재능과 학문, 예술적인 재주를 발휘하는 것을 목적으로 삼아서는 안 된다. 분명한 문제의식을 가지고 인류에 공헌한다는 사명감을 가지고 연구에 전념해야 한다.

학문은 진리의 세계로 인도하는 등불과 같은 역할을 해야 한다. 많은 지식만을 자랑하는 학자보다는 인격과 식견이 뛰어난 사람이 되도록 힘써야 한다. 학문을 통하여 자기의 인격을 형성하는 구도자가 되도록 한다.

인간은 사상과 철학이 바뀌면 모든 것이 바뀐다. 마음이 변하면 태도가 바뀌고, 태도가 바뀌면 습관이 바뀌고 습관이 바뀌면 인격이 바뀌며, 인격이 바뀌면 인생이 바뀐다. 말하자면 인간의 본질적인 요소인 덕성을 함양시키는 것이 학문이며, 그것은 자기 자신을 살리며 인류를 살리는 것이다.

그러기 위해선 어느 정도의 학문이 정립되면, 혼자서 연구하는 방법보다 공동연구와 세미나 등을 통한 훈련을 쌓는 것이 바람직하다. 살아 있는 학문은 독학으로 이루기 어렵다. 적어도 오늘날의 역사적인 과제에 대결할 수 있는 선종사나 선학은 앞으로 공동연구의 현장에서 만들어져야 한다. 공동연구는 단순한 개개인의 집합이 아니라 심화된 주체와 주체와의 필사의 대결이 되지 않으면 안 된다. 대결은 참된 학문의 동지로서 신뢰를 찾아볼 수 있는 필사적으로 노력하는 모습 바로 그것이어야 한다. 이러한 신뢰가 없으면 학문도 인간도 참된 만남이 될 수 없다. 한국 선문화연구원은 참된 불법공부의 학문과 수행자들의 만남이 이루어질 수 있는 인연의 역할을 하기 위해 설립된 것이다.

또 한 가지 더 첨부할 것은 영향론에 대해서이다. 누군가 '예술과 학문은 스승에게서 배우는 것이 아니라 훔치는 것이다.'라고 말한 것처럼 누구의 영향을 받았다고 말하지만, 영향은 위에서 부여하려고 하는 힘보다 밑에서 이를 받아들이려고 하는 정열과 노력이 없으면 받아들일 수가 없는 것이다. 따라서 실제 영향은 주는 쪽보다 받아들이려는 쪽에 더 중점이 있는 것임을 잊어선 안 된다.

물론 훌륭한 선생님이나 선배의 공적이나 학문 연구의 업적, 인격, 정신이 있어야 그것을 받아들이려는 마음이 생기는 법이다. 따라서 공부하는 사람은 정열과 문제의식을 가지고 두 발로 뛰어다니며 올바른 선지식을 찾아 다녀야 한다.

그리고 좋은 연구서와 지침서, 논문 등을 많이 읽고 스스로 분석하며 처음은 모방하여 논문을 작성해보는 훈련을 쌓도록 해야 한다. 모방을 통해 많이 훈련하는 과정에서 저절로 자기 스타일의 논문 쓰는 방법을 터득하게 되기 때문이다.

이 짧은 글이 선학 선종사를 연구하는 사람들에게 조금이라도 도움이 되었으면 하는 바람으로 나의 체험과 경험을 토대로 적어 보았다. 앞으로 이 분야에 자기의 전 생명과 정열과 인생을 투자할 사명감을 가진 사람들이 많이 참여해 주기를 기대하는 바이다.

〔「禪宗史 硏究方法論 序說」(중앙승가대학, 『僧伽』제10호, 1993년 2월)〕

禪宗傳燈史書

	書名	성립연대	편저자 등	전등법통설
	達摩多羅禪經 (2권)	411년	佛陀跋多羅(覺賢)	서천 8祖
	廬山出修行方便禪經統序		慧遠	서천 3祖
	付法藏因緣傳 (6권)	472년	曇曜	서천 24祖
	梁高僧傳 (14권)	519년	慧皎	
	摩訶止觀 (20권)	594년	天台智顗	서천 24祖
	續(唐)高僧傳 (30권)	645~667	道宣	
北宗	嵩岳法如禪師行狀		法如(638~689)	동토 6조
	大通禪師碑銘		神秀(606~706)	동토 6조
	傳法寶紀	712년~	杜朏	동토 7조
	楞伽師資記	713년~	淨覺	동토 8조
南宗	菩提達磨南宗定是非論	732년	神會(684~758)	서천 13조, 동토 6조
	神會語錄(師資血脈傳)			동토 7조
	神會和尙塔碑銘			동토 7조
	左溪大師玄朗碑	754년	李華	서천 29대설
保唐宗	歷代法寶記	774년	無住	서천 29(28)대 동토 6조
南宗	曹溪大師傳	781년		서천 29(28)대설 동토 6조

	書名	성립연대	편저자 등	전등법통설
	敦煌本 六祖壇經	790년 전후	法海	과거 7불, 서천 28조 동토 6조
洪州宗	寶林傳(10권)	801년	智(慧)炬	서천 28조 동토 6조
荷澤宗	內證佛法相承血脈譜	819년	일본, 最澄	서천 28조
	圓覺經大疏鈔	822~823	宗密(780~841)	서천 28조 동토 6조
	裵休拾遺文	831년경	宗密	서천 28조 동토 6조
	(禪門師資承襲圖)			
	禪源諸詮集 都序	833년 이후	宗密	서천 28조 동토 6조
祖師禪	聖胄集	899년	玄偉	서천 28조
	續寶林傳	910년경	惟勁	
	泉州千佛新著諸祖師頌		文僜	서천 28조 동토 6조
	祖堂集 (20권)	952년	靜. 筠.	과거불, 서천 28조 동토 6조
	宗鏡錄(제97권)	961년	延壽	
	宋高僧傳(30권)	987년	贊寧	
五燈				
(1)	景德傳燈錄 (30권)	1004년	道原	과거7불, 서천 28조, 동토 6조
	傳燈玉英集 (15권)	1034년	王隨	〔宋藏遺珍〕에 수록함
(2)	天聖廣燈錄(30권)	1036년	李遵勗	
	傳法正宗記 (9권)	1061년	契嵩	
	傳法正宗論 (2권)		契嵩	
	傳法正宗圖(1권)		契嵩	
(3)	建中靖國續燈錄(30권)	1101년	惟白	
(4)	宗門聯燈會要(30권)	1183년	悟明	
(5)	嘉泰普燈錄 (30권)	1201년	正受	
	五燈會元 (20권)	1252년	普濟	
	續傳燈錄 (36권)	1404년	圓極居頂	
	五燈嚴統 (25권)	1653년	(明) 通容	
	五燈全書 (120권)	1693년	(淸) 超永	

정성본(鄭性本)

속리산 법주사에서 출가. 동국대학교 불교대학 졸업. 일본 愛知學院大學 대학원(석사). 일본 駒澤大學 대학원(박사). 현재 동국대학교 불교문화대학 교수. 한국선문화연구원 원장.

저서 및 논문

『중국 禪宗의 성립사 연구』『선의 역사와 사상』『禪佛敎란 무엇인가』『육조단경의 성립과 제문제』『돈황본 육조단경의 선사상』『벽암록』『무문관』『임제어록』『돈황본 육조단경』 등 다수가 있다.

선종의 전등설 연구

2010년 8월 5일 초판 인쇄
2010년 8월 10일 초판 발행

지은이 | 성본스님
펴낸이 | 윤재승
펴낸곳 | 도서출판 민족사

책임편집 | 김창현
마 케 팅 | 성재영 윤선미
등   록 | 1980년 5월 9일(등록 제1-149호)
주   소 | 서울시 종로구 수송동 58번지 두산위브파빌리온 1131호
전   화 | (02) 732-2403~4
팩   스 | (02) 739-7565
E-mail | minjoksa@chol.com
홈페이지 | minjoksa.org

잘못된 책은 바꾸어 드립니다.

값은 뒤표지에 있습니다.

ISBN 978-89-7009-068-9 94220
ISBN 978-89-7009-057-3 (세트)

정성본(鄭性本)

속리산 법주사에서 출가. 동국대학교 불교대학 졸업. 일본 愛知學院大學 대학원(석사). 일본 駒澤大學 대학원(박사). 현재 동국대학교 불교문화대학 교수. 한국선문화연구원 원장.

저서 및 논문

『중국 禪宗의 성립사 연구』『선의 역사와 사상』『禪佛敎란 무엇인가』『육조단경의 성립과 제문제』『돈황본 육조단경의 선사상』『벽암록』『무문관』『임제어록』『돈황본 육조단경』 등 다수가 있다.

선종의 전등설 연구

2010년 8월 5일 초판 인쇄
2010년 8월 10일 초판 발행

지은이 | 성본스님
펴낸이 | 윤재승
펴낸곳 | 도서출판 민족사

책임편집 | 김창현
마 케 팅 | 성재영 윤선미
등   록 | 1980년 5월 9일(등록 제1-149호)
주   소 | 서울시 종로구 수송동 58번지 두산위브파빌리온 1131호
전   화 | (02) 732-2403~4
팩   스 | (02) 739-7565
E-mail | minjoksa@chol.com
홈페이지 | minjoksa.org

잘못된 책은 바꾸어 드립니다.

값은 뒤표지에 있습니다.

ISBN 978-89-7009-068-9 94220
ISBN 978-89-7009-057-3 (세트)